Learned Helplessness
A Theory for the
Age of Personal Control

学習性無力感
パーソナル・コントロールの時代をひらく理論

C.ピーターソン
S.F.マイヤー
M.E.P.セリグマン
[監訳] 津田 彰

二瓶社

Originally published in English under the title
Learned Helplessness: A Theory for the Age of Personal Control
by Christopher Peterson, Steven Maier, and Martin Seligman.
Copyright © 1993 by Oxford University Press, Inc.
Translated by agreement with Oxford University Press, Inc.

ガイド、メンターそして懐疑派のリチャード・L・ソロモンへ

日本語版刊行にあたって

　津田彰教授および彼の同僚たちが、1993年発行の「学習性無力感：パーソナル・コントロールの時代をひらく理論」（Learned Helplessness: A theory for the age of personal control）の翻訳に当たってくれたことを嬉しく思っております。私たちはまた、学習性無力感についての考えをまとめたこの本が発行以来多大な注目を集め、我々の日本の同僚の精緻な努力を得たことを喜ばしく思っております。

　この本の副題は、国を異にする読者の方には多少の説明を要するかも知れません。この本にも書いたように、学習性無力感とは、コントロールできない出来事——その個人がした事、しない事にかかわらず起こった出来事——に直面した際の個人的経験の結果を指しています。受動性が一つの重要な結果であり、私たちは人間を含む他の動物にも広く見られるものとして、この現象を示す研究を論じています。しかし、私たちの焦点が人間に向けられる場合、文化によって規定される重大な制限があります。

　私たちは現在の西洋社会、とくにアメリカにおける生活について論じており、その社会は、個人的成功や充足、いかに人々が自分の行動によって重要な結果をつかめたか、また自負心や自己評価、効力感といった心理状態に重きをおく性格をもった社会です。これら全ては、個人に起こった事柄をコントロールするに際して、人々の意識を取り巻くものです。したがって、コントロールの失敗は、良くない結果を引き起こすのです。

　学習性無力感は集団性に重きをおく社会に関連があるのでしょうか？　私たちは関連があると考えています。例えば、集団的無力感を、個人的無力感と似た方法で論じることが可能です。家族、グループ、コミュニティー、そして国全体が地震や台風、災害、経済危機、戦争、飢饉、政治的テロリズムといったコントロールできない事柄を経験します。集団性が全体としてはこれらの出来事に反応し、かつ消極的に反応するでしょう。更には個人的無力感は、コント

ロールの性質、そしてその性質への妥当な反応についての文化的信念によって形作られるでしょう。

　本書の発行以来、無力感の研究者の関心を集めるようになったトピックスの一つはコントロールについての文化的文脈であり、私たちは本書の日本語版がこの分野における一層の研究を促すものであることを願っています。他のより最近のトピックスは、コントロールできない出来事への反応の基礎過程である生物学的メカニズムを特定する、既に現在進行中の試みを含んでいます。コントロールとは免疫系への重大な心理学的影響の一つであり、学習性無力感の研究はしたがって、いかに病気や疾患が起こるのか、より一般的にはいかに心と身体が相互に関係しているのかについての理解を導くものです。しかし、（近年）研究者の関心を集めはじめたもう一つのトピックスは無力感の「反対」、つまり、効力感あるいは楽観主義と呼ぶものです。このトピックスは、研究者が人間の弱さと同時に強さ、脆さと同時に回復力、疾病に対する治癒と同時に健康に焦点を置く、ポジティブな社会科学をめざす最近の動向の一例です。私たちは数十年にわたる学習性無力感の研究がポジティブ社会科学者に役立つ何ものかを提供できると信じております。

クリストファー　ピーターソン
（ミシガン大学　ミシガン州アナーバー）

スティーブン F. マイヤー
（コロラド大学　コロラド州ボルダー）

マーティン E. P. セリグマン
（ペンシルバニア大学　フィラデルフィア州フィラデルフィア）

はじめに

　コントロール不可能な出来事を経験することによって、将来も同じくコントロール不可能な出来事を避けられないと考えてしまうと、動機づけの障害をはじめとして、感情障害、学習障害が起こる。この現象は学習性無力感（learned helplessness）と呼ばれてきた。1960年代に初めて、学習性無力感の基礎過程とその応用に関する研究が始まった。本書は、その幕開きから現在まで、学習性無力感の物語を綴ったものである。

　この物語は、個人的な語りによっている。初めに、Steven F. Maier と Martin E. P. Seligman がペンシルバニア大学にいた。学習性無力感は、彼らの学習の動物実験室で最初に発見された。その後、Christopher Peterson が彼らの旅に参加することとなったが、初めはコロラド大学で Maier と一緒に、その後ペンシルバニア大学で Seligman と共に研究を行なった。当事者の立場から、学習性無力感の研究がどのように展開されていったのか詳しく述べることで、なぜ学習性無力感が有名になり、かくもたくさんの反論を呼び起こしたのか明らかにする。学習性無力感について分かっていることと分からないことをはっきりさせる。個人主義とパーソナル・コントロールを強調する社会の広大なキャンバスの中に学習性無力感を描き出す。

　研究は孤独な作業とは程遠いものであった。われわれの仕事の過程、そして本書ができあがるまでには多くの方々の援助があった。われわれの研究は長い間、国立精神衛生研究所や国立老人研究所、国立科学財団、海軍研究所、マッカーサー財団などから助成を受けた。

　同様に、本書の執筆に際しても、大勢の人達の助けを借りた。Lisa M. Bossio にはとりわけ、われわれ3人の意見を一つにまとめる作業に大いに貢献してくれたことに謝意を表する。Frank　Fincham からは、われわれの初稿に対して含

蓄ある批評と示唆をいただいた。オックスフォード出版社のスタッフと仕事ができたことに感謝する。とくに編集者の Joan Bossert の励ましと助力に深謝する。

1992年夏

アン・アーバー、ミシガン	C. P.
ボウルダー、コロラド	S. F. M.
フィラデルフィア、ペンシルバニア	M. E. P. S.

もくじ

第1章　イントロダクション　1
　無力感とパーソナル・コントロールの現象　2
　学習性無力感の理論　6
　"学習性無力感"の3つの使用　7
　学習性無力感：内部指向、分析指向、外部指向　9
　学習性無力感がなぜ論争の的になったのか　9
　学習性無力感はなぜかくも有名になったのか　12

第2章　動物の学習性無力感　17
　最初の学習性無力感実験　17
　学習性無力感理論　20
　論争　29
　時間的接近性と随伴性の対比　33
　表象と期待　45
　明らかになっていること　56
　分かっていないこと　57

第3章　学習性無力感の生物学　61
　ノルエピネフリン　62
　γ-アミノ酪酸(GABA)　67
　内因性オピエート　81
　神経伝達物質、伝達修飾物質、およびホルモン　88

CRH　88
　　　その他の事項　92
　　　明らかになっていること　94
　　　分かっていないこと　95

　　第4章　人間における学習性無力感の問題　99
　　　学習性無力感の判定基準　100
　　　実験室における学習性無力感の操作的定義　101
　　　人間の無力感研究のメタ分析　108
　　　人間の無力感に関する他の側面　112
　　　人間の間での学習性無力感の一般性　117
　　　認知と自己報告　118
　　　その他の説明について　126
　　　明らかになっていること　147
　　　分かっていないこと　148

　　第5章　帰属の再公式化　151
　　　歴史的背景：帰属理論と理論化　151
　　　原因の説明とコントロールの所在　154
　　　再公式化された学習性無力感モデル　156
　　　説明スタイルの評価　166
　　　説明スタイルの実証的な研究　176
　　　明らかになっていること　192
　　　分かっていないこと　193

　　第6章　学習性無力感と抑うつ　197
　　　抑うつとは何か　197

抑うつの改訂学習性無力感モデル　207
近代化と抑うつ　223
論議　227
明らかになっていること　239
分かっていないこと　239

第7章　学習性無力感と社会問題　243
学習性無力感の基準　245
適用例の検討　247
明らかになっていること　281
分かっていないこと　281

第8章　学習性無力感と身体的健康　287
幾つかの基本的なルール　287
病気になる危険要因　289
メカニズム　306
動物と人間における健康と病気　317
明らかになっていること　320
分かっていないこと　320

第9章　エピローグ　325
選択の小史　325
コントロールの重要性　330
科学的論争と進歩のモデルとしての学習性無力感　332
学習性無力感とパーソナルコントロールの時代　333
楽観主義研究所　335

References　337

索引　371

原語訳語対照表　376

監訳者あとがき　379

著者訳者紹介　382

装幀・森本良成

学習性無力感:パーソナル・コントロールの時代をひらく理論

第1章　イントロダクション

　社会科学は人間の行動を過去30年どのように説明してきたのだろうか。われわれの学生時代、人間は内部環境と外部環境からの力によって突き動かされる存在であった。人間の行動がどのような力によって突き動かされるのか、それを詳しく説明することが当時の研究の主流であった。例えば、説明は次の通りであった。

- もし反応が望ましい出来事によって強化されたり、望ましくない出来事の停止によって強化されたならば、その反応は持続する。
- 生物学的動因が高いとき、そのような生物学的欲求の低減をもたらす反応は繰り返され、習慣化する。
- 適切な解発刺激が存在する状況の許では、定位反射パターンが生じる。
- おとなの行動は、子ども時代から引きずっている未解決の性的衝動ならびに攻撃的衝動によって起こる。
- フラストレーションに陥ったとき、攻撃が起こる。

　これらはいずれも、SkinnerやHull、Tinbergen、Freud、DollardとMillerなど前世代の有名な動機づけ理論家が説明したものである。時には、このような理論的説明が正しいように見受けられる。確かに、人間は内部からの湧き上がる力によって駆り立てられて、そのような衝動の消滅が報酬となって、行動を起こしているのかもしれない。けれどもそれ以外の時には、自分自身の行動について、人は疑いもなく自分で選択している。

　科学的な説明とは、焦点の合わせ方と切り捨て方の問題に他ならない。1920年から1950年にかけて、心理学的理論は人間行動（"反応"という用語）の外的決定因に焦点を合わせ、個人的な原因で開始される行動については無視してきた。前の世代の動機づけ理論家達のお気に入りの概念は、"刺激"であった。

この言葉は、ラテン語の"牛追い棒"という意味を持つ。

そして今、行動の主体者としての個人に焦点を当てた説明が広まっている。今日の学生は、次のような説明を受ける。

・為す術がないことを予想する時、人は無力的になって、何も行動を起こさなくなるだろう。
・行動の成功は、自己効力感から生じる。
・人は自ら行動を起こし、その行為をモニターするとともに、自分で強化を行ない、誤った行為を修正する。
・人は自分がもっとも望む目標を定め、それを選択する。

このような説明は、人間の行動が思考の対象であるという認識に転換したことを如実に物語っている。転換のきっかけとなった理由の一つは、本書の主題であるパーソナル・コントロールに関する研究とその対立的現象としての無力感（helplessness）の研究であった。

無力感とパーソナル・コントロールの現象

次のエピソードを考えてみよう。いずれも、これ以後の章で取り上げられる内容を含んでおり、パーソナル・コントロールと無力感に関連している。

実験動物の受動性

スチールでできた装置に置かれたラットを考えてみよう。床から、若干の痛みを感じる電撃がときおり生じる。その度に、ラットは金切り声を上げて、逃げ廻る。5秒後に、電撃は停止する。1分後、再び電撃が生じて、ラットは同じように暴れる。立ち上がったり、壁をよじ登ったり、あるいは鳴き声を上げ、しまいにはうずくまる。電撃が停止してはまた繰り返される電撃パターンは、ラットの行動とは無関係に80回繰り返される。セッションの終了時には、ラットは部屋の隅で背中を丸めて、電撃が生じても動かずに、じっと電撃を受け続ける。

コントロール不可能な電撃を体験したことで、ラットの行動は劇的に変化す

ることとなる。その後、回避-逃避（シャトル）箱——隣の部屋に移動することで、電撃から逃れることが可能な実験装置——に移された時、ラットは電撃から逃れようともせずにじっとしている。さらに、生物学的な防衛機能も低下する。ラットが無力感に陥る前に腫瘍細胞を移植されていたならば、腫瘍細胞は急速に増殖を始めるかもしれない。ラットのT細胞の増殖率が低下するとともに、ナチュラルキラー細胞は侵入した異物を排除する機能を失う。

単極性うつ病

　ローラにとって、悲惨な1カ月であった。彼女には、将来が惨めに感じられる理由が2つあった。一つは、異常心理学の中間試験で"C"の成績であったこと。たとえこの成績不振が悲惨でないとしても、高校時代からの恋人が自分以外の女性と恋愛中らしいという噂を聞かされたことは、彼女にとって十分すぎる仕打ちであった。

　やがてローラは、ひどく悲しい気分に陥った。涙を流さずには、眠れなくなった。このままでは心理学コースの卒業が危ぶまれた。自分にはもう二度と恋人もできないだろうと感じた。自分の無能さと魅力のなさを感じ、これらの欠点がこれから際限もなく起こる失敗と失望の原因となるに違いないと思った。ベッドから朝起き上がるのがひどく辛くなり、一日をスタートさせるのが苦痛になった。ほどなく、ローラはベッドの中で一日中過ごすようになった。日がな涙を流し、毎晩涙に明け暮れた。空腹感も覚えず、ここ2週間で約4.5kgも体重を落とした。このまま自分は死んでしまうような気がした。やがて、ルームメイトが持っている睡眠薬を一瓶丸ごと飲み込んでいる自分の姿をはっきりと想像するようになった。

米国プロバスケットボール・チームの敗戦の弁

　1982年から1983年のシーズンにかけてのスポーツ欄を見ると、ボストン・セルティックスチームは楽観主義の極みにあったことが分かる。試合に負けても、選手はその敗因を「ボールがこぼれただけさ」とか「ゲームの熱気がわれわれに災いした」と語った。敗因は選手以外であったことに気づくだろう。敗因を特定の要因に限定し、過去のこととして気にかけなかった。ニュージャージー・ネッツチームはこれとは対照的に、試合に負けた後はひどく抑うつ的であっ

た。敗因に対して、「うまくチームがまとまらなかった」とか「技術的に劣っていた」とか語った。ネッツチームは試合に負けたことが、自分達の責任であると考えた。これは、偶然で今回限りの理由で負けたのではなくて、普遍的な原因が存在していることを意味した。

次のシーズン、セルティックスチームの楽観主義とネッツチームの悲観主義は成績に如実に反映された。負けゲームの後、セルティックスは予想以上に好成績を残した。これまでの戦績や地元の有利さ、負傷選手の数などといった要因を考慮して算定される"ハンディキャップ得点"を69%も覆した。逆に、ネッツは負けた試合の後の成績は悪かった。"ハンディキャップ得点"をわずか38%しか覆せなかった。

老人ホームの死亡率

2階建てのアーデンハウス老人ホームには約100人の老人が生活していた。入居者の平均年齢は約80歳であった。Judy Rodin と Ellen Langer という2人の心理学者は、この老人ホームにもっと楽しみをもたらそうと考え、映画と観葉樹の提供を試みた。1階の入居者には、施設長が次のように伝えた。

> 皆さんの多くが、ここでの生活を自分では何も変えられないと思っていることを知って私はひどく驚きました。ここは皆さんの生活の場ですから、自分の望み通りにできます。入所する前には、何でも自分で決断してやってきたはずです。ここでも、そうすべきでしょう。そこで、アーデンハウスからのプレゼントを2つ差し上げます（ここで、観葉樹が並べられ、その中から1つ、自分が気に入ったものを入居者は選ぶことができた）。自分が選んだ観葉樹を、ご自分で大切に育ててください。もう一つのプレゼントは、来週の木曜日か金曜日のいずれか皆さんの都合の良い日に映画の上映をいたします。どちらの夜が良いか、皆さんで相談して決めてください。

2階の入居者にも同じプレゼントがあったが、その状況はかなり違った。ここでは、施設長は次のように説明した。

皆さんの多くが、ここで役立つことについて何も分かっていないことを知って私はひどく驚きました。このホームで生活することが皆さんにとって誇りになるようにするのが、私達の務めだと感じております。皆さんに役立つことなら、私達は何でもしてあげたいと思っております（ここで、観葉樹が介護職員から手渡された）。職員が皆さんのために、水やりなど世話を焼いて観葉樹を育ててくれます。もう一つは、来週の木曜日か金曜日のいずれかの夜に映画を上映してあげることにしました。どちらの夜になるかは、後でご連絡します。

1階の入居者は、このような新しい出来事に対してコントロールが可能であったが、2階の入居者は同じ出来事を経験しても、そのようなコントロールはできなかった。1階の人達は活動的になり、気力も出て、抑うつ的な様子をほとんど示さなくなった。18カ月後、彼らはますます元気になった。

ベティ・ジョー：被虐待女性

ベティ・ジョーはポールと10代で結婚した。結婚後ほどなく、2人は連れだって土曜日の夜に街角のスナックに飲みに行くようになった。この外出が2人にとっての唯一の社交だった。2人とも泥酔して、薄汚い1部屋しかないアパートに戻るのが常であった。酔ったポールはベティをいつでも殴った。

ベティが他の男とスナックでべたべたしていたと言っては、彼はベティの顔や腹を殴った。しだいにポールの暴力はエスカレートしていった。ベティは殴られた傷の手当で1週間を過ごした。ベティはこのような状況を友達に相談したが、だれもそれほど深刻に聞いてくれなかった。彼女はポールから別れようと考えたが、どこにも行く当てはなかった。また土曜の夜がやってきた時、ベティはできるだけ従順に、控えめに何でも言いなりにした。ところが、これがポールの癇にさわった。ある週末には、彼は自分のピストルの台尻でベティを叩いて脅した。

このような仕打ちが始まって3年経った先週の土曜の夜にはとうとう、ベティは身の危険を覚えるくらいにまでにポールの暴力はひどくなった。ピストルで口を殴られた彼女は、歯を2本折った。ベティが助けを求めて大声で叫んだ時、ポールは更に激高した。とっさに彼女は夫からピストルを奪うと、彼の頭

めがけて2発ピストルを放った。

生命保険の勧誘

キャロラインとベンはメトロポリタン生命保険会社のバッファロー支店に同期入社した。彼らは適性検査に見事合格し、高い費用と長い訓練期間をかけた後に配属されて来た。

最初の年、キャロラインの保険契約数は支店の新記録となった。どの保険外交員でもそうであるように、彼女は勧誘を断られる件数も多かった。しかしキャロラインはめげなかった。客から保険など入る気がまったくないと言われても、彼女はその時お客さんは機嫌が悪かったからで、ちゃんと話を聞いてもらえれば、興味を抱いてくれるはずだと見なした。客が再度"ノー"と言ったとしたら、キャロラインは別な客の勧誘に気持ちを切り替えて、前の客のことは忘れた。生命保険の契約が取れた時、この成功は自分が粘り強く相手を説得したからだと原因分析した。

いっぽうベンは初仕事から悲惨であった。客から断られる度に、自分は保険外交員としての能力に欠けているとか、不向きだと思った。やがてベンはお客と約束を取りつけるのを億劫に感じて、一日の大半をただぶらぶら過ごすようになった。たまに契約が取れても、たまたまお客がその日上機嫌だったのでラッキーなだけだったと考えた。保険の外交員の仕事を辞めたいと思っても、別な仕事が見つかるか自信がなかった。

学習性無力感の理論

上のような話はいずれも学習性無力感の本質を示している。現象の背後にある理論は明快であり、随伴性と認知、行動の3つの基本的要素から成り立っている。以下、これらを取り上げて考察する。

随伴性（contingency）とは、個人の行為と期待する結果との客観的関係である。ここでもっとも重要な随伴性はコントロール不可能性である。すなわち、個人の行為と結果との間のランダムな関係である。コントロール不可能性と対比する随伴性はコントロール可能性であり、この場合には、個人の行為によっていつでも結果が伴われる。

認知（cognition）とは、個人が随伴性を知覚したり、説明したり、推測する仕方を指す。認知の仕方はこれら3つの段階から成り立つ。1つは、随伴性を個人が知覚する段階である。随伴性の知覚は正確な場合もあるし、不正確であることもある。例えば、コントロール可能な出来事をコントロール不可能なものとして認知するかもしれないし、あるいはこの逆も起こり得る。次は、知覚したものを説明する段階である。失敗の原因を不運であったとか、自分が馬鹿だったからと人は説明するだろう。最後の段階は、知覚と説明に基づいて、将来に対する期待を抱く段階である。もし失敗が自分の愚かさのために起こったと信じた個人は、知力が必要な状況では自分はまた失敗するだろうと予想する。

　行動（behavior）とは、（非）随伴性の観察可能な結果とそれについての個人の認知を指す。典型的な学習性無力感の実験の場合、受動性と活動性の測定は個人がコントロール不可能性を初めて体験した状況とは異なるところで行なわれる。そこでは、状況をコントロールすることが可能な行為を放棄するのか、あるいは失敗するのかに注目する。また、学習性無力感の理論は個人の将来の期待と同様に、認知の歪みや自尊心の低下、悲嘆、攻撃性の喪失、免疫系の変化、身体的疾患など付随的な結果が起こることを予想する。

"学習性無力感"の3つの使用

　以下に述べるように、学習性無力感理論が直接示す3つの結果は、学習性無力感はそれぞれ非随伴性とか無力感の期待、受動的行動などを説明するものとして、3つの用いられ方をしてきた。このことが理論が曖昧であるという批判となった。しかし留意すべきことは、学習性無力感の典型的な現象はかならず3つの要素——個人の行為と結果との非随伴性、将来においても結果が伴わないだろうとする期待と受動的行動——を含むものである。

　本当の学習性無力感の現象とは似ても似つかないような状況にも、学習性無力感はさまざま使われてきた。これらの場合、学習性無力感の要素の1つないし2つ、あるいは3つともまったく含んでいないこともあった。このような使われ方は、学習性無力感の現象としての基準を満たしていない。本書では、完全な学習性無力感とそうでない学習性無力感とを区別し、概念を正しく理解した研究であるのかどうか検討する作業も一つの主要なテーマとした。

冒頭の６つの例をもとにして、どれが完全な学習性無力感なのか検討する。

　１．実験室動物の受動性の例は、随伴性を直接操作することに加えて、これによる不適応行動を観察している。認知もまた、第２章で述べられる免疫、治療と認知の歪みなどの一連の実験から推論されている。従って、これは完全な学習性無力感と考えられる。

　２．躁うつ病の場合、受動性（ローラは朝、ベットを離れられず、なかなか一日のスタートがきれない）と認知（学校を卒業できないだろう、二度と恋はできないだろうなど）は観察される。非随伴性の要件が満たされていたのかどうかを確認するためには、ローラは恋人との関係の中でどれほど無駄な試みをいろいろ繰り返したかとか、中間試験をどれほど頑張ったのかなど証明する必要がある。例えば、もし彼女が恋人を捨てたなら、この場合には学習性無力感の基準に合致しない不完全な例となる。非随伴性に関する詳しい情報次第で完全な例にもなるが、理論を誤用していることにもなる。

　３．ニュージャージー・ネッツチームの反応もまた不完全な例である。説明スタイルという認知の一つの側面が測定されている。受動性は敗戦の後の成績から推測された。従って、最初の敗戦から随伴性が推論されたわけではない。

　４．老人ホームの例は完全な学習性無力感である。映画の上映日や観葉樹について、入居者の選択に応じて、あるいは選択にかかわらず随伴性が操作されている。認知に加えて、受動性や志気の低下、死亡なども測定されている。

　５．被虐待女性のベティ・ジョーの話はかなり不完全な例で、学習性無力感を拡大解釈している典型例である。若干の結果は示されている。例えば、何度も暴力を受けながら、彼女は夫から離れられないでいる。けれども、これは彼女の側の消極性が問題なのである。しかし、彼女は何か別の問題を抱えているために、あえて望んで夫の許に留まる選択をしていたのかもしれない。われわれにはそれは分からない。認知の測定もなされていない。また随伴性も知り得ない。彼女がどう振る舞っても殴られることには変わりがなかったのか。あるいは、殴られるような行為を彼女がしていたのか。彼女の受け身的な態度が問題なようにも感じられるが、この場合でも、学習性無力感の概念に照らした検討が必要となる。そして、無力感の認知と非随伴的に暴力を振るわれていたという事実の検証も要求される。

　６．最後の生命保険のセールスマンの例もまた、不完全な学習性無力感であ

る。認知も、受動性と積極性も明らかである。けれども、ベンの売り込みに関係なく、お客が勧誘に乗らなかったのかは分からない。ベンの仕事ぶりが原因なのかもしれない。彼は悪い見通ししか持たないのか。息切れしたのか？

本書では、実験やフィールド研究、ケース研究をさまざま取り上げた。それらの研究が完全なものか不完全なものか注意深く評価するとともに、不完全な場合には完全なものになるには何を補ったらよいのか検討することにする。表面的な類似性しかない、学習性無力感とは関係のない応用も明らかにする。

学習性無力感：内部指向、分析指向、外部指向

本書のねらいは、学習性無力感を内部指向、分析指向、外部指向といった3つの研究方向に分類して検討することである。

内部指向によって、学習性無力感の現象にかかわる基礎過程の解明を目指した。すなわち、学習理論的視点から学習性無力感を調べた。これは第2章で述べられている。また、社会心理学と学習性無力感との結びつき、とくに帰属理論についても取り上げる。この結びつきは、動物実験の知見を人間を対象とした研究に適用しようとした時に始まる。しかし、このような試みでは人間は複雑すぎて容易に追試出来ないことがすぐに分かった。この物語については、第4章と第5章で語られる。

分析指向によって、学習性無力感の生物学的過程の解明を目指した。学習性無力感の随伴性と認知、行動的側面と神経伝達物質、ホルモン、免疫系との関連性については、第3章で述べる。

外部指向によって、学習性無力感を人間の苦悩と成長の理解のために用いることとした。第6章では、うつ病のモデルとしての学習性無力感を検証した。第7章では、いろいろな社会問題における無力感の役割について一連の推論を行なった。第8章では、学習性無力感が身体的健康と病気における学習性無力感が果たす役割について強調した。

学習性無力感がなぜ論争の的になったのか

1960代年の中頃より、学習性無力感はずっと論争の的であった。反論を引き

出した原因を若干指摘できる。既に述べたように、一般的にいえば、概念が拡大解釈されたことに問題がある。このことにはわれわれ自身も罪の意識を感じる。学習性無力感をハンマーのごとく打ち下ろして、いろいろな現象を釘のように打ちつけてきた。学習性無力感は有効な概念である。過度に適用しすぎたことによる弊害はあっても、その有用性はいささかも損なわれるものではない。

　反論のもう一つの原因は、学習に対する認知論者と行動論者の見解の違いに根ざしている。学習性無力感の最初の現象は、ハンモックに吊されて、逃避不可能な電撃を受けたイヌで発見された（Overmier & Seligman, 1967）。イヌは回避-逃避箱に置かれた時、消極的な様子を示し、電撃からの逃避に失敗した。これを説明するために、われわれは、ハンモックで電撃を受けたイヌは自分の反応と無関係に電撃が生じることを学習したために、回避-逃避箱でも電撃が同じようにコントロール不可能であることを予想したのではないかと仮説した（Maier, Seligman, & Solomon, 1969; Seligman, Maier, & Solomon, 1971）。

　伝統的な学習理論では、イヌが無力感を持つということはとうてい容認できない。そこで、とうぜん反論が起こった。受けた電撃が反応と無関係に加えられていることをイヌが学習するためには、電撃の生起確率が反応した時と反応しない時とで等しいことを認知していなければならない。学習理論はとうぜん、このような過程が生じているとは考えない。行動論では、動物は反応が結果をもたらす時（獲得）と、もたらさない時（消去）とを学習するにすぎないと主張する。反応をしない時に結果が起こることを学んだり、この情報を獲得と消去の随伴性とに重ね合わせるようなことを動物は行なわないと仮定する。

　行動論に基づく学習理論は知識ではなく、反応を問題にする。従って、動物は反応のみを学習するのだと主張する。けれども、われわれは動物が自分の反応が無効であることを学習したために、動物が消極的になったと考える。

　行動主義は、方法論的に客観的な測定に徹してきたことで発展してきた。行動主義以前の構成主義や機能主義は、主観的な報告を測定の指標としたことが問題であった。これに対して、PavlovやThorndikeは英国経験論の連合主義を目標とした（英国連合主義は観念間の連合を強調したことに留意）。イヌは、唾液の分泌量によってその連合を示した。ネコはレバー押しの反応曲線からそれを示した。この方法論はすぐに行動主義に取り込まれたが、このことが認識論と存在論との45年間にも及ぶ混乱の原因となった。測定可能な反応は学ばれ

るべきものとなり、推測される連合は重要でないものから存在しないものへと評価が変わった。

　学習理論家は、もし動物が無力となって反応が起きなくなったら、そのデータは必ずや信用できないものになると主張した。というのも、回避-逃避箱で跳躍反応は見られなくなっても、無力感に陥った動物は跳躍に拮抗するような運動反応を学習しているに違いないと考えるからである。長い間、無力感現象に対するこれら相対立する説明の妥当性が検討されてきた。

　学習性無力感にまつわるもう一つの論争は、社会科学の分野の2つの慣行と関係する。現象を理解する場合、単純性を強調する研究者と複雑性を強調する研究者に分かれる。"複雑論者"は、人間の行動が複雑で多様であることに焦点を当て、2、3の簡単な法則にまとめることを放棄する。"単純論者"は、人間の多様性には目を向けずに、出来るだけ最小の法則で説明を図ろうとする。われわれは複雑論者が支配する分野で一風変わった単純論者であった。

　学習性無力感は、単極性うつ病や突然死、犠牲・迫害など人間関係における複雑でさまざまな現象を説明することを試みた。動物の学習性無力感を説明するに当たって、われわれの法則は動物が非随伴性の学習と期待を持つということであった。これは、S-R（刺激-反応）学習論者よりは複雑であったので、われわれは当初、複雑論者のように思われた。ところが、無力感理論から人間の不適応を説明することを試みた時、単純論の方がより有効となった。

　この論議については、うつ病の領域で実際明らかである。さまざまな程度、抑うつ症状に悩む人々——大学生や生活保護を受けている意欲を失った女性、服役者、単極性うつ病患者など——に共通する類似性を発見することに、われわれはここ15年費やしてきた。学習性無力感と諦めの単純な過程が多くの抑うつに共通していること、そして実験室における動物と人間の学習性無力感がそのモデルになることを主張した。

　英国の著名な臨床研究者であるIssac Marks（1977）からの、コメントがある。

　　逆に、現在の行動的アプローチはうつ病への対応に優れてはいない。議論されるべき点は、動物や人間の間で"学習性無力感"として知られている状態が臨床におけるうつ病を考えるパラダイムとして有効か否かである。

しかしながら、学習性無力感が比較的穏やかな気分の変化以上のものと関連していることはこれまで認められてはいない。例えば、重症のうつ病患者に認められる何週間も続く罪の意識、虚無感、自殺念慮、食欲不振、不眠などの症状は、学習性無力感では起こらない。

Martin Seligman（1977）は次のように答えた。

実験室のすべてのうつ病のモデルが自殺や泣くこと、体重減少、罪や虚無感などすべての症状を示していなければいけないと、あなたは考えているように思える。この要求は科学的検討とは異なるように思われる。飛行機の模型が大西洋を横断できる必要はない。飛行機の本質が示されているだけで十分である。不安の実験室モデルがキーキー泣き叫ぶ鳴き声や脱糞、恐慌発作などを引き起こすことはいらない。不安の本質的な特徴が抽出されているかどうかがすべてである。

学習性無力感の研究は、動物の学習法則を発見する王道の中で開始された。やがてわれわれの興味は一つの現象へと向かった。原則とすべき固有の法則にこだわらず、柔軟に対応した。いろいろな分野との関わりが本書に示されている。異常心理学、認知心理学、社会心理学や行動医学などのトピックスについて考察する。歴史学や政治学なども言及する。

学習性無力感はなぜかくも有名になったのか

相対立する見解があったことが根底であろうが、なぜ学習性無力感がかくも有名になったのだろうか。おもな理由としては、(a) 研究道具としての再現性と便宜性があったこと—実験室における動物の無力感、人間の実験室的無力感、帰属スタイル質問紙、(b) 基礎心理学の中心であったこと—学習理論、神経心理学、帰属理論、(c) 人間のさまざまな問題に応用可能であったこと—うつ病、がん、学業不振、過密、被虐待女性。これに加えて、学問としての心理学の窓を通して、同時代の"関連現象"を垣間見ることができたことがあげられる。

このような明確な理由に拠らないものもある。本書では、それらを随所に割

愛した。この章の冒頭において、社会科学の説明の変化について述べた。環境によって圧力を受け、引き出される人間の存在から、結果を選択し、環境をコントロールする存在としての人間の見方に変わった。1960年頃には、行動が発現するとか志向されるなどという考え方はあまり知られていなかった。なぜ、そしてどのような経過を経てこのような見解に変わったのか。

　社会科学者は、その原動力となった要因について、いろいろ解釈している。Francis　Bacon（1561-1626）は、人間が環境をコントロールしているのだから、科学は観察のみに限定される必要はないという衝撃的な考えを示した。実験のアイデアは、人間が自然を積極的に操作しうるもので、その経過をたんに予測するだけではないという考えに見て取れる。Bacon以前の西洋科学は、消極的にこのような予測をすることに甘んじてきた。Baconの思想を推進する力となったのは何か。それが広く知れ渡ることとなったのはどうしてだろうか。

　一つの可能性はペストの流行とそれによるヨーロッパにおける社会変動と思われる。ペストの発生によってヨーロッパ中で大勢の人々が死亡したため、およそ千年の長きにわたって固定していた社会にあって、上の階級を目指すことなどなかった人達にも仕事や地位が自由に解放された。封建社会の壁は崩れた。社会が変わったことで、自分の努力によって地位が向上することも夢でなくなった。自然それ自体も変容させられると思われた。Baconの家は数百年も農奴であったのが、Baconの父親はエリザベス女王の国務大臣に昇格した。

　1960年の米国に飛んでみる。人間の行為を説明する概念として、パーソナル・コントロールが理に適っていると認められるようになった原動力を推測してみよう。パーソナル・コントロールの有無の役割とその働きを目立たせた、2、3の出来事がある。

模造ダイヤモンド冷蔵庫　組立工場からは巨大な市場へと、さまざまな商品が低価格で送り出されている。けれども、フリジデアーの製品であればどれでも白である。モデルTならばどれでも黒である。1960年代に、コンピュータが組立工場に導入されたことで、機械の性能が向上して、消費者に消耗品を廉価に提供出来るようになった。儲けになる程度の値段で、白い塗装が施された冷蔵庫は50台に1つ、模造ダイヤモンドをはめ込んで市場に送り出された。現在も、未開拓の巨大な市場が消費者の選択を誘っている。ジーンズは今や、画一的なリーバイスではない。1ダースの色調を用意し、デザイナーの加工を点

数化して、数百種の商品が出回っている。広告が個人の購買意欲をかき立てるにつれて、社会科学の新しい現実が別の現象の説明に用いられ始めた。

ケネディーキングーケネディ暗殺　米国の社会は、制度の有効性について、その信念が崩れさる様を目撃した。教会に対する忠誠心の喪失や神の死、家族崩壊などに、それらの兆候を見て取ることができる。また、慈悲深い統制を行なう主体として、政府を見なすことへの信頼が揺らいだ。これには、ベトナムにおける軍の無益な政府活動や貧困層の生活向上に失敗したこととも関係がある。

米国社会の失墜はとりわけ、1960年代に起こった一連の政治的暗殺であろう。多くの若者が政治意識に目覚めて、自らの将来をカリスマ的指導者であるJohn KennedyやMartin Luther King, Jr.、Robert Kennedyに託した。しかし、3人はいずれも銃弾に倒れた。若者達が信じた、大きな運動のうねりが未来をコントロールできるという信念は挫折して、個人として、自らの生活をコントロール出来ればよいという個人主義的な考えへと変換が起こった。かつての若者は今、中年層にさしかかっており、現代社会の中心となっている。

この流れの中に、ベトナム戦争の教訓もある。個々の人々の願いや欲求に気づかない大きな社会の力が存在しており、だから関心を個人のコントロールの問題に向けた方がよいという考えがある。最近のペルシア湾岸戦争に対する米国民の2分的な反応を示すことができる。戦争そのものに対する困惑と参戦する兵士に対する無条件的な支援がこれを物語っている。

未曾有の繁栄　米国は大金持ちの国であろう。現代社会の所有と持たざること、富の錯覚的性質などについての議論ははやらない。これまでのどの時代や場所よりも、現代人の購買力は優っているといえよう。富が意味するところは、かっての数世紀と違っている。中世にいた金持ちの王子を考えてみよう。彼の所有していたもののほとんどは、絶対的権力であった。名前を売ること以外、領地を売ることも、何も買うことはできなかった。今日、富は選択を意味する。かつてと比べものにならないくらい、もっとレコード、もっと服装、もっと教育、もっと自動車、もっとコンサートや本、もっと知識をなどと、信じられないほど気の遠くなるような選択の行列が続く。だれが選ぶのか。個人である。

変化したのは、説明の仕方ではない。人生の真実は、今ここでの個々人にとって、その意味は違う。パーソナル・コントロールは、以前より実際のところ

個人間に広まっている。われわれはそう確信している。結局、20世紀の後半に生じた社会変化と経済変化が理に適っていたことがパーソナル・コントロールの概念を生む手助けとなった。この変化と相まって、人間の行為に対する説明が主体性を個人に持たせるものとなって、環境からの圧力で行動が生じるという見方は下火となった。学習性無力感をはじめとして、自己効力感、コントロールの所在などの概念は模造ダイヤモンド冷蔵庫、政治的暗殺と繁栄の拡大から生まれた。

　本章を結ぶにあたり、いささか暗いことを記す。パーソナル・コントロールのような考えはこれからも続くのか。制約しようとする動きが起こるのか。答えは後者のような気がする。自分のコントロールについての過度な信念には、2つの問題が含まれる。うつ病の増大と人生の意味の探求が難しくなることである。

(注)

　本書の代名詞の使い方について、はっきりさせておく。研究や理論的考えに対して、"われわれ"として言及されていても、3人がいずれも含まれているとは限らない。学習性無力感は無数の個人によって行なわれた仕事である。従って、"われわれ"という表現は、たんなる文章上の表現にすぎない。

第2章　動物の学習性無力感

　動物の学習研究の中から、われわれの学習性無力感の研究は生まれた。実際のところ、学習性無力感の現象は1960年代中頃に、学習の2過程説（two-process theory）を検証していた作業の中で偶然に見いだされた。われわれ（Steven Maier と Martin Seligman）は当時、学習理論を学ぶ学生であった。この現象の解釈には、学習理論からの影響を強く受けると同時に学習理論に対する当時の異論も強調した。およそ1967年から1975年にかけて、学習性無力感の研究をめぐる論争は現象の本質やその制約についてではなくて、われわれが行なった説明と伝統的な学習理論家との間の意見の対立が主であった。この章では、動物の学習性無力感の発展の経緯をたどるとともに、現在の状況について評価する。

最初の学習性無力感実験

　われわれは1964年に大学院に入学した。当時は刺激-反応（S-R）理論が全盛であった。すなわち、動物や人間の行動を説明する際、行動が起こった時あるいはその直前に存在していた刺激と反応、もしくは刺激が存在していた時に起こった強化だけを考慮すればすべての行動は説明がつくという考え方である。行動は、現在の物理的刺激によって説明され、目的や将来の出来事から説明されることはなかった。

　伝統的に1950年代は、研究と理論の多くは目的志向行動をいかにS-R分析に還元できるかやっきになって証明しようとしていた。1960年代まで、動物の回避学習が主要な研究テーマであった。というのも、回避行動が目的志向であると考えられていたためである。イヌやラットなどの動物を回避-逃避箱の片方に置くことから実験は始まる。動物の足に電撃が加えられることを合図する信号を10秒前より点灯する。電撃は動物がハードルを越えて隣の部屋にジャンプするまで続く。動物は立ち上がって、回避-逃避箱のもう一方の部屋に向か

って跳躍する。理論的なことを何も知らない"素朴"な観察者は、信号が動物に電撃がやがて加えられるだろうということを合図していること、動物はその電撃を回避するためにジャンプしているなどと語るだろう。

ところが、S-R理論家はこのような単純な説明を受け付けない。彼らの（誤った）信念ゆえに、現在の出来事（ハードルをジャンプする）を将来の原因（電撃の回避）から説明する。実際のところ、ここでの原因はジャンプと電撃の回避についての動物の期待であることは明らかである。この期待は反応と同時発生的なものである。しかしながら、人間も動物もともに、期待を持つことは許されない。というのも、S-R理論は直接に観察可能な説明可能な実在しか認めないからである。とうぜん、"期待"は精神内界のことで目にすることはできない。S-R理論家は期待の存在を否定するし、説明としてそれが適切ではないと主張する。

期待を理論的に説明するための"適当な"過程を見つける必要があった。二過程論はその意味で、最適であった（Mowrer, 1947; Rescorla & Solomon, 1967）。この理論について説明しよう。第1に、回避場面で回避反応を学習するまでの初期の試行では、灯りが電撃と一緒に呈示されることになるので、動物の恐怖は灯りに対して条件づけられるようになる。第2に、標準的な回避手続きでは、動物のジャンプは迫ってくる電撃を未然に防げるだけでなく、灯りもまた消すことができる。この反応が、古典的に灯りに条件づけられていた恐怖を減弱することになる。二過程論に従えば、動物は電撃を回避するのではない。電撃の回避はたんに同時に生じているにすぎないと考える。ジャンプによって恐怖を喚起する灯りの停止が起こり、それが電撃の回避を強化することになる。従って、動物は（将来生じるであろう）電撃回避によって強化されているのではなくて、（現在の）灯りから逃避することで強化される。ここには、目的志向的な行為は何もない。（最初の過程で形成された）古典的条件づけが（第2の過程で）道具的強化と組み合わせられただけである。

急進的な行動主義者は2過程論に異議を唱えた。動物の回避が起こるのは、恐怖のような情動が喚起されているからではなくて、ジャンプが強化され、灯りがジャンプを"刺激性コントロール"する力を得るという道具的条件づけの要素から説明されるとした。

ここから、論争の場に踏み込むことになる。われわれはペンシルバニア大学

心理学科の Richard Solomon 研究室の学生であった。われわれが研究室に入る前に、Solomon らは二過程論と急進的行動主義の説明のいずれが正しいのかを検討する方法を考え出した。その方法とは、回避-逃避箱で動物（ここでは、イヌ）がジャンプを学習する前に、すなわちハンモックに吊している時に、灯りと電撃とを対呈示することであった。このやり方だと、灯りがジャンプを刺激性コントロールすることは不可能であった。この段階を経て、イヌに灯りとは違う、例えば音信号を回避-逃避箱で回避するよう訓練した。もし音信号の恐怖が灯りに対するジャンプを動機づけるならば、そして恐怖が灯りに条件づけられていたなら、たとえ灯りを回避-逃避箱で経験していなくても、灯りがつくことでイヌはジャンプするよう動機づけられるに違いない。

　Solomon 研究室の2人の学生——Russell Leaf と Bruce Overmier——によって、この実験は行なわれた。しかし、結果は予想通りにはいかなかった（Overmier & Leaf, 1965）。ハンモックで灯りと電撃の対呈示を受けたイヌは、回避-逃避箱に移された時、ジャンプする学習ができなかった。この結果について、研究室の多くは、2過程論を検証する中で起こったたんなる一つの厄介なハプニングと考えた。結局、実験は処置の順序を違えて、回避訓練を最初に行ない、次に、ハンモックで灯りと電撃を一緒に呈示し、最後に回避-逃避箱で灯りのテストを行なうことで首尾よく終わった。動物がハンモックに吊り下げられている間、頭の中でハードルをジャンプしていなければ、灯りはジャンプを刺激性コントロールすることができなかったと思われた。

　一人の科学者の偶然が新しい現象を生み出した。1964年の秋、Bruce Overmier は回避-逃避箱で電撃をじっと受け続けて、ハードルを越えて電撃を停止しようとしない"無力的"なイヌをわれわれに見せてくれた。彼は、目の前で起こっている現象の意味することを解明するために一緒に研究してみないかとわれわれに持ちかけた。われわれは現象が劇的で、それを検討するに十分値すると直感した。

　灯りが点いても、ジャンプしなければ、イヌは電撃を受けることになる。そして、ジャンプすることで、電撃は停止する。あるいはジャンプしなくても、電撃を60秒受け続ければ自動的に電撃は停止する。イヌは、電撃を停止するためにハードルをジャンプすることを学習せずに、毎試行60秒間ずっと電撃を"受け"続けた。興味あることに、イヌはたまにハードルを越えることがあっ

た。しかしすぐに次の試行では、電撃をまた受け続ける結果となった。ハードルを越えるジャンプと電撃の停止との間の恩恵的な関係をあたかも前の試行で経験しなかったようであった。このような現象を目の当たりにして、われわれは実験室で起こっている説明困難な問題を究明しようと決心した。

学習性無力感理論

　Overmier & Leaf（1965）実験の古典的条件づけの段階では、音を10秒間流した後に、イヌの足に0.5秒間持続する電撃を与えた。この処置が、回避-逃避箱で逃避や回避学習の失敗を後にもたらした。もちろん、この操作が古典的条件づけであったので、イヌは音や電撃の起こり方を自らの反応によって変化させることはできなかった。最初われわれは、この古典的条件づけ手続きの中でも、どの側面が得られている結果と結びついているのか検討した。音が必要なのか？電撃を短く与えることが重要なのか？などなど。これらの検討を通じて、本質的に大事なことは、電撃を停止したり回避することができない電撃をイヌに十分な数だけ与えることであった。音を与えることや、電撃の持続時間は問題ではなかった。逃避も回避も不可能な5秒間持続する電撃を80回呈示することが、回避-逃避箱での学習失敗を後に引き起こすための標準的手続きとなった。

　逃避不可能な電撃を与えることがどうしてイヌにとって、いともたやすい回避-逃避箱での課題の学習失敗をもたらすのか？　われわれはある答えを出した（Maier, Seligman, & Solomon, 1969; Seligman & Maier, 1967; Seligman, Maier, & Solomon, 1971）。電撃が逃避不可能であった時、イヌが自らの自発的な行動によってそれをコントロール出来ないということを学習するのではないかと考えた。これが将来のことにも当てはまるように思われた。そこで、コントロール出来ないというこの期待が将来の学習の失敗をもたらすと考えた。さらに、この期待がまた、逃避しようとするイヌの誘因を低下させ、結果的に反応の開始を妨害した。反応-電撃停止の現実の関係を習得することも妨害して、認知障害をもたらした。

　ここに、学習性無力感に関する最初の理論が誕生した。それは、3つの要素からなるもので、（1）重大な環境条件、（2）これらの環境条件から動物の期待への変換、（3）これらの期待による動物の心理的過程の変調である。ここ

で、この理論について詳細に説明する。そして、なぜこの理論が多くの論議を呼び起こしたのか若干の示唆を与える。

コントロール、随伴性と時間的接近性

　動物は、重要な環境的事象を自らの行動でコントロール出来るということを学習する。しかし、伝統的 S-R 論的アプローチはこのような考えを認めない。S-R 理論家にとって、動物は運動反応のみを学習すると考える。そのような学習の強さは強化を伴った確率や程度によって決定されると仮定された。1つの条件確率、すなわち当該の反応に対する強化確率がすべての道具的学習を支配する、$P(Rft/R)$。

　動物の行動が結果をコントロールしないことを学んだということは、2つの条件確率を学ぶとともに、これらの関係についても学習しなければならない。反応しない時に何が起こるか——$P(Rft/No\ R)$——と同様に、反応した時に何が起こるのかを——$P(Rft/R)$——学ぶ必要がある。と同時に、それらの結果がいずれも同じであることを認識しなければならない——$P(Rft/R)=P(Rft/No\ R)$。

　伝統的 S-R 論的アプローチは、行為と結果との間の関係に対する動物の感受性を誤って考えてきた。S-R 論的アプローチは、反応と強化子との間の時間的一致の感度のみを考慮してきた。しかし実際は、図2-1に示すように、動物はすべての起こりうる $P(Rft/R)$ と $P(Rft/No\ R)$ の組み合わせに対して敏感であった。別の言い方をすると、動物は反応と強化子との間の随伴性に応答した。すなわち、これら2つの間の依存的関係あるいは相関性に敏感に反応した。2つの確率が等しくない時はいつでも、反応と強化子との間は依存的関係にあった。この場合、強化子に対して、反応を行なったり行なわないことで、強化子の増加や減少が生じるという意味では、動物は強化子をコントロールしているといえる。粗い言い方をすれば、2つの条件確率の差が大きいほど、コントロールの程度も大となる。所定の反応に対する2つの条件確率が等しい時、強化子はそれらの反応に依存する関係にはない。つまり、動物が反応を行なおうと行なわなかろうと、強化子を操作したりコントロールすることができない。

　伝統的な S-R 論とわれわれの考えとの溝は、見た目以上に深い。S-R 論は、動物を同時に起こった偶発的な出来事によって操られる存在として考える点で、

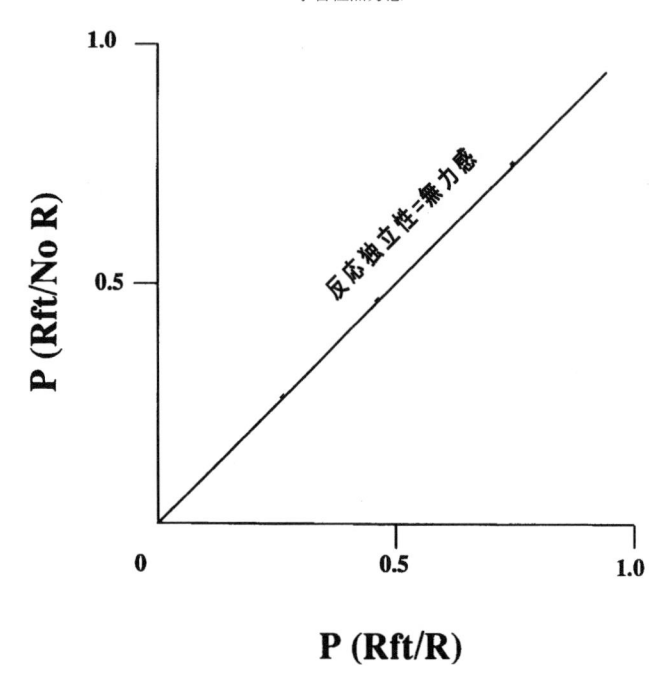

図2-1　随伴性空間

　反応と強化子との間の時間的接近性のみを強調する。反応の後に強化子が続くならば、たとえそれらの間に"真の"関係が存在していなくても、反応は強められる。そして、所定の反応を示さない時の強化子は学習をもたらすことはない。これに対して、学習性無力感の考え方は、動物が"真の"関係と因果的でない偶発的な関係とを区別することで、原因-結果関係を発見することができると考える。

　この考え方の違いをより明確にするために、逃避不可能な一連の電撃を与えるイヌの学習性無力感実験について述べる。所定の試行で、イヌは電撃が停止する直前にある反応（例えば、吠える）を行なったとする。時間的接近説の立場では、以後の試行で、イヌが吠えるという偶発的な出来事が起こりやすくなると予想する。このような偶然の時間的接近性が繰り返されるたびに、吠えるという反応が電撃に対する反応として強化されていく。電撃の停止が吠えるということとは実際に関係していなくても、それは問題ではない。大切なのは、

吠えることと電撃の停止が時間的に一致して起こっていることが、両者の結合を強める。この偶然が十分に重なれば、イヌは電撃に対する反応として吠えるようになるだろう。いっぽう、学習性無力感は次のように考える。イヌは、吠えた時に電撃が停止した場合と吠えなかった時に電撃が停止した場合の比較を行なうだろう。従って、吠えるという反応は、電撃をコントロールする反応にはならない。

表象、期待と知覚

われわれはまた、随伴性やコントロールの程度に応じて、動物は環境の客観的な証拠を認知的な表象に変換すると主張する。この過程については、当初曖昧にしていたが（Alloy & Seligman, 1979参照）、少なくとも2つの段階が存在していると考える。第1に、動物は現在の随伴性を認知しているに違いない。しかし、これがどのように生じるかといった分子レベル的な処理段階を学習性無力感説は言及しない。第2に、動物は将来の随伴性、もしくは随伴性の欠如に対する期待を形成するに違いない。

学習性無力感において、期待は重要な認知的事象であり、観察される障害を説明するものである。期待の知覚に続く段階では、信念や知識、既に有していた期待、因果関係が役割を演じるようになる。別な表現をすれば、最終的な期待の形成に多くの過程が介在する。

心理的過程

最初に、嫌悪事象をコントロール出来ないという動物の期待が、少なくとも3つの心理的過程の変調をもたらすことを論じる。ここで、われわれが観察した行動変化に直接かかわるこれらの心理的過程を振り返ってみる。

誘因的動機づけ 反応と結果が無関係であるという学習と随伴性のなさが今後も起こるという期待は、回避-逃避箱で電撃から逃れるという課題の学習失敗をもたらす。コントロール不可能性の認知は、動物が道具的課題を獲得する際の2つの異なる過程——動機づけと認知的過程——に影響を及ぼす。反応に対する動機づけは、動因と誘因の2つの要素から成立しているとしばしばいわれる（例えば、Bolles, 1967）。動因とは、飢えや喉の渇きなどのように生物学

的に決定づけられた衝動として定義される。いっぽう、誘因とは、起こりうる強化の期待である。動機づけの誘因説は、能動的に動物が反応する場合、動機づけの多く（Spence, 1956）ならびにすべて（Mowrer, 1960）が誘因によって決定されると考える。反応しようとする動物の動機づけが、反応に対して予想した強化によって決定づけられるならば、反応と強化との間の非随伴性に対する関係についての期待は誘因を弱めるだろう。反応が強化確率を高めないと動物が期待するならば、それはどうして起こるのか？

認知 また、既に述べたように、コントロール不可能な電撃に動物を曝すと、行動と電撃との間の関係を実際に学習することが困難になる。この状況では、反応を開始したり運動が生じなくなるというよりも、動物の学習課題の情報処理の仕方が変わるといってよい。逃避不可能な電撃を受けた動物が逃避を要求されるような学習課題に直面した時、電撃の停止を時々首尾よくやり遂げることができる。しかし、電撃を受けた動物は正常な動物と比べると、このようなエピソードについて学習したり、以後に対する期待の形成が異なる。

逃避不可能な電撃をあらかじめ経験した動物は、反応（例えば、ハードルを飛び越える）と電撃停止との間の随伴性を認知しないのかもしれない。このことは、いろいろなことで起こる。例えば、灯りや音のようなある特定の外的手がかりが餌や電撃といった強化事象の生起を予測することと"無関係"であるという学習は、手がかりの"連合可能性"を減少させる（Mackintoshi, 1975）。

ここでの連合可能性とは、手がかりと強化事象との間に予測的関係が認められるようになった時に、強化事象と結合する手がかりの強さを意味する。手がかりと強化事象とのランダムな関係にあらかじめ動物を暴露すると、両者が後に随伴関係を持つようになっても、これらの連合形成が阻害される。連合可能性の低下に対していろいろなメカニズムが提出されたが、動物が外的手がかりに注意を払わなくなることが可能性としてあり得るように思われる。いかなる場合でも、認知的バイアスが起こるためには、最初に、逃避不可能な電撃を与えている時に、行為と結果との間の非随伴性の知覚を必要とする。次に、非随伴性が最初と違った学習場面でも同じように起こり得るという期待を必要とする。

コントロール不可能電撃を前に受けたことのある動物でも、行動と電撃の停

止が同時に生じることを正確に登録しているのかもしれない。しかし、将来もこのことが続くとは期待しない。このような動物では、知覚防衛ではなくて、特有の期待傾向を抱く。言い換えれば、自分の反応によって電撃の停止が起こったとは"原因帰属"しない。従って、随意的反応がこれからの試行でも機能するといった期待が形成されない(動物による原因の認知に関する考察は、Testa, 1975を参照)。

　一連の逃避不可能な電撃をラットに与えることを考えてみる。電撃が停止する直前に、どの試行でも、ラットは何らかの行動を行なっているはずだろう。例えば、右の前足を持ち上げていたかも知れない。次の試行では、電撃を停止するために、この反応を試みるかも知れない。しかし、何の効果もないことが分かる。次の試行では、電撃が停止する直前に偶然に別の反応を示した。しかし、この反応も次の試行で、電撃を停止するのに役立たないことを学ぶ。動物は結局、電撃から救われた時に偶然示していた反応が電撃の停止とは実際には何の関係もないことを、いろいろ体験することになる。動物は、ハードルを越える反応と電撃の停止とが同時に起こっているという認知をどうして持てようか。

　要約すると、動物による非随伴性の知覚と期待は特定試行における反応-強化子関係の知覚を妨害するとともに、後続の試行で、反応が強化子によって伴われるだろうという期待の形成を阻害する。別な表現をすれば、動物による個々の試行の知覚と全般的な随伴性の知覚がいずれも障害を受ける。

情動　最後に、コントロール不可能性の体験が情動の変化をもたらすことを明らかにする。より明確にいえば、嫌悪事象をコントロール出来ないということの学習が不安を生む。もし、そのような体験が持続するようだと、不安はやがて抑うつに取って代わられるようになる (Maier & Seligman, 1976)。学習性無力感はうつ病のモデルとして示唆されてきた。6章でこの主張については詳細に論じることにする。

初期の証拠

　われわれの学習性無力感説はその中心的主張を証明するために計画された一連の実験から生まれた。理論の中心は、逃避不可能な電撃の衝撃は電撃それ自

体ではなくて、そのコントロール不可能性にある。動物がコントロール不可能性を学習するとともに、このことが将来も続くという期待を持った時、逃避学習の失敗と結びついた動機づけと認知的変化が起こる。

学習性無力感説を直接に検証するために、コントロール可能な電撃とコントロール不可能な電撃の影響を比較することとした。コントロール可能な電撃は非随伴性の学習をもたらさず、従って後に別な場面においても学習障害を引き起こさないはずである。コントロール可能な電撃が嫌悪的で苦痛を伴うものであっても、学習性無力感を引き起こすことはない。

この実験をうまくやるためには、コントロールを有した動物とコントロールを有していない動物の両者にいずれも同一の電撃を呈示しなければならない。そうでなければ、後続のすべての行動の差異がコントロールによる差ではなくて、電撃の差によることになってしまう。この要件を満たすために、われわれはトリアディック・デザイン（triadic design）を導入した。動物の一つのグループには、一連の逃避可能な電撃を与えた。この群はレバーを押したり、回転輪を廻したりする反応によって電撃を停止させることができた。第２のグループは最初のグループが受ける電撃と同じ電撃が伝わるように手続きされたが、一連の逃避不可能電撃を受けた。つまり、第２のグループのメンバーはそれぞれ、"逃避可能"なグループのメンバーとペアにされ、同一の電撃を一緒に受けた。ペアになった動物にとって、電撃の開始も停止もいつでも同じであった。第３のグループの動物は、電撃をまったく受けなかった。このグループは、電撃それ自体による影響を評価するために設定された。

このデザインを用いて、100以上の実験をこれまで行なってきた。いつでも確信の持てる結果は、コントロール不可能な電撃のみが無力感効果を引き起こすということであった。物理的にはたとえ同一であっても、コントロール可能な電撃にはこのような効果をもたらす力はなかった。電撃それ自体によるのではなくて、コントロール可能性が重要な決定因子であった。

しかし、学習性無力感理論はコントロール可能性だけが重要であるとはいっていない。非随伴性の知覚とコントロール不可能性の将来の期待もまた大切である。これらの過程に操作を加えれば、たとえ非随伴性が客観的に存在していても、学習性無力感の効果の発現に変化を及ぼすことができる。従って、動物が嫌悪事象のコントロールの経験を最初に積んでおくと、後で逃避不可能な電

撃に遭遇しても、非随伴性の学習を阻害するに違いない。このような初期経験は同時にまた、後に逃避不可能な電撃がコントロール不可能であることを学んだとしても、非随伴性に関する将来の期待を弱めると考えられた。逃避可能な電撃を初めに経験した動物では、学習性無力感効果はまったく認められなかった（Seligman & Maier, 1967）。後で、この"免疫"効果については詳述する。

　コントロール不可能性についての動物の期待が実際のところ重要ならば、学習性無力感が完全に発現した後でも、コントロール可能性の導入を図ることでその消失が可能になるはずと思われた。そこで、われわれは一群のイヌに逃避不可能な電撃を与え、回避-逃避箱の逃避学習を繰り返しテストした（Seligman, Maier, & Geer, 1968）。逃避失敗が慢性的になった後、ハードルをはずして、逃避試行中に回避-逃避箱の２つの部屋の間をイヌを引きずって、行き来させた。回避-逃避箱の中央を横切れば、電撃は停止した。30から50回、そのようにしてイヌを引きずると、イヌは自分で反応するようになった。その後、われわれはハードルを元通り装置に戻したが、イヌは逃避を続けることができた。

　この"治療"では、テストで要求される逃避反応とまったく同じ反応をもってして、コントロール可能性を体験させる必要はない。無力感に陥った動物が嫌悪事象をコントロールするためにまったく違う反応を課せられたとしても、この経験は学習性無力感の効果を消失させた。例えば、逃避不可能な電撃を受けたラットが回避-逃避箱で逃避学習をテストされる前に、回転輪を前足で廻すことで電撃から逃れるよう訓練を受けたとしても、回避-逃避箱の遂行はその後問題なく行なえた（Williams & Maier, 1977）。

　学習性無力感理論は、イヌとラットに電撃を与え、回避-逃避箱で逃避／回避学習をさせることに限定されたものではない。いろいろな種、電撃以外の強化子、さまざまな学習課題で検証することを心がけた。一般性はすぐに確立された（レビューについては、Maier & Seligman, 1976参照）。逃避不可能な電撃の後の逃避障害はネコ、金魚、砂ネズミ、モルモット、マウス、ラットや人間でも認められた（4章を参照）。回避-逃避箱における逃避に加えて、バー押し、棒登り、回転輪廻し、ペダル踏み、水泳などの反応が学習性無力感の効果を証明するために用いられた。

　この効果は逃避不可能な電撃にのみ特異的なものかどうか、あるいは逃避不可能なものであれば、別の嫌悪事象であっても逃避反応の学習失敗をもたらす

のかどうか最大の疑問であった。この問題について扱った研究はそれほど多くない。電撃ほどコントロール可能性を容易に操作できる嫌悪事象がなかなか思いつかなかったことによる。しかし、逃避不可能な水中に動物を曝すことは、逃避失敗を後で引き出すことができた。これに対して、"コントロール可能"な水中では、この効果は認められなかった（Altenor, Kay, & Richter, 1977）。

　学習性無力感の支持者はさらに、たとえコントロール不可能な出来事が望ましいもの、中性的なものであっても、学習性無力感は同様に発現することを主張する。行動と無関係に望ましい強化子を受けると、動物はこれらがコントロール不可能であることを学ぶとともに、行動が随伴性を有するようになった時でも、その学習が遅れる。"報酬性"学習性無力感もまた、多くの研究者によって報告された（例えば、Engberg, Hansen, Welker, & Thomas, 1976; Welker, 1976）。灯りや音のような"中性的"な感覚刺激を非随伴的に動物に与えることでも、それらの刺激をコントロールしようとする反応の習得を阻害する。ラットなどの動物では、ただたんに環境の変化をもたらしたり、そのような変化を終結させる反応をしばしば習得するが、これであってもこのようなコントロールを行なえなくすると、やがて反応は生じなくなる（Glow & Winefield, 1982）。

　これまで、非随伴的な出来事に動物を曝すことが、その後そのような出来事をコントロールしようとする学習能力を損ねることを示してきた。しかし、障害は個々の出来事にとって特有なものなのだろうか。学習性無力感のこの面における一般性は、Altenor、Kay と Richter（1977）によって検討された。彼らは、ラットを水に入れるグループと電撃を与えるグループに分け、それぞれのグループにはコントロール可能な条件とコントロール不可能な条件のいずれも用意した。つまり、ラットを4群に分けて、各グループの半数には水中からの脱出をテストして、残りは電撃からの逃避をテストとした。コントロール不可能な電撃はいずれの逃避学習をも阻害した。コントロール不可能な水中の経験もまた、後続の逃避学習の失敗をもたらした。別な表現をすれば、学習性無力感の効果は、嫌悪事象のタイプにかかわらず一般性を有した。

　これらの証拠と同様に、有害刺激と異なる心理的過程によって引き起こされた嫌悪状態から逃れようとする動物の学習もまた、逃避不可能な電撃は阻害することが分かった。Rosellini と Seligman（1975）は、ラットに逃避可能な電撃、これとマッチさせた逃避不可能な電撃、電撃なしのいずれかを処置した。続い

て、ラットは目標箱に置かれた餌を求めて走路を走るように訓練された。その後、消去手続きが導入された。つまり、走路を走っていっても、目標箱にはもはや餌は置かれていなかった。このような消去は、フラストレーションを引き起こして、不快な体験となる。そこで、ラットはこの状態を喚起する場所を避ける反応を学習すると思われる。RoselliniとSeligmanは、フラストレーションの原因となった目標箱の手がかりから逃避反応を遂行する機会をラットに与えた。逃避不可能な電撃を以前に経験していたラットは逃避反応を学習出来なかった。

報酬性事態のみならず、有害的な事態でも、学習性無力感は共通して見られる現象であることを一般化した。逃避不可能な電撃を受けた動物は、餌を手に入れるために道具的反応を学習することがうまくいかない（Rosellini, 1978）。反応と無関係に与えられた餌は電撃を逃避する学習を妨害する（Goodkin, 1976）！転移は広範で、動物が体験する実際の非随伴的事象を越えて生じた。

論争

学習性無力感仮説を発表して以来、逃避不可能な電撃を経験した動物がなぜ逃避学習を失敗するのかについて、さまざま違った見解が他の研究者からすぐに示された。大きく分けると、行動的な解釈と神経化学的な解釈の2つのタイプが出された。この章では、行動的説明について詳しく述べる。神経化学的説明は3章で扱うことにする。そこで最初は、異なる見解を紹介し、なぜこのような反論が起こったのか推測する。最後に、反論の根拠となった、とくに行動的説明を支える若干の証拠を考察する。紙面の都合で、十分な考察は展開できないが、興味のある読者は、AlloyとSeligman（1979）、Maier（1989b）、MaierとJackson（1979）、MaierとSeligman（1976）を参照していただきたい。

競合運動反応説

学習性無力感と違う見解をとる行動的説明はいずれも、特徴的な3つの段階からなっている。

1. 逃避不可能な電撃を受けている時に、被験体は何らかの運動反応を習得す

る。
2．テスト場面で電撃を受けると、以前に習得した運動反応がテスト事態に転移する。
3．この運動反応がテスト事態で要求されている逃避反応（例えば、ハードルを越える）と対立する。つまり、運動反応と逃避反応とが同時に行なえないという意味である。

　この見解では、被験体が学習に失敗するのは、逃避反応を遂行する上で支障を来すような別の反応を行なうからということになる。動機づけや情報処理の障害ではなくて、遂行障害だけが生じている。これらの仮説に従えば、逃避不可能な電撃を受けた被験体は逃避反応の学習を行なうだけの動機づけと能力は有しているが、他の動物ほど適切に運動反応が行なえないことを意味する。
　競合運動反応仮説の中でも、動物が競合反応を習得するメカニズムについてはいろいろ違った考え方がある。例えば、Bracewell と Black（1974）によると、動物が電撃を受けた時、静止している場合よりも、活動的であった場合に障害が顕著であった。従って、逃避不可能な電撃を受けた動物はハードルをジャンプしたり、レバーを押したりする代わりに、動かないことを学習する。
　一方、Glazer と Weiss（1976）は学習性無力感実験で用いられる逃避不可能な電撃は5秒から6秒であること、電撃によって誘発される運動活動は3ないし4秒で低下すると論じた。従って、動物の側からすると、活動性が低下した時に電撃がちょうど停止することになり、表面的には、この活動性の減少が強化されることになる。ここでもまた、動物の活動性の欠如が逃避を妨害する。Anisman と Waller（1973）や Levis（1976）もまた、似たような反論を出した。
　このような考え方に従えば、逃避可能な電撃と逃避不可能な電撃を受けた動物の動機づけと認知には何も問題はなく、電撃に対処するために習得した運動反応に問題があることになる。ある反応は逃避に要求されているものと一致しているが、別な反応は不一致であるということであろう。

神経化学的理論

　逃避不可能な電撃は強大なストレッサーであるために、運動に必要な神経伝達物質を枯渇させることを大勢の研究者が主張した。逃避不可能な電撃を受け

た動物が逃避課題の遂行成績が劣るようになるのは、文字どおり逃避反応を遂行できないためである。Weissら（例えば、Weiss, Glazer, & Pohorecky, 1976）は、枯渇する物質としてノルエピネフリンに注目した。いっぽう、Anisman (1975) はノルアドレナリン作動性とコリン作動性神経系を問題にした。このような研究法は競合運動反応説とは別の次元の分析であるが、逃避不可能な電撃が運動過程に影響を及ぼすために、後続の逃避反応を妨害する点で同じ議論となる。ここでもまた、逃避不可能な電撃を受けた動物には、その経験によって認知的な変容が起こるとは考えない。

なぜ反論が起こったのか？

このような反論が発表されると、すぐさまこれらの見解に対する反論がまた論文となった。この思いがけない論争を説明することは容易でないが、その理由の一つは1章で既に指摘したように、学習性無力感仮説が行動の新しい説明を示した点でセンセーショナルであったことによる。学習の伝統的な S-R 理論にいろいろな新しい仮定が数多くつけ加えられた。逃避不可能な電撃が及ぼす行動の影響に関する説明にあって、最大の論点は S-R 理論対認知理論であった。学習性無力感効果は S-R メカニズムによって説明が行なわれた。例えば競合運動反応説は運動反応の強化だけを仮定する。これと同じ運動反応が共通する刺激によって引き出されるが、その転移は要求される反応と身体的に競合する運動反応パターンであるために学習性無力感効果が発現すると説明した。神経化学説では、学習の仮定はまったくない。

学習性無力感理論が伝統的な S-R 理論とどのように立場を分かっていったのか正確に振り返ってみることにする。しかし、すべての点において、認知的見解と S-R 理論がお互いにまったく相容れないわけではなく、区別することが容易でないこともある。にもかかわらず、学習性無力感理論は S-R 理論がしばしば仮定する4つの前提は不要だと考える。

1．時間的接近性　われわれが学習性無力感理論を発表した時、ほとんどの学習理論は事象間の時間的接近性が学習にとって一番重要であると仮定していた。ある理論では時間的接近性は必要条件だが、十分条件ではないと考えた（例えば、Hull, 1943）。しかしほとんどは、学習にとって必要十分条件であるとした（例えば、Guthrie, 1935; Skinner, 1938）。時間的接近性はもっとも重要

な条件であった。しかし、学習性無力感理論は既に指摘したように、時間的接近性ではなくて、随伴性を問題にした。

2．反応強度の自動性と連合過程の単純性　時間的一致の増強効果は動物の認知的活動に関係なく、直接的で、不可避的なものと考えられた。刺激と反応の近接が両者の結合を自動的に強めると思われた。学習性無力感仮説はこれに対して、学習をたんなる時間的接近の産物とみなことに異議を唱えた。動物は反応を行なった時と行なわなかった時の強化の確率を比較すると考えた。動物の反応とそれに続く強化の時間的な接近性は結合を強める十分条件ではない。動物は、環境の因果的構造を分析している。学習性無力感仮説はさらに進んで、動物が刺激と反応との時間的な近接から学ぶものはそれらの関係についての先行期待や以前に形成された期待などに基づいていることを主張した。

3．反応　伝統的なS-R理論家は、古典的条件づけあるいは道具的条件づけ手続きから学ばれるものが反応(例えば、レバー押しやジャンプ、唾液分泌)であって、環境の表象や随伴性ではないと主張する。状況を越えて学習が転移するのは、場面に含まれる反応間の機械的交互作用に拠るとした。ある場面での動物の経験が別な場面での遂行を促進したなら、最初に学習された反応は第2の学習場面で必要とされた反応と一致していたために反応の促進が起こったと考えた。もし妨害が起こったなら、反応が一致していないからで、最初の反応は続く反応から差し引かれたと見なされた。

逆に、われわれは動物が期待を学習すると考える。具体的にいえば、反応と無関係に生じる電撃がこれら2つの出来事は関係していないという表象と期待をもたらす。偶然に強化される運動反応の見方とは異なって、認知的状態が後続の逃避学習を阻害すると考える。われわれには、S-R理論が学習されるものと学習が測定されたものとを混同しているように思えた。

4．転移の範囲　多くのS-R理論家は、学習されるものが特定の刺激ないし反応であり、その刺激ないし反応に限定されると仮定した。新しい状況にもし転移が生じるとするなら、物理的類似性の次元に沿った刺激般化が原因と考えた。物理的類似性がなければ、転移は起こらない。しかしわれわれには、動物の期待が他のいろいろな状況に、物理的類似性にかかわらず、般化されるように思えた。

要約すれば、学習性無力感理論は学習の本質にかかわる点でいくつか、伝統

表2-1　S-R理論と学習性無力感理論の対比

	S-R理論	学習性無力感
学習の臨界要因	時間的一致性	随伴性
連合過程	自動的	認知に依存
学習されるもの？	反応	期待
学習の転移	限定	広範

的なS-R理論と異なった。表2-1にこれらの差異を示している。

　ここで現象の性質自体をより詳しく考察するとともに、解釈を支持する証拠を取り上げる。最初に、用語の使用についてコメントする。学習性無力感仮説は当初、反応や強化、関係性などS-R理論の用語で説明された。その後S-R理論からの反論に抗しきれず、徐々にこのような用語を用いなくなった。これまでは、行動を記述する目的で、"反応"という言葉を使う時には決まって、動物が環境の出来事によって動機づけられていることを意味した。動機づけはこの場合、動物の外にあった。結局、反応は何かに対して反応する必要があった。S-R理論は、直接観察可能な外部刺激を必要とした。同じく、電撃の停止とか餌の呈示などの出来事に対して用いる"強化子"という言葉もまた、強化子が連合を強めるなどの仕方で、行動にいつでも影響を及ぼすことを仮定した。われわれがこのような考え方を捨てるにつれて、反応の代わりに"行為"とか、強化の代わりに"救い"とか"望ましい結果"とか、あるいはただたんに"結果"という表現を用いるようになった。

時間的接近性と随伴性の対比

　既に考察してきたように、伝統的なS-R学習理論は反応と強化子の時間的接近性が自動的に反応を強めると主張する。これに対して、学習性無力感理論は動物が自らの道具的行動をP(Rft/R)とP(Rft/No R)の比較を通じて調節すると考える。これらの条件確率の差が大きいほど、そしてその差が正か負かに応じて、当該の反応を行なったり、抑制することを積極的に行なうだろう。S-R理論と学習性無力感理論の成功と失敗について、最近の知見を評価してみる。

時間的接近性

強化子が動物の反応に依存する典型的な道具的学習場面では、時間的接近性と随伴性の作用を区別することはできない。反応の依存性は行為と結果の時間的接近性と随伴性の両者から成立する。時間的接近性と随伴性とを区別するためには、動物の反応と無関係に結果を呈示するような実験を組まなければならない。例えば、随伴性はないが、時間的接近性は偶然あるような状況を設定する。道具的学習における時間的接近性を支持する証拠のほとんどはSkinner(1948)の有名な"迷信行動"の実験から得られており、概念的枠組みもまたそこから導かれてきた。Skinnerはハトの行動に関係なく、餌を与えた。ハトの行動と餌の呈示に関して、実験者は何の意図的操作も加えなかったが、それぞれのハトは壁の特定の場所をつついたりするなどの奇妙な動作を示すようになった。このような反応は非常に安定的で、セッションが変わっても同じように高頻度に観察できた。

餌の呈示とハトの奇妙な動作との間にはとくに意味のある関係が実際に存在していないにもかかわらず、反応が獲得されたということは何を意味しているのだろうか？ Skinnerは、ハトが偶然何か行動を示した時に餌が与えられたことが何度か起こったのではないかと仮定した。反応と強化の時間的接近性が反応を強めたので、その後その反応が繰り返されるようになった。これがやがて、反応の増大を生み、結果的に反応の後に餌がもらえる機会を増加させたと思われる。Skinnerによれば、ハトは反応をした時起こることと反応をしなかった時に起こることを比較はしない。ハトは、時間的接近性によって駆動される正のフィードバック回路に組み込まれるだけと見なした。

常同的反応の研究がさまざまその後行なわれ、この迷信概念を支持したように思えた。実験では、一般的な反応パターンが示されている限りにおいて、動物の行動に関係なく餌を与えた。結果は普通、動物の行動がごく限られた常同的反応に限られるようになった。例えばAntonitis(1951)は、餌を得るために、壁の隙間に鼻を差し込むことをラットに訓練した。ラットは水平線のどの位置でも鼻を差し込んで、餌をもらうことができたが、隙間の中央に集中して鼻を入れるようになった。このような常同的反応の形成は、Skinnerの迷信実験では強化子の時間的接近性から説明されている。

しかし、このような結果が時間的に近接した強化子によって起こってはいないことを示す強い証拠がある。迷信実験は、獲得されるようになる反応と強化子との間に時間的接近性が実際に存在していると仮定する。けれども、現実にはこれは起こっていない。StaddonとSimmelhag（1974）は反応と関係なく餌をある一定間隔で与えている時のハトの行動を直接観察した。Skinnerと同じように、反応と餌の間に随伴性がなくても、常同的パターンが起こることを見いだした。しかし、このような常同的反応が形成されるにつれて、その反応の生起は餌の呈示と時間的に一致しなくなった。時間的接近性がないことが明確になったことで、動物の行動変化の説明に時間的接近性を持ち出すことができなくなった。

 時間的接近性による説明への反論はさらに、StaddonとSimmelhagの新たな発見を生んだ。彼らは、常同的行動がしばしば餌が起こるかなり前に発現することに気づいた。実際、餌の呈示が起こって、時間的にかなり経過した後で常同的行動は生じた。

 StaddonとSimmelhagの観察について、ハトは自分の行動と結果との間の遅延を弁別するのが不得手であるということで、彼らの報告を無視することも可能である。しかしこれはそうではない。NussearとLattal（1983）は灯りが点いたとき、3つのキーの内の中央を突くように訓練した。それぞれ異なる2つの条件で、中央のキーが暗くなった。例えば、ある条件ではキー突きの後すぐに暗くなった。もう一つの条件では、最後のキー突きの後しばらく経過して、キーが暗くなった。中央のキーが暗くなった時、両脇のキーが明るくなった。ハトの作業は、中央のキーが暗くなった時（すぐに暗くなる条件と遅れて暗くなる条件の2つがある）、両脇の明るいキーの内のいずれか片方に反応することであった。遅延が0.2秒あれば、ハトは2つの条件の違いを弁別できた。なんと、微妙な差を調べた実験であることか！

 すなわち、"迷信"反応は強化子と時間的に一致して起こっていたのではなく、反応に依存して起こる結果のごくわずかな遅れの弁別が原因であった。迷信実験の強化子の時間的一致説は論拠を失った。最近の研究では、反応がもたらす強化子の特性や反応バイアス、強化子による覚醒などが"迷信"反応の形成に関与していることが示されている（Killeen, 1978）。

 反応の常同実験から何を学ぶことができるのか？　常同的になる反応と強化

子との間の偶然の時間的一致はある。例えば、Antonitis（1951）実験では、ラットは鼻を穴に入れた時に餌がもらえた。従って、餌と特定の位置に穴を差し込む偶然の時間的一致は起こったと見られる。反応常同実験は、迷信実験以上に時間的接近性の原則を支持しているように思える。

　DavisとPlatt（1983）はしかし、反応常同実験では、いろいろな反応の機能的等価性について検討していない。ある特定の反応に動物が焦点を当てるようになるには、時間的一致に基づくよりも、もっと別の理由があるのかもしれない。特定の装置を用いて、動物の行動に制約を加えると、ある特定の反応が強化に対してより鋭敏に変化するかもしれない。Antonitisは、餌皿の位置——鼻を差し込む穴の真向かい——が中央の位置に鼻を入れる常同反応の形成に関係したと説明した。

　DavisとPlatt（1983）は反応価の機能的等価性について検討するために、反応常同実験を行なった。装置天井の中央からどの方向にでも曲がるジョイスティックが挿入された。ラットはジョイスティックを動かすことで餌がもらえた。一連の実験の最初のシリーズでは、ある特定の向きにジョイスティックを動かした時にのみ、ラットは餌がもらえた。強化の可能性はすべての方向で等しかった。

　ここでの重要な問題は、ジョイスティックを動かす方向と無関係に餌が与えられたならば、何が起こるかということであった。時間的接近性が重要であれば、ラットの反応獲得は十分に予想がつく。どの方向にラットがジョイスティックを動かすかの反応分布は、時間的一致が作用する程度に応じてランダム性を有した。ここでは、何も起こらなかった。つまり、常同反応が見られなかった。

　時間的接近性を支持すると考えられていた現象が、厳密に分析していくと、もはやそうではなくなった。時間的接近性を直接反証した証拠があるのかが、次の問題となった。次のような仕方で数多くの実験を多くの研究者が行ない、データを示していた。第1に、報酬を得るための反応を動物に訓練する。変動間隔による強化スケジュールによって、動物の反応を確実に引き起こし、これを安定させる。次に、示された反応のごく一部分の行為に対してのみ強化するようにする。この微妙な反応を学習するようになった後、通常の強化スケジュールに戻して強化を続ける。しかし今度は、反応と無関係に餌を与えることも

強化スケジュールに加える。反応と無関係な強化が加わったことで、オペラント反応は増加するようになったのか、あるいは減少したのか？

強化子が負荷されても、反応と強化子が時間的に一致して生じる数を減らすことはないから、時間的一致説は反応の減少を予測しない。時間的一致説の予想によれば、強化子の追加によって、反応と強化子との間の連合数が増加することになる。この増加は、反応と独立して与えられる強化子の直後にたまたまオペラント反応が何度か起こるから強められると考えられた。しかしながら、反応と無関係に呈示された強化子は反応率を減少させる結果となった（Rachlin & Baum, 1972; Zeiler, 1977）。

随伴性

随伴性は2つの重要な仮定を必要とする[1]。一つは、動物は反応に依存して生じる強化事象と反応に依存しないで生じる強化事象との間の弁別が可能でなければならない。もし動物がそのような弁別をできないならば、P(Rft/R)対P(Rft/No R)はいかなる心理的衝撃も及ぼさないだろう。第2に、随伴性の確率の変化が動物の行動変化を引き起こさなければならない。2つの条件確率間の関係がその行動をコントロールする。

重要な研究がある。Killeen（1978; Killeen & Smith, 1984）は反応に依存した結果と反応に依存しない結果とをハトが弁別できるかどうか検討した。最初にハトに、灯りのついた反応キーを突くよう訓練した。キー突きは5％の条件確率でキーを暗くした。つまり、20回に1回、キー突きはキーを暗くさせた。しかしハトは、どのキー突きがそのような結果をもたらすかは予測できない。

同時に、ハトが最近キーを突いたと同じ割合で、コンピュータもキー突きを行なった。コンピュータのキー突きもまた、5％の条件確率でキーを暗くさせた。すなわち、キーが暗くなるのは、一部はハトのキー突きに応じて起こったが、他はコンピュータによる入力で生じたため、キー突きとは無関係であった。キーが暗くなった時、両脇のキーが点灯した。ハトは自分のキー突きで中央のキーが暗くなったのか、あるいはコンピュータによって起こったのか正しく判断できれば、餌を手に入れることができた。自分の行動で中央のキーが暗くなった時には、左のキーを突けば餌がもらえた。逆に、コンピュータによって起こった場合には、右のキー突きで餌がもらえた。

ハトはこの課題を非常に正確に遂行できた。従って、自らの行動が中央のキーを暗くさせたのかどうか区別できたことになる。しかし、コンピュータがキーを暗くさせた時にハトもキーを突くことが偶然起こったかもしれない。この場合、ハトはどちらが正しいのか弁別が不能になるだろう。まさしく、この課題をハトがどのように行なうのか評価することができた。反応とは関係なしに起こった変化を自分のキー突きの結果であるように、ハトはどのように見なすことができたのか。さらに、キーが暗くなったのは、自らのキー突きではないということをどのようにハトに認識させたのか。Killeen は丁度可知差異（jnd）をおおよそ1／20と推定した。

随伴性の概念の本質は、行動が P(Rft/R) と P(Rft/No R) の両者の間で変動することを示す点にある。反応は P(Rft/R) と P(Rft/No R) が異なる時にのみ習得される。2つの条件確率の差異が広がるにつれて、反応はより強固になる。別な言い方をすれば、特定の P(Rft/R) が与えられた時、P(Rft/No R) が P(Rft/R) の値に近づくにつれて、反応は弱くなる。この予測は、時間的接近性の考え方ではうまく説明できない。というのも、時間的な接近性はいずれも一定である時の学習だからである。

残念ながら、これを検証するのは容易ではない。適切な実験を行なうためには、P(Rft/No R) の値を操作する必要がある。この確率をどのように計算し、それを操作したらよいのだろうか。R の場合には、観察が可能なので、P(Rft/R) のすべての値を特定することは簡単である。0.33の確率を設定したければ、反応が起こった時、その1／3に対して強化を施せばよい。しかし、0.33の P(Rft/No R) を設定するにはどうしたらよいだろうか。これを設定するには、すべての No R を特定した上で、それらの1／3に対して強化を施せばよいことになる。しかし、ある時間内に R が起こらなかったとしたら、いったいどれだけの No R が行なわれたのか、どうしたら数えられるのか[2]。

Hammond（1980）はこのジレンマをうまく解消した。確率強化スケジュールと呼ぶべきスケジュールを考案した。スケジュールによって、すべての t 秒に対して強化が与えられるか与えられないか決まった。その基準は、当該の時間中に R が1ないしそれ以上起こったかどうかであった。例えば、1秒あたり P(Rft/R) が0.12になるよう設定された場面にラットを置いた。反応としてレバー押しを要求し、その強化には水を用いた。つまり、今から1秒前にレバー押

しがあったかどうかで強化が決められ、もし反応があったなら、0.12の確率で水が報酬として与えられた。P(Rft/No R)もまた、同じ1秒の中で判定された。Rが起こったかどうか、1秒毎に照合された。この間にレバー押しがなければ、No Rとしてみなされた。従って、1秒毎にRかNo Rが決められた。

Hammondはこのスケジュールによって、No Rに対して任意の条件確率で強化子を与えることができた。随伴性理論が予想したように、条件確率が0から0.12に増加するにつれて、レバー押しは減少することを見いだした。TomieとLoukas (1983) による実験でもまた、反応をオープンフィールドの位置、強化子として脳刺激を使って、Hammondの結論を支持した。経験的レベルでは、反応と強化子との間の随伴性は動物行動に影響しているように思える。

まだわれわれの随伴性の考えは漠然として、種々の点で明確でなかった。随伴性の考えには、当初われわれが提案した以上に詳細な定義が必要であった。問題を明確にするために、動物は環境の中で条件確率に直接遭遇することはないことを認識しておく。このような確率は、動物がその行為や環境における出来事、これらの間の時間など、実際に受け取る情報から計算された抽象的なものに過ぎない。反応と環境事象、反応とある確率をもって生じる事象との組み合わせ、条件確率などは、これらから計算される。

表2-2に示すように、四分割表で表わされる4つの随伴性マトリックスがある。各々のセルはRとNo R、 RftとNo Rftの考え得る4つの組み合わせからなる。aのセルは動物の反応が強化子をもたらす場合である。bのセルは動物の反応が強化子をもたらさない場合である。cのセルは反応を行なわなかった時に強化子が生じる場合である。dのセルは反応がない時には強化子がない場合である。ここで強調すべきことは、このマトリックスに当てはまる数値はこれらの組み合わせの倍数となる。それらは確率ではないが、実際の数値は当てはまる。

これらは実際に動物が体験する出来事を、確率で計算した情報である。例え

表2-2　随伴性マトリックス

	強化 (Rft)	強化なし (No Rft)
反応(R)	a	b
反応なし(No R)	c	d

ば、P(Rft/R)＝a/(a+b) と P(Rft/No R)＝c/(c+d) であるとする。厳密には深く考えずに、動物はこれらの比を計算したり、その差を比較することで、随伴性をおおよそ評価出来るとする。それほど注意深くならなくても、このことが起こり得ることがすぐに分かる。2×2のマトリックスから随伴性を算出する仕方は幾通りもある。実際、動物はこれらのいずれも利用することができる（考察は、Hammond & Paynter, 1983を参照）。例えば、Gibbon、Berryman と Thompson (1974) は動物が ϕ 係数に近いもの、(a/[a+b]−c/[c+d]) (a/[a+c]−b[b+d]) を計算することを示唆した。

われわれは、随伴性の情報を統合するためにある公式を提案した。とくにこの計算式がよいという積極的な理由から選んだのではなくて、別の公式を知らなかったことが大きい。

ただわれわれとしては、随伴性の重要性を大勢の人が認識出来るように議論を望んだ。一番それらしい計算式を示唆したが、動物は実にいろいろな計算を行なうことができた。まさに、彼らはさまざまな仮説を組み込んでいた。

ある変数を操作し（例えば、表2-2のセルに実際の値を代入する）、どの演算が計算によって生起する行動をもっともよく予測できるのか決定することが解法の早道である。しかし、このような実験を行なうためには、各演算式のそれぞれの値を計算する必要があった。

残念ながら、この作業によって、われわれの随伴性理論の弱点がもう一つ明らかになった。実験のためには、表の各セルの値を正確に測定する必要があった。しかし、理論はセル a に入力する値として、反応に対して強化子がどの程度関連して起こるのか特定しない。同じことが、別のセルについてもいえた。Hammond (1980) の研究に関連して考察したように、ある時間ユニット t における、4つの随伴性マトリックスの各々を示す事象を分類した。すべての t 間隔を調べる前に、表に代入する事象として R や No R を含むか、あるいは Rft か No Rft か決めた。これは難しい作業ではなかった。

しかし、t の値に応じて、各セルの数値がいろいろ違ってくるという厄介な問題が待ちかまえていた。t をどうすべきか分からなかった。t の値は任意であったので、とうぜんセルの値も推定値しか取り得なかった。通常の予測はできなかった。というのも、t に応じてセルの数値がいろいろ変わったからである。

被験体の行動が強化子をもたらすのかではなくて、いつ強化子が生じるのかを決定する実験では、随伴性理論が時間をどのように扱ったらよいか問題を浮き彫りにした。Thomas（1981）の示唆に富んだ実験では、ラットを20秒刻みに分割したスケジュールに供した。レバー押しを示そうとそうでなかろうと、毎20秒ごとに餌を与えた。ある20秒間隔の最後までに、レバー押しが見られなかったら、そこで餌を与えた。20秒間隔のいずれかの時点で、最初のレバー押し反応が起こったならば、即座に餌を与えた。従って、レバー押しがもたらす唯一の結果は、無反応の場合の20秒間隔の最後の時点の餌の呈示からレバーを押した時点の餌の呈示まで、餌の呈示を移動させたことになる。動物はレバー押しを習得するとともに、ほとんどの間隔で反応を行なった。

　この実験では、餌はレバー押しと時間的に一致したが、随伴性はかならずしもなかった（ラットがレバーを押そうが押すまいが、餌は生じた）。安定したレバー押しが起こったため、実験結果は時間的接近性の法則に従っているように思える。しかし、Thomas 実験における時間的接近性は本質的なものでないだろう。別の実験では、Hineline（1970）は20秒間隔で電撃を呈示するスケジュールを考えた。もしレバー押しをラットが行なったならば、8秒後に電撃を与えた。つまり、電撃を回避することはできず、それをたんに先送りするだけであった。この手続きでは、たとえラットがレバーを押しても、餌を呈示した実験のように、レバー押しによる劇的な出来事は起こらなかった。しかし、反応はここでもまた獲得された。Wasserman と Neunaber（1986）もまた、Thomas や Hineline と同じような実験を行ない、同様の結果を得ている。

　これらの実験に、反応-強化子の随伴性は認められるのだろうか。その答えは t 次第である。Thomas の実験を考えてみよう。もし t が20秒周期であると仮定するならば、レバー押しと餌の呈示の間には随伴性はない。この仮定の許では、強化確率はレバー押しがあろうとなかろうと、いずれも1.0で同じである。ラットの行動に関係なく、20秒周期で餌は自動的に与えられる。しかし、ある t がある値をとる時には、レバー押しと強化子との間には正の随伴性が生まれる。これは満足すべき条件ではない。

因果律

先の議論は、時間的接近性の法則が行動の習得と遂行を決定する要因の説明としては不十分であることを示唆した。随伴性の見解は、動物がRの後とNo Rの後の情報を統合する点で支持される。しかし、われわれが提案した条件確率からの分析ではいろいろな問題があった。

因果律の概念を考えると、袋小路からの脱出が可能になる。哲学者が事象間の原因関係を推論した状況を特定しようと試みた時、連合と時間的一致の原則が最初に誕生したことを思い出してみよう。David Hume（1739）が「人間の本質の考察 A Treatise of Human Nature」を著して、原因-結果の関係を人に印象づける3つの原則を提案した。それは、(1) 時間的先行—原因が結果の前になければならないこと、(2) 時間的ならびに空間的接近性—原因と結果が時間的ならびに空間的にともに接近して起こらなければならないこと、(3) 結合の一定性—原因はいつでも結果を引き起こさなければならないこと、であった。

因果律の概念は当初に考えられていたよりも複雑であった。ある出来事はいろいろな原因（近因、質料因、根本因など）で起こり得る。さらに、因果律は物理的出来事や対象に元来備わっているものではない。むしろ、それら2つの出来事の間の時間的関係に対するラベルをあてたに過ぎない。Humeは因果が物理的な現象ではなく、心理的現象であると考えた。彼によると、因果は体験間の一つの関係性であった。ところが、因果関係があるとは見なされない物理的な事象との間には、さまざまな順序関係がある。例えば、ある時点における衛星の位置が別の時点での衛星の位置移動の原因なのか？ しばしば、われわれは関係を因果的に記述するが、その場合、特定の性質をそこに付与してしまうことになる（Michotte, 1963）。

原因的推論の原則と学習の法則との間には奇妙な類似性が認められる（Testa, 1975）。時間的先行性や空間的かつ時間的接近性、結合の一定性など、これらはすべて古典的条件づけと道具的学習が起こるための重要な要件である。

・学習の成立のためには、動物の反応は強化子に時間的に先行していなければならない。

・反応と強化子との間に時間的なズレがあると、学習は遅れる。
・反応と強化子との間が空間的に一致していると、学習は促進される（Boakes, 1977）。
・反応と強化との間の相関もまた重要である（Hammond, 1980）。

これらはわれわれにとって、学習の現象を因果律の文脈に沿って考えることを動機づけた。

　学習性無力感の説明の中に、この見方がどのように取り込まれたのか？　イヌが自分の行動は電撃を停止できるものではないということを学習していることを、1967年当時、われわれは説明しようとしていた。われわれが研究対象としていた動物が出来事の原因を探求する存在として概念化した。なぜなら、原因を知ることは将来同じ出来事に遭遇した時に、適応的に振る舞う上で役立つからである。そこで、動物は出来事間の見かけ上の結合と"真の"関係とを区別させようとした。そこで、動物が必要（反応した時、何が起こるのか）かつ十分な情報（反応しなかった時、何が起こるのか）を活用できるスキーマを考案する必要性が生じた。

　条件確率からこれを考えたが、それでは任意的すぎることが分かった。実験は、反応に随伴した形である出来事が起こったり、起こらなかったりするような手続きを含んでいた。すなわち、特定の反応が起こった時とそれが起こらなかった時の事象の条件確率で、われわれの考え方を表現した。もし反応が出来事の停止ではなくて、何かをもっともたらすように最初の実験が設定されていたならば、$P(Rft/R) = P(Rft/No\ R)$ ではない何かに、われわれの見解が表現できたかもしれない。随伴性の概念を詳細に検討することで生じる問題が、反応の中心的概念ではなくて、条件確率に翻訳することと関係していると思われる。

　反応が強化の全体の生起確率は変えないが、強化子が時間的に最初の方で呈示される実験を考えてみる。WassermanとNeunaber（1986）は、動物がRに続く強化子とNo Rに続く強化子の相対的な遅れを比較していることを論じることで、この結果を説明した。No Rの場合と比較して、Rが強化子の遅れをあまりもたらさなければ、動物はRを行なうようになる。なぜなら、動物は強化を遅れてもらうよりもすぐにもらう方を好むためである。この相対的遅延原則によって、随伴性理論の条件確率的説明を支持するとされてきたいろいろ

な知見が説明できる。

　WassermanとNeunaberは遅延の優位性を主張し、これが因果の知覚と密接に結びつくことを示唆した。確かに、物事に原因結果を求めることは、それらの出来事を時間的に前にしたり、後に移動させることを意味する。さらに彼らの実験では、時間が重要な変数であることから、これらの実験と結果が随伴性よりも時間的接近性の考え方を支持すると論じた。時間的接近性論者はたんに時間が重要であるとは言っていない。彼らによると、学習とは、報酬によって反応が自動的に強められる過程と見なされた。過程を比較することではなかった。これに対して随伴性理論は、動物がRの後に起こることとNo Rの後に起こることを比較すること——その比較がたとえ条件確率であっても——に注目する。もし動物がRの後の強化子の遅れとNo Rの後のそれとを比較すると考えたなら、これはまさしく時間的接近説ではなく、随伴性の考え方となる。

　条件確率によらない随伴性の一般的な見解は、強化子の遅延や先行の実験と一致しているように思える。これらの実験では、動物は強化子が起こる時間をコントロールしているのであって、条件確率をコントロールしているのではない。既に述べたように、動物は確率を経験するものではない。確率は体験を通じて組み立てられてくる。従って、確率が本質的であると考えられる理由はない。

　同じく、時間が本質的なものと考える根拠もない。次の実験を考えてみる。強化子の強度を反応が変更できるように動物実験を組んでみる。強化が起こる確率とそれが起こる正確な時間は、動物の行動によって左右されることはない。動物は適切な条件が整えば、反応の遂行を学習するのだろうか？　BershとAlloy（1978）は、ラットがレバー押しによって、後で起こる電撃の強度を弱めるために学習を行なうことを見いだした。

　動物が行為の結果を分析するとともに、行為が原因結果的な影響を及ぼす程度を学習するといったわれわれの考えを議論しなければならない。ある哲学者によれば、因果的効率とは出来事の流れの一つの妨害であると考察した（例えば、von Wright, 1974）。これは、事象確率や遅延、強度に関連して起こり得る。従って随伴性による分析は、事象確率のみならず、その他の要因にも応用が可能になる。

　理論がこのように拡張すれば、随伴性理論に対する反証実験はその力を失う

ように思える。時間を扱うことの問題もまた、しかりである。学習性無力感実験の動物が反応に続く電撃の停止の遅れと反応を行なわなかった時の電撃停止の遅れを比較して、これらの確率を計算していないことが分かったとしても、理論を脅かすものでもない。

表象と期待

　学習性無力感理論は、逃避不可能な電撃の呈示が行動と電撃の停止との間の非随伴性に関する表象をもたらすとともに、将来もこの表象を期待するようになることを主張する。動物が何を考えているのか問うことは困難なので、この基本的命題を検証することは容易ではない。われわれにできる最大のことは、そのような表象や期待の結果生じるであろう行動の結果を調べることにある。われわれの主張は、行動と嫌悪事象との間の非随伴性の表象や期待が、反応の遅れと認知障害をもたらし、さらに、このような表象と期待が回避-逃避箱で観察されるような逃避課題の学習失敗を引き起こすというものであった。しかし、"運動低下"説によってもまた、逃避学習の失敗は説明がつけられる。従って、学習障害が起こること自体はわれわれが仮説する表象や期待のための証拠とはならない。

　この問題はさらに、運動競合説の根拠となる証拠がしばしば誤って解釈されていることで混乱した。3つの実験が行なわれている。一つは、電撃を受けた時に、動物の活動性を低下させるのは逃避可能な電撃ではなく、逃避不可能な電撃であることを示した（Anisman & de Catanzaro, & Remington, 1978; Jackson, Maier, & Rapaport, 1978）。第2の実験は、電撃に対する動物の無条件的な運動の低下と逃避反応の習得の失敗とが強く相関していることを示した。例えば、CrowellとAnderson（1981）は逃避不可能な電撃の強度と持続時間を操作して、これらの電撃操作が活動性と逃避学習に及ぼす影響の関連性を見いだした。第3の実験は、コントロールを含まない処置が動物の逃避学習の失敗をもたらすことを示した。Anderson、Crowell、CunninghamとLupo（1978）は、電撃中に動かないことで、電撃から逃避するようにラットに訓練すると、回避-逃避箱での逃避反応の獲得成績が低下することを明らかにした。

　しかし、これらの実験の論理では、学習性無力感理論と競合運動反応説を適

切に検証することには十分でない。学習性無力感理論には、動物の活動性を低下させる操作が回避-逃避箱の反応速度を落とすことを否定できる材料がない。回避-逃避箱の動物の反応に影響する要因はさまざまである。学習性無力感理論はこれらの要因がいずれもコントロールを含んでいることを示唆しない。

　問題の一つは、学習性無力感と競合運動反応説の見解が互いに相互排他的なものでも、累積的な相違性に基づくものでないことにある。競合運動反応説の予想を支持する実験（例えば、被験体が動かなくなる）は学習性無力感的な説明の反証を逐一行なう必要がない。ここに、重要な非対称性がある。競合運動反応説は、理論が推測する過程の現実性を明言するとともに、学習性無力感理論が仮定する過程を否定する。ところが、学習性無力感説は理論が推測する過程の実在性のみを主張する。競合運動反応が学習されることや新しい場面にそれが転移されることなどを否定しない。この非対称性は人間の学習性無力感（4章）とうつ病の研究（6章）でも認められる。

　学習性無力感仮説で推測された過程の実在性を検討することによって、上の2つの理論を区別することが可能となる。反応開始の遅れと認知障害は表象過程と期待過程が外に現われたものと考えられる。しかし、反応開始と活動性は互いに関連し合っており、この種の障害に基づいては、どちらの見解が正しいかの決着がつかない。認知障害がもっともよく理論を区別できる。学習性無力感は起こり得る遂行障害と活動障害に加えて、認知の障害もまた議論することができる。

認知障害

　逃避学習の成績の悪さは、認知障害が存在していることを示す先見的証拠の一つでもある。しかしながら、用いられてきた逃避課題は認知的変化と活動性の低下とを混同させるものであった。回避-逃避箱やレバー押しのような課題で認められる動物の逃避遂行の障害は学習過程を妨害するだけでなく、活動性の低下によっても発現する。さらに悪いことに、逃避不可能な電撃を受けた被験体はしばしばこれらの課題で、まったく反応を行なわないことがある。このことは、これらの被験体は対照群の動物ほど、逃避随伴性を経験しないことを意味している。従って、遂行の違いを両者の逃避随伴性に対する知覚の差に帰すことは難しい。また、訓練の初期から既に、対照群の動物と逃避不可能な電

撃を受けた動物の遂行水準は、さまざま異なる。

　無力感を呈している動物で起こっている認知障害を証明するためには、実験をどのように組んだらいいのだろうか？　課題としては、活動性水準と電撃の逃避が関係しないか逆相関するものでなければならない。第3に、どの被験体も同一の遂行水準から始まるものでなければならない。このような要件は厳格すぎるように見えるが、これを満たす課題が実際には若干ある。

　信号によって合図された罰　Baker（1976）に続いて、Jackson、Maier と Rapaport（1978）は信号によって合図された罰に及ぼす逃避不可能電撃の効果を検討した。動物（ラット）には、餌を得るためのレバー押しを最初に訓練する。餌の呈示は予め決めた反応率に応じて行なわれる。訓練の後、ラットは別の装置に移され、そこで逃避不可能な電撃を受けるかまったく電撃を受けない。24時間後、ラットは再度レバーのある装置に置かれる。以前と同様に、レバー押しは餌をもたらす。しかし今度は、3分間の白色雑音を平均20分間隔で呈示する。餌の強化スケジュールは音が流れている間も同じように有効であるが、この時のレバー押しは電撃もまた引き起こすようにプログラムされている。つまり、白色雑音の時のレバー押しは罰を受けた。そこで、ラットはレバーを押さないことで電撃を受けずにすむ。

　この実験では、反応と電撃との間の随伴性を学習することが反応の抑制をもたらすことになる。反応と電撃の生起との関係を学習するにつれて、ラットは信号中にレバーを押さないようになった。運動活動量と、反応と電撃との関係の学習の程度は負の相関を示した。この場合の学習障害とは、信号の呈示にもかかわらず、一定の割合で反応を続けることであり、反応を抑制することの失敗を意味した。その上、どの動物も最初の遂行水準は同じであった（白色雑音が起こる前の反応には影響しない）。逃避不可能な電撃を受けた動物では、レバー押しと電撃の生起との随伴性をむしろ数多く受けることとなったが、学習の失敗が認められた。この実験より、電撃が行動に随伴するようになった時、逃避不可能な電撃がレバー押しを抑制する学習を阻害することが明らかになった。これは、運動活動量の低下が学習失敗の原因ではなくて、むしろその増大が学習の失敗を示す例となった！

　この実験はまさしく、行動と電撃との関係を習得する学習を逃避不可能な電

撃が妨害することを明らかにしている。しかし、手続き的には、白色雑音と電撃との間の随伴性もまた含まれていた。従って、反応と電撃との随伴性ではなくて、この音刺激と電撃との随伴性の学習を阻害したために、逃避不可能な電撃を受けたラットは音刺激が呈示されている期間中のレバー押しの抑制を学習しなかったとも考えられる。

　Jacksonらは、ある1点を除いて、まったく同じ実験を追試した。レバー押しとは無関係に、白色雑音の最中に電撃が生じるようにプログラムした。つまり、刺激-電撃随伴性のみが存在するようにした。この随伴性を学習するにつれて、ラットは餌に動機づけられた反応を抑制するようになった。つまり、逃避不可能な電撃はこの随伴性の学習を阻害していない。これによって、信号によって合図された罰は反応-電撃学習の障害として結果すること、この障害はレバー押し反応の少なさではなくて、その反応の多さから証明された。

　選択　信号によって合図された罰は逃避学習課題ではない。そこで、われわれが仮定する認知障害を逃避学習から示す必要がある。そこで、活動性と学習が交絡しない逃避学習課題を探した。複数の反応選択肢の内から正しい反応を選択することで電撃の停止が起こる選択課題があった。逃避学習は反応速度ではなくて、被験体の選択反応の正確度で測定した。選択には活動性水準の高さは関係がなかった。活動性の低さが選択の不正確さと関係せずに、選択を行なえるだけの活動性が保証されていれば問題はなかった。いずれの実験でも、反応速度と反応の正確度ならびにこれらの相関を測定した。

　Jackson、AlexanderとMaier（1980）がY迷路逃避課題を考案した。装置は小さいもので、通路のいずれかを選択する程度の動作ができるものであった。22.5cmの長さの3つの通路が120℃の角度で、等辺三角形の形をした中央の小さなセクションで連結されたものである。12cmまでラットが特定の通路に進入した時、反応とみなした。通路は3つとも同じで、迷路以外の手がかりをラットが利用する可能性を排除するために通路の灯りを暗くした。

　試行と試行の間もまた、灯りを消したので、ラットは暗いままで過ごした。試行の始まりは、通路後方の灯りが点灯して、床が通電された。試行の開始時に左側の通路にラットが進入すれば、灯りと電撃はともに停止した。もしラットが右側の通路を選択した時には、試行が終了する前に、左側の通路に入り直

すことを要求した。もう一度右側の通路に進入した時には、この通路からみて左側の方を選択するよう求められた。ラットが左の通路に進入した時にのみ試行が終了した。正しい選択が為されるまで、数多くの失敗が起こり得た。60秒以内に正反応が行なわれなかった時には、自動的に電撃が停止した。試行間間隔の時には、ラットは自由に通路を動くことができた。試行開始時にいた通路がスタート地点となった。

ラットはY迷路装置とはまったく異なる装置で、逃避可能電撃、これとマッチさせた逃避不可能電撃、電撃なしのいずれかの処置を受けた。その24時間後、Y迷路装置で100試行の訓練を施行した。10試行を1ブロックとして結果を表示した時に、右側の通路を選択した誤りの回数が1回以上起こった試行の割合を求めた。ラットの反応の正確度を表わすもので、反応の速度ではない。どの群も、最初は偶然のレベルで通路の選択を行なった。しかし、その反応は群によってすぐに違った。電撃なしの群のラットは誤りの反応をまもなく減少させ、訓練の終わりまでには、10％程度の誤りですむようになった。逆に、逃避不可能な電撃を受けたラットは40試行まで無作為的な選択を続け、訓練の終わりになってもなお、試行の30％が不正確な選択であった。

反応の失敗の差は逃避不可能な電撃ラットと他の群のラットとの間で認められなかった。このことは、どの試行でも、ラットは最終的に正しい反応を選択したことを意味するとともに、逃避不可能な電撃を受けたラットがたんに誤りが多かったということを示した。これらの知見より、動物が毎試行正しい随伴性を経験する条件においても、学習障害が生じることを明らかにした。

これはまさしく、真の認知的変化を示唆する。また、選択学習の阻害は一般性を保証している。Rosellini、DeColaとShapiro（1982）は、逃避不可能な電撃はまた餌を得るために2つの反応を選択する動物の学習を阻害することを見いだしている。

認知障害の性質 この認知的変化の性質は何か？ 多くの可能性が考えられる。例えば、逃避不可能な電撃を受けたラットは注意の知覚障害が起こっているのかもしれない。反応と関連する手がかりに注意を払わないのかもしれない。そのために、反応と電撃とを結びつけることができないのかもしれない。逆に、逃避不可能な電撃を受けた動物は期待の障害に陥っているのかもしれない。そ

のために、当該の試行での出来事を正確に登録はできるものの、将来の試行で随伴性が期待出来ないような歪んだ期待を抱いてしまうのかもしれない。

Minor、Jackson と Maier（1984）によって行なわれた一連の実験は注意の知覚障害の可能性を支持している。Y迷路の自動化実験では、選択の正確性の障害を認めることが容易でないことが分った。最初の実験では、Jackson らは、Y迷路にラットを置いて、通路への移動運動を記録するために、動物が各通路の光線を横切った時にスイッチを押した。手動による記録を行なったのは、ラットが通路に進入しなくても、尻尾で光線を切断してしまうことがあったので、これを防ぐためであった。とうぜん、このようなことが起こった時には、反応として見なすようなことをしなかった。光電管による光線の切断システムを改良して、尻尾による光線切断が起こらないようにした。更に、コンピュータによって実験の制御がすべて自動的に行なわれるようにもした。ここではもはや、人間の観察者は不要となった。そしてあろうことか、現象までも消失した。

コンピュータによる全自動化とあいまった人間を必要としない手続きの許では、ラットはきわめて賢明であった。もはや選択の障害は起こらなくなった。この時分、われわれは原因究明のための実験を、変数をいろいろ変えて（例えば、電撃をここではもっと強くすべきだとか）数限りなく行なった。結局、何も得るものはなかった。逃避不可能な電撃を受けた動物でも、われわれの"すばらしい機能を果たす"Y迷路では、難なく学習を行なえた。

最後には、当初の実験において人間の観察者（すなわち、われわれ）が何か不正をしていたのか、人間の観察者の側に何か重大な原因があったのかのいずれかであると結論した。観察者の役割は何だったのか。動物には通路の区別がつけられないように、外部の手がかりを迷路から注意深く取り払った。試行と試行の間には、照明を消して、Y迷路を真っ暗にした。これにもかかわらず、観察者が手がかりとして機能したのだった。動物に匂いを与えたり、音を出したりした。観察者はいつでも、迷路の通路の後方の離れた位置にいつも居た。試行開始時のラットがいる通路に応じて、ある時には、ラットがいる通路の真後ろになったり、正しい通路の後ろになったり、間違いの通路の後ろになったりした。このことは、観察者が無関連手がかりであったことを意味している。

Minor らは、遅延を検討することから実験を始めた。コンピュータによって制御された実験では、正しい選択をラットが行なった時、わずかに遅れて電撃

の停止が起こった。その遅れは350msecであり、人間の反応時間に匹敵した。逃避不可能な電撃を受けたラットは正常に学習した。遅延をなくし、迷路の後ろに人間を立たせたが、いかなる手出しもせずに、コンピュータに実験の制御をすべて任せた。逃避不可能な電撃を受けたラットは今度は、学習障害を呈したが、当初の結果ほどは顕著でなかった。

　次の段階では、2つの要因を組み合わせた。電撃の停止をわずかに遅らせるとともに、部屋に人間を立たせた。じつに大きな選択逃避学習の障害が発現した。予め逃避可能な電撃を受けていたラットと電撃を受けなかったラットでは、電撃の遅延があろうと人間が部屋に居ようと、遂行成績には関係がなかった。どのような条件であっても、これらのラットはじつによく学習を行なえた。しかし24時間前に、逃避不可能な電撃を受けていたラットは電撃の遅延と人間の存在が組み合った条件では、著明な障害が起こった。反応と選択を行なわなかったのではない。正しい選択の学習に失敗したのだ。

　実験室に立った人間が無関連手がかりとして機能したために、逃避不可能な電撃を受けた動物の遂行を阻害したならば、音や灯りなどの他の無関連刺激もまた同様の効果を持つはずと思われた。次の実験では、Minorらは人間の代わりに灯りを用いた。迷路のどちらか片方の通路の後方で、逃避学習試行の始めに点灯が起こった（電撃停止の遅れは350msecであった）。灯りがつく通路は、ラットのいる位置とは無関係に試行毎にランダムにされた。これまで通り、逃避可能な電撃を受けたラットや電撃を受けなかったラットの成績は、灯りによって惑わされることなく、成績はよかった。しかし、逃避不可能な電撃を受けたラットは妨害された。

　電撃停止の遅れの役割は簡単に説明がつく。行動と電撃停止との間に随伴性が存在していることを動物が登録したならば、この随伴性は今後の試行でも続くだろうとする期待に影響を及ぼすことはない。しかし、電撃の遅延によって、随伴性を認知することが難しくなったり、逃避不可能な電撃による"気づき"過程への影響が更に強められた。

　無関連手がかりの場合はどうか？　おそらく、灯りは妨害刺激として作用して、逃避不可能な電撃による効果を更に増強させると思われる。手がかりを含まない通常のY迷路手続きでは、試行間は暗闇にされており、試行の開始時に3つの通路の照明が点灯されたことを思い出してもらいたい。無関連手がか

り条件の場合以上に、灯りは目立つ刺激であった。それでも、逃避不可能な電撃を受けた動物は学習障害を呈さなかった。灯りが行動を誘導する弁別刺激となった時にのみ、逃避不可能な電撃は学習を阻害した。3つの通路が全部点灯すれば、灯りは行動を誘導する手がかりにはなり得ない。

　逃避不可能な電撃が随伴性の情報を処理する過程を阻害するのであって、期待過程を歪曲するためではないという考えは実験結果より支持された。しかも、注意の変動はひんぱんに起こった。データはこのような考え方と一致した。逃避不可能な電撃を経験することで、動物は自分の行動が電撃の停止と無関係であることを学習する。これがY迷路の事態でも当てはまるだろうという期待を生む。この期待は続いて、いろいろな結果をもたらす。例えば、反応による変化の減少や反応が作り出す手がかりの顕示性の低下などが含まれる。そこで、被験体はこの種の手がかりには注意を向けなくなり、電撃とも関連づけようとしなくなる。

　外部刺激がないと、どうして学習の阻害が起こらなくなるのであろうか？反応に関連する手がかりの顕示性が低下するだけでは、どうして十分ではないのだろうか？　もし随伴性が明白であったり、注意を向けるものがとくになければ、手がかりの顕示性の低下はそれほど効果がない。他の要因が等しいとするならば、動物の注意が行動に関連する内的手がかりに向かなくなることで、灯りや匂いなどの外部刺激への注意が増加する。逃避不可能な電撃を受けた動物では、そのような手がかりへの関心が高まる。これらの手がかりが存在していたり、不適切であると、学習の阻害につながる。けれども、そのような手がかりがなければ、内部手がかりへの注意の低下は著明な衝撃を有さないかもしれない。

　この見解は、逃避不可能な電撃による認知的変化が実際は障害ではないのかもしれないことを示唆する。試行の情報を処理しないのではなくて、動物は間違って処理しているのかもしれない。内部手がかりに注意を向けるよりも、外部の手がかりに注意を払うよう動物は偏ってしまったようである。このことは、逃避不可能な電撃でも学習を促進する条件があることを示唆している。例えば、Y迷路における灯りの手がかりが無関連刺激ではなく、関連刺激に変わった時、何が起こるだろうか？　灯りが迷路のどの通路が正しいか合図するようになったら、どうなるか？　対照ラットと比べて、逃避不可能な電撃を受けたラット

の学習は今度はより促進された！

この仮説は、LeeとMaier (1988) によって検討された。図2-2に示すような水中からの逃避課題を用いた実験が行なわれた（ラットは泳ぎがたとえ上手でも、水中をあまり好まない。そこで、水中から逃避するやり方を習得するように動機づけられる）。毎試行、ラットは四角い水槽の出発点に置かれる。水槽の端（出発点の反対側）は2つの部屋に分かれている。各部屋の入り口はプラスチックの仕切板が水面に降りてくるようになっている。ラットはこのプラスチックの下を潜って部屋に進入できる。2つの部屋の間は自由に行き来することはできない。別な部屋に移動するには、選択した部屋から抜け出て、廻って行かなければならない。

LeeとMaierは最初、水中から逃避するための左右弁別に対して、逃避不可

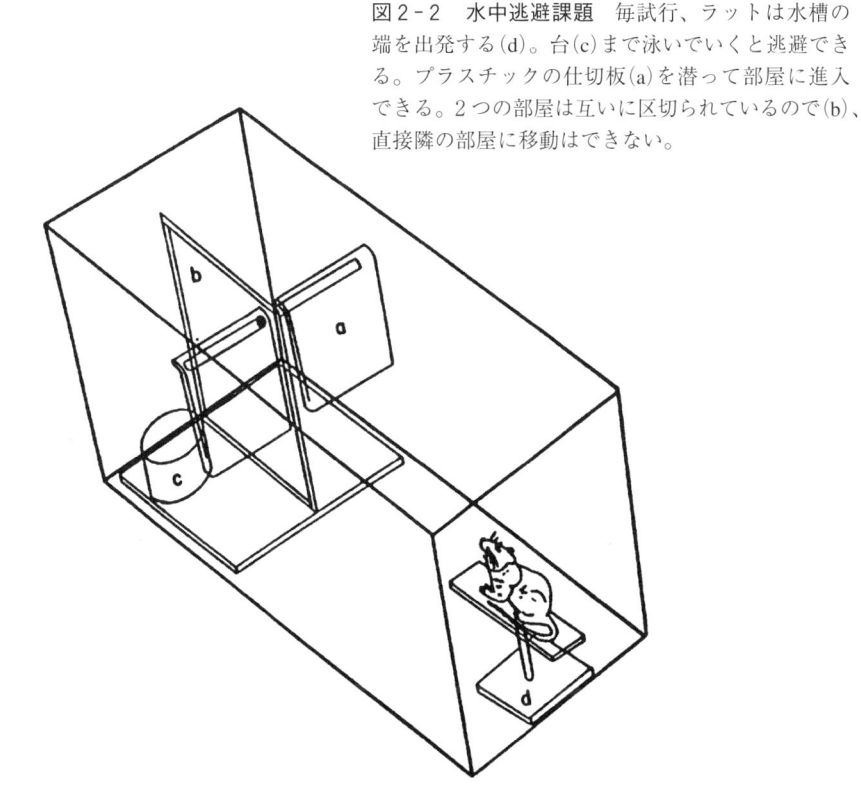

図2-2 水中逃避課題　毎試行、ラットは水槽の端を出発する(d)。台(c)まで泳いでいくと逃避できる。プラスチックの仕切板(a)を潜って部屋に進入できる。2つの部屋は互いに区切られているので(b)、直接隣の部屋に移動はできない。

能な電撃がどのような影響を及ぼすのか検討した。試行毎、どちらかの部屋の水面上に台を挿入した。ラットが台のある部屋を選択した時には、ラットは台に乗って、水中から脱出できた。台のある部屋は左か右か、試行毎に変わった。そこで、あるラットは左の方へ、別なラットは右の方に行かなければならなかった。黒い刺激カードを部屋の入口に吊した。白色カードをもう一方の部屋の入口に同様に吊した。試行毎に、白と黒のカードをどちらの部屋に吊すのか無作為に決めた。問題解決の手がかりとして、左-右は関連刺激であったが、白-黒は無関連刺激であった。ラットが問題を解くために、迷路以外の手がかりを利用しないようにさまざまな留意がなされた。結果は、逃避不可能な電撃の先行経験を有するラットで課題解決の失敗が認められた。これらのラットは、たくさんの誤りを行なうとともに、学習到達までに長い時間を必要とした。

　課題を少し変えた時、何が起こったか？　ラットが使える規則だけ違えて、その他の要因を同じにした時、どうなったか？　例えば、もし台を左右のどちらかの部屋ではなくて、入口の白黒の刺激に応じて台を置いたら、どうなったか？他は同じにした。例えば、装置や水温を等しいままにし、2つの部屋の選択も同じであった。違ったのは、ラットは問題解決のために外部刺激（白対黒）に注意を向けることであった。今度は、逃避不可能な電撃は水中迷路の弁別学習を阻害しなかった。驚いたことに、対照動物で観察された学習を上回る成績を残した。

非随伴性の検出

　もし逃避不可能な電撃が非随伴性の表象をもたらすならば、事象が非随伴的である後続の学習を促進させるだろう。この種の知見は、Testa、JuraskaとMaier (1974) が報告している。ラットは最初に、逃避可能な電撃か逃避不可能な電撃、電撃なしのいずれかを受けた。どのような電撃を24時間前に受けていても、すべてのラットにとって学習が可能な手続きを用いて、回避-逃避箱で逃避訓練を行なった。訓練が終わる頃には、どのラットも上手に逃避を行なえるようになった。次に、跳躍に随伴して停止していた電撃を随伴しないように変えた。ラットの行動に関係なく、毎試行決まった時間だけ電撃を与えた。電撃がもはや反応に随伴しなくなったことに気づいた時、跳躍は減少するだろうと仮説した。他のラットと比較して、逃避不可能な電撃を受けたラットは跳躍を早く止

めた。

　同じく、Rosellini、DeCola、Plonsky、WarrenとStilman（1984）もまた、餌を得るための反応をラットに訓練した。ラットは逃避可能な電撃、逃避不可能な電撃、電撃なしのいずれかを受けた。続いて、餌課題に戻され、群の反応率が等しくなるまで、訓練を続けた。餌の呈示は行動と随伴しなくなり、ラットが何をしていようと、任意の時間間隔で餌を与えた。ここでもまた、逃避不可能な電撃を受けたラットは他の被験体と比べて、学習した反応をすぐに行なわなくなった。

　学習性支配感
　行動と結果との間の随伴性の程度を動物が表象するならば、コントロール可能な出来事を予め経験させておくと、後続の学習の促進が期待できる。学習性無力感と同様に、学習性支配感もまた存在していると考えられる。非随伴性の期待が誘因的な動機づけを弱めたり、随伴性の知覚を阻害するように、将来の随伴性に対する期待は誘因的な動機づけを強め、随伴性の知覚を高める。しかし、逃避可能な電撃を受けた動物は電撃なし対照群よりは、良い成績を収めることはめったにない。

　Volpicelli、Ulm、AltenorとSeligman（1983）は、支配感効果を観察するためには特別な条件が必要であることに思い至った。電撃中の受動性が電撃のコントロール欠如の期待を反映するものであるなら、電撃を逃避する訓練を予め経験した動物は逃避不可能電撃を受けている間でも活動的に反応を続けるだろう。むしろ、電撃を経験しなかった動物よりも積極的かもしれない。嫌悪事象がコントロール不可能である時、しだいに動物の反応は活動的でなくなる。けれども、コントロール可能な出来事を予め経験していた動物では、これが遅れる。そこでVolpicelliらは動物に逃避可能電撃、逃避不可能電撃あるいは電撃なしのいずれかの処置を行なった後で、回避-逃避箱で10秒間持続の逃避不可能電撃を与えた。そこでは、回避-逃避箱の中をどれくらい走り続けるのか測定した。予想通り、電撃を最初に受けなかった対照動物と比べて、逃避が可能であることを経験した動物は長い時間走り廻ることができた。

　しかしこの結果からだけでは、逃避可能な電撃が逃避を試みようとする動機づけを高めたのか、あるいは反応-電撃停止の関係を検出する傾向を促進させ

たのか分からない。逃避可能な電撃を予め受けた動物では、回避-逃避箱の仕切板をジャンプすることと電撃の停止との間の偶然的関係に気づき易かったからで、動機づけ効果によるものではないのかもしれない。そこでこの可能性を検討するために、Volpicelliらは持続時間が長い逃避不可能な電撃を1回呈示することで同じ実験を追試したが、結果はやはり逃避可能な動物が活動的であった。逃避課題を複雑にして、認知過程が促進的になるのかどうか調べた。逃避可能な電撃では、反応を遂行する無条件的な傾向には違いがなく、学習の差異は活動性や動機づけ的な要因からでは説明がつかなかった。電撃を最初に受けなかった対照動物と比べて、逃避が可能であった動物はすぐに反応を学習した。随伴性と非随伴性とを体験することの衝撃は従って対称的なものといえる。非随伴性は動機づけを低下させ、随伴性に気づきにくくさせる。一方、随伴性は動機づけを高め、随伴性に気づき易くさせる。

明らかになっていること

　1967年に学習性無力感説が発表されて以来、理論はなかなかよく現象を説明してきたといえよう。通常の理論の半減期とそれが提唱された時の最小のデータがあれば、的確な評価を下すことができるだろう。学習性無力感理論は1990年代でも生きている。数限りない研究者達がその理論を拠り所にして、研究を組み立て、研究活動を行なっている。生物学的研究などはその最たるものといえる（3章）。現象の中核は確固たるものである。動物の学習性無力感効果の基本は、すくなくとも20の異なる実験によって追認されている。治療や免疫効果についても12の独立した実験室で確認されている。時には、追試に失敗することもあったが、実験条件がオリジナル実験とまったく違っていたということもしばしばであった。

　理論的には、行動と結果の随伴性が行動をコントロールすることや、逃避不可能な電撃によって引き起こされる学習の変調パターンが認知的な用語によって説明がつけられる。また、動物の行動レパートリーも広い範囲で障害される。

　コントロール可能性が後続の学習に及ぼす影響について焦点をあわせてきた。というのも、コントロール不可能な電撃によって生じた学習障害を説明する仕方としてどれが妥当かという、理論的な論争が中心であったからだ。しかし、

有害な出来事のコントロール可能性の効果はとても複雑である。競合運動反応による説明では、コントロール不可能な嫌悪事象の結果を当初の似たような嫌悪事象を含む状況だけしか適用できない。しかも、運動反応が競合する結果だけに説明は限られてしまう。

逆に、学習性無力感理論では、コントロール不可能性についてじつに広範な影響を予測することが可能である。理論に拠れば、嫌悪事象のコントロール不可能性は、出来事が元来有する恐怖を喚起する特性を強めてしまうこと、またそのような経験が持続し、強大で慢性的であったなら、最終的にうつ病をもたらす。コントロール不可能な出来事の後では、強い恐怖と抑うつが観察されるが、それは出来事の長さや強さに依存している。強い不安と抑うつはさまざまな行動に影響を及ぼすために、これらの行動のいずれもまたコントロール不可能性によって左右される。

逃避不可能な電撃はこれとまったく物理的に等しい逃避可能な電撃以上に、強大な恐怖を引き起こす。つまり、逃避不可能な電撃と結びついた手がかり刺激は欲求性行動を抑制する（Desiderato & Newman, 1971）。同じく、逃避不可能な電撃が生じる環境文脈では、逃避可能な電撃が起こる場面と比べて、うづくまりや脱糞などの恐怖行動が著明に観察される（Mineka, Cook, & Miller, 1984）。コントロール不可能な嫌悪事象が動物にうつ病を引き起こすことができるのかどうか決定することは難しいが、その可能性はきわめて高い。6章で、関連する研究を考察する。

分かっていないこと

理論の各要素については、若干不確かなことがある。随伴性の変動によって、行動が変化することは明らかである。しかし、動物が随伴性に敏感に反応し得るからといって、それがかならずしも、随伴性の程度を抽出したり、認知的にそれをイメージしていることを意味しない。随伴性についてまったく言及しない分子レベルの研究でも、随伴性に対する行動の感受性を説明することが可能である。例えば、Rescorla–Wagner（1972）モデルは古典的条件づけの随伴性を接近メカニズムから説明している。さらに、随伴性の程度がきわめて心理学的に現実であったとしても、動物が使用できたデータから、モデルは随伴性を

正確に計算出来なければならない。それは一時的な感覚データを表わすものではなく、ある程度の時間経過の中で認められる出来事の関係から抽出されたものでなければならない。

　出来事のコントロール不可能性は動物の反応を決定づける主要な要因である。その要因はコントロールそれ自体なのか、あるいはこれらの効果に対応する分子的過程なのか不明である。文献的には、いろいろな考え方が提出されている。事象の予測性とコントロール性がともに出来事の衝撃を左右する。コントロールの効果はおそらく、予測によって媒介されているように思われる（Overmier, Patterson, & Wielkiewicz, 1979）。出来事をコントロールするということは本来、出来事に予測性をもたせることでもある。逃避可能性の場合、逃避が可能であるということは、電撃がいつ停止するかということを動物に予測させる。

　しかし、この論理の組立てはいささか曖昧である。出来事を予測することは、出来事が実際に起こる前にその始まりと終わりに関する情報を与えることを意味する。逃避反応は、次に生じる電撃がいつ起こるかを予測はしない。逃避反応が動物に電撃が停止する時期を教えるという仮定は本当なのだろうか？　逃避反応の直後に電撃が停止するが、反応とそれが"予想する"出来事との間が予測可能といっても、たかだかこれは標準的な装置では50msecの短い時間に過ぎない。もちろん、反応を行なうことで時間が少々とられ、例えば電撃が停止する1秒程度前に反応が始められる。逃避反応を行なった動物には、電撃が実際に停止する直前に、電撃が停止するだろうという情報が伝えられる。しかしながら、これは予測可能性が意味するものとはほど遠い。予測可能性の衝撃は比較的長い刺激を用いた場合に限ってのみ生じることが分かっている。

　例えば、動物は予測できない電撃よりも、予測が可能な電撃を好むが、信号が3秒であった場合、その効果は起こらない（Perkins, Seymann, Levis, & Spencer, 1966）。差し迫る出来事に関する情報は、出来事が実際に起こる数秒前ではほとんど有効に機能しない。その上、動物が逃避反応を行なった時、電撃の持続時間は試行毎にかなり変動する。とりわけ、これは訓練の初期に見られる。持続時間をきっかり2秒間に固定されて、逃避不可能な電撃を受けた動物と比較すると、逃避反応が可能であった動物では、電撃の停止時間が予測できたと考えにくい。

　最後に、予測性はコントロールの要素を含んでいる点で重要であろう。しか

し、コントロールが予測性に還元できるとは考えにくい。にもかかわらず、予測性とコントロール性との間には多くの潜在的な交互作用が考えられるが、いずれも分離は難しい。

予測性の考察に関連する論理的な不確かさがあるにもかかわらず、逃避不可能な電撃の開始と停止を音や灯りなどの環境刺激で合図すると、逃避不可能な電撃が引き起こす後続の学習障害を阻止出来る（Jackson & Minor, 1988; Minor, Trauner, Lee, & Dess, 1990）。つまり、電撃の開始と停止とに結びついた外部刺激は、後続の逃避行動の失敗をもたらす電撃の影響に関して、コントロールと同様の機能を果たす。おそらく、信号によって逃避が有効となり、反応が産生する内的手がかりが外部から与えられた信号と同様に作用するためと考えられる。古典的条件づけ過程の諸側面がここに関連しているかもしれない。それらは信号や反応が生む予測性とは区別されている。これは興味深い研究テーマであるが、コントロールがなぜ機能するのか分かるには数年かかるだろう。

電撃の停止を予測する内的手がかりの潜在的な関与は、恐怖や不安の媒介的役割と関連がある。そのような刺激は実際、恐怖の条件性抑制因子として機能しているのかもしれない。コントロール不可能な電撃はコントロール可能な電撃よりも、恐怖をより強く引き起こす。この強大な恐怖がコントロール不可能な嫌悪事象によって生じる一連の変調の原因となっているのかもしれず、コントロールそれ自体の効果はあまりないのかもしれない（Minor & LoLordo, 1984）。強大な恐怖をもたらすものは、たとえそれがコントロール可能であっても不可能なものであっても、このような行動効果を引き起こすのかもしれない。恐怖の役割は解決していない。これは、もう一つの現在の研究テーマである（Maier, 1990を参照）。次の章で、このトピックスを論じる。

要約すると、不明な点がいくつかのレベルで認められる。第1に、認知過程が変容するメカニズムはほとんど分かっていない。注意が変化することについての証拠を示したが、これがどのようにして起こったかについては詳しいことは分からない。また、だからといって、予断的な偏見が起こっていないことを意味するものでもない。第2に、コントロール不可能な嫌悪事象によって引き起こされる行動結果（動機づけ、運動性、情動的、神経化学的）のいずれが、他の操作では再現することができないのか分かっていない。例えば、養育的行動の変調が生まれるのは、コントロール不可能な認知が原因なのか、それとも

逃避不可能な電撃が別な効果を引き起こすことによって生じたためなのか不明である。

　これまで考慮されてこなかった2つの領域がある。一つは、コントロール不可能な電撃による効果の限度に関している。その効果はどこで終わるのか？もう一つは、前述した問題である。行動の変調を単一の原因に演繹することができるのか、それとも逃避不可能な電撃によって引き起こされたいろいろな過程を通じて生じる種々の行動変化が問題なのか？　複数の原因がもし想定されるとするならば、それらは何で、行動にどう反映されるのか？

(注)
1．この項と次の因果性の箇所は Maier（1989b）に基づいている。
2．これが曖昧ならば、しばらく電話をかけて寄こさなかった友人を考えてみよう。1週間に何回これが起こったのだろうか？

第3章　学習性無力感の生物学

　学習性無力感に関する研究報告は膨大かつ混沌としている。さまざまな分野からの研究によれば、学習性無力感にかかわる重要な因子として、種々の神経伝達物質、ホルモン、脳の神経回路等が関与していると報告されている。それぞれの研究にはそれを裏付ける証拠があり、コントロールできない不快な刺激に曝された結果としての神経化学的な一連の変化が学習性無力感仮説を説明する根拠として提示されたことから、さらに混乱が生じている。つまり、これらのさまざまな変化は回避不可能な電撃に引き続く"無力感"効果の説明に用いられている。

　われわれがこの章で明らかにしたいことは、学習性無力感を適切な生物学的言語として検証し、ストレスの制御に関わるさまざまな生物学的システムの感受性について一般に認められている知見を紹介することにある。学習性無力感の生物学的システムに関して未知の部分についてはそのままを記す。というのはこの仕事は多方面にわたり、現在も進行中できわめて複雑なので、固まりつつある仮説ばかりでなく混乱している分野についても若干明らかにしたい。しかしながら、われわれのおもな目標は、調節が速やかに行き渡る生物学的一連の流れを伴う心理学的な不確定要素であることの証明である。

　研究の興味はコントロール可能か不可能かにより決定される神経と神経化学的変化にあり、さらにそのような生物学的影響がコントロール不可能性により行動の変化を来すか否かである。しかしながら、実験で用いるストレスは一般に非常に強いために、ほとんどの脳部位の神経伝達物質や特定の脳部位のあらゆる伝達物質の活動性を変化させてしまうことから、その作業は大変困難になることが予想される。というのは、ストレスはかなり広範囲に影響を及ぼし、ほとんどの神経伝達物質がコントロール不可能性の要因となりうるからである。この点について、曝されたストレスのコントロール不可能性により、ほとんどすべての伝達物質がある方向に変動することを多くの研究者が認めている。

このような発見は、伝達物質やその受容体に対して薬理学的操作を行なうと学習性無力感が変化することを示す実験によって明らかにされてきた。これは伝達物質の変化がこのような行動に影響を与えるという考えと矛盾しない。

例えばコントロール不可能なストレス（通常、回避不可能な電撃）により生じた伝達物質の変化を阻止するように働く薬物は、回避‐逃避箱の回避学習を阻害するような学習性無力感を消失させる（第2章）。一方、コントロール不可能なストレスにより生じる伝達物質の変化と同様の伝達物質の変化を起こす薬物は、コントロール不可能なストレスに曝すことなく学習性無力感状態を引き起こす。これらの実験から伝達物質 X は Y 部位において学習性無力感を引き出す仲介物質ではないか、というアイデアが浮かんでくる。

しかし物事はそう単純ではない。この章ではそのことについて述べたい。学習性無力感効果の仲介物質はいくつかあると考えられている。ノルエピネフリン、γ-アミノ酪酸（GABA）、内因性オピオイドの3つの異なった学習性無力感と関連するシステムについて述べる。これらのシステムが学習性無力感効果に関わっていることを示す重要な証拠がある。

ノルエピネフリン

学習性無力感の神経化学に関する最初の研究は1970年代に始まり、まずカテコールアミンであるノルエピネフリン（NE）に焦点があてられた（その構造がカテコール基とアミノ基を持つことからカテコールアミンと呼ばれている）。なぜ最初に NE が選ばれたかにはいくつかの理由がある。神経系の科学的研究は末梢神経から始まった。中枢神経より末梢神経が接近し易かったからである。NE は交感神経終末に存在する伝達物質であり、神経化学のきわめて初期に単離され研究された。中枢神経系の研究技術が利用可能になったとき、NE が伝達物質ではないかと考えるのは研究者にとって自然な成り行きだった。その結果 NE は中枢神経系で最も早く伝達物質であることが確認された。中枢神経系における NE の同定は NE 含有神経細胞の視覚化のための蛍光法の発達により急速に進み、他の伝達物質にさきがけて NE 神経系路の分布と構成が知られるようになった。

その結果 NE 神経系の分布がきわめて特徴的であることが明らかになった。

NE含有神経細胞は脳の橋と延髄に局在している。最も大きな局在部位は青斑核（*locus coeruleus: LC*）と呼ばれ、この部位のNE神経細胞は全脳のNE神経細胞の80％を占めている。しかしこの核は非常に少数の神経からなっており、その数はラットで1500個に過ぎない。なぜこれほど少数の神経が脳内NEの多くを供給しているのか。その理由はそれぞれの細胞の軸索が脳の非常に広い範囲に広がっているためである。

青斑核のおもな出力経路は背側NE束（*dorsal NE bundle: DB*）と呼ばれており、中脳を通り新皮質、小脳、海馬、扁桃核全体に広く分布している。この意味は脳の多くの部位が単一の神経核の少数の細胞からNEを受けていることになる。これらの大きく広がった個々の神経細胞は神経終末からのみでなく、その線維に沿ってNEを遊離している。すなわちNE神経の興奮は脳の広い部分にスプリンクラーの様にNEをばらまいている。さらに青斑核神経細胞は共時的に発火する傾向がある。以上のようなこれらの解剖学的、生物学的事実は、NE神経経路が詳細な情報を伝達するのではなく、覚醒や気分などのある種の一般的な機能を制御していることを示唆している。

青斑核と対照的に他のNE神経経路はよく分っていない。その一つは腹側NE束（*ventral NE bundle*）であり、より小さくはっきりしない神経核に発し、主に視床下部に投射している。同様の核のほとんどは脊髄にも下降路をもち、これらの投射は主に自律神経系の調節に関与している。

脳内のNE神経経路の発見以前でさえ理解されていたことであるが、うつ病は中枢NE神経系のNEの不足を伴っているとの考えがあった（Bunney & Davis, 1965; Schildkraut, 1965）。この仮説の根拠は薬物の作用から得られたものである。レセルピン、テトラベナジンはNEの枯渇とともに、同時にうつ状態を引き起こす。反対に抗うつ薬（MAO阻害薬のイプロニアジドや三環系抗うつ薬）はNE量を増加させる。さらに動物やヒトがストレスに曝されるとNE神経系が活性化されるという多くの報告がある。

NE関与の証拠

これまでの報告のすべては、学習性無力感の誘因としてNEが深く関与していることを示唆している。これらを概括してみよう。最初の重要な研究はWeiss、Stone、Harrellらの研究（1970）で、逃避不可能な電撃に曝されたラットはそ

の後の脳内のNE含量が減少し、逃避可能な電撃を受けたラットではそれが起こらない。このNEの減少は逃避不可能な電撃に曝された後、ラットの逃避学習が困難になる原因かもしれないと彼らは指摘した。逃避の可否を問わずNE神経系は活性化されるかもしれないが、ストレスが回避不能である場合にはNEの利用が新しいNEの産生を上回り、結果としてNE量が減少する。この減少はストレス後も一定期間続くが、NEの利用が減り産生が上回ると、そのうち元に戻る。もしストレスがコントロール可能であれば、NEの利用量は産生による補充でまかなえる程度のまま推移する（詳しくは、Anisman & Zacharko, 1986参照）。もし通常のNE量が通常の運動に必要であるならば、NE量の減少は運動の減少を引き起こすだろう。それゆえ、学習性無力感効果はNE減少の結果としての運動減少を反映していると考えられていた。

　NEの減少が動物で観察される学習性無力感効果の原因であるとするこの仮説を直接検証するいくつかの方法がある。最も明らかな方法は、逃避不可能な電撃を与える代わりに、動物に適当な薬物を与えてNEを枯渇させ、逃避不可能な電撃を与えたと同様の障害が起こるかどうか観察するとよい。

　NEを減じる方法はいくつかある。ある薬物（例えば、レセルピン、テトラベナジン）は神経終末から直接NEを枯渇させるし、産生の最初の段階を阻害することも可能である（例えば、FLA-63の投与）。どの方法によるNEの枯渇によっても、回避‐逃避箱でラットは逃避学習に失敗する。それは、丁度逃避不可能な電撃に曝された動物に認められるのとまさに同じである（Anisman, Irwin & Sklar, 1979）。

　その他の手段としては、逃避不可能な電撃によるNE枯渇を防止する薬物を使用することである。このような処置が回避‐逃避箱中の逃避に失敗することと同様の学習性無力感効果を防止するだろうか？　答えはイエスである。NEの分解を阻害する薬物（MAO阻害剤）は、逃避不可能な電撃によるNE枯渇を防止する。さらに、この薬物はラットの回避‐逃避箱からの逃避学習の障害を阻止する（Weiss, Glazer & Pohorecky, 1976）。

　NE含有量が減少したとき何が起きるかという別の観点からの研究がある。NEの遊離が減少すると、シナプス後受容体におけるNEの利用率が減少することが予想される。この場合一つの細胞から他の細胞に向けてNEが遊離されたとき、NEが抑制または興奮のいずれに振る舞うにしろ、次の神経に対する

影響は減弱するだろう。従って次の神経を活性化する薬物はたとえ逃避不可能な電撃により NE が減少しても、学習性無力感効果を打ち消すと考えられる。同様の理論によれば、次の神経を遮断する薬物は逃避不可能な電撃がなくても学習性無力感効果を産出することができるだろう（例えば、NE による活性化を妨害すること）。この考えに沿った詳細な研究がなされている（例えば、Anisman, Suissa & Sklar, 1980）。

　われわれが紹介してきた研究はラットの全脳中の測定であり、薬物も全身投与あるいは脳室内投与である。より最近の研究では、限局された脳部位や NE 神経系が重要であるとされる部位に薬物が投与されている。

　Jay Weiss と共同研究者達は青斑核内の NE の変化が重要であると述べている。ラットを水に浸けたとき、それ以前に逃避不可能な状況に曝されたラットはすぐに泳ぐのをやめてしまい、正常ラットより短時間で動かなくなる。この水泳時間の短縮は、逃避不可能な電撃を受けた48時間後まで認められ、それ以上間隔があくと認められなくなる。Weiss ら（1981）は、逃避可能または逃避不可能な電撃による種々の脳部位の NE 量の変化の時間経過を測定した。彼らは、青斑核における NE の減少のみが逃避不可能な電撃後の水泳時間の変化と時間的に一致することを認めた。すなわち青斑核の NE の減少は逃避不可能な電撃 後48時間持続するが、72時間目には認められなくなった。

　なぜか？　青斑核には NE 神経細胞が存在し、これらの神経細胞はそれ自身 NE 受容体を持っている。NE 受容体には数種類あり、この節前受容体は α_2 受容体である。もし NE がこの自己受容体を活性化すると、この神経の活性は抑制される。このように青斑核内に遊離された NE は青斑核内の NE 神経の活性を落とす。NE 神経は全脳部位にわたって NE を遊離することを思い出してほしい。青斑核の NE 神経が活性化されると、この経路の活性を維持している負のフィードバック過程が働く。すなわち、青斑核内の NE の減少は NE 神経の活動性を増加させることを意味する。というのは負のフィードバックが減弱するからである。この結果、NE 神経終末で過量の NE が遊離される。

　この研究の次のステップは青斑核を直接操作することである。Weiss と共同研究者達は青斑核に直接モノアミン酸化酵素阻害剤を灌流し、青斑核内の NE の枯渇を防止することにより逃避不可能な電撃後の水泳テストでの無動化を抑制した。さらに薬物による α_2 受容体刺激が逃避不可能な電撃による無動に拮

抗することを認め、最後に $α_2$ 受容体遮断薬の灌流で無動状態が出現することを示した（まとめは、Weiss & Goodman, 1985参照）。

行動的意味

いままでわれわれが総括したデータは NE が学習性無力感効果の調節に関与していることを示唆している。それではこの NE 仮説にまつわる問題点は何であろうか？　そのひとつは神経化学的説明は無力感効果に対する学習性無力感理論とは別の次元の説明ではないかという議論である（第 2 章）。NE はこれらの議論にいつも引用される特別な神経化学物質であり、NE の役割はこれより一般的な論争の種となった。

われわれはこれは実のない論議だと考える。学習性無力感理論に関わる心理的な過程は脳の化学的、生物学的言語として表現されるべきである。学習性無力感の生理的機構が存在するという証拠は心理学的レベルでの説明の有効性に対して賛成か反対かという根拠にはならない。学習性無力感効果が心理学的過程で説明されるかあるいは神経化学的過程で説明されるかという議論はシェイカーからこぼれ出るのが塩であるか NaCl であるかという議論に似ている。記載と説明の適正なレベルはどちらを使用するかに依拠している。行動現象の完全な説明には心理学的にも、生理学的にも理解される必要がある。これは二重底になっており、心理学か生理学かのどちらかという問題ではない。

しかし、それでも NE 神経系が学習性無力感理論により明らかにされる、ある種の心理過程を調節しているかどうか検討することは重要なことである。NE に関する議論の第 2 の問題がここに浮かび上がってくる。NE の役割の重要性を認める人は、NE の減少が行動や運動の障害を引き起こすと主張し、認知の変化としてではなく動きや反応の開始の障害として学習性無力感効果を捉えるべきだと主張した。

運動の活性化や反応の発動や維持を減少させる NE の役割はどうであれ、NE 神経系の他の機能に関する知見を調べることは特に青斑核-DB 系で有意義であるかもしれない。実際この系は注意や警戒に関する過程の調節に関与している（Anton–Jones, 1985の展望を参照）。青斑核-DB 系の活性化は DB の終末部位の細胞における不適切な信号に対する適切な信号の特異性（SN 比）を増大する（例えば、皮質や海馬）。そして不適切な信号を除去し、より適切な信号に

選択的に反応することができる。このシステムに欠陥のある動物は不適切な刺激に対する注意を抑制することができない（例えば、Mason, 1980）。この考えに反対の意見もあるが（例えば、Pisa & Fibiger, 1983）、青斑核-DB系は注意過程にある種の役割を担っていることは事実のようである。

この考えに沿って言えば、学習性無力感効果には学習試行時に起きている現象がどのように進行しているかの要素を含んでいるし、この変化が注意の移行を含み、動物は外的刺激に対し、違った注意を向ける事を思い出してほしい（第2章）。これはNEが注意過程を変化させることを意味し、反応の発現と維持に対する影響を超えたものであることを示唆している。

第2章で述べたように、逃避不可能な電撃を受けたラットは不適切な外的刺激がない場合には通常Y字迷路の回避を学習するが、不適切な刺激が存在する場合にはその学習は遅延する。反対に回避可能な電撃を受けるか電撃を受けなかったラットでは不適切な刺激により学習は影響されない。動物は不適切な刺激を無視することを学び、普通の速度でY字迷路回避を学習する。これらは最初に示した注意移動仮説のデータである。青斑核-DB系の活性の変化がこの注意機能の制御に関与しているかどうかを明らかにするために、Minor、PelleymounterとMaier（1988）はNEを枯渇する神経毒である6-OHDAをラットの青斑核-DB系に直接灌流した。NEが枯渇したラットと対照ラットに対し、不適切な刺激が存在する場合と存在しない場合にY-迷路選択回避を施行した。対照ラットは正しい方向に回避することを素早く学び、不適切な刺激の有無による影響も受けなかった。しかし、青斑核-DB系のNEが消失したラットでは、不適切な刺激がない場合には素早く学習したが、それが存在する場合にはその学習は著しく阻害された。事実、それらの動物では120回の施行によっても回避学習は上達しなかった。それでは反応速度に対するNE枯渇の影響はどうであったのか？　NEの枯渇は、動物の反応速度それ自体には何の影響もみられなかった。

γ-アミノ酪酸（GABA）

NE仮説には文句のつけようがない。同様に反論できないような仮説がＧＡＢＡにもあると知って、読者は当惑するかもしれない。GABAは脳の主要な

抑制性の伝達物質であり、神経系に広く分布している。脳は他のどの伝達物質より GABA を多く含んでいる。数種類の GABA 受容体が存在し、それが活性化されると抑制を引き起こす。というのは GABA は神経細胞内に Cl イオンを流入させ、Cl イオンは負に帯電しているので細胞外に比べ、細胞内の負の帯電性は増大する。この過分極は興奮性入力による細胞の脱分極を引き起こすことを困難にし、神経細胞の発火は抑制されることになる。

GABA 関与の証拠

GABA の学習性無力感に対する役割を最初に指摘したのは Petty と Sherman (1981)による一連の研究である。彼らは、海馬から切り取った脳切片の GABA 量は逃避不可能な電撃を受けたラットでは減少していることを見いだした。さらに GABA をラット海馬に注入すると、障害された回避学習は正常に戻った。また GABA 拮抗剤を注入すると、学習性無力感効果が認められるようになった。これらの知見は明らかに逃避不可能な電撃が GABA 機構を妨害することで学習性無力感効果が引き起こされたと考えられる。

最近 Drugan ら (1989) は、GABA 受容体を活性化する物質で刺激した時の神経内に流入する Cl イオンの量を直接測定することによってこの仮説を検証し、これを支持する確かな証拠を示した。前もって逃避不可能な電撃に曝された動物は皮質神経内の Cl イオン量が減少していることを示した。

GABA 受容体-Cl イオンチャネル複合体には他に多くの結合部位があることを手がかりにして、GABA 仮説を検証する実験が可能である。そのうちわれわれの目的に最も適切なものはベンゾジアゼパム結合部位である。ベンゾジアゼパムはバリウムやリビリウムなどのマイナートランキライザーであり、これらは化学構造から BZs と呼ばれている。これらの薬物はその受容体に対する結合を強めることにより GABA 伝達に影響を与え、既に存在する GABA による Cl イオンチャネルの開口の数を増やす。それで BZs は GABA 非存在下には GABA 神経系の活性に影響を及ぼすことなく、既に存在する GABA による抑制の程度を増強する。BZs は脳や行動にさまざまな影響を持っている。BZs は不安や怖れを減弱し、脳の痙攣準備性を低下させたり[1]、筋弛緩作用も持っている。これらのすべての作用は GABA の活動性を強める作用に依存している (Paul, Marangos & Skolnich, 1981)。

BZsによりGABA系が賦括されることから、もしBZsがストレスを受ける以前に投与された場合、GABA機能に対するストレスの影響が減少するか阻止されることが容易に想像できる（Biggio, 1983）。もしGABAの変化が学習性無力感効果を出現させる重要な要素だとすれば、逃避不可能な電撃の前にBZを投与すると学習性無力感は減弱するか阻止されるだろう。逃避不可能な電撃の前にジアゼパムやクロールジアゼポキサイドのようなBZを投与すると実際、電撃の24時間後に認められる回避‐逃避箱での回避学習の障害は通常阻止される（Drugan, Ryan, Minor, & Maier, 1984; Sherman, Allers, Petty, & Henn, 1979）。興味深いことに、もし逃避不可能な電撃前ではなく回避‐逃避箱に入れる前に投与すると、学習性無力感効果は影響されない。これは回避‐逃避箱での回避に失敗した動物で示されたように、BZ/GABA系は学習性無力感効果の発現過程に関与しており、それが試行された時点での行動の失敗に関与する機構ではないのかもしれない。この点については後述する。

学習性無力感に対するGABAの役割に関する最後のテストはβ-カルボリンと呼ばれる一連の物質がBZ部位に結合し、GABAの作用を妨害するように働くという奇妙な事実により実験が可能となる。特にそれらはGABAが受容体に結合したり、Clイオンチャネルの開口を困難にする。これはβ-カルボリンがBZsと逆の働きをするためと考えられ、不安を誘発したり、痙攣を増強するように働くのではないかと考えられた。動物へのβ-カルボリンの投与は怖れや不安を意味する行動や生理的変化を誘発する（Ninan et al., 1982）。またヒトにおいてもβ-カルボリンは切迫した気分や不安を誘発する（Dorow, 1982）。

学習性無力感を引き起こす過程に共通の事象として、その引き金がGABA伝達の阻害にあることは、β-カルボリンであるFG-7142をラットに投与した場合、その24時間後に回避‐逃避箱内での電撃回避学習に失敗することと矛盾しない（Drugan et al., 1985）。また逃避不可能な電撃を動物に曝すことによっても同様の障害が認められる。さらに、特異的BZ受容体拮抗薬（Ro-15-1788）を同時投与することによっても回避学習を阻害することから、FG-7142の効果はBZ受容体を介するものであることが分かる。最後に、逃避不可能で不快な事象はBZ受容体結合部位の何らかの変化によって、受容体複合体全体に衝撃を与えるのかも知れない。通常はそれ自身受容体への高い親和性を有するにもかかわらず、逃避不可能な電撃への暴露はこの拮抗薬への結合に対するBZ受

容体の機能を変化させる（Drugan, et al., 1989）。

行動について
次の事実が確認されている。

- GABA 伝達を阻害したり、不安を起こす物質は学習性無力感効果を生む。
- GABA 伝達を増強したり、不安を軽減する物質は、それが逃避不可能な電撃を与える前に投与された場合、学習性無力感効果を阻止することができる。
- 逃避可能な電撃と違い、逃避不可能な電撃は GABA 機能を低下させ、BZ 受容体結合部位を変化させる。

以上のことから不安と学習性無力感には関連があることが分かる。
　ここに多くの疑問が生まれる。逃避不可能な電撃は逃避可能な電撃以上に強い恐怖と不安を惹起するのであろうか？　もしそうだとすれば、この状態がストレスが終わった後でも一定期間持続するのか、もしそうならその期間はどれくらいだろうか？　もしこの種の状態が逃避不可能なストレスにより作られるのなら、それは BZ 受容体の作用によるものなのか？　高まった不安と恐怖が形成されるこの状態は学習性無力感の原因になるのか？　われわれはこれらの疑問に一つずつ答えていきたい。

恐怖と不安　恐怖と不安を互いに分けることは簡単ではない。一般に恐怖は危険信号に対する情動的、生理的、行動学的な反応の複合体であり、内在化された信号である。すなわち恐怖は心配や生理学的覚醒（交感神経や視床下部―下重体―腹腎(HPA)の活性化）など種特異的な行動によって特徴づけられる。これらはすべて危険が存在するという明快な信号に対する反応である。不安は恐怖と同様に多くの情動的、生理学的、行動学的変化を含んでいるが、これらの反応に対する明らかに特定できる刺激因子は存在しない。教科書的な定義は次の通りである。

　　不安とは特定できない、もし特定できたとしてもその情動の強さが恐怖に
　　対して不十分であるような危険の存在を知らせる感情である。恐怖は不安

とは違っている。恐怖は既知の危険の存在が特定できる。恐怖の強さは多かれ少なかれ危険の程度に相関している（Goodwin, 1986）。

　別の言い方をすれば恐怖は環境によって出現する。恐怖を引き起こした状態がなくなれば、恐怖も消える。一方、不安は刺激入力によって引き起こされるとはいえず、引き金となった出来事が終わっても依然として持続する。

　回避不可能なストレスは回避可能なストレス以上に強い恐怖を引き起こす。これは Mowrer と Viek (1954) の研究で最初に示唆されたもので、逃避不可能な電撃を受けたラットはその環境下では逃避可能な電撃を受けたラットより食餌量が少ない。この知見は Mineka、Cook と Miller (1984) により再現された。これらの研究者達は逃避可能な電撃を受けたラットより逃避不可能な電撃を受けたラットの方が刺激の存在下に種特異的な防御行動が多くなることを示した。

　危険信号（例えば、ネコ）や学習された信号（例えば、電撃のような苦痛事態が起きることを知らせる音）に対するおもな行動反応は無動や減動である。この反応は徐々に強くなる。というのは被捕食動物の動きの静止は、捕食者にとって捕食がより困難になるからである。いかなる割合にしろ、無動の程度は恐怖の程度を決定する因子である。無動は恐怖の度合に敏感であるためラットの行動学的指標となる（Fanselow & Bolles, 1979）。逃避不可能な電撃の環境下でのラットは、同じ程度の逃避可能な電撃を受けたラットに比べより無動の程度が強い（Mineka et al., 1984）。

　これらのデータやその他のデータから逃避不可能なストレスは逃避可能なストレスより強い怖れを誘発する。しかし、これらのストレスは不安の持続状態を誘発するだろうか。ストレスが真に存在する状態での動物を観察した報告によれば、行動の変化はストレスフルな状況に伴う信号に対する直接的な反応であった。もし後からこのストレスフルな環境に再び動物を戻すと、われわれはこの問題が分からなくなるだろう。どのような効果もその期間を通じて存在するものではなく、単に環境刺激に対する条件反応を反映しているにすぎない。

　これをたとえて見ると、あなたが初めてある都市にやってきて街角で襲われたり、盗難にあったとする。数年後にそこを訪れて街に入ったならば、あなたは恐怖心を感じるだろうが、これは最初の災難がこの数年にわたり恐怖心を持続させていたわけではない。この気分は疑いなく最初の出来事の後、潜在化さ

れていたもので、限られた街角の環境下で思い出されたものである。

　われわれは、この問題について取り組んだ（Short & Maier, 1990）。多くの行動指標を用いてラットをはじめとする動物の不安が評定されてきた。われわれの目的に適した行動指標の一つは、File と共同研究者により考案された"社会的相互作用"である（例えば、File, 1980）。別々に飼育された2匹のラットを閉ざされた空間に入れ、活動的な社会性を示す時間を測定する。不安を減らす環境や薬理学的操作は社会的相互作用時間を増加させ、不安の増加はこの種の相互作用を減ずる。さらに不安以外の過程を変化させる薬物は社会的相互作用にほとんど影響を与えない。このことから、この方法は特異的であり、感度も高いことが示された。このテストの最も有用な点は、電撃や他の明らかに不快な刺激を伴うテストと違い、社会的相互作用テスト自体に不快な刺激がないことや、以前受けた電撃に伴っていた刺激を含まないことである。

　逃避不可能な出来事が不安状態を引き起こすかどうかを検証するため、このテストを使った最初の実験において、Short はラットを逃避可能電撃群、逃避不可能電撃群、電撃を与えない群に分け、その24時間後に2匹ずつ箱に入れた。なおこの箱は電撃を受けた環境とはまったく異なっていた。電撃は小さなアクリル製の筒の中で明るい光と大きな雑音の中で与えられた。一方、箱は木製で薄暗くまったく音がない状態に置いた。しかし、どちらの場所の匂いも同じになる可能性がある。この条件はストレスに曝された時、明瞭なストレス臭となり、第二の環境にも持ち越され、条件刺激となりうる。この可能性を最小にするために、テスト箱は電撃が与えられた場所と異なる場所に設定された。テスト部屋では電撃を与えず、箱はテストの度に酢酸溶液でふいた。

　活動的な社会的相互作用の時間を測定する場合の問題点は、動物がうづくまり反応や無動である場合には社会的相互作用が測定できないことである。それでテスト箱内の社会的相互作用ばかりでなく活動量を測定したり、移動量で相互作用値を補正することが必要になる。逃避可能電撃への暴露は電撃が与えられなかった対照群と比較しても、社会的相互作用に費やす時間は変わらなかった。

　しかし逃避不可能な電撃群では社会的相互作用レベルが減少していた。この効果は移動運動量で補正しても変わらなかった。逃避不可能なストレスによる行動変化が不安の存在を示すとすれば、それは時間経過で少なくなり逃避不可

能な電撃から十分な時間をおけば消失すると思われる。逆に社会的相互作用の増強が恐怖条件づけを表わしているとすれば、長期間の間隔をおいても出現してくるだろう。これは恐怖条件づけはストレスの間隔を長期間おいても（数カ月）、刺激によって出現するからである（Gleitman & Holmes, 1967）。結果は、逃避不可能な電撃の2日後でも社会的相互作用の減少が認められたが、7日後ではこの効果は消失した。

BZ受容体 その後の研究から逃避不可能なストレスにより不安の増強が一定期間持続することが示された。これはBZ受容体の作用によるものか？ そうであれば、どのような種類のものだろうか？

緩和精神安定薬に対する受容体が脳に存在することは驚くべきことである。バリウムのための受容体が進化により獲得されることはありえない。考えられることは、脳がそれ自体BZ受容体に働く内因性の物質を含有していることである。これは現在盛んに研究されている分野であり、それらしき候補物質がいくつか取り沙汰されている。BZのような人工的物質は、BZ受容体に作用して不安を軽減し、逆にβ-カルボリンなどは不安を増強する。適当な状況下に脳が反応して遊離される内因性の不安抑制物質や不安惹起物質の存在が議論されている。興味深いことに、脳内でBZ受容体に結合する内因性物質が存在し、不安に対し抑制的に作用するという報告や（DeBlaus & Sangameswaran, 1986）、実際に不安惹起物質を発見したとの報告もある（Guidotti et al., 1983）。これらの物質の存在はいまだ確定していない。

いくつかの可能性が考えられるが、電撃のようなストレスに対しコントロールできないと学習する場合は、受容体逆作動薬のようなBZ受容体に結合する内因性不安惹起物質が遊離されるのかもしれない。これは特定の脳部位に働き、GABA機能を妨害し不安を惹起するのだろう。または反対の可能性も考えられる。すなわちコントロール自体が重要でその欠如ではないのかもしれない。不快な刺激に曝されると不安を引き起こすが、それをコントロールするような学習が内因性抗不安物質を遊離し、BZ受容体に結合し受容体作動薬としてGABA機能を増強するのかもしれない。おそらく両方が関わっているのだろう。

これら3つの可能性（コントロール自体が不安除去物質を遊離するか、コントロール不能が不安惹起物質を遊離するか、あるいはその両方）はいずれも逃避可能あるいは不可能な電撃の経験以前にBZを投与し、24時間後に社会的相

互作用テストを行なった場合、通常程度の不安を両群に引き起こすだろうという仮説が成り立つ。ShortとMaier (1990) は、次のような現象を発見している。もしBZが電撃以前に投与されたならば、回避可能か不可能かに関わらず、電撃を受けた群は受けなかった対照群と同様の社会的相互作用を示す。

　もしBZ受容体拮抗薬が電撃以前に投与された時は違った結果になる可能性がある。特異的BZ受容体拮抗薬（Ro15-1788のような）はBZ受容体を占有し、作動薬や逆作動薬の結合を阻害するが、それ自身には抗不安作用あるいは不安惹起作用はほとんどない。コントロールの欠如は不安惹起物質を遊離し、社会的相互作用に影響する。そしてRo15-1788の投与は逃避不可能な電撃を受けた動物が、逃避可能な電撃を受けた動物と同様の行動をとるようになる。これは逃避不可能な電撃を受けた動物の不安が減弱されたことを意味する。というのは不安惹起物質はBZ受容体に何の作用も持たないからである。逃避可能電撃を受けた動物には何の影響もないはずである。逆にコントロール可能性の違いを引き起こす抗不安物質がコントロール可能な場合に遊離されるとすれば、Ro15-1788の投与により逃避可能な電撃を受けた動物が逃避不可能な電撃を受けた動物と同等の社会的相互作用行動をするはずである。それはストレスに打ち勝った動物の不安レベルを増強するばかりでなく、コントロールできなかった動物に対してほとんど効果がないことが予想される。

　以上のことから、ShortとMaierの結果は明らかである。BZ受容体拮抗薬Ro15-1788を電撃前に投与すると、逃避不可能な電撃を受けた動物のみ、その後の社会的相互作用が変化する。不安レベルは対照群レベルまで減少し、一方逃避可能電撃群には影響はなかった。これはコントロール欠如がBZ受容体に働く内因性不安惹起物質を活性化していることを示している。

　これらの見解は必ずしもコントロールすること自体がBZ受容体に対して何の影響もしないことを示すものではない。他の報告によればコントロールは内因性抗不安物質を活性化するし、コントロールの欠如が内因性不安惹起物質の活性化を引き起こすという。例えば、Drugan、McIntyre、AlpernとMaier(1985)はGABA受容体拮抗薬による痙攣閾値に対する逃避可能あるいは逃避不可能な電撃への暴露の影響を調べている。GABA拮抗薬は痙攣を誘発し、この痙攣は抗不安作用のあるBZ作動薬で消失し、不安惹起作用のあるBZ受容体逆作動薬で増強した。上記の議論の通り、逃避不可能な電撃への暴露はGABA

拮抗薬投与により出現した痙攣を増強させた。これはβ-カルボリンのように不安惹起物質の効果を再現しており、逃避不可能な電撃が内因性不安惹起物質であるBZ受容体逆作動物質を遊離するという指摘を支持している。しかし逃避可能電撃もまた影響がないわけではない。逃避可能電撃は実際にGABA拮抗薬の痙攣誘発作用に拮抗し、痙攣を減少させる。このように逃避可能電撃は抗不安作用のあるBZ作動薬の効果を倍増し、このことは電撃のコントロールが内因性抗不安物質を活性化することを示唆している。コントロール可能な場合も不可能な場合も、両者いずれもBZ/GABA受容体複合体に対しては拮抗的に働き、両方向性に不安を制御しているのだろう。

学習性無力感における不安と恐怖の役割　前述の議論からわれわれは以下のように結論する。

・逃避不可能なストレスは逃避可能なストレス以上に強い恐怖をもたらす。
・より強い恐怖は、ストレスが逃避不可能な場合にはストレスに随伴する鍵刺激により条件づけられる。
・逃避不可能なストレスへの暴露の後、不安は48～72時間持続する。

恐怖と不安によって他の多くの行動変化が出現する。例えば、恐怖は一連の防御行動の出現の動機づけを行なう（Bolles & Fanselow, 1980）。そして注意のような認知過程を変化させる（Eysenck, 1982）。

　回避学習の障害や注意の歪曲などの学習性無力感の原因は強い恐怖や不安であって（第2章参照）、学習性無力感仮説が説明する過程ではないかもしれない。ストレスのコントロールが動機や注意の方向性を直接制御しているのではなく、それらの恐怖のコントロールを通じて調整されているのかもしれない。すなわち、われわれが動物で観察するような行動変化は、恐怖によって引き起こされるのである。例えば回避 - 逃避箱での回避学習の障害は強い恐怖による防御行動の出現を反映したものである。WilliamsとLiebe（1986）は同様の仮説を提唱している。

　これはあくまで仮説であるが、逃避不可能な電撃を受けた動物は、後に電撃を受けると逃避可能電撃を受けた動物より、強い恐怖に関連した行動を取りや

すい（Williams, 1987）。しかしながら、この行動が起こるという事実は、回避-逃避箱の回避行動が障害される原因であることを必ずしも意味しない。残念ながらこの仮説を試す手段はそう多くない。最も明確な方略は、恐怖や不安または学習性無力感効果の変化を知ることができる条件を用いるか、恐怖の程度と学習性無力感効果の出現を共に変化できるかどうかである。もし、回避-逃避箱の回避の障害が、強い恐怖を伴うものであれば、この二つは同時に進行する。恐怖の消失や減弱が学習性無力感効果を減弱あるいは消失する過程や、学習性無力感の消失が強くなった恐怖を減弱ないし消失させる過程を観察すべきである。

　Maier（1990）はこの研究法を使って、恐怖と学習性無力感の関連を調べた。同一個体で回避-逃避箱の回避反応と恐怖の程度を測定することを最終目標とした。定量的に恐怖の程度を測定できるかどうかには議論があった。怒りの消失、電撃棒の覆い隠し行動の消失、食餌行動の減少、うづくまり反応（呼吸以外のすべての動きの静止）はすべて感度の高い恐怖の測定法として知られている。回避-逃避箱の回避学習中に恐怖を測定できる方法はうづくまり反応ただ一つである。うづくまり反応は唯一最良の測定法であると報告されていて(Fanselow & Lester 1987)、どのような場合でもうづくまり反応は電撃の強さや長さ、回数に加えて、経験された恐怖のレベルをコントロールしていると考えられているすべてのパラメーターの変化に敏感に反応する。

　恐怖には2つの異なった仮説がある。

1．逃避不可能な電撃は強い恐怖を誘発する。
2．それに伴い、電撃と同時に存在する刺激への恐怖条件づけが強く起こる。
3．これらの刺激（ストレスを受けた動物から出される匂い）と同様の刺激が回避-逃避箱テストでは存在する。
4．これらの刺激は条件反応として、強い恐怖を引き起こす。

ここで重要な点は逃避不可能な電撃の経験は動物に持続的な変化を起こさないことである。この恐怖は同時に存在する刺激に対し条件づけられる。

　第二の恐怖の仮説は、恐怖が刺激に対して条件づけられるかも知れないが、それに加えて逃避不可能な電撃の経験は恐怖や不安を引き起こす生理的物質に

対する感受性を高めるかも知れない。そしてこの増感状態は一定期間持続し、その後、徐々に消失してゆく。動物が回避-逃避箱テストで電撃を受けた時、以前逃避不可能な電撃を経験している動物に対してその電撃は増感された恐怖システムに作用し、強い恐怖を引き起こす。

　従って、この実験には2つのタイプの恐怖の測定が必要となる。回避-逃避箱の環境はもちろん条件恐怖を伴う。さまざまな行動（うづくまり反応も含め）について、ラットが箱に入れられた瞬間から測定された。"匂いのストレス"がいつも存在することに注意がはらわれた。実験開始から10分後は何の刺激も与えず、ラットの行動を記録した。別の種類の恐怖は回避-逃避箱内での電撃に対する動物の行動として起こる。動物は数回の電撃逃避試行に曝され、その20分後にさらなる試行が行なわれ記録された。実験は通常連続して行なわれ、逃避学習が測定された。

　ラットが逃避可能な電撃または逃避不可能な電撃に曝された時、あるいは電撃がない時、前述したようにテストの24時間後に何が起きるのか？　最初の電撃の前にはわずかにうづくまり反応が認められ、そのほかの恐怖行動は見られない。しかし逃避不可能な電撃を経験した動物は他の動物より強いうづくまり反応が認められる。このことは、弱いながら恐怖が条件づけられたことを示している。電撃はすべての動物に対して恐怖を惹起する。しかしその恐怖は逃避不可能な電撃を経験した動物で最大であり、観察時間20分間を通じて完全に無動のままであった。もちろんこれらの動物は、観察時間の後、逃避学習を施行しても電撃の逃避学習はできなかった。

　この最初の実験は恐怖と学習性無力感が同一の対象で測定可能であり、この2つは同時進行することを示している。この2つは互いに関連したものか、コントロール不可能性の状況での独立した結果であるのかを調べるために次の実験が行なわれた。この実験の最も興味深い点は、BZとオピオイド受容体であるナルトレキソンの影響を観察した点である。ジアゼパムは抗不安作用を有し、ナルトレキソンは回避-逃避箱テスト前に投与すると逃避学習障害に拮抗することから実験が計画された（Whitehouse, Walker, Maigules, & Bersh, 1983）。

　この研究の概要を紹介する。ラットを前もって逃避不可能な電撃を与えるか、電撃のない状態に置く。その24時間後に前述したように実験を行なう。しかし実験の前にジアゼパムまたはナルトレキソンあるいは対照薬を投与しておく。

ジアゼパムは逃避不可能な電撃を受けた動物のうづくまり反応量を電撃を受けなかった対照群のレベルまで落とす。これはジアゼパムを電撃前でも電撃後に投与した場合でも同じである。しかし学習性無力感効果の程度に対して、ジアゼパムは何の効果も与えない。逃避不可能な電撃を経験した動物では、ジアゼパムが恐怖を減弱したにもかかわらず、回避学習の習得に失敗する。ナルトレキソンは電撃前のうづくまり反応に何の影響も与えないが、逃避不可能な電撃を受けたラットに対して電撃後のうづくまり反応を増強する。ナルトレキソンは学習性無力感効果を完全に消失させる。この拮抗薬の投与を受けると、逃避不可能な電撃を経験した動物でも通常の速さで学習ができるようになる。

　要約すると、ジアゼパムは恐怖を対照群レベルまで落とすが、学習性無力感効果には何の影響も与えず、ナルトレキソンは電撃による恐怖を増強するが学習性無力感効果を消失させる。実験中、別の時点で、恐怖を測定すれば別の結果が得られるのではないかという反論もあるが（Maier, 1990）、この実験の場合はそうはならない。そのほか別のパラメーターで恐怖を測定すれば違った結果になるかもしれないという意見もある。実際、他のパラメーターで恐怖の測定を行なったが、同様の結果が得られている（Maier, Ryan, Barksdale, & Kalin, 1988）。これらの実験ではテスト施行中の恐怖の消失と回避-逃避箱における逃避学習の障害との間に因果関係はなかった。そのどちらも逃避不可能性に伴い出現するかも知れないが、その一つが他の一方を誘導するものではない。

　それでは学習性無力感に関する恐怖と不安の役割は何か。この章の冒頭ではっきり述べたことであるが、最初のストレスへの暴露による強い恐怖の経験は回避-逃避箱の逃避学習を困難にさせるよう学習性無力感効果の発現に必要なのかもしれない。BZ/GABAシステムに作用する薬物や行動の操作によるストレス中の恐怖の減弱は24時間後に認められる回避-逃避箱の逃避学習の困難を改善する（Jackson & Maier, 1988）。しかし学習性無力感の行動実験で見られる恐怖の程度は重要ではない。すなわち、回避-逃避箱の逃避学習のような行動の変化は恐怖自体や恐怖による行動によって出現するものではない。他の行動は、恐怖の結果かもしれない。例えば逃避不可能な電撃を受けた動物は逃避可能な電撃を受けた動物より、その後の電撃に対してより強いうづくまり反応を示す。このコントロール可能性の違いによる反応の差は、その行動の時点における恐怖の結果である。すなわち恐怖を減弱する薬物はうづくまり反応の違い

を消失させる。ある行動は条件づけられた恐怖の結果であろうし、または恐怖のシステムが敏感になっているのかもしれない。電撃への暴露とテストの間隔を十分に長くすることで、これらの恐怖の過程を区別することができる。条件づけられた恐怖は長期間持続するが恐怖に対する敏感さは長くは続かない(Maier, 1990)。

それゆえ、次のような様式図を描くことができる。ストレスに対してコントロールできないことを学んだとき、恐怖と不安は増強され、これは多分BZ受容体やGABA受容体を含む複合体に作用する内因性不安惹起物質の活性化によるものだろう。さらに付け加えると、コントロールを学習するとBZ受容体に働く内因性抗不安物質が活性化されることにより、不安が減弱されるかもしれない。これらの作用はBZ/GABA複合体にある変化を及ぼし、一定期間持続してやがて減弱する。逃避不可能な電撃を経験した動物の場合これを"GABA神経系の活動性"の減弱と表現できるかもしれない (Drugan & Holmes, 1991)。これは不安を表面化し、恐怖を引き起こす物質が活性化された状態になる。さらに、恐怖は電撃に暴露されているときに存在した刺激に対して条件づけられる。

ある行動は条件づけられた恐怖により出現し、またある行動は増感された恐怖物質により引き起こされる。例えば、回避-逃避箱の環境下の反応として増強したうづくまり反応は逃避不可能な電撃により出現し、逃避不可能な電撃と回避-逃避箱テスト施行の間隔が72時間以内であれば消失することはない。しかし、回避-逃避箱内での電撃後のうづくまり反応の増強は完全に消失することがある。ShortとMaierが見いだしたように、増強した不安は逃避不可能な電撃への暴露後約48時間しか持続しない。その他の行動は恐怖や不安に引き続いて生じたものではないだろう。コントロール不可能なストレスによるBZ/GABAの変化はそのほかの神経化学的機構にも作用し、回避-逃避箱の逃避を困難にさせるなどの行動変化の原因になる。恐怖とBZ/GABA系の変化はその成立に関して重要な因子かもしれないが、直接的な原因ではないだろう。

これはすべての学習性無力感効果は、一度強い恐怖や不安を経験した動物にとって少なくとも痕跡的であることを意味しているのかもしれない。前章でわれわれはコントロール不可能性の結果は、注意の移動のような認知の変化により生じ、動物の学習の直接的な結果であるということを述べた。一方、他の結

果は動機づけと情動過程によることを示した。これらの行動変化は認知の変化により直接生じ、最初に経験した強い恐怖や不安とは独立している。Y迷路選択学習が困難になることはそのような行動変化の例である。逃避不可能な電撃前のBZの投与がその後の選択回避学習に対して、逃避不可能な電撃の衝撃を消失させたり、減弱することで影響をもたらすものではない。また、強い不安を引き起こす薬物の前投与が選択回避学習行動を阻害しているわけではない (Maier, 1992)。

まとめれば、生体は受けたストレスの性質を学習する。そして、この学習によって、一連の行動変化の原因となる認知の変化を引き起こす。この学習は恐怖や不安を調節する生理系に衝撃を与える。影響の受け方はさまざまだが、これらのシステムの機能は一連の行動を引き起こす。逆に恐怖と不安の過程は他の神経化学的システムに影響し、変化を促し、他の行動変化の原因となる。

ノルエピネフリン系との関連 われわれはNEとGABAの役割について論じてきた。当然この2つが関連しているかという疑問が生じる。解剖学的に考えるとその可能性は高いように思われる。われわれの疑問に対する特別な解答としては、GABA系神経（GABAを産生し、それを終末から遊離する神経）はNA青斑核神経に投射しており、その発火を抑制するという事実がある (Cedarbauw & Aghajanian, 1978)。さらに青斑核の電気刺激はサルの恐怖と不安を惹起し、またその破壊は静穏で反応性に乏しい状態にして、危険信号に対する恐怖の反応を弱める。興味深いことに、β-カルボリンの不安-覚醒効果はNE青斑核活性を抑制する薬物により減弱する (Crawley et al., 1985)。

これは、GABA機能の減弱が不安感を生じさせることを意味している。この状態は、NE青斑核神経に対して緊張性あるいは位相性の抑制を減弱し、興奮性入力に対するこれらの神経の活動性を増大するからである。GABAの抑制は前章で述べた効果を持つかもしれない。というのは、これは青斑核神経のブレーキを解除するからである。これらの結果はNEに関する研究とGABAに関する研究との間に矛盾がないことを意味している。さらにNE系は逃避不可能な電撃の後、ある期間は引き続き増感状態にある。われわれは、行動的に規定した不安システムに同様の影響を認めている。AnismanとSklar (1979) は逃避不可能な電撃によるNEの枯渇はすぐに回復することを見いだした。しか

し、対照ラットに対しては不十分な NE の枯渇しか起こさない程度の電撃を一定期間暴露すると、前もって逃避不可能な電撃を受けたラットの NE を再枯渇することができる。たとえ回復したように見えてもこの動物の NE 系は次のストレスに対して過敏状態であった。

青斑核中の NE 細胞は BZ/GABA が作用する唯一の部位ではない。背側縫線核より上行するセロトニン神経投射が BZs や他の物質の抗不安作用に関係している。これらの神経核は気分の調節に関連していることが知られている部位にセロトニン神経を投射している。背側縫線核には GABA、BZ 受容体があり、GABA、BZ が背側縫線核に直接投与されると、上行神経の終末でのセロトニンの遊離を抑制する (Soubrie, Blas, Ferron, & Glowinski, 1983)。さらにこれらの投射は BZs の抗不安作用の発現に重要であることが知られている (Soubrie, Tiebot, Johert, & Haman 1981)。

不安制御装置としての NE 青斑核やセロトニン背側縫線核の役割は、逃避不可能なストレスによっても証明されている。これに関する最初の研究は、前述した社会相互作用を用いて逃避不可能な電撃と逃避可能な電撃を受けたラットで行なわれた (Short & Maier, 1990)。BZ 受容体拮抗薬の Ro15-1788 を逃避不可能な電撃の前に全身投与すると通常24時間後でも認められる不安の増加が消失した。しかし Ro15-1788 を青斑核と背側縫線核に直接微量注入した場合、ジアゼパムの効果は青斑核に投与した時に認められ、背側縫線核への投与では認められないと思われたが、結果はこれとはまったく反対だった。自然はしばしばわれわれの期待に背くものである。われわれが得た結果から、さらに多くの研究が必要となった。

内因性オピエート

ここ数十年の発見の中で、脳と脊髄にオピエート分子に特異的な受容体とこれらの受容体に結合する内因性物質が存在するという発見ほど熱狂的なものはなかった。中枢神経系にはオピエートに対する特殊な受容体があることは長い間予想されていた（モルヒネのようなオピエートはある特定の分子構造のみが有効であり、ナロキソンのような拮抗薬でその効果は抑制される）。研究者がこの仮説に確信を持ったのは1974年であった。この研究はこれらの受容体への

対応物質を探すことから始まり、1975年にはモルヒネに似た作用のある2種類の物質を単離した。これらはロイシンエンケファリンとメチオニンエンケファリンと名づけられた。他の脳内オピエートも次第に発見され、一連の物質は総称としてエ・ン・ド・ル・フ・ィ・ン・（内因性モルヒネ）と名づけられた。

　オピエート受容体と内因性オピエートの発見のあと、それらの機能が問題となった。オピエートが鎮痛作用を持つことから、痛みとの関連が研究された。

　主に中脳水道周囲灰白質やその周囲の限られた脳部位の電気刺激がかなり痛覚を抑制することはそれまでに知られていた（Mayor, Wolfe, Akil, Carder, & Liebeskind, 1971）。そのため、これらの部位にオピエート受容体が存在し、刺激によりエンドルフィンが遊離されることが予想された。この仮説はまもなく多くの証拠により確認された。実際にこれらの部位にはオピエート受容体とエンドルフィンが含まれていた。電気刺激による鎮痛はオピエート拮抗薬であるナロキソンの投与で消失する。電気刺激とオピエートによる鎮痛効果の間には交叉耐性[2]が存在する。この点については、後で簡単に述べる（例えば、Akil, Mayer, & Liebeskind, 1976）。

　以上より、脳には痛覚を抑制する内因性のシステムが存在すると思われる。このような機構が機能するには多くの経路が考えられる。その一つは、この機能を活性化させ痛覚信号が発生する脊髄から脳内に伝えられた信号を鈍らせる。他の経路としては、このシステムの活性化により脊髄に下降してきた情報が上行性の痛覚信号を抑制する。中脳や延髄の内因性痛覚抑制部位が脊髄へ情報を送り、痛覚情報の上行を抑制することにより痛みを消失させるなど多くの証拠が示された（Basbaum & Fields, 1984参照）。さらにオピエート受容体や内因性オピエートは脳と脊髄のレベルで痛覚の制御に重要な役割を果している。

　内因性の痛覚抑制システムの存在は鎮痛状態を生む環境的状況があることを示している。モルヒネのようなオピエートの投与や埋め込んだ電極からの電気刺激にのみ反応するための神経機構が進化の過程で準備されてきたとは考えにくい。内因性オピエートを含む痛覚抑制回路が存在するならば、何らかの物質がそれを活性化するはずである。

　ストレスへの暴露が鎮痛系を活性化させるという報告がある（Hayes, Bennett, Newlon, & Mayer, 1978）。この報告を受けて、ストレスのコントロール可能性がこれに関与しているかどうか検討した。ストレスへのコントロールが不可能

であるという学習をしたとき、この学習が内因性オピエート系を活性化させるという推測はもっともらしい。不快な刺激をコントロールすることができるのであれば、それに対処する最良の方法は利用可能な行動を積極的に行なうことに尽きる。しかし、不快な出来事がコントロール不可能で行動により対処できなければ、行動によるコントロールが可能になるまでエネルギーを保存し、状況から引きこもることで対処する方が合目的であろう（Engel & Schmale, 1972）。コントロール不可能な事態をコントロールしようと貴重なエネルギーを無駄に消費することは適切ではない。痛みを伴う出来事に直面した場合、防衛的にじっとしていることは難しいが、もし痛みが軽減できればそれはより容易になるだろう（Margules, 1979）。そのような動物は消化や呼吸を落とし、まぶたを閉じて体温を落とす。オピエートにより生じる鎮痛はエネルギー源を節約するための反応の一部と考えられる。

　逃避不可能な電撃といったコントロールできないストレスに曝されると鎮痛状態となる。この鎮痛状態は、かなり大量のモルヒネを投与した時に生じる鎮痛状態に匹敵する（Jackson, Maier, & Coon, 1979）。ラットのような動物の痛覚に対する感受性や反応性は、輻射熱に対する尻尾を振る行動を観察することで正確に測定できる。輻射熱の焦点を動物の尻尾に合わせ。尻尾への熱が痛みとなった瞬間に動物は尻尾を光源から移動させる。動物にモルヒネを投与しておくと、尻尾の移動は遅延するかまたは消失する。輻射熱に対する尻尾振り反応が抑制される痛覚抑制薬の用量は、人間が報告する薬物の力価と正確に相関している。

　逃避不可能な電撃は鎮痛状態を引き起こすだけではない。鎮痛状態に関連した内因性物質は、電撃後48〜72時間にわたり増感状態にある。この間、通常では鎮痛を引き起こすには不十分な量の電撃に対しても、以前に逃避不可能な電撃を受けていた動物では急速に鎮痛状態が出現する。逃避不可能な電撃で誘発された尻尾振り反応の抑制は実際の痛覚の抑制による。つまり、尻尾に対する痛覚入力そのものに対して特異的であり、単なる反応の抑制ではない。それはこのようなラットでも、痛みを伴わない触覚刺激に対しては尻尾を正常の潜時で振る反応を示すことから明らかである。次に、中脳や延髄から脊髄への下行性の線維の破壊実験を紹介する。この線維連絡はモルヒネや電気刺激で生じた痛覚抑制情報を伝える役割がある。このような破壊は逃避不可能な電撃による

鎮痛状態を消失させる（Watkins et al., 1984）。したがって、痛覚の伝達は逃避不可能な電撃により抑制されると結論できる。

　以上のような鎮痛状態の発現はいくつかの疑問を起こさせた。一つは、鎮痛は本当に学習性無力感効果であるのか、すなわちコントロールの有無に感受性があるかどうかである。第2章で述べたように、逃避不可能な電撃に曝される前にストレスをコントロールした経験を有する動物は、逃避不可能な電撃による学習性無力感に対して免疫ができる。さらに、逃避不可能な電撃を経験した後、コントロール可能なストレス状況に曝すと学習性無力感が消失する。これらの免疫と治療効果が逃避不可能な電撃に引き続く鎮痛についても説明できるかどうか調べた。逃避不可能な電撃の前に回避可能な電撃への暴露は、逃避不可能な電撃による鎮痛の発現を抑制した（Moye, Hyson, Grau, & Maier, 1983）。逃避不可能な電撃を負荷する前後に加えた逃避不可能な電撃は、鎮痛の発現をさらに増強させた。このことは、免疫と治療効果は電撃がコントロール可能か否かにかかっていることを物語っている。この知見より、逃避不可能な電撃による鎮痛状態が学習性無力感効果であること、たんにストレスそのものによるものではないことを強く示唆している。なぜなら鎮痛状態の消失はそれ自身がストレスフルであるからである。逃避可能な電撃は逃避不可能な電撃ほどストレスフルではないにしても、依然それはストレスフルである（Maier, Ryan, Barksdale, & Kalin, 1988）。

　この種の研究は複雑である。第一に、他のストレスでも鎮痛が出現するが、この鎮痛状態には内因性オピエートが無関係であるという指摘である（例えば、Hayes, Bennett, Newlow & Maier, 1978）。オピエート拮抗薬であるナロキソンが鎮痛状態に拮抗しないことや、モルヒネの交叉耐性が認められないことから、この鎮痛状態はオピエート機構とは無関係と言える。痛覚制御にはいくつかの内因性の機構があり、あるものはオピエート機構と関与するがこれを含まないものもある（Watkins & Mayer, 1982）。

　次に、逃避不可能な電撃によって生じた鎮痛状態がオピエート拮抗薬で拮抗されるのか、モルヒネに対して交叉耐性を有しているのか調べる必要がある。その結果、鎮痛状態はナロキソンやナルトレキソンで完全に抑制され、モルヒネの前投与でも完全に抑制された（交叉耐性）。

　これらの事実から、ストレスをコントロールできないという学習は内因性オ

ピエート系を活性化し、脳内の痛覚抑制系を活性化する。さらに、この活性化により一定期間このシステムの増感状態が維持される。多分、電撃に続くある一定期間、オピエート受容体が増感状態になるためか、より多くのオピエートが遊離されるかのどちらかであろう。

　この仮説を検証する興味深い方法がある。もし逃避不可能な電撃が実際に内因性オピエート系を活性化して、鎮痛状態をもたらしているのであれば、まったく逃避不可能な電撃を用いなくても逃避不可能な電撃の影響を再現できるはずである。もしより直接的な方法で内因性オピエート系が活性化されれば、同様の効果を作り出すことができる。何がオピエート系を活性化させるのか検証するのは難しい。しかし、唯一言えることはオピエートそれ自体が関与しているということである。それならば、モルヒネを投与するだけで逃避不可能な電撃と同じ効果を再現できるだろう。明らかに、モルヒネは鎮痛状態をもたらすだろう。しかし逃避不可能な電撃は鎮痛状態のみをもたらすだけではない。それは、電撃後24時間以内であれば、通常は鎮痛状態を起こさない程度の少量の電撃でも鎮痛状態を引き起こすことが出来る。すなわち鎮痛状態の形成が容易になる。われわれの理論では、モルヒネ投与24時間後に少量の電撃で無痛状態を作り出すことが必要となる（モルヒネの直接効果は1〜2時間である）。そして実際、結果は予想通りになった(Grau, Hyson, Maier, Madden, & Barchas, 1981)。

　さらに説明を加えると、上記の実験の妥当性はモルヒネと逃避不可能な電撃を互いに入れ替えることができる点にある。それでは逃避不可能な電撃による無痛効果を何が遮断できるのか、それは回避が可能なコントロール可能電撃である。そこでわれわれは次のようなやや奇抜なアイデアを思いついた。回避可能な電撃は逃避不可能な電撃と違いモルヒネの鎮痛効果を遮断するのではないか？　驚くべきことに結果はまさにその通りになった（Grau et al., 1981）。さらに、われわれは、もしコントロール不可能なストレスがオピエート系を増強させるなら、逃避不可能な電撃の経験は増強された鎮痛効果とモルヒネに対する過敏反応性を示すのではないか[3]と考えた。実験によって、確かにこのことは証明された（Grau et al., 1981）。さらに、逃避不可能な電撃を経験した動物はモルヒネに対する退薬反応も増強する（Williams, Drugan, & Maier, 1984）。

　コントロール不可能なストレスによって生じる鎮痛に対する内因性オピエートの関与の知見から、次の問題が出された。ストレスがしばしば非オピオイド

性の鎮痛効果を引き起こすことは既に指摘したが、それではどんな性質の鎮痛が起きるのか？　動物にストレスがコントロール不可能であると学習できるに十分なストレスはオピオイド性の鎮痛を引き起こすだろう（Maier, 1986)。そして、コントロール可能性またはコントロール不可能性を学習するのに不十分なストレスはおそらく、非オピオイド性の鎮痛を引き起こすだろう。従って、非オピオイド鎮痛を引き起こすストレスは回避-逃避箱の逃避学習を阻害するような学習性無力感効果は示さず、オピオイド鎮痛が出現するようなストレスは回避-逃避箱の逃避阻害を発現する(Maier, Sherman, Lewis, Terman, & Liebeskind, 1983)。学習性無力感効果の発現には80～100回の逃避不可能な電撃が必要であり、オピオイド性鎮痛発現にも80～100回の試行が必要となる。

　最後の問題は注目に値する。5～60回の逃避不可能な電撃は非オピオイド性の鎮痛を引き起こすが、さらに少ない（1～2回）電撃はナロキソンやナルトレキソンで拮抗されるオピオイド鎮痛を引き起こす。1～2回の逃避不可能な電撃によっては回避不可能性の学習をすることはできない。Watkins、Weirtelakと Maier (1992)はこの矛盾点を指摘し、その解答を示した。この研究はナロキソンやナルトレキソンの全身投与で行なわれた。そのため薬物は脳と脊髄の両方のオピエート受容体に作用する。われわれの実験では、薬物を脳や脊髄に直接投与した。脊髄に投与された場合、1～2回の電撃による鎮痛は消失した。脊髄と脳にナルトレキソンを投与した場合には、80～100回の電撃による鎮痛が拮抗された。このように学習性無力感が起こる条件のみで脳内オピオイドが関与する鎮痛効果が認められた。これは何を意味するのか？

　鎮痛に関わる神経機構の役割がこの問題に対するヒントを与えてくれる。1～2回の電撃後のオピオイド鎮痛と5～60回の電撃後の非オピオイド性鎮痛は比較的下位レベルの神経機構が制御している。これらは除脳後でも消失しないし（Watkins, et al., 1984)、麻酔下でも認められるのでいかなる皮質機能も関与していない。この鎮痛は、脊髄や脳幹レベルの痛覚抑制回路に直接働く感覚入力により引き起こされている（Maier, 1989a)。反対に80～100回の電撃によるオピオイド性鎮痛は麻酔のような処置により完全に消去され、神経機構の高次レベルまたは"意識過程"レベルでの関与が必要である（Maier, 1989a)。ここでは、鎮痛は感覚刺激それ自体によって生じているものではなく、事象に対する学習に依存している。動物が不快だと感じる出来事に対する鎮痛は、動物が

どのような行動で対処するか、またはどのようにコントロールするかを決定する際の助けになると考えられる。

不快な出来事に対する痛みの軽減は状況を把握して、より効果的な防御行動をとることを可能にすると思われる（Fanselow, 1986参照）。しかし、もし出来事がコントロール不可能であると動物が認知した場合、コントロールが可能な場合とは違った機構が活性化されるのかもしれない。この鎮痛は、防御したり引きこもったりすることによりエネルギーを保存するのに都合良くできているように思われる。鎮痛の行動特性はこれらの仮説と合致する。1～60回の逃避不可能な電撃による鎮痛は電撃が終わると短時間で消失する。また動物を危険な状況から遠ざけるとこの鎮痛はすぐに消失してしまう。反対に80～100回の電撃による鎮痛は電撃が終わっても、その状況から遠ざけても長期間持続する。いったんそれが起こると長期間存続し、簡単には消失しない（Drugan, Moye, & Maier, 1982; Maier & Watkins, 1991）。

それでは、痛覚系と内因性オピオイドの変化はこの章の前半に述べた議論とどのように関連しているのだろうか。これらの変化は、NE系とBZ/GABA系、恐怖などとどのように関係しているのだろうか？　不快なコントロール不可能事象によって生じる強い恐怖や不安は、コントロール可能性を認知する最初の段階で認められる。回避-逃避箱で測定した行動の第一の原因は、恐怖によりBZ/GABA系が活性化される一連の流れを反映したものであるが、恐怖はその過程の初期に起こる。ジアゼパムのようなBZsは80～100回の不可避電撃による鎮痛を抑制するが、このことは鎮痛には恐怖が重要な要素であることを示している（Maier, 1990）。予想通りジアゼパムは数回の電撃で出現した鎮痛を抑制しなかった。この例から、鎮痛は物理的なストレスと脳幹機構の相互作用で決定されるものではなく、回避が不可能であるという学習から生まれると考察した。恐怖と不安が問題となる。強い恐怖は鎮痛を産出する脳のオピエート系を活性化する。さらに、青斑核から脊髄に線維を送る段階で鎮痛の発現に関与している。われわれが既に述べたこのシステムとほぼ確立された痛覚機構の間には少なからぬ関連があると思われる。

神経伝達物質、伝達修飾物質、およびホルモン

　われわれはこれまで NE、GABA、オピエートに焦点を絞って述べてきた。それはこれらの物質が関与している証拠が数多くあり、一般的で、重要な点が明らかになったためである。しかしながら、学習性無力感にはアセチルコリン、セロトニン、ドーパミン、副腎皮質ホルモンが関与している証拠もある。これらの物質はストレスに対するコントロール可能性によりそれぞれ違った変化が認められ、コントロール不可能なストレスへの暴露の前にこれらの物質を薬理学的に操作することで、行動に対するストレスの衝撃を変化させたり、逆の薬理学的操作により、行動を出現させることもできる。

　このように、複雑なシステムが種々関与しているという証拠は何を意味しているのだろうか？　この意味を理解することは大変難かしい。しかし、文脈の流れに沿って——ある神経化学的システム、関与物質、あるいは脳部位など——のどれが本質的なものかを調べることは重要であろう。ここで取り上げた議論はきわめて仮定的であるが、少なくとも原則的には単純化が可能であることを示唆することは重要と考える。

CRH

　ストレスに対する生理的な反応の一連の過程を統合する何かは存在しているのか？　換言すれば、生体が適応的に生きるために必要なあらゆる戦略に共通の生理学的変化があるのだろうか？　すべての末梢器官が、生体が"逃げるか闘うか"によって変化することがこれまで長い間強調されてきた (Selye, 1956)。

　これらの変化は2つの因子からなっている。すなわち、下垂体-副腎系と自律神経系の活性化である。ACTH と他の物質（例えば、β-エンドルフィン）は下垂体前葉から血液循環の中に遊離され、ACTH は副腎皮質からコルチゾール（ヒト）やコルチコステロン（ラット）のような糖質コルチコイドの産生と放出を促進する。糖質コルチコイドは全身のさまざまな代謝に影響し、脅威に対する生体の適応的反応の基礎となっている。自律神経系の活性化はカテコールアミンであるエピネフリン (E) と NE を副腎髄質から血液中に遊離する。交

感神経系からの NE はさまざまな器官に投射している。その結果、心臓や血管のような多くの末梢器官でさまざまな変化を引き起こす。副腎髄質や特殊な交感神経活動により遊離されたカテコールアミンはストレスが存在する期間、心拍数を増加し、血圧を上昇させる。

　どのようにして脳はこれらの変化を起こしているのか？　下垂体は脳の下部に位置し、下垂体門脈系と呼ばれる部位に脳から血液の供給を受けている。この血液の供給は視床下部の正中隆起から来ており、視床下部門脈系にある物質を放出し、それが下垂体前葉の ACTH の合成と遊離を促すと長い間考えられてきた。この物質は CRF または CRH と呼ばれており、視床下部の室傍核(PVN)で作られる (Vale, Spiess, Rivier, & Rivier, 1981)。下垂体による ACTH 遊離の調節は CRH 以外でもなされている。しかし、CRH が最も重要な調節因子である。このことは、CRH の抗血清がストレスに対する下垂体-副腎反応を完全に遮断するという知見により証明されている (River & River, 1982)。脳は PVN からの CRH の遊離により神経内分泌系の下垂体-副腎経路を活性化する。

　交感神経系の活性化はどのようにして生じているのか？　この系はとても複雑であり、さまざまな調節を受けている。しかし、この調節に関してある程度のことが解っている。第一に、PVN は脳幹や脊髄の諸核に直接線維を送っており、交感神経系の調節に関与している。これらのうちいくつかでは CRH が産生され、それを含む PVN の同様の部位からも投射を受けている。さらに孤束核のような脳幹の核と CRH を含む PVN 細胞の間には互いに投射が認められる (Cunningham & Sawchenko, 1988)。孤束核のような神経核は内臓器官からの線維連絡を受け、PVN と CRH 系は内臓性の入力と出力を統合するおもな部位であるとされている。

　このような仮説を支持するように、CRH を脳内に投与した場合に生じる交感神経系の変化のパターンはストレスによる変化のパターンにきわめて類似している (Fisher, 1991参照)。すなわち、血液中 E や NE の上昇、血圧の上昇、心拍数の増加などが起こる。さらに、CRH による心臓血管系の変化の程度はストレスによる変化の程度とよく似ている。CRH は腸間膜から骨格筋への血液を短絡し、心拍出量を増加させる (Fisher, 1991)。脳内へ CRH を注入したときに認められる CRH の影響は末梢へ CRH が漏れ出たことや下垂体副腎系の CRH による活性化によるものではない。それは CRH の抗血清を静脈内に

投与しても脳内への CRH の投与による交感神経系の活性化作用を変化させないことからも明らかである（Brown & Fisher, 1985）。抗 CRH 血清の末梢投与はすべての末梢 CRH を不活化するので、残りの活性は中枢由来であることになる。下垂体の除去は交感神経活性に対する CRH の中枢投与による影響を減弱しない（Fisher, Jessen, & Brown, 1983）。

脳からの自律神経出力に対する CRH の効果の一部は下垂体以外の由来であるらしい。CRH 含有神経（Swanson, Sawchenko, Rivier, & Vale, 1983）と CRH 受容体（Desouza, 1987）は下垂体に限局するものではなくて、ストレスや自律神経機能の両方に関係する多数の脳部位でも認められる。そのなかでも、扁桃核は大量の CRH を含み、さまざまな脳部位に投射し、CRH が自律神経機能に影響を及ぼす多くの経路を有していることで特に注目される。

驚くことでもないが、ストレスによって出現する行動を制御する CRH の役割はよく分かっていない（Cole & Koob, 1991参照）。脳内に直接 CRH を注入すると行動変化が起こるが、この変化は不安を反映しており、ストレスの結果引き起こされる行動変化に似ている（例えば、Britton, Koob, Rivier, & Vale, 1982）。しかし、CRH が学習性無力感効果を発現させるかどうかは分かっていない。さらに、CRH 拮抗薬や CRH の抗血清の投与は拘束ストレスにより生じる行動の発現を抑制する（Berrige & Dunn, 1987）。しかし学習性無力感が抑制されるかどうかは分からない。

それでは NE システムや青斑核、BZ/GABA 複合体ではどのように関わっているのだろうか？　興味深いことに CRH はこれらとそれぞれ相互作用を持っている。青斑核神経は CRH 含有神経終末と組織連絡しており、脳内への CRH の投与は NE 神経系の活性（Dunn & Berridge, 1987）と青斑核の発火率を増加する（Valentino, Foote, & Aston–Jones, 1983）。さらにさまざまなストレスは青斑核内の CRH 含有量を増加する（Chappell et al., 1986）。そして CRH 拮抗薬はストレスによる青斑核の発火の増加を抑制する（Valentino & Wehby, 1988）。明らかに、NE 青斑核システムの活性化に対するストレスの影響は青斑核における CRH 遊離により調節されている。

反対に CRH による行動変化は NE 系に対する作用によって調節されている。CRH の不安誘発作用のいくつかは NE 受容体拮抗薬により遮断される（Cole & Koob, 1988）。それ以外は BZ 受容体拮抗薬である Ro15-1788で拮抗される

(Britton, Lee, & Koob, 1988)。CRH は他のシステムにも働き、その引き金になっているのかもしれない。そして恐怖や不安のような行動的、情動的な結果をもたらしているように思われる。

　CRH に関する最初の議論として、視床下部の PVN に焦点をあてる。PVN は脈管系の入力に反応し、内分泌や自律神経系の情報を出力するのに対して都合の良い場所に位置している。それがいかに身体情報の入力や出力を統合する場所として好都合なのかはすぐに分かるだろう。しかし、PVN がストレス情報をより的確に認知し、学習するための統合をどのようにしているのか理解することは難しい。例えば PVN がストレスのコントロール可能性をどのようにして直接感知できるのか？　扁桃核が CRH を含んでいることは不思議である。このシステムは、新皮質と脳幹や脊髄の間に解剖学的に局在しており、ある種の情報の中継処理過程を司っている。脳からの身体運動、内臓運動、神経内分泌の情報をコントロールしている。一方で扁桃核は新皮質と解剖学的連絡を有するとともに、脳幹の PVN や自律神経系との連絡を持っている。

　扁桃核は恐怖や不安の経験と表出を担う重要な部位と考えられる。その部位を刺激すると恐怖に似た行動が引き起こされ、血液中カテコールアミンや糖質コルチコイドが上昇する。その部位を破壊すると恐怖条件づけが起こらなくなる。例えば扁桃核を破壊すると、電撃に先行する音に対して心拍数の増加が生じなくなる。しかし、電撃自体に対する心拍数の増加は生じる（Iwata, LeDoux, Meeley, Arneric, & Reis, 1986）。換言すれば、扁桃核は恐怖条件づけには関連しているが、電撃に対する反応には無関係である。

　扁桃核は多くの脳部位に投射路を持つ。これらのさまざまな部位は、恐怖のさまざまな側面の表出の原因となっているのかもしれない（Gloor, 1978）。扁桃核には CRH のおもな出力系があり、また BZ 受容体が高い密度で存在している（Niehoff & Kuhar, 1983）ことに注目すべきであろう（Gray, 1989）。そして青斑核と背側縫線核に対して互いに線織連絡路がある。さらに、既に述べたように視床下部や脳幹、脊髄の自律神経核にも連絡路を持っている。扁桃核はまた、オピエート受容体や内因性オピエートを含む脳部位（水道周囲灰白質）にも投射し、痛覚の下行路の調節にも関わっている。

　扁桃核はストレス経験の学習を行動や内分泌、自律神経機能の変化に翻訳するのに最適な位置にある。視床下部はおそらく、ストレスへの暴露時の内臓感

覚に直接反応し、これらのストレスに対する反射的または無条件的な反応を調節している。そして扁桃核は、コントロール可能性のような学習の意味づけを行なう精神の中枢処理過程として機能していると考えられる。この一連の過程の中で早期に反応するCRH系は重要な役割を担っている。コントロール可能性は、われわれが示唆する神経回路に対して重要な影響を及ぼしていると思われる。もしそうであれば、コントロール可能性によって出現する変化は驚くべきことにならない。

その他の事項

この章ではきわめて限られたことしか述べなかったので、多くの話題が言及されずに残った。これらのうち最も重要な事柄を簡単に述べる。

急性と慢性の暴露 この章の議論のすべては、ストレスへの1回の暴露によるコントロール可能性の違いについて述べてきた。これは報告された文献がほとんどこのような研究に偏っていたためである。しかし、実生活のストレスはしばしば慢性的で、長期間持続するか何度も繰り返される。従って、長期間持続するストレスや反復されるストレスがストレスへの急性暴露と同様の生物学的変化を起こすのかどうか、あるいは慢性ストレスで観察されるような行動変化と急性の生物学的変化が同じかどうかといった疑問は当然残る。

一般に、生体系では、繰り返し引き起こされた場合それを補償しようとする変化が生じる。つまり、基礎値からのいかなる偏位も反対方向に戻したり、平衡が乱された状態を正常に戻そうとする機能がある。例えば、逃避不可能な電撃が脳内のNE消費量を増やし、新たなNEの供給がないと枯渇してしまうことを既に述べた。しかし、被験体が何度も逃避不可能な電撃を受けると、NEは枯渇しなくなる（Weiss, Glazer, & Pohorecky, 1976）。そのかわり、NE合成を律速する酵素活性は上昇する。そのため慢性的なストレスを負荷した後にはNE合成はその利用に見合うことができるようになる。そのため、すべてではないがほとんどの逃避不可能なストレスによる生物学的変化は急性と慢性とでは変化が異なると考えられる。行動学的な変化も同じである。

受容体機能 われわれの議論のほとんどは伝達物質とホルモンの変化に焦点を当ててきた。しかし、これらの物質は受容体に働くことによって（それがシ

ナプス前にしろシナプス後にしろ）作用が出現する。受容体は固定された静的なものではなく、感受性のある伝達物質や修飾物質、ホルモンに対して速やかに反応し、変化する動的な部位である。細胞膜にある受容体の数や結合する基質に対する親和性も即座に（分単位）変化し、これらの変化は比較的長時間（数日から数週間）持続する。

　1回の逃避不可能な電撃実験で受容体が変化することもある。Weiss、Woodmansee と Maier（1992）によれば、一回の逃避不可能な電撃によって、青斑核の α_2 受容体の機能増強が生じて、この変化が少なくとも3日間持続した。コントロール不可能なストレスによる行動変化は、伝達物質の変化よりむしろ受容体の変化によるのかもしれない。さらに、受容体の数や親和性の変化ばかりでなく、受容体結合に続く神経の情報伝達過程もまた変化していると考えられる。これらの過程の変化では受容体の数や親和性は不変で、受容体への伝達物質の結合が細胞に対して違った効果を及ぼしているのかも知れない。活性の変化の多くは、多分これらのレベルで起きていると思われる。

生体側の調節入力変数　コントロール不可能なストレスによる心理学的あるいは生理学的な影響を左右する因子はたくさんある。

1. **個体差**　すべての動物がコントロール不可能なストレスに曝された時、学習性無力感効果を示すわけではない。例えば3分の2のラットが逃避不可能な電撃に曝された後、回避学習の障害を示すようになる。これらの差をもたらす要因の抽出が必要と思われる。重大な要因の一つは、地位の優劣である。動物が群れのなかで優位な地位にあるかどうかは、学習性無力感効果の発現を予測する上で有効である。驚くべきことに、優位でない動物ほど学習性無力感の発現が少ない。（Fleshner, Peterson, & Maier, 1992）。
2. **性**　動物の性別は、コントロール不可能なストレスの衝撃に影響を及ぼす。雌性ラットのホルモンの状態や発情周期も関係する（Ryan & Maier, 1988）。
3. **年齢**　ストレスの影響は発達の段階においても異なる。ある発達段階では、ほかの時期に比較してその衝撃は強くなるかもしれない。

明らかになっていること

　学習性無力感効果の生物学に関する膨大な知見は短期間に得られたものである。電撃のコントロール可能性に関わる神経化学的な影響についての Weiss による最初の発見からほんの20年しか経っていない。多くの謎の断片が明らかになり、おおまかな概念が像を結び始めている。NE、BZ/GABA 複合体、内因性オピエートの関与についての詳細が分かってきた。動物は遭遇した不快な出来事をコントロールできるという学習を行ない、この学習が経験する恐怖の程度を変えるというのが全体像である。コントロール可能であるという情報のフィードバックと安全であるという予見性が鍵になっているらしい。ストレスがコントロール不可能であるという学習は恐怖を増強し、ストレスへの対応が可能であるという学習は恐怖を減弱する。BZ/GABA 系、CRH、扁桃核はこれらの過程にとくに重要な要素かもしれない。

　これらの発見は特筆すべきである。というのはコントロール不可能な不快な出来事の結果生じた"不適切な"行動は、BZ/GABA 系に作用する薬物によって抑制もしくは消失させることができ、その結果恐怖は減弱される。これらの BZ/GABA 系の最初の変化がその後のシステム（NE など）を変化させ、これらの変化が行動の変化を引き出す。社会的相互作用の減少や回避-逃避箱の逃避反応の欠如のような、コントロール不可能性により出現した行動はこれらのシステムを変化させることにより再現することができる。

　しかし、これらの認知の変化は生理学的変化よりむしろストレスについての学習から生まれるものである。すなわち、コントロール不可能なストレスの情動的、意欲的な衝撃により密接に関連している。もちろんこの学習は脳の化学的言語で表現できるに違いないが、これはまだ十分には研究されていない。われわれが知り得ていることをまとめると、学習性無力感に関わる種々の生物学的物質が同定され、どの行動がどの物質と関連があるかを描きだす作業を始めた段階と言わざるを得ない。

分かっていないこと

　別のたとえで言えば、われわれは若干の楽譜は知っているが、交響曲の全体を知らない。さまざまな生物学的変化が時間的経過の中で、どのように調節されているのだろうか？　あるものが最初で、その後2番目、3番目の変化を示すのはどれか、あるいはより複雑な流れとなっていくのか？　違った変化は違った時間経過をたどるのか？　オーケストラの指揮者はいるのか？　もしそうなら、どのような働きをしているのか？

　これらの過程を解明するのは、容易ではないだろう。一つの流れが単に機能しているとは考えにくい。多くの並存する流れがあると考えた方が正しいだろう。コントロール不可能なストレスは複雑でさまざまな性質を持っている。さまざまな性質は種々の神経系に多様な影響を及ぼすだろう。逃避不可能な電撃による鎮痛がよい例である。電撃は感覚情報としてそれ自体を刺激し、脳幹や脊髄の回路に直接影響を与え、痛覚の抑制をもたらす。この過程は認知の仲介を受けずに起こり、動物が完全に意識のない状況下や麻酔中でも起こる。しかし脳のより高次回路では、動物が受けた電撃に基づいた学習に対応しており、電撃それ自体によっては活性化されない。さらに、2つの回路が違う時間帯で活性化され、複雑に絡みあって相互作用を示す。特殊なシステム（神経化学的、解剖学的に限定される）がコントロール可能性に反応するかどうかを調べるのは難しいことではない。しかしその成り立ちを正確に記述したとしても、交響曲の構成を描写するには膨大な仕事が必要となる。

　われわれがここに総括してきた研究のほとんどは電気刺激のような1回の電撃を使ったものである。しかし、ストレスは強さも、性質も違っている。同等の神経化学的変化を起こすのにはどの程度異なった逃避不可能な電撃が必要なのか？　逆に言えば、それぞれの研究室において、まったく違う逃避不可能電撃の変数が使用されている。どの程度、互いに比較できるのだろうか。

　また行動の原因となる生物学的変化の流れを位置づけることにも、かなり不明なところが多い。逃避不可能なストレスに曝された結果、多くの生物学的、行動学的変化が起こる。しかし、どれがどれの原因となっているかの検討が十分とは言えない。一つの生物学的変化、例えば青斑核内のNEの枯渇は学習性

無力感効果の一つの原因となっていることはほぼ間違いないが、そのほかは分からない。得られている結果のすべての組み合わせについて、その可能性がある。出現した生物学的変化は多くの行動の原因となる。顕在化した変化はある行動に関係するが、他の行動はそうではない。また現われた行動はいくつかの生物学的変化の影響を受けている。かなり特異的である場合もあるだろう。例えば、青斑核からの前頭前野への投射はコントロール不可能なストレスによる注意の変化を仲介しており、一方同じ部位から小脳への投射は運動の変化に影響を及ぼしている。これらの関連性を明らかにし、生物学から行動へ至る全体図を描くことは大いなる挑戦といえる。

ストレスに対する結果として、行動のすべてがストレスのコントロール可能性に影響されるわけではない。例えば逃避不可能な電撃へ曝されるとラットの1日の運動量は激減し（通常ラットは回転籠に自由に接近可能であれば、長時間輪回し行動を行う）この状態は数週間続く（Desan, Silbert, & Maier, 1988）。しかし回避が可能な電撃を受けても結果は同じである。このように、何がストレスのコントロール可能性の有無を判別する上で鋭敏な行動なのか、われわれはまだ知らない。

最後に、学習性無力感の生物学に対する多大な興味は、うつ病などの精神病理学への関心から生じている。研究者はしばしばコントロール不可能なストレスが学習性無力感それ自体よりも、むしろうつ病の原因仮説と同様の変化を起すかどうかに興味がある。学習性無力感の生物学はうつ病あるいはそのほかの生物学と同じなのだろうか？　この問題に答えるためには、うつ病の生物学の知識が必要であるが、これについてはまったく分かっていないし、逆もまたそうである。

第6章で、学習性無力感とうつ病の関連について詳細に述べる。学習性無力感はうつ病と同じように不安とも関連がある（Willner, 1985, p. 408）。少なくとも生物学的レベルでは不安とうつ病は連続した状態であり、共通の基盤を持っていると思われる（Paul, 1988）。学習性無力感の理論に基づいて不安とうつ病の関係を明らかにするには、さらなる研究が必要である。

(注)

1. 湾岸戦争の時、神経ガスの攻撃に備えてアメリカ軍兵士にバリウムの入った注射器が渡された。神経ガスは人間の抑制系神経を妨害し、殺害する。このガスを浴びると痙攣を起して死亡する。バリウムは抑制系神経を増強し、この過程に拮抗的に働く。
2. 交差耐性とはある薬物の反復投与によって、別の薬物に対する耐性ができる現象である。交差耐性を有する2つの薬物は共通の活性部位を持つと考えられている。従ってオピエートモルヒネとの交差耐性を持つもう一つの因子（ここではストレス）にはオピエート部位を活性させる効果を有していることになる。
3. 民間療法が長い間受け継がれてきたことは、麻薬の使用によってコントロール不可能な世界に対処しようとする人々の思惑を反映している。

第4章　人間における学習性無力感の問題

　第2章で詳しく説明したように、動物の無力感に関する議論の中心は、コントロール不可能という操作によって実験室で生じた障害を、学習性無力感モデルがうまく説明できるだろうかということだった。これに比べて、人間における無力感の研究はもっと多様な形で進展してきた。そしてその論争は動物での問題とは異なった問題を反映している。人間の無力感の研究は、コントロール不可能性を経験した後に生じる障害の理由を説明することから始まった。これは学習性無力感モデルとして知られる認知的説明であるが、研究者の課題はこのモデルが説明する現象を実験室で生じさせることであった。

　人間の無力感の研究は、このように動物研究に比べてより多様な形で発展してきたが、その理由は人間の研究が単に動物研究よりも後に行なわれてきたことによるものと考えられる。動物研究は帰納法による探究方法の典型例であるのに対し、人間の研究は演繹的研究の典型的な例である。動物での研究者はある種の興味深い事実から研究をはじめ、それらを説明する理論を提案してきた。これとは対照的に、人間の無力感の研究者は好奇心をかきたてるようなある種の仮説を呈示し、それからそれを検証する事実を集めてきたのである。

　第2章で説明された動物のパラダイムでは、トリアディック・デザイン（triadic design）、コントロール不可能性と無力感の操作的定義や、コントロール不可能な事象の経験後に生ずる障害が説明されており、障害を生ずるに至るまでの全ての要因が記述されている。人間の無力感についての研究では、動物のパラダイムを人間に適用することの妥当性がまず検討された。まもなく研究者はこのパラダイムがそれほど洗練されたものではなく、この中にコントロール不可能な事象に対する人間の反応全てを含めることはできないことに気づいた。初期の研究は、人間における学習性無力感の存在を全体としては支持したが、このモデルでは説明できない例外的な事実があることも同時に認めていた。後の研究者はこれらの例外事象と学習性無力感仮説によって説明される人間の無

力感を統合して説明するために、帰納法によって理論を組み立てるという方針に変更せざるを得なかった。

本章では、人間の無力感に関する初期の研究について述べることにする。われわれは、この研究から明らかになった興味深い知見を率直かつ詳細に述べることにしたい。それらの多くを説明するための方法が結局は明らかになったので、今はそれを述べることができる。そして例外的なデータを検討することで、人間に適用される学習性無力感モデルが改訂されてきている。改訂されたこれらの理論については次章で検討することにしたい。

学習性無力感の判定基準

第1章で説明したように、学習性無力感という用語の意味は多様であり、研究者の間でも一致した見解は容易には得られない。そこで「学習性無力感」という用語の意味をもう一度復習することから始めることにする。この用語は、思考、情動、そして活動障害、またこれらの障害を生じさせる実験的操作（すなわち、コントロール不可能な事象への暴露）、あるいはどのようにしてその操作が障害をもたらすかという認知的説明にさまざまに関連している。これらの多義性に加えて、何人かの理論家は、実験室でのこの現象と似ている可能性のある場面に対しても、適応の失敗についての包括的ラベルとして学習性無力感を用いている（第7章）。

われわれは、用いられている学習性無力感の意味を全て認識しており、その考え方が具体化される程度によって個々の無力感の事例が変わるかもしれないことを予想する。学習性無力感研究の良い例では、複数の意味が反映されている。すなわち前提としての障害、認知的媒介、そしてコントロール不可能な事象などである。欠点のある例は無力感のただひとつの側面のみを反映したものである。後者の場合、別の側面について言及するときには注意を要する。

人間の無力感に関するほとんどの実験室研究は、上の良い例と欠点のある例の間のどこかに位置づけられる。実験室におけるコントロール不可能性は実験者のコントロール下にあるので通常は必ず存在する。そして以下で考察するように、障害はコントロール不可能な事象によって確実に生ずる。しかし、コントロール不可能性から障害に至る経路上に、学習性無力感モデルが仮定するよ

うな特定の認知的プロセスが必ず関与していると主張するのは容易でない。

実験室における学習性無力感の操作的定義

　既に述べたように、人間の被験者を用いた学習性無力感のまさに最初の実験は動物実験を忠実に模倣したものであった。被験者は騒音あるいは電撃のような嫌悪事象にさらされたり、また難しい課題を解くことを要求された。トリアディック・デザインも用いられている。コントロール可能な条件での被験者は、それらの嫌悪事象を何らかの反応によって止めることができた。コントロール不可能な条件における被験者も、同様にこれらの事象にさらされたが、それをコントロールすることは全くできなかった（いくつかの実験では、動物研究の例にならって、コントロール不可能な条件における被験者は、コントロール可能な条件の被験者に厳密に条件の統制がなされ、コントロール可能な群の被験者によって経験された量と同一の嫌悪的刺激を受けた。ただしその決定的違いは、彼らがその刺激を全くコントロールできないということだった。このように洗練された手順が用いられなかった実験もある）。トリアディック・デザインを完全にするために、前処置を受けない対照条件の被験者は、コントロール可能、不可能条件にかかわらず、嫌悪事象にはさらされなかった。

　それから全ての被験者はいくつかの課題によってテストされたが、それらの課題は、学習性無力感が原因と考えられる一つあるいは複数の障害を反映するものであった。コントロール不可能な条件における被験者が、他の2条件と比較してテスト課題で（動物実験と同様に）障害を示したとき、学習性無力感の存在が推測される。同様な実験計画で多くの実験が行なわれている（Abramson, Seligman, & Teasdale, 1978; McFerran & Breen, 1979; Miller & Norman, 1979; Roth, 1980; Wortman & Brehm, 1975によるレビューを参照）。全てがうまくいったわけではないが、これらの実験の多くは、コントロール不可能な事象を実験室で経験した人間が、後の知的活動や情動、そして活動性に障害を示すことを見いだしている。

説明的研究

　HirotoとSeligman（1975）によって報告された研究を考察してみよう。この

研究はそのような操作的定義について何が正しく、何が問題なのかを示している。その当時の状況を確認しておくと、この研究が行なわれた時点では人間の無力感に関しては、ごくわずかの実験研究しか報告されていなかった（例えば、Fosco & Geer, 1971; Hiroto, 1974; Roth & Bootzin, 1974; Thornton & Jacob, 1971, 1972）。詳細に検討しなくても、これらの研究の多くは方法論的に疑わしいと思われる（Wortman & Brehm, 1975による批判を参照）。そしてこの研究分野全体では、動物での学習性無力感と同様の現象が人間にも当てはまるかどうかについては、今なお確認されていない。

　Hiroto と Seligman（1975）は、少なくともその当時、無力感の最も重要な面に注意を向けていた。それは、ある場面で"学習された"無力感がどの程度異なる場面に般化するかということである。人がコントロール不可能な事象を特定の場面で経験する時、その場面では受動的になり、動機づけが低下するような状態になるということに疑いはなかった（例えば、McDonald, 1946）。しかし、そのような現象は環境決定論者の理論でもすぐに説明できる。すなわちその場面における特定の刺激が随伴強化の欠如と関連するようになり、これらを経験し続けるにつれて"消去"という結果として人は反応をやめるのである。学習性無力感というアイディアを魅力あるものにしたのは「独立性という［反応と結果の間の］期待が、広く転移する生体の内部状態である」という記述であった（Hiroto & Seligman, 1975, p. 311）。ほかの言い方をするならば、学習性無力感は、おそらく安定的で広がりのある"特性"に近いものであった。しかし残念ながら、このことは人間では十分には証明されていない。

　Hiroto と Seligman（1975）は、動物研究者が彼らの認知的理論を守る（第2章）のと同じく、末梢主義者の反論と戦った。このことは、なぜ彼らがテスト課題と同様に明示的に前処置を操作する研究計画を立てたのかということの理由である。例えば、前処置の課題は、(a) 被験者が「わずかに不快な」音を追い払うためにボタンを押すことを要求される道具的前処置、あるいは、(b) 被験者が一連の概念-識別問題を解決することを求められ、そしてさまざまな抽象的刺激（例えば、「大きい赤い四角」）のどれが実験者によって設定された概念であるかを決定する認知的前処置の2種類であった。更にそのテスト課題には以下に示すように2種類のものがあった。(a) 道具的テスト課題では被験者は「中程度に嫌悪的」と判断された90dbの音から逃避、あるいは回避するた

めにレバーを左右に動かさなければならなかった。もう一つは、(b) 20個のアナグラム課題（scrambled words）からなる認知的テスト課題である。そして、その正解パターンは全て同じであった。

実験では、トリアディック・デザイン全体の中で前処置とテスト課題の全ての可能な組み合わせが適用された。すなわち、コントロール可能な前処置、コントロール不可能な前処置、そして前処置なしの対照群である。対照群の被験者は不快な音を聞かされたが、それらをコントロールできるかもしれないというような教示は与えられなかった、あるいは概念同定刺激を見せられた場合にも、その解決を試みよ、というような教示はなかった。

HirotoとSeligman（1975）は、コントロール不可能な前処置を経験した被験者が同様の道具的あるいは認知的テスト課題で、コントロール可能な前処置群や対照群と比べて成績の低下を示すと予測した。この予測は、その後発表された多くの文献の中で既に確認されている。次の疑問は、コントロール不可能な道具的作業の経験が後の認知的テストで障害を生じさせるかどうか、さらに逆も可能かどうかということである。もし同程度の障害が実際に生じていたならば、学習性無力感はある一般性をもった内部状態であり、特定の環境における手掛かりに対して限定された、単なる反応ではないと考察できる。

これは、まさに研究者が見いだしたものと合致する。テスト課題での障害に関するさまざまな測度（解決までの潜時、解決の失敗、解決に至るまでの試行数など）によって、コントロール不可能性はテスト課題の型に関係なく被験者に混乱を生じさせることが確認された（認知—認知条件では有意な結果を生じなかったという例外はあるとはいえ、その結果は期待された方向への変化を示していた。しかし、前処置テスト作業が同じだったので決定的証拠とは言えないのだが）。

その当時よく知られた専門用語を用いて、HirotoとSeligman（1975）は「クロス・モダリティ（異なる様式間）の無力感」が生じていたとして、末梢的解釈に反論した。さらに彼らは、実験で観察された現象は「犬、猫、そしてラットで生じた学習性無力感に直接対応していた」と結論づけた（p. 325）。

1990年代の見地からは、これらのいわゆる道具的対認知的課題はもはや根本的に異なるものとして見られることはない。両者は心理学実験の文脈においてのみ解決すべき抽象的問題にすぎない。しかし、忘れないでほしいのだが、1975

年頃には、ほとんどの心理学者は「(道具的課題に含まれるような) 行動」と「(認知的課題に含まれる) 認知」の間を厳密に区別することに執着していた。このようなことがあったため Hiroto と Seligman の結果は強い印象を与えた。実際、今日では、心理学者はこの種のあらゆる実験室の課題をすぐに認知的用語で説明しようとする。これにはこのような研究が大いに貢献している。これらの研究は、見かけに関係なく中枢の過程がそれらの無力感全てに影響を与えることを示した。

　Hiroto と Seligman (1975) は、その考察の中で、無力感モデルによる結果の解釈を末梢系モデルの解釈に対して擁護したが、これはまさに動物研究者が彼らの解釈を擁護したものと同じであった。ライバルとなる他の仮説が否定されてしまうと、後には学習性無力感モデルによる認知的解釈しか残らなかった。そして、そのときにはもはや他の理論で認知的なライバルもいなかったので、学習性無力感の理論は一人勝ちの状態であった。人間の無力感に関する本章の残りの考察では認知的理論の基盤上で議論がなされるのを見ることができるだろう。

　互いに相容れない運動のような末梢系機構によって人間の無力感が生み出されるという可能性を信じる人は、今日ではほとんどいない。無力感には、明らかに中枢における何らかの活動が含まれている。しかし、その性質についての詳細は、活発な議論の対象であり続けている。Hiroto と Seligman (1975) は、なんらかの認知過程がここで観察された効果を媒介していると考えていたのだが、彼らは全く測定をしていないことに注意しておこう。彼らは、他の場面に汎化するような反応と結果の独立性への期待を、被験者が獲得したと推定するだけで満足している。だが、われわれは学習性無力感が「反応を示すことが無益であることを予期する特性のようなシステム (p. 327)」を含んでいるかもしれないことを示したいと考えている。

人間の無力感の文脈について

　人間の無力感に関する典型的な実験は、無力感理論の要件としての現象を本当にとらえているだろうか？　次にこのパラダイムの方法論に対する批判のいくつかを考察してみよう。

　無力感実験における動物の被験体とは異なり (それらは、ホームケージから

連れてこられ、拘束装置に入れられる。そして被験体が行なう行動とは全く無関係に電撃を受ける)、無力感が誘導される場面におかれる前に、人間である被験者は道具的行動をいろいろ行なわなければならない。

　もし、この被験者が大学2年生で、心理学の入門コースの単位取得のために無力感実験に参加すると仮定して、コントロール不可能事象に曝される前にその学生がしなければならないことを全て挙げてみよう。それらを整理すると以下のようになる。すなわち、

・そのコースに登録する。
・講義に出るように努力する。
・講義を受講する。
・無力感実験に参加する。
・適切な時間に正しい実験室に行けるように努力する。
・礼儀正しい方法で振舞い、実験がはじまる前に実験者に拒絶されないようにする。
・実験の同意書であるインフォームドコンセントを読む(そこには程度の差はあるが、比較的詳細に記された実験手続きとこの実験に必然的に伴う不快さについての説明がなされている)。
・実験への参加に同意する。
・実験者の教示を理解する。

そしてこれら全てが達成されたときのみ無力感に関する実験が始められるのである。

　もし、被験者に課されるコントロール不可能な事象によって、コントロール不可能性が操作的に定義されるならば、その学生はそれを経験するために、それ以上のことは要求されない。しかし、多くの実験において、被験者はコントロール不可能性を経験するためにさらなる反応を要求される。例を挙げると、多くの研究のうちのいずれの場合でも、コントロール不可能性は概念同定課題として操作的に定義されていた。これはHirotoとSeligman(1975)の研究でのやり方と全く同じである。もし「正しい」か「誤っている」というフィードバックがなんらかの規則に従わずに、無作為なスケジュールによって呈示され

たならば、彼らの課題は、コントロール不可能であると見なすことができる。

　しかし、被験者は、無作為フィードバックを受ける前に、最初に何らかの選択行動をしなければならないということに注意しよう。電撃にさらされる動物、あるいはヘッドホンによって騒音を呈示される被験者とは異なり、そのような弁別課題の解決を試みる被験者は、そのときになって、はじめてコントロール不可能なフィードバックを経験する。

　言い換えると、コントロール不可能性の経験はその学生の行動に随伴しているといえる。全く課題を解こうとしなかった被験者によって、実験全体が頓挫してしまうことは容易に想像できる。しかし、このようなことが実際に発生する事例が全くないこともまた明らかである。被験者は、乱暴にだったり、不注意だったり、あるいは無関心だったりするかもしれないが、とにかく何らかの選択はするだろう。彼らは、何か他の事態が進行しているかもしれないということに気づいているかもしれないが、要求されている選択を行なうまでは実験は終わらないだろうということも同時に理解している。

　人間の無力感実験、その中でも特に解決不可能な課題によってコントロール不可能性を操作的に定義するようなタイプの実験は、厳密には動物実験と対応しない。人間の被験者を用いて学習性無力感を証明しようとする、まさに最初の試みにおいて既に、そこで生じたなんらかの無力感は制限されたものだろうということは分かっていた。また、人間の被験者はコントロール不可能な事象を彼らの行為、すなわち「実験に全く参加しなかったなら……」「インフォームドコンセントの用紙に署名さえしなければ……」「実験に参加しようと全く思わなかったなら……」などといった他の多くの原因のせいにする可能性があることもまた明らかである。

　このような考え方をする被験者は、これによって反応と結果の独立性についての一般的信念に到達することができるだろうか？　多分そうではないだろう。一旦これが確認されたならば、われわれは人間の無力感の理論づけに関する第２段階に進むことができる（第５章）。人間の無力感は、動物の無力感とは同じではないということが、ここではっきりと認識される。なぜなら、人間の無力感にはその他にもさまざまな条件が考えられるからである。これらの条件は、人がコントロール不可能性に出合ったときに、その場面をどう解釈するかということによって決まるのである。

第7章で、実験室の外での人間の無力感の例があることを見る。それらの事例で人間は、例えば犠牲者への反応の場合のように、反応と結果の完全な独立性を信じているのである。しかし、この場合にも、これらの事例での深い無力感が、主として認知的要因によって動機づけられると証明するのは、やさしい課題ではないことが分かるだろう。コントロール不可能性の役割から精神的外傷の役割を切り離すこともまた困難である。われわれは実験室における人間の無力感の限定された性質に関して、その扱いに特に困るようなことはない。人間の無力感に感する実験室の外での多くの事例も同様に限定されたものであると考えられる。このようにわれわれが精神的外傷とコントロール不可能性の関係をもっともうまく解き明かすことができる場所は、実験室なのである。

適切な対照群について

動物の無力感研究において、適切な対照群を設定することは、容易だと考えられる。トリアディック・デザインは、一種類しかない。しかし人間の被験者では、そのように簡単にはいかない。まず、以前に述べた前処置なし条件を取り上げてみよう。ある前処置が、無力な被験者が示した障害の原因であるという主張を支持するためには、対照群の被験者に対してどんな処置がなされるべきだろうか？

動物実験においては、被験体は、嫌悪事象に曝されないことを除いて、コントロール可能そしてコントロール不可能条件での彼らのペアとなる被験体と同一の経験をする。言い換えると、動物は、ホームケージから取り出され、その後拘束装置の中に置かれ、他の2群の被験体が電撃を受ける間、そのままの状態で放っておかれる。それから彼らは、テストのために24時間後にホームケージに戻される。

それでは、人間の被験者での前処置なし条件はどうだろうか？　人間の実験の場合には、非常に多くの種類の対照群が用いられてきた。ただ、どの事例においても、これらの群がコントロールしているものがまさに何であるかということに関しては疑問が残る。研究者の意図は、コントロール可能、あるいはコントロール不可能な経験という事象以外の全ての事象を、一定に保つことである。何人かの研究者は、HirotoとSeligman（1975）のように、前処置の刺激材料を試したり、扱うことを被験者に容認することでこの問題を取り扱ってきた。し

かし、他の群の被験者が前処置問題に取り組む間中、その被験者はそれを行なうのである。

　この手順によって、被験者の経験をある面では一定に保つことができるかもしれないが、同時に他の要因が混入してくる可能性がある。課題のように見えるものを与えられるが、それらを解くことを要求されないとき、被験者は何を考えるだろう？　おそらく彼は、とにかくそれを解決しようと試みるだろう。あるいはその詳細を記憶しようと試みるかもしれない。そうではないとしても、彼はそのとき何が進行しているかを理解しようと試みるだろう。彼は混乱した状態、退屈、あるいはその他の対照群の被験者として要求されている何らかの状態からうまく逃れてしまうかもしれない。その時には、彼に対して意図された目的はかなえられないかもしれない。

　他の研究者は、彼らの前処置なし群の被験者に、例えばアンケートの記入、スライドの評定など、単に時間をつぶすだけの課題を与えた。第3の方法は、被験者を座ったまま待たせることである。そして第4の方法は、単純に、テスト課題から始めることである。われわれは、この全てを概観して何か結論を出すことができるだろうか？　これらのパラダイムを広い視野から見なくてはいけないとしても、これらの対照群が一つに整理されることはあるだろうか？もしそれが可能になったなら、遂行された学習性無力感実験は、異なる対照群を用いた場合でも、事実上同じ結果を示すことになる。

人間の無力感研究のメタ分析

　過去20年間にわたって、何百人もの人間を対象にして無力感研究が行なわれてきた。これらの研究とその結果に、なんらかの秩序を与えることは、研究者の気力をくじく課題である。なぜなら、これらの実験結果は上記の議論のように、何通りも存在する手続き上の違いによって変化するからである。しかし、人間の無力感の状態に対する答えは、ある特定の研究の中にのみ存在するのではなく、行なわれた実験全体の中にある。では、どのようにしたらこれらの文献から、一般的な結論を引き出すことができるだろうか？

　メタ分析によって、対象となる研究について個々のデータを直接扱い、かつ実験計画の厳密さと得られた効果の明確さを同時に考慮に入れながら、これら

のデータを統合する、というやり方で一つの答を与えることができる。個々の研究結果が独立したデータとして扱われ、それらから結論を提供するために結合される。全体としての効果はあるのだろうか？ そして、もしその効果があるのならば、その程度はどれくらいだろうか？

　VillanovaとPeterson（1991）は、人間を被験者とした、学習性無力感実験のメタ分析を試みている。研究は、論文の要約を機械的に検索することによって集められ、分類された。「学習性無力感」という用語はPsychological Abstractの場合にもIndex Medicusでも共にキーワードになっているので、この検索はかなり徹底的に行なわれたと考えてよい。さらに、これらの文献が引用している文献も二次的検索で集められた。われわれは、無力感の誘導後にテスト課題で、その結果を測定する方法を用いた研究に興味を持っていた。いくつかの研究は、課題解決以外の従属変数を用いている。しかし、あとの節でもこれらに言及するが、これらの数はあまりに少なく、種類もさまざまなので、意味のあるメタ分析を行なうことができなかった。また、全ての研究が何らかの形でトリアディック・デザインを用いている。メタ分析の対象にするために、以下の基準に基づいて研究が選びだされた。その基準は、まず英語で書かれていること、次にメタ分析にとって必要な統計量が報告されていることである。その中でも特に標本の大きさ、異なる条件での平均値、そして対応する標準偏差が報告されていることであった。132の研究全てを対象にしてメタ分析が行なわれたが、その中には数千人の（異なる）被験者が含まれている。

　メタ分析からの全体的な結論は、コントロール可能な条件、あるいは前処置なしの比較条件のどちらと比較しても、人間のコントロール不可能な事象の経験はテスト課題での彼らの成績を実際に低下させるということである。この効果の程度は、統計学者が中程度（moderate）と呼んでいるものである。ここで注意しておくと、「中程度」という言葉には効果があまりない、あるいは失望させられる程度のものであるという意味はない。社会科学において最も確固とした結果は中程度な効果の大きさでのみ得られる。その理由は簡単で、人間の行動には多数の決定要因があり、それはどの原因の寄与（ここでは、コントロール不可能性の経験）の程度も、必然的に制限されるからである。言い換えるならば、人間での学習性無力感効果は、社会科学における最も確固とした発見であるように思われる。

さらに Villanova と Peterson の計算によると、人間におけるその効果は動物での類似した効果に比べてより強いという可能性があることを示されている。そしてこの結論は強調に値する。動物の無力感は、その研究が時間的に先行していたため、人間の無力感を測定する際の比較対象として疑われることなく用いられてきた。しかし、人間と対比させて動物の無力感を考察する多くの研究者は、議論を一足先に進めて、動物での無力感の効果は強いものであるのに対して、人間での効果は多分あまりはっきりしないので、結果としてあまり印象的に残らないのではないのだろうかということを述べている。しかし、結果はそのような結論が誤っている可能性を示唆している。おそらくそれらは、動物の無力感の実験結果がより劇的に記述されていることから生じているのだろう（もちろん、多くの人間の興味深い能力として、実験室での動物のひどい状態には共感するが、人間の場合にはそうではないという事実は言うまでもないのだが）。しかし、動物での劇的な効果が、必ずしも統計的に確かであるということは言えないのである。

　メタ分析のもう一つの側面は、無力感の効果に影響を与えると考えられる要因を探ることである。実験全体として効果があった場合に、その大きな効果を引き起こした特定の要因はあるのだろうか？　これは、無力感の考えをさらに応用しようという観点から考えると、ささいなこととは言えない。広く言われていることは、ある種の人間は無力感に対してより敏感であるということであり、コントロール不可能なある種の経験は障害を生じさせやすいということである。しかし、実験室での基礎研究はこれらのことがらに対して何を提供することができるだろうか？

　唯一可能なことは、複数の研究間で共通して特定の変化を引き起こした要因を研究することであった。もし、興味深い知見を示している研究が、ただ一つだけであったなら、その結果をその他の全ての研究と比較することは無意味であろう。しかし、実際には、Villanova と Peterson は以下に示すように多くの可能な要因を抽出した。

1．論文が掲載された雑誌の水準（引用されたか否かということで操作的に定義される）。そこには、「質の高い」雑誌には「質の高い」研究、すなわち現象に対してより厳重な吟味がなされた研究が掲載されるだろうという仮定が

ある。
2. 標本特性。被験者が子どもであるか、あるいは若者や大学生、そして成人かどうか、また彼らは精神科の患者であるか、健常者であるか。
3. 被験者の性別。
4. 誘導された無力感における事象のタイプ。肯定、否定、あるいは中性的かどうか。
5. テスト課題のタイプ。アナグラム、概念同定、ボタン押し、手を使うシャトルボックス等。
6. 対照群。ヨークト群を用いているかどうか。
7. 課題の重要性。実験者が重要な課題として操作的に定義したかどうか。

これらのいずれの変数も、無力感の効果の大きさには影響を与えなかった。けれども、統計的に有意でなかった場合でも、これらの結果は用心深く解釈されるべきである（このことは、メタ分析であっても同様である）。この発見は、無力感の効果がそもそも存在するという事実と同様に、重要であるかもしれないのだから。

さらに、このメタ分析の結果は、人間における無力感現象の確かさも証明している。それと同時に、人間での無力感を多少とも引き起こすと考えられる要因に関する、もっともらしい報告やその結論に対して警告を与えている。そのような報告は、コントロール不可能性という事実そのものと比較すると、見劣りがするように思われる。

実験室での無力感について、さまざまなタイプの人間を用いたこれまでの実験で（少なくとも132の実験で研究された限りでは）、人のタイプによって無力感に対する感受性が異なるというわけではないことが示されている。ここにも、また一つ重要なヒントがある。なぜなら例えば、われわれは女性の方が一般的により無力になりやすいと説明するために、学習性無力感理論の説明を利用したいと望むかもしれない（第6章）。しかし、結果は今のところ、女性が無力感に対して感受性が高いとは、一般的には言えないことを示している。無力感の効果はうつの程度に関しては性差を生じさせるかもしれないが、それはコントロール不可能性によって特徴づけられるような場面に女性をおいたことによるものではない。同様なことは、精神病患者との比較、年齢の違いなどの場合

にも当てはまる。もし実験室の外で、無力感をより強く示すグループがあるとするなら、おそらくそれはコントロール不可能性の効果に対する感受性の違いによるのではなく、単にこれらの人々が不可能性をより多く経験しているという理由によるものであろう。

以上のことは、実験室での無力感とパーソナリティ特性の関係に関して、いくつかの実験が示す矛盾した結果を説明する助けとなるかもしれない。多くの研究のいずれも個人差要因の中から、まずコントロールの所在（locus of control）の違い、あるいは性的役割傾向の強さのような基準によって、被験者を2群に分けた。その後、これらの被験者はこれらのパーソナリティ特性は、障害を生じさせるコントロール不可能性と相互に影響を与え合うだろうという仮説の下で、いくつかの形のトリアディック・デザインによる実験の被験者となった。ときには実験者の意図にそった結果が生じたが、多くの場合そうではなかったように思われる。

今まで概観してきた研究には、ひとつの問題がある。それは、これらの研究が動機づけの障害そのものと認知障害を分離していないということである。なぜなら最初に行なわれた基準となるような実験で、これらを分離する手続きが用いられなかったからである。われわれにはコントロール不可能性が課題の遂行を妨げるという結論は残されているが、これが問題解決の試みにおける障害（動機づけの障害）なのか、あるいは呈示された課題の解決方法が分からないという能力のなさ（認知障害）なのかについて、確信をもって主張することはできない。HirotoとSeligman（1975）のような研究では、動機づけ障害の測度として反応潜時を、認知障害の測度として正解に至るまでの試行数を用いることで、これらの解決が試みられてきた。しかし、この2つが完全な独立事象であると主張することは困難である。事実、典型的実験において、これらは互いには高い相関を示している。

人間の無力感に関する他の側面

学習性無力感の効果は、問題解決の障害によってのみならず、他の多くの測度によっても、また特色として示されることが動物研究によって見いだされた。それに対応する人間での研究は、何を示すだろうか。関連する研究は、実験室

における人間の無力感と関連した障害は、動物の無力感実験で記述されたものにおおよそ類似しているということを証明している。

時間経過

　動物の無力感と同様に、人間の無力感もまた時間によってその内容が変化する。すなわち、時間の経過とともにその効果は薄れてゆく。これに関する研究は多くないので、時間による変化の正確なパラメーターは、まだ分かっていない。しかし、テスト課題が前処置場面に非常に類似しているときでさえ、実験室で誘導されるような人間の無力感は、結局は弱まって消えてしまうと確信をもって結論づけることができる（例えば、Young & Allin, 1986）。

情動面の結果

　コントロール不可能な事象にさらされなかった被験者と比較すると、それを経験した被験者は、不安、うつ状態、そして怒りのような否定的情動を報告している（例えば、Breier et al., 1987; Gatchel, Paulus, & Maples, 1975; Griffith, 1977; Smolen, 1978; Teasdale, 1978; Tuffin, Hesketh, & Podd, 1985）。いくつかの研究は、これらの情動の移り変わりを認める。すなわち、コントロール不可能性に対する反応として最初に怒りと不安が現われ、その程度が増すにつれて、徐々にうつの程度も強くなっていくのである（例えば、Pittman & Pittman, 1979, 1980）。MikulincerとCaspy（1986）はコントロール不可能な課題に取り組む被験者が、無力感を強く自覚することを見いだした。このことは、無力感モデルにある程度の記述的妥当性があることを意味する。

　これらをまとめると、この否定的情動は無力になった動物で観察されてきた情動障害と対応しているといえる（第2章）。この障害が動物で時に記述されるような障害と同じものとして特徴づけられるかどうかは明らかではない。不安、そしてうつ状態は「障害」という用語で推測されるような単なる情動の欠如ではなく、本来は能動的な情動である。実験室で無力にされた人間は、感情的に麻痺しているというのではなく、むしろ不快な気分というような状態であるといえる。

攻撃性の低減

コントロール不可能な事象によって無力にされた動物は、あまり攻撃的ではなくなる。そして、同様な結果が生じた人間でのいくつかの研究の中に、いくつかのヒントがある(例えば、Dengerink & Myers, 1977; Sherrod, Moore, & Underwood, 1979)。この結論に関するひとつの興味深い知見として、Trice (1982) がコントロール不可能性の呈示後に、被験者は敵意を含んだとげのあるユーモアをより好むようになる一方で、純粋なユーモアに対する好みを減少させることを見いだした。偏向したユーモアへの嗜好は、長く積極的動因の代理的な満足として解釈されてきた（Freud, 1905)。この発見はおそらくコントロール不可能性が攻撃性を地下（の無意識の領域）に追いやるか、少なくとも象徴の領域に追いやることを意味している。にもかかわらず、人がもし極限状態におかれたならば、ユーモアを楽しむ能力と否定的情動の間にはなんらかの違いがあるにしても、コントロール不可能性はユーモアに対する全ての反応を消し去ってしまうだろうということが想像できる。

生理学的反応の結果

コントロール不可能性の効果は、動物で多くの身体的変化を生じさせた（第3章）。そして、何人かの研究者は、人間の無力感と生理学的反応の相関関係を探求してきている。しかし、動物と人で研究者が異なる生理学的指標に注意を向けてきたという事実が、動物と人間の研究で結果の対応性の確立を妨げている。人間の被験者は、精緻な生化学分析に自身を「捧げる」ことにより、その対象となることはできないので、人間の無力感に伴う生理学的変化についてわれわれが知っていることは、皮膚電気反応、心拍数など非侵襲性の測度に限られている。

そのようなことから、われわれは、人間における無力感は、持続的（tonic)皮膚電気伝導水準の低下、一過性（phasic）の皮膚電気伝導反応の低下、血漿中の副腎皮質刺激ホルモン含量の上昇、そして自発的皮膚電気反応の増加と関連することを知っている（例えば、Breier et al., 1987, Gatchel & Procter, 1976)。これらの特性は、通常は覚醒水準の上昇との関連で解釈されるが、同時に動物の学習性無力感に伴う恐怖と不安の増大に対応することも示唆している（第3

章)。

免疫と治療

動物の無力感に関する他の2つの側面もまた、人間の研究とよく対応している。人間はコントロール可能な先行経験を与えらえることによって、コントロール不可能な事象の効果に対して「免疫をつける」ことができる（例えば、Altmaier & Happ, 1985; Dyck & Green, 1978; Eckelman & Dyck, 1979; Hirt & Genshaft, 1981; Jones, Nation, & Massad, 1977; Prindaville & Stein, 1978; Thornton & Powell, 1974)。

そして、実験室でコントロール不可能な事象によって無力にされた人間の障害はさまざまな種類の「心理療法」によって回復可能である。これらの心理療法では、無力になった人間は自身の反応と結果の間になんらかの関連を見いだすように促される（Klein & Seligman, 1976)。動物においては、この「治療」は無力な動物が自身の動きと電撃の終結の間の随伴性に気がつくまで、シャトルボックス内のあちこちを強制的に行ったりきたりさせられるような形をとる（第2章)。人間では、この「治療」は、このように文字通りこのままである必要はなく、むしろ随伴性の事実を示したり（Thornton & Powell, 1974)、彼らの自尊心を回復させたり（Orbach & Hadas, 1982)、気分を改善したり（Kilpatrick-Tabak & Roth, 1978; Raps, Reinhard, & Seligman, 1980)、最初の失敗は別な理由で生じたものであるというように、異なる説明をすることで励ましたり(Miner & Norman, 1981)、といった形でより抽象化して治療を行なうことが可能である。

われわれが既に結論づけたように、コントロール不可能性が生み出す問題解決の障害に関するこれらの研究結果は、無力感モデルの予測と完全に一致する。しかし、無力感モデルが仮定する認知的機構によってこの障害が生み出されるということは必ずしも示されていない。言い換えれば、随伴性の知覚と期待を必ずしも含まないような他の多くの機構のいずれにおいても、上記の免疫と治療の効果が生じる可能性があるということである。

代理的な無力感

人間の無力感には動物とは対応しない幾つかの側面がある。この中でもっと

も興味深い事象の一つは、他人がコントロール不可能な事象に出合うことを観察することによって無力感を学習できるということである (Brown & Inouye, 1978)。これは、いわゆる代理学習すなわちモデリング (Bandura, 1986) の一例である。しかし、これはかなり興味深い発見である。ひとつには、もし理論家が、学習性無力感は単なる末梢神経系の現象ではないという主張に対して反論するためにさらに証拠を必要とするならば、代理的な無力感という事実はまさにそれにうってつけである。なぜなら、代理学習は中枢の認知的レベルでのみ起こり得るからである。加えて、この代理的な無力感は、無力感理論が適用できる範囲を実験室の外側にまで大きく拡げる。人はコントロール不可能な事象を直接経験しなくとも、他人に生じたその効果を見るだけで無力になることができるのかもしれない。このことから地球規模のテレビ共同体の到来とともに、より多くの人間々が歴史上これまでにないほどより多くのコントロール不可能性にさらされる、と主張するようなこともできるだろう（第7章）。

集団的無力感

人間の無力感の、動物と対応しないもう一つの事実として、全員で解決不可能な問題に取り組むことを要求されることで小さいグループが無力にされるということを Simkin、Lederer と Seligman (1983) が証明している。後の課題で、グループ全体が無力に振る舞い、以前にコントロール不可能性にさらされなかった他のグループの場合には、すぐに習得されるような問題の解決に失敗する。興味深いことに、このグループレベルの無力感は、厳密には個々のメンバーの無力感の関数ではない。すなわち、無力なグループは、必ずしも個々の課題に対して無力に行動するメンバーで成り立っているわけではない、また個々の課題に無力に振る舞うメンバーから、無力なグループが必ずしもできるわけではないのである。

グループレベルでの無力感は、代理的無力感と同様に重要なヒントを示している。それは、無力感が精神的外傷そのものによって生み出されるという先入観に挑戦している。そして、無力感の考え方が適用できる範囲を非常に拡大する。だとしたら、われわれは複雑な組織や文化全体、あるいは社会に対しても無力という用語を適用することができるのだろうか。

人間の間での学習性無力感の一般性

　われわれが以前に考察したHirotoとSeligman（1975）の研究では、誘導された無力感は特性（trait）に似たものであるという大胆な仮説が提出され、その研究の中では、この結論は正しいことが実証された。人間の無力感を末梢系レベルで解釈することに対して反論するという意味で、この研究はその事例を示すことに成功した。しかし既に考察してきたように、一見しただけで実験室で実験的に生み出される人間の無力感には時間と場面に関して制約があり、完全には一般化できないことがわれわれには分かる。

　いくつかの研究は、まさにこのことを指摘している。例えば、ColeとCoyne（1977）は、ある場面で誘導された無力感は他の可能な場面全てに般化しなかったことを見いだした（Douglas & Anisman, 1975を参照）。そしてわれわれが既に指摘したように、人間の無力感には時間過程があり、コントロール不可能な経験のすぐ後には存在するが、被験者がテストされる数時間後、あるいは数日後には消失してしまう。

　もし、人間の無力感が特定の時間や場所に限定されたものであるとしたら、その他の要因を調べるなんらかの方法はあるだろうか？　研究者はさまざまな潜在的影響に注意を向けてきた。そしてそのほとんどは、無力になった被験者が、いかにして元のコントロール不可能な事象の原因を解釈するかについて探究している。第5章で説明するように、この原因帰属への興味は、心理学においてこのことを強調する大きな流れと一致していた。それらは、自身による世界の解釈と矛盾することなく振る舞う合理的存在として、人間を解釈する見解と合致する。もし、だれかがコントロール不可能性は非常にありふれた原因によって生み出されたと思うならば、これらの原因は（論理的に見て）当然他の時間や場所にも存在するだろうと解釈されるだろうし、コントロール不可能性もまた同様であるとみなされるだろう。この場合には、無力感は一般性を持つ。しかし、もしコントロール不可能性が特定の原因によって生み出されるのならば、それが他の場面でも再び生ずると信じることは間違ったことであり、この場合には無力感は限定されたものとして扱われるべきである。

　多くの研究がこの解釈を支持しており、無力感実験で被験者がコントロール

不可能な事象をできる限り説明するように求められるとき、生じた障害の一般性は、被験者が受け入れる帰属によって著しく影響されることを示してきた。そして被験者が実験室で自分の失敗について一貫した説明をする場合、その後の彼らの障害は、一貫しない説明をした被験者に比べてより長く続いた（例えば、Brewin & Shapiro, 1985; Mikulincer, 1988b; Weiner, 1979）。それに類似した結果として、失敗に対して包括的な説明をするよう促される被験者は、テスト課題で特定の原因に対する説明を求められる被験者に比べて、より広範囲にわたる障害を示した（例えば、Mikulincer, 1986; Mikulincer & Nizan, 1988; Pasahow, 1980）。このような研究は、無力感モデルの帰属の再公式化を大いに促進する。これについては、次章で詳しく取り上げることにしたい。

今のところ、これらの研究は人間の無力感の認知的解釈をさらに促進していることに注意しておくことにしよう。これらの結果は、人間の無力感が末梢系の機構によって生成されるか否か、ということについての論争を終結させる一助となっている。現在の論点は、無力感モデルが説明する認知機構によって人間の無力感は生み出されるのか、あるいはその他のものによって生み出されるのかということである。

認知と自己報告

動物の研究者は、少なくとも関心となっている話題が認知的要素であるときには、人間で研究している研究者仲間をときにうらやむことがある。第2章で詳しく述べたように、動物が何を考えているかということを推測するためには、巧妙な手続きを用いなければならない。人間の被験者では、認知的研究は、はるかにやさしいだろう。人間に、彼らが思っていることを尋ねることは簡単にできる。

しかし、人間の研究者は学習性無力感モデルのような認知的理論を研究しているときにも、それがそれほど簡単なものではないという厳しい教訓を学んできた。もちろん、もし反応と結果が無関係であると被験者が信じるならば、あるいは将来の事象を自分がコントロールできないだろうと彼らが予測するならば、われわれは被験者が無力を感じているかどうかを彼らに尋ねることはできる。多くの研究者がその通りにこのことを行なってきた。

問題は、公表された結果の間に一貫性がないことにある（Alloy, 1982b; Coyne & Gotlib, 1983; Tennen, 1982を参照）。ある研究は、学習性無力感モデルが提唱しているまさにその通りに、特定の思考と信念の報告にコントロール不可能性による障害を見いだす。しかし、他の研究はこれらの思考と信念が明らかに欠落している、という障害を見つけだす。無力感に関する人間の「認知」についての報告に一貫性がないという理由の一部は、少なくとも、被験者に彼らが思っていることを単に尋ねるという手続きにあると考えられる。

実験手続き上の違いからくるこれらの状況は、興味深いものである。研究者の（特定の）バイアスとは、その報告が学習性無力感の認知について何を示唆しているかによって、自己報告データが受け入れられたり、無視されたりすることである。ここに悪意はないとしても、科学的に見て良い方法であるとはいえない。われわれは、ずっとそのことに罪悪感を感じてきた。そして、それは他の無力感研究者にとっても伝統的なやり方であり、彼らも同じようにこの問題を擁護したり、批判してきた。

自己報告が実験者の予測を支持するときにはその確実さが強調され、予測が支持されないときにはその弱点が強調されるならば、自己報告によるデータに、いつわりの可能性がないことは明らかである。必要なのは、学習性無力感研究における、自己報告データの長所や短所についての演繹的な見方である。それによって、研究は前進することができるのだから。

ここで学習性無力感研究における自己報告の役割について、一般的に言われていることがらを幾つか挙げることにしたい。われわれは、コントロール不可能な事象に対する反応に関連した認知的要素の最適な研究法かどうかそれぞれの論点をよく吟味したうえで、以下に述べるわれわれの論点に他の研究者が同意してくれることを望んでいる。

1. 無力感モデルに関連する認知的変数は理論的構成物であり、実在する物ではない。MacCorquodaleとMeehl（1948）が行なった区別、すなわち単に理論上のものとみなされる変数と、実在するとみなされる変数の間の区別は、無力感の予測を評価するために自己報告データをどのように用いるかということを研究者が理解する助けとなる。「予期」のような概念は被験者の中にではなく、理論の中に存在すると考えている。だからこそ、それらは被験者の行動を理解する一つの方法なのである。他の科学においてもこれに対する前例がある。

例えば、純粋な理論的構成物としての重力、遺伝、そして原子を考えてみるとよい。

　無力感の構成物を仮説的抽象物とみなす方法論は、なんらかの単一の操作によって、それらの意味が使い尽くされないということを示唆している。そして、もちろんこの中に自己報告も含まれる。むしろ、特定の仮説構成物が援用されるべきであるという判断に対してさまざまな操作が影響を与える。これらの（あるいはそれらの集合体の）いずれに関しても、それが理論構成物そのものであるという誤りをおかすべきではない。

　自己報告はこれらの認知変数を評価する一つの方法ではあるが、唯一のものではない。この論理によれば、他の基準もまたこれに関係する。テスト課題での被験者の気のすすまない遂行行動は、その解決は自分の手に余ると信じていることを推測する根拠になるかもしれない。あるいは、理論的構成物と1対1の関係を満足する基準はないことからそうではないかもしれない。確かに、気のすすまない行動を生み出すと仮定された認知的変数の唯一の証拠として、気のすすまない行動を用いることは循環論法であろう。

　自己報告も含めた複数の尺度を用いることと、これらの測度のパターンがもたらすものを探究することは研究者の義務である。また、研究者に必要なのは、得られた測度がある構成物をとらえるために適切あるいは最適ではないかもしれないと認識することである。要するに、被験者としての人間には、口頭で伝えたり、質問紙に記入することができるという事実があるにもかかわらず、実際には人間の研究者の課題は動物研究者の課題と同じなのである。

　2．自己報告を用いた研究では、内容変数は過程変数に比べてより敏感である。コントロール不可能な事象に対する反応についての学習性無力感による説明は認知用用語でなされる。一般に、認知的言語の領域における大きな区分として認知的内容と認知的過程の区別がある（Scott, Osgood, & Peterson, 1979）。認知的内容は、特定の思考、信念、そして期待に関連するのに対して、認知的過程は、さまざまな内容からさまざまな内容に導く特定の系列に関連する。学習性無力感モデルは、予期すなわち「未来の事象がコントロール不可能であること」と、この予期をひき起こす過程すなわちコントロール不可能な事象→反応と結果の独立性の知覚→未来のコントロール不可能性の予期という事象の系列に重きをおく。

上記の「内容」と「過程」の区別は、被験者が過程に比べて内容をより妥当に報告できるということも示唆している。例えば、私は自分があなたを愛していることを知っており、それをあなたに告げることができる。しかし、私はその本当の理由を実際には知らない。そして理由を挙げるとき、私は多分どのようにわたしが愛しているかを、あなたには述べられないのである。NisbettとWilson（1977）の主張は、心理学実験において被験者はこれらの過程に関する質問に答えることはできるだろうが、そのことによって、「自分が知っている以上のことを伝えて」しまうだろう、なぜなら、彼らはその心理的機構には言及できないからということである。被験者の回答を重視する研究者はこのことを聞いて失望するだろう。

　これは、学習性無力感研究でしばしば生じていることである。けれども、それを確認することはむずかしいかもしれない。というのは、過程についての疑問は、内容についての疑問として偽装されるかもしれないからである。例えば、解決不可能な概念同定課題を与えられたある被験者が、一連の解決可能なアナグラムのいくつかに何度か失敗した後で、概念同定課題の解決が彼のコントロールが及ばないものかどうかを信じる程度を、7段階尺度で示すことを求められるとする。彼は「7」に丸をつけ、彼はその課題がコントロール不可能であると信じていることを示すだろう。

　特定の時点で、被験者が信じていることがらを示す妥当な指標が自己報告であると考える研究者とは、議論をするつもりはない。しかし多くの研究者は、このデータを用いてさらに次の段階に進むのである。こうして彼らは、コントロール不可能性の知覚はアナグラム課題での自身の失敗を媒介すると主張するかもしれない。見方を変えると、彼らは被験者の自己報告がそのとき生じている過程の証拠になることを想定しているが、残念ながらこのことは正しいとは言えない。

　自己報告は、認知過程について重要な情報を与えることができるが、そのための研究は適切に計画されなければならない。上記の例では、もし研究者が被験者にその概念同定課題のコントロール不可能性について、そのとき考えていることを解決の途中で尋ねるならば、この考えが媒介する役割について推論を行なうことは、はるかに適切だろう。ここでの一つの決定的な要因は、問いかけのタイミングである（Tiggemann & Minefield, 1987を参照）。このように過程

が研究される際には、その過程の終わりの時点においてのみならず、時間軸に沿って測定がなされることが、しばしば必要とされる。

　FiskeとTaylor（1984, 第10章）は、どのようにして認知的過程を研究するかという全体の考察において、まさにこの点を指摘した。「過程追跡法（process-tracing method）」と呼ばれる方法において、仮定された機構の評価が時間に沿ってなされた。このとき、認知的内容を評価するためにいくつかの時点で推測によって評価することをやめて、これらの評価方法を用いた。

　この手続きは、人間の被験者による学習性無力感研究で頻繁に用いられているものではなく、一般的には実験の終わりに全ての認知的要因を評価する方法が採用されている。その理由は、単純に経済的なものである。理想的な方法は、学習性無力感が生じている段階のそれぞれで、実験を中断して被験者に評価させることであるが、この方法では中断時点全てに別々の被験者群を対応させることが必要となる。学習性無力感モデルは複雑なモデルではないが、多くの段階を仮定しているのもまた確かである。しかし、これらの段階それぞれにおける人間の無力感の状態は研究されてきていない。実際には人間の無力感研究は、文字通り何百もなされているのであるから、これは信じられないことである。しかし各々の研究は、いろいろな制限の下で遂行されており、研究者はより時間のかからない近道を一様に選ぶのである。

　コントロール不可能事象の呈示後の遂行行動の障害は、学習性無力感現象の最も顕著な側面である。このため研究者は、この障害を特に強調するように研究を計画するので、障害を引き起こす認知的過程が二次的位置づけにおかれ、残念なことに最も厳密な方法では研究されない。このように多くの研究は、コントロール不可能な事象が、人間の遂行行動を妨げる理由には光を当ててこなかったので、本章ではごくわずかな数の特定の学習性無力感研究のみを考察することしかできない。コントロール不可能という事象にこの効果があるということは、1970年代の初期に確立されていたが、なぜそうなるのかという理由については、1990年代の現在においてもなお、明らかにはなっていないのである。

　3．認知的内容は、被験者にとって意味のある用語を用いることなしに研究することができない。コントロール不可能な事象が障害を生じさせる過程を説明するために学習性無力感の理論は多くの用語を日常の言葉から借りている。例えば、期待、帰属、コントロール可能性、コントロール不可能性といったも

のであるが、実際のところ無力感という用語それ自身さえも借りものなのである。これらは、無力感理論の中で慎重に定義されてきた。例えば、Seligman (1975) は、彼の著書「無力感 (Helplessness)」の中で実に12ページにわたってコントロール可能性を定義しているが、本書でもこの用語を定義するためにそれ以上のページを割くことになるだろう。

しかし、典型的な無力感実験においては、これらの用語が定義されないまま、被験者は用意された質問に対して答えることを求められる。専門用語としての定義は、これらの用語の日常的な用い方とはいくらか異なることを想定している。そうでなければ、それらが意味することを説明するのに、これほど多くの時間を費やしてはこなかっただろう。しかし、一連の無力感実験の中で特定の事象だけでなくあらゆる事象について被験者がどの程度この「コントロール感」を自覚しているのかを尋ねるとき、尋ねられていることの意味を被験者が理解していることを、実験者が何となく想定しているのでは、と考えることは皮肉なことではないだろうか。

一例として、OakesとCurtis (1982, experiment 1) による研究報告を取り上げることにしよう。この実験で、被験者は100試行の射的課題に参加した。随伴群では、被験者は音の呈示によって自身の成功や失敗を正確に知ることができた。そして非随伴群は、随伴群の被験者とマッチされた、つまり、彼らは、実際の成績に関係なく、あらかじめ決まったパターンの音を聞かされたのである。その後、全被験者に解決可能なアナグラムが実施された。

アナグラム課題の後に、被験者は射的課題中の彼らの思考を確認する試みとして、質問紙に丸印をつけることを要求された。

1. あなたは自分の成功をどの程度信じていましたか？　（7段階尺度）
2. この射的課題ができるかどうかについて、あなたはどの程度信じていましたか？　（7段階尺度）
3. 下に挙げた要因のそれぞれについて、それがどの程度あなたの成功や失敗の決定要因であると感じましたか？　それぞれの要因について、あなたの評価を全体の影響の中での比率で与えてください（ここで挙げられていたのは、課題の困難度のレベル、自分自身の努力、機会あるいは運、そして実験者のコントロールである）。

学習性無力感の文献によく慣れている被験者は、操作的定義のために意図的に作られたこれらの質問の内容を理解するのになんの困難もなかった。しかし、心理学の入門コースの学生がもしこれに回答するのだとしたら、この設問は良い操作的定義だといえるだろうか？

　OakesとCurtis（1982）によれば、質問1は「無力な感じ」を評価しているという（p.396）。しかし、この内容はある人の成功への予期が、反応と結果の随伴性に対する彼らの予期と同一であるときにのみ合理的であり、事実は明らかにこれとは異なる。例えば、ある者は実験者が厳格ではなさそうに見えるという理由から被験者がうまくやることを予期するかもしれない。

　質問2は、「非随伴性に気づいていること」（p.395）を測定していると仮定される。この操作的定義は、一見したところ、質問1に比べてより良いものに見えるかもしれない。しかし、われわれはまだ懐疑的であり得る。被験者は、軍事訓練ならば他のだれかによってその課題がうまくなされるかもしれないが、それは彼ら自身によってではないと信じるかもしれないと推測される。彼らはこの質問にどのように答えるべきだろうか？　彼らはその課題は解決可能であると言うかもしれないが、その課題が彼ら自身の行動とは随伴していないという彼らの解釈を、反映しているわけではない。

　質問3もまた、実験者のコントロールに帰属した原因の強さの程度によって「非随伴性に気づいていること」を反映することを意図していた（p.395）。しかし、この解釈は全く理解できないものである。なぜ課題の困難さへの帰属は、非随伴性では得られないのだろう？　これは、質問2がその考えを操作的に定義している方法と同様に見える。では、なぜ努力への帰属は非随伴性では得られないのだろう？　なぜ被験者は自分が成功するのに必要な反応は彼らのレパートリーにないのかと言うことができないのだろうか？

　ただ、ここで言いたいことは、この特定の研究を、批判するために取り上げることでも、研究者が学習性無力感を媒介する認知を測定する試みに直面しているときの困難さを説明することでもない。実際のところ、人が相関と随伴性のような概念を持っているかどうかということに関して実験心理学の領域にはまだ論争が存在する。この論争に関するわれわれの見解は、人間の行動は統計的構造あるいは事象におけるかすかな変化にさえ敏感であるということである。ではあるが、それと同時に統計の概念に関する抽象的意味に関しては全く無知

であるともいえる（一度でも初歩の統計を大学生に教えた経験がある者はだれでもこの結論に納得できるだろう）。

　研究者は、被験者の自己報告が理論的に適切な言語で表現されていると期待してはいけない。被験者は、学習性無力感の理論家に比べてもっと多様に言葉を用いるかもしれない。例えばPeterson（1991）による研究では、被験者は彼らに生じた悪い出来事を述べ、そしてそれらのコントロール不可能性、将来の再発性に関して評定することが求められた。理論によれば、この定義による「コントロール不可能」な事象はどんな条件であったとしても再発しやすいことから考えると、これらの評定は少なくみてもやや冗長であると考えられる。しかし、結果はこれらが完全に独立であることを示していた。「コントロール不可能な」事象が再発する可能性があるとは必ずしも見なされなかった、そしてその逆も同様であった。

　日常の対象によって、われわれの理論的構成物に割り当てられた意味は、おそらく特異な例であるとして認識されるに違いない。研究対象として用いられる「コントロール」あるいは「成功」という用語は随伴性の考え方を示している可能性もあるが、単に意図性と道徳をもっともらしく反映しているだけなのかもしれない。別の言い方をするなら、研究者と被験者は、同じ用語を用いるべきなのである。典型的な学習性無力感実験の多くは、この要件をかなえるための十分な注意を払っていない。

　4．ある説明は、帰無仮説に対する場合と同様に他の説明ときちんと比較されるべきである。学習性無力感仮説は、不適応な受動反応に関する十分条件を記述している。しかし、われわれはその過程が、必要条件であると主張しているわけではない。従って、無力感モデルに対する他の多くの理論の挑戦の試みは、無力感モデルの仮定とは異なる過程によって無力感がひき起こされるかもしれない、ということを証明することで前進するということなのだが、これはかなり皮肉なことである。しかし、研究者はそれによって、そのモデルが誤っていると結論づける。

　そのような証明は、それ自身には意味があることかもしれないが、学習性無力感の場合には適切ではない。なぜなら、それらは欠点のある論理に頼っているからである。十分条件という見地から表現すると、ある理論を論破する方法は、その理論によって仮定された結果が生じないことを示すことである。他の

条件が、確かにその結果を生み出すことを示すというだけでは、そのような主張はできないのである。

われわれは、無力感によってコントロール不可能性の後の障害を説明することは誤っていると敢えて信じたい。実際、現時点でのわれわれの結論ではこの仮説の位置づけははっきりしないままである。しかし、ある理論の誤りに対して反論する最も有効な方法は、比較の対象となる仮説ときちんと比較すること、すなわち学習性無力感モデルと、それと反対の予測をする他のいくつかの説明を比べることである。この章の残りで、これら他の仮説のいくつかを説明し、評価することにしたい。

その他の説明について

今度は、人間がコントロール不可能な事象に対してどのように反応するかについて、学習性無力感による説明とは異なる説明に移ることにする。既に述べてきたように、これらの説明はコントロール不可能性を弱める効果に関して別の媒介に焦点をあてるものが多い。これら他の理論の位置づけは、無力感モデルそれ自身の位置づけと同様、不明確である。その理由は、前述のように認知的理論構成体を確認するための正しい研究方法を確立することの困難さから来るものである。

心理的感応

学習性無力感の研究者は、問題解決の試みを妨害するような場面に、人間をおくような研究を行なった最初の研究者ではなかった。この種の研究には長い伝統がある。そして、ここでは挫折、失敗、脅威、部分強化、あるいはストレスという概念によって認識され、研究されてきた理論構成体をみることができる。1960年代には、そのような研究の別の形のものが「心理的感応」という用語でよく知られていた。この考え方によれば、人間は自身の選択あるいは自由が脅かされるような場面においては、彼らの選択か自由を取り戻すための動機づけを増加させることで反応を示す（Brehm, 1966, 1972）。この動機づけの状態が、感応と呼ばれる。

心理的感応研究の典型的な方法は、人に結果を押しつけるような方法であり、

複数の選択肢の中から彼らに選択させる、あるいは彼らから選択肢を取り除くことによって、というような方法ではない。そして引き起こされた感応の量に影響を与える要因として以下のようなものが挙げられる。

・自由に対する最初の期待
・脅威の強さ
・脅された自由の重要性
・その他の自由に代わって脅威がもたらすその他のものについての暗示。

感応の結果の中にあるものは、否定された選択肢の魅力という誇張と、（ここでのわれわれの目的にとって重要であるのだが）脅かされた、あるいは奪われてしまった行動の達成あるいはそれへの参加に対する努力の増大である。

　感応は学習性無力感のパラダイムと接点がある。なぜなら、コントロール不可能な事象が感応を刺激する可能性があるからである。コントロールが期待され、評価されるときには、それが剥奪されることは、人を脅し、そして彼の動機づけを刺激して、自由の回復、コントロールを取り戻す行動を生じさせる。感応理論は、このように無力感モデルとは正反対の予測をする。すなわち、コントロール不可能な事象は、問題解決に対する動機づけを増大させるということを意味している。

　われわれは、コントロール不可能性が問題解決を妨害することを示唆する多くの証拠を既に指摘してきた。従って、感応理論が無力感の理論に替わり得ないものであることは明らかである。しかし、いくつかの研究では、感応の効果は無力感の効果というより、コントロール不可能性によって生み出されることが報告されている。このことは、感応あるいは無力感が生ずる確率は、場面に依存していることを意味する。

　Wortmanと**Brehm**（1975）は、この2つの理論がともに真実であり得ること、そしてコントロール不可能性に対するその人間の反応が感応か無力感かということは、コントロール不可能性の経験量に依存すると主張した。ある人間がコントロール不可能な事象に出合うとき、最初に彼は感応を経験する。それは彼の問題解決のための努力が高まっていることを示している。コントロール不可能性の経験が続くにつれて、最後には、感応による彼の動機づけは消失し、無

力になる。その証拠が、よく知られた問題解決の障害である。感応が無力感に切り替わる正確な時点は、場面によって変わる。これに影響する要因のひとつは（上述の）脅された自由の重要性である。おそらく被験者にとって、課題が重要であればあるほど感応の期間はより長くなるだろう。

　感応理論と無力感理論を統合するという方略には、いくつかの利点がある。それは一般常識とも一致する。例えば、壊れてうまく動かない自動販売機を想像してみよう。その機械の「コントロール不可能性」に対するわれわれの最初の反応は、そのボタンを強く押し続けることである。特にお菓子のキャンディ・バーを本当に欲しいときには、一生懸命押し続けるだろう。しかし、失敗が続くことにより、遅かれ早かれ、それをやり続けるための動機づけの不足が生じることになり、われわれは無力になるのである。

　WortmanとBrehm（1975）の示唆によれば、彼らの提案する統合モデルは個人に自由の期待を与えること、そしてこれが脅かされたときに人が感応への動機づけを維持することによって免疫効果を説明する。これは無力感モデルが好むような解釈に比べて、あまり回りくどくない免疫の解釈と考えられる。無力感モデルは、反応と結果の随伴性への期待が、何らかの形でその不足の認識を「干渉する」と主張する。この干渉のしくみは、実際には決して特定されない。そして、人間あるいは動物は、この世界で生きるというだけで反応と結果の随伴性をいつも期待すると考えられるだろう。それは無力感の効果がそのままでは生じない可能性を示している。

　統合モデルは、また無力感の効果がいくらか制限されるべきものであることも予測する。われわれが見てきたように、無力感モデルはこの予測を簡単に説明できない。コントロール不可能な事象は、それが生み出すものが感応であろうと、無力感であろうと、人が新たに直面した課題を、以前のものと類似しているとみなすその程度に応じてのみ、他の生活領域において類似した反応の前兆となるべきである。ここでわれわれは、人が元の場面をどのように解釈するかということを考察することの重要性に、再び導かれるのである。

　それでは今度は、この理論のまさに理論的利点からこれに関係する証拠に目を向けてみよう。いくつかの研究結果は、仮定された時間経過をそのまま示している。既にコントロール不可能性の経験が情動面に及ぼす効果を調べた研究について述べてきた。そして、これら一連の否定的な情動が現われる順序につ

いては、不安と怒りがうつ状態と無力感の気持ちに先行することが一目で見てとれる（Pittman & Pittman, 1979, 1980）。もし、感応が無力感の発現より前に引き起こされたならば、これはまさに予測と合致する。

　そして、いくつかの研究が見いだしてきたことは、コントロール不可能な事象の経験量が系統的に変えられる場合、その経験が少ない場合には、被験者はテスト課題の解決を促されるのに対して、コントロール不可能性の経験が増すと障害が生じるということである(例えば、Mikulincer, 1988a; Mikulincer, Kedem, & ZilkhaSega1, 1989, Minefield & Jardine, 1982）。ある人にとっての場面の重要性を操作することは、遂行行動をより促進する（例えば、Roth & Kubal, 1975）。すなわち、そこに含まれる課題が個人にとって重要ではないとき、無力感はより早く発現するのである。

　しかし、感応と無力感の統合はいくつかの問題点も抱えている。感応と無力感の間のどこに線を引いたら良いかということは明らかではない。メタ分析の結果を報告する前にこのことは既に注意したが、コントロール不可能な事象はその程度がごくわずかであっても、感応より無力感を生み出す傾向がある。おそらく、これに関しては組織的研究が必要であろう。しかしほとんどの研究者にはこれを行なうだけの忍耐力がない。現状では、無力感実験において感応がちょうど現われるだろう時点を予測することは困難である。

　おそらく問題は、実験室における課題の多くは被験者にとって重要ではないことである。このことは、彼らが脅された自由をとりもどそうとする自身の試みをすぐに放棄することを意味する。これはモデルの問題ではなく、かつ実験室で生み出される人間の無力感を説明する際に、WortmanとBrehmの理論を非常に重要視しなければならないことを意味するものでもない。単にたまたま生じた実験的好奇心について当てはまるものかもしれない。では実験室の外で被験者にとって、課題がより重要であるような場合には彼らの理論はよりうまく適用できるのだろうか？　おそらくそうだろう、しかしここでも同様に、コントロール不可能性の効果が広い範囲にわたって、促進ではなく衰弱を導くという証拠にはかなり説得力があるように思われる。

　統合モデルに対する別の批判は、コントロール不可能性に対するわれわれの反応を理解するためにはこのモデルは不適切であるということである。おそらく、感応は問題を解決しようとする試みに対する反応としてまず最初に現われ

るものであり、われわれがコントロール不可能なものとして知覚する事象に対してではない。「私はこの問題をまだ解決していない」と言っている被験者と、「この課題は解決不可能である」と言っている被験者を比較してみよう。前者はおそらく感応を示すだろうし、後者は無力感を示すだろう。しかし、その事象のコントロール不可能性に反応するのは後者のみである。言い方を換えると、感応は反応と結果の随伴性についての学習を伴う動機づけの状態であると言うこともできる。個人が反応と結果が無関係であることを一度学習すると、無力感モデルが見いだすような過程が現われることになる。

仮説検証

コントロール不可能な事象呈示後の障害に関して、無力感モデルの説明とは異なるもう一つの説明が、Levine、Rotkin、Jankovic と Pitchford（1977）そして Peterson（1976, 1978, 1980）によって別々に提案された。彼らの説明は、Levine（1971）の概念同定理論を基にしている。これはこの理論をテストの側面から見ると自然なことであった。なぜなら、この概念同定課題はもともとは Levine によって自身の理論を検証するために開発され、Hiroto と Seligman（1975）のような無力感の研究者によって、無力感を誘導するためにしばしば用いられてきたからである。

既に述べたように、これらの課題では形、大きさ、あるいは色のようないくつかの次元に沿って変化する抽象的な刺激が被験者に呈示される。被験者はこれら一連の刺激を呈示され、刺激事例ごとにそれが獲得されるべき概念の事例であるかどうか答えるよう求めらる。最初の数試行では、被験者は答えが全く分からないので、答えをただ推量するのみである。しかし、「正しい」あるいは「誤っている」というフィードバックが、次の反応で用いることができる有用な情報を与え、最終的にはその概念が獲得されるのである。

例えば、被験者は大きな黄色の四角形を呈示されて、それが概念の一事例であると推測するかもしれない。そして、その推測が正しいことが告げられる。次の試行で、小さい黄色の四角が呈示されると、彼は再び「はい」と答える。しかし今度は、その答えは誤っていることが伝えられる。その課題で問われている概念のうちでいくつかの単純な候補はそのとき除外されるだろう（例えば、その概念は黄色の刺激全てではない、あるいは四角の全てではないというよう

に)。おそらく、それは比較したときにより大きい刺激全てであるかもしれない。これらの刺激変化の次元数は有限なので、被験者は、いつかその概念を獲得する。そして、その難易の程度は、その概念が実際にどの程度複雑かということに依存している。

それでは「正しい」あるいは「誤っている」というフィードバックが、無作為、すなわち被験者の回答とは独立に与えられるときには、何が起こるだろうか？　その課題は解決不可能になり、そして彼の試みは、たとえその課題が解決に導かれていたとしても、他の課題で確実に障害を示すだろう。途中で何が生じているのだろうか？　無力感モデルは、反応と結果の独立性について被験者がその時信じていることをなんとかして抽象化し、さらにこの無力感の予期を新たな場面に一般化しようとすること（実はこのことが彼の困難を生み出しているのだが……）を主張する。

しかし、Levineの概念同定理論は別の過程が存在する可能性を示している。Levineによれば、人間は自身が許容できる解決方法から始めることによって、このような問題（実際には、あらゆる問題）を解決する。この解決方法の組み合わせは「刺激パターンに関係がある」などという形で教示によって明示的に与えられているかもしれないし、あるいは問題それ自身から推測されるものかもしれない。被験者は、呈示された事例に反応しながら問題解決についての特定の仮説を積極的に受け入れる。その仮説に対して「正しい」というフィードバックが与えられたならば、人はその仮説に留まり、「間違っている」というフィードバックが与えられたときには、被験者はその仮説を変更する。

このように概念同定を仮説検証とみなす考え方は、人を積極的な問題解決者としてみる見方、正確には心理学においていわゆる認知的革命を導いた展望に立脚している。第1章で既に述べたように、学習性無力感モデルは動物学習をこの革命の中に導いたという点で重要な役割を果たした。しかしここでわれわれは、これではまだ十分ではないとして無力感理論を批判することができる。というのは、このモデルは連合主義という過去の理論をも同時にもたらしたからである。言い換えると、この理論は適切な随伴性にさらされると人はどちらかといえば自動的に反応と結果の随伴性を抽出することを想定する。人がどのようにしてそれを行なうかということについての記載はなされていない。Levineは（反応と結果の因果関係を含む）学習全体が、われわれがまさに描写するよ

うなタイプの仮説検証によって媒介されることを示唆する。次に、われわれは無力感の実験室で問題解決の試みに対して、無作為フィードバックが与えられている被験者の話題に戻ることにしたい。Levine の理論によれば、この無作為フィードバックは問題解決者が採用する仮説を次々と否定する。そして被験者は、大きい刺激、黄色の刺激、そして四角い刺激というように、自身の仮説を一つずつ順に破棄していく。

　通常、人間は単純な仮説を設定することから始め、もし外界からのフィードバックがその不備を示唆しないならば、仮説を変更しない。このようにして、人はますます複雑な仮説を採用していく。その結果 Levine らと Peterson の示唆によれば、コントロール不可能な事象が実験室での被験者の課題解決を妨害するのは、被験者が自分の無力感を信じることになってしまうという理由からではなく、課題に対する仮説の潜在的な候補を変更し、前処置課題の解決中にコントロール不可能な事象がさらに複雑な可能性を受け入れるように導くという理由による。前処置の影響の程度がより大きくなると、そのぶん被験者の仮説の多くが確認されなくなり、残った仮説はより極端で難解なものになる。被験者がこれらの（反応と結果の独立性ではなく、解決の困難さという）予期をテスト課題に持ち込む時、テスト課題の解決についての実際の簡潔さの程度に応じて、被験者が受ける妨害の程度が異なる。

　このように、Levine らと Peterson は、共にテスト課題の解決が容易なときにコントロール不可能な事象が遂行行動をより強く妨害することを示した。実際、複雑なテスト課題はコントロール不可能性によっては障害を受けなかった。この理由は、おそらく被験者が複雑な解決を予期していて、すぐに複雑な仮説の検証を始めたからだと思われる。この結果を無力感理論の用語で解釈することはできない。無力感理論は、どちらかと言えば、難しいテスト課題の方が、より重い障害を示すと予測するだろう。これに対応する動物実験の結果では、努力の必要なテスト課題はコントロール不可能性の効果の減弱に対して、最も敏感であることが示されている（第2章）。

　Levine らと Peterson の主張は、Wortman と Brehm（1975）が提案した感応と無力感の統合とは異なり、無力感モデルが誤っているというのではなく、無力感は実験室で常に生ずるわけではないのかもしれないということである。これによってなぜ被験者が心理学実験でコントロール不可能性の後に課題に取り組

み続けるのかを説明することができる。われわれが指摘したように、この点が無力感モデルの問題なのである。無力感モデルは、実際に起こっていること、すなわちその課題を解決できないだれかが存在することを示すのではなく、むしろコントロール不可能性が全く無気力な個人を生み出すことを非常に強く示唆しているように思える。そして、この代替理論はそれらが確かに生ずること、そして治療（それは有効な解決方法を再び妥当なものにする）と同様に免疫（それはテスト課題の解決方法の候補を再び妥当なものにする）を理解するときに感応の効果を扱うこともできる。

仮説検証の説明の限界はどこにあるのだろうか？ Peterson（1980）が調べたいくつかの研究は、心理学実験における被験者は、その中で遭遇する事象について必ず意味あるいはパターンがあるという可能性を検討しがちであることを示していた（それらの研究はその他の点では共通点を示していなかった）。無作為に並べられた文字列を見ている被験者は、そこになんらかのパターンを見いだす。彼らは、随伴性が全く存在しないときでも、反応と結果の間に随伴性を発見する。特にサイコロ投げ、あるいはルーレットのような確率事象については、彼らがコントロールできるものがあることを明らかに期待する。そして実験的に見て、最も非常識と思われる仮説に従順に従う。これらの発見を考慮してみると、心理学実験の中で人間が問題を解決できないものとして予期するというようなことがどうして生じるのだろうか、という疑問が生ずる。

Peterson（1980）は、幾つかの実験によってこの疑問の解決を試みた。そのための実験の一つで、彼は被験者に無作為フィードバックを伴った概念同定課題を与え、そのフィードバックのルールはどのようなものであるかを尋ねた。被験者のだれ一人として、その問題が解決不可能なものであることを示唆しなかった。そのかわり、被験者はそれぞれ非常に複雑な仮説を示した。別の実験では、Petersonは同じ手続きを用いたが、ただ一つ決定的な例外を設けた。彼は課題の幾つかは解決不可能である可能性があることを被験者に示唆したのである。この場合には、被験者は解決不可能な問題が実際に解決不可能であると言うことができた（もっともこれは一般的な要件ではない。なぜなら解決可能な問題であっても、被験者によって解決できるとして認識される可能性もあるから）。そして、さらにこの仮説検証理論と一致することは、これらの教示が被験者に与えられたとき、すなわち反応と結果が独立しているということがそ

の実験における一つの可能性としてあり得ることが認められたとき、複雑な課題の解決はコントロール不可能性という先行経験によって実際に妨害されるということである。

この考え方を実験室の外側に拡げることができるだろうか？　われわれはこのことが可能であると確信している。コントロール不在という「仮説」が不本意ながらも、あるいはまれには受け入れられるような生活領域があるだろうと思われる。社会心理学者は長年にわたってそのような事例を数多く発表してきた。おそらく、世界がその結果が公平かつ一貫した方法で彼らの反応に従うような場所であるという彼らの信念を一貫したものに保つために、自身の不運を非難するような「世界そのものの効果」（just world effect; Lerner, 1980）を考えてみよう。Taylor（1989）は「コントロール」についてのさまざまな、良性の信念をリストアップした。他の研究者は、人が特定の認知的バイアスに従って否定的事象の多くを一貫して過小評価することで、その事象の可能性を誤って判断することを示してきた。

一方、悪い事象が明らかに生ずるときには、世界の首尾一貫性についての仮定は実際に挑戦を受ける。そして、時にはそのこととは独立して、これらの事象が生ずる可能性があることを彼らが考慮するのである。例えば、Janoff-Bulman（1989）は、世界について自分が信じていることが犠牲になることに関するさまざまな形態の効果を研究してきた。そしてその結果はその時点の非常に多種の犠牲者が将来犠牲になることの可能性を考慮することを示した。仮説検証理論の一般性には限界がある。しかし、仮説検証としての随伴性の検出という見方はまだ存在しており、無力感モデルが想定するような、より単純でかつ「自動的な」見解に、いつかとって替わられるのかもしれない。

自己中心性（Egotism）理論

コントロール不可能性の刺激呈示後に障害を受けた遂行行動についてのもう一つの説明では、原因帰属的な自己中心性に焦点があてられる（Snyder, Stephan, & Rosenfield, 1978）。この理論によれば、コントロール不可能性は、動機づけに効果を及ぼすことで成績を低下させる。しかし、学習性無力感モデルが、個人の動機づけの低下は、反応と結果の独立性への予期に対する生得的で自動的な反応であると提案するのに対して、自己中心性理論は被験者の動機づけの低

下が防衛的な戦略であることを示唆する。自分にとって重要な結果の幾つかをコントロールできない人間は、自分には眼前の問題を解決するのに必要な能力がないという結論から自分を防衛するために、問題解決を試みることをやめる。もしそのようにその試みをやめるならば、彼は自分の失敗を努力不足に帰属することができる。これはおそらく、自身を無力としてみなすことに比べると自我により脅威を与えない帰属方法である。このように、自己中心性仮説は実験室で実験的に生み出された学習性無力感が、実際には失敗の後で自尊心を維持するひとつの方法であると考える。

いくつかの研究は、自己中心性の考え方を支持する報告をしている。典型的な学習性無力感実験で、FrankelとSnyder（1978）はコントロール不可能な課題の呈示後、適度に難しいテスト課題あるいは非常に難しいテスト課題であると教示して、実際には同じ難易度の課題を付け加えた。しかし、呈示された課題が非常に難しいものであると教示された場合には、後の失敗で面子を保つために努力を低下させる必要はないだろうという被験者の思考が見られた。テスト課題でのこの見せかけの困難さには理由が必要であり、単にそれに対応して努力を低下させるということはない。これはFrankelとSnyder（1978）が実際に見いだしたものである。この場合にはコントロール不可能性の操作後に成績は低下しなかった。しかし、自分は難易度が中程度の問題に取り組んでいると考えている被験者の場合はそうではなかった。

この研究は無力感の効果についてわれわれが既に述べた仮説検証的説明を支持するLevineらとPetersonによる研究に類似した感じを与える。それでは、この分類を拡げてみよう。LevinらとPetersonは、テスト課題の難易度を実際に変えたが、FrankelとSnyderは教示によって被験者のテスト課題の困難さについての期待を操作した。しかし、いずれの場合でも、無力感モデルの予測は他の理論とは異なっていた。

自己中心性仮説を支持する別の研究では、学習性無力感の実験の際、被験者に対して、テスト課題中に遂行行動の低下が生じ得ることについてのもっともらしい説明、すなわちテスト課題中の音楽と、実験中に音楽が邪魔になるかもしれないという教示が明示的に与えられた（Snyder, Smoller, Strenta, & Frankel, 1981）。この場合も同様に、この操作に問題解決の障害を取り除く効果があった。この言い訳の選択肢が与えられていない他の被験者はテスト課題で失敗し

たが、それが失敗が起こりそうな場合に彼らの面子を保つ唯一の方法であったことは明らかである。

　FrankelとSnyderは、彼らの自己中心性仮説と失敗を非常に恐れる個人で行なわれたそれ以前の研究（例えば、Feather, 1961, 1963）の間に類似性を認めた。自身の行動の結果について非常に不安を持っている被験者は、課題が難しいものであると教示されたときにうまく課題を処理する。これは上の記述と同様に、まさに被験者が失敗しそうだという場合に、課題の困難さが面子を保つ言い訳を与えたという根拠を伴っている。明らかに難しい課題については、それがうまくやれないことは恥ずかしいことではなかった。そして被験者は恐怖が最小の時に、最大の努力を示した。

　これらの考え方はNoremとCantor（1986）の防衛的悲観論、すなわち差し迫った遂行行動に対して不安を抑制する方法として用いられる方略に似ている。防衛的悲観論者は、自分は失敗しそうだということ（すなわち自身の無力感）を公言するが、その後の課題では完璧にうまくやってしまう。NoremとCantorは、巧妙な実験を行なって課題呈示の前に元気づける教示を与えることによって、そのような被験者による悲観論の戦略的使用を妨害した。しかし成功が保証されるとき、被験者の成績はよくなかったのである。これとは対照的に、そのような方法で励まされなかった被験者の成績は良かった。

　われわれは、自己中心性仮説やそれに関連した理論をどのように評価するのだろう？　一方で、ある場面で、ある人はコントロール不可能性に対して面子を保ち、不安を減らすような方略で実際に反応すると確信させられる。これらのことが、遂行行動の低下を生み出すことをやめさせるかもしれないということは、必ずしも彼らの熱心さに対する反論にはならない。おそらく、自分が有能であるという見解を維持することは、外界と隔絶された実験室課題での成功の可能性に比べてより重要なのであろう。

　この自己中心性仮説の利点は、人が元のコントロール不可能な事象に対して行なう帰属の種類によって無力感の効果が影響を受けることを示している多くの研究を理解できることにある。テスト課題と前処置が類似している程度によって、無力感の効果が生ずる程度が予測できるだろう。そして自己中心性仮説は、この結果が他の場面で失敗した後に同様な課題で面子を保つことを試みることによるものだと説明するだろう。課題が似ていないときには、その動機づ

けはより低下する。

　この自己中心性仮説は免疫効果も説明するが、それらは有効であると考えられる。なぜなら前処置中に提示されたコントロール不可能な事象は被験者が信じている随伴性に表面上は挑戦しているにもかかわらず、同時にそのことが被験者に彼らの能力が十分であるという証拠を与えるからである。

　しかし、自己中心性仮説では心理療法の効果をうまく説明できないと考えられている。自己中心仮説は被験者がそのような努力に強く抵抗するだろうことを示唆している。この解釈は、個人の「無力感」は動機づけられるものであるという仮説に従っている。治療家は反応と結果の非随伴性について被験者の誤りを単に示すだけでなく、彼がこの方略をあきらめるように誘導しなければならない。

　無力感理論はこのことを全く仮定してこなかった。そしてわれわれはこれが（一般に）有用な仮定であることに疑いをもっている（Peterson & Bossio, 1989）。われわれが認めてきたように、自己中心性仮説は幾つかの場面と幾人かの人の場合には実験室の内側で（あるいは外側でさえ）進行していることをうまく説明する。しかし、これは人間がコントロール不可能な事象に対する一般的な反応であると言うことはできないだろう。もしこれが一般的な反応ならば、人間はコントロール不可能性の効果を振り払うことに苦労することなどなかったろう。しかし、今まで見てきたように、このことは現実の世界の場合と同様に実験室での実験においても信頼性のある代価なのである（第7章）。

　自己中心性仮説は無力感モデルとは明らかに相容れないものであるが、帰属の再公式化された無力感モデルとの関係については、なお疑問に思う人がいるかもしれない。このことは第6章で考察することにしたい。どちらの理論も同様に被験者は自分が出合うコントロール不可能な事象を積極的に解釈しようとすると主張する。そして低い努力への帰属という予期をやめることは、低い能力への帰属に比べてより被害が少ない。なぜなら、努力への帰属は後者とは異なり将来の遂行行動については何も示唆しないからである。しかし、自己中心性仮説は、それでもこの再公式化されたモデルとは本質的な部分で異なっており、人間の無力感は動機づけられるという仮定によっているのである。

　もし、われわれが自己中心性仮説とそれを支持する研究報告に関して強く懐疑的な態度で望もうとするならば、これらの文献についてもわれわれがもとも

との無力感実験に対して行なってきた方法と同じ方法で批判することができる。理論家は測定された結果と、比較検証することなくその背後にある認知的過程と内容について推論する。その思考について異なる推論を行なうという問題は、理論家は彼らが理論づけようとしているものからかけ離れたところにおり、もし被験者がそのように行動するときにはそんなふうに考えているに違いないというように主張していることを意味する。既に考察してきたように、このことは媒介となる認知過程の存在に関する妥当性に疑問を投げかける。

同様に、自己中心性仮説は無力感実験における問題解決の最大の困難さは認知的な指標（解決方法の探索）ではなく、純粋に動機づけの指標と関連していることを予測する。しかし、これは実験対象として研究されてこなかった。自己中心性研究が動機づけの仮説構成物である持続性を測定してきたことは明らかであるが、測定したのはそれだけであり、認知的障害が同時には存在しないことは示してこなかった。自己中心性仮説とそれを支持する研究は、この基準によれば無力感モデルとその研究に比べてより信頼がおけるものであると、とりあえず付け加えることにしたい。このことは、この研究領域における共通の問題である。

いく人かの研究者は、自己中心性仮説にさらに接近しようと試みてきた。例えば、KoftaとSedek（1989）は、テスト課題での個人の遂行行動を低下させる前処置の決定的側面として、それぞれが何を識別するかを尋ねることによってこの仮説と無力感モデルを対比させている（Barber & Minefield、1987も参照）。無力感モデルは、前処置のコントロール不可能性、すなわち反応と結果の独立性をはっきりと示している。これと対照的に、自己中心性仮説はコントロール不可能性を決定的要因として強調せずに失敗を強調する。コントロール不可能性そのものはだれかの自尊心を脅かすことはない。従って、それを守ってやる必要はない。むしろ、コントロール不可能性それ自身は行なわないような方法で失敗が自尊心を脅かすことで、後の遂行行動の低下（ゴール、すなわち課題解決に到達することを活発に試みるが、熱心さには欠けるというように）を生み出すのである。

学習性無力感モデルと自己中心性仮説を検証する決定的方法の一つは、どちらの理論が適切であるかを証明するために、実験の結果からコントロール不可能性と失敗を分離することである。メタ分析によって、既にわれわれは欲求的

な（appetitive）無力感が存在することを知っている。すなわち、被験者がコントロール不可能な成功を前処置中に経験した場合には、テスト課題中にも課題解決行動の低下が現われる。一見したところ、この結果は学習性無力感の説明とよく合致しているように見える。しかし、その種の研究では、必ずしもコントロール不可能性と失敗を区別するようには実験が計画されていなかった。

その代わりとして、このことを明白に試みているKoftaとSedek（1989）による研究を吟味してみよう。彼らは、現在よく知られている一連の概念同定問題を前処置の中で用いている。「正しい」あるいは「誤っている」というフィードバックが無作為に与えられた結果、被験者の解答は半分が正しく、残りの半分は誤っていた。1番目の条件では、被験者はこの課題が「論理的思考と結論を引き出す能力に関係するあるもの」（pp. 4-5）を測定していると教示された。そして、実験の最後に彼らの全成績についての情報を与えられることも教示された。2番目の条件では、被験者はその課題が「ある重要な知的側面」（p. 5）を測定していること、そしてそれぞれの回答の後に自身の成績についての情報を与えられると教示された。実際は、全ての試行で被験者は課題の解決に失敗したとフィードバックされた。3番目の条件では、被験者は最初の条件の被験者と同じ教示を受け、個々の試行でのフィードバックも正しく与えられた。

2番目の条件では、自己中心性の理論によって仮定された過程が明らかに働くと考えられる条件が設定されている。意図的な失敗の操作が（実験の最後に実施されるアンケートによって）実験後に確認された。また、2番目の条件の被験者は彼らの成績が前処置で実際に悪かったこと、加えて彼らの気分も低下したことを報告した。最初の条件と第3の条件の被験者は、失敗の自覚に関しては共に同様であった。そして、共に第2の条件に比べて自覚された失敗の低下が、実質的に見てより大きかった。

押しボタンによって、一連の不快な騒音を中断させるようなテスト課題の遂行行動に関して、二つのコントロール不可能性条件における被験者は、コントロール条件と比較して解決までの潜時とその失敗の総数で共により重い障害を示した。自己中心性を強調するために付加された手続きが、それと認められる効果を生み出さなかったという点で、これら2つの群は同等であった。KoftaとSedekが結論づけたように、これらの結果は自己中心性の説明との高い一貫性は見られなかったが、無力感モデルと完全に一致するというわけでもなかっ

た。コントロール不可能性が無力感を誘導するのは明らかだが、必ずしも失敗をもたらすわけではない。

同様に、アンケートに対する回答の幾つかも、無力感モデルの予測と異なっていた。非随伴事象は最初の条件では被験者の間で気分の低下を生み出さなかったが、失敗をもたらす操作は気分の低下を生じさせた。また、明らかな成績の低下が生じたという事実があるにもかかわらず、その操作はテスト課題でのコントロール可能性についての評定には影響を与えなかった。被験者はコントロール不可能な前処置課題がコントロール不可能であるとは自覚しなかった。しかし、無力感モデルの予測とは異なり、この予期はテスト課題には般化しなかった。また、ここで自己中心性理論はグループ間で差異が見られることを予測しているのだが、実際には努力の増大について尋ねる項目に関しては、どちらの評定も差異を全く示さなかった。ここでは、遂行行動の障害が見られるにもかかわらず、被験者の報告による思考と予期の内容にはそれに対応する差異が見られないというおなじみの知見を得ることができる。

この研究は無力感モデルに代わるものとしての自己中心性仮説の説明力に疑問を投げかける。しかしこのことは、この仮説に全く長所がないことを示しているわけではない。難しいテスト課題における持続性の高まりという現象は、無力感のアプローチに適合しない発見として残っている。われわれに当面言えることは、失敗とコントロール不可能な事象は共にその後の遂行行動に影響するが、その正確な過程は不明瞭なままであるということである。

状態志向と行為志向

無力感の効果に関して、Kuhl（1981）はさらに異なる認知的解釈を提案した。彼はコントロール不可能性が遂行行動を低下させるという点では無力感モデル（そしてのそれについての研究結果の大部分）に同意するが、無力感理論によって仮定されるような将来の無力感の予期をあまり強調しない異なるタイプの認知的機構を提案する。

Kuhlは、達成動機の研究の伝統の中で、既に表現され研究されてきた理論構成体が「無力感」の効果をよりうまく説明すると主張する。彼は失敗（すなわちコントロール不可能性に対する）直後の反応は、後の課題でうまくやろうとする動機づけを高めることを示唆する。ここで彼はコントロール不可能な事

象の経験によって生み出される感応の存在に関する Wortman と Brehm（1975）の考え方に同意する。この仮定と一致している点は、表向きは無力な被験者が最初は熱意をもってテスト課題を解決しようとするという報告（例えば、Miller & Seligman, 1975）である。無力感モデルはこの結果を全く予測できない。被験者があきらめるのは課題で失敗するときのみなのである。

　しかし、もし被験者のそのような動機づけが完璧で、かつ自分の失敗を予期していないのなら、なぜ被験者はテスト課題をうまく解決できないのだろうか？Kuhl は、この問題を解決するために対照的な 2 つの心理的アプローチを導入する。すなわち、状態志向と行為志向である。状態志向はその人の過去、現在、そして将来の状態に焦点をあてる。すなわち、どのように自分が感じているか、なぜ自分は問題を抱えているのか、自身の幸福にとってこの経験の示唆するものは、などといったことである。状態志向は課題とは無関係であるが、その課題が困難であるときには、人間の遂行行動に干渉する。これと対照的に、行為志向が焦点をあてるのはその課題のスムーズな解決方法である。ここでは、人は目の前の問題、そしてそれを解決する可能性をもったさまざまな方法に注意を向ける。

　このように、われわれはコントロール不可能性の後の遂行行動の障害についてまた異なる説明を示すことができる。失敗それ自身は、その人の動機づけを高めるかもしれないが、もしその失敗が十分に強い状態志向をも生み出すならば、そのことはその人の動機づけの高まりを無駄にし、課題の遂行に干渉するだろう。言い方を変えるならば、無力感の効果は、反応と結果の独立性の知覚によってではなく、むしろ無力感とは関係ない他の多様な思考の反芻によって生み出されるのである。その人にとって、困難さを生じさせるのはこのような精神的反芻である。

　興味深いことに、Kuhl の主張では無力感はまさに認知的現象なのであるが、ここでどのような認知的活動が発生しているかということについては特に重要視されていない。被験者にとって中心となる問題でない限り、障害を受ける傾向がある。学習性無力感の再公式化とは対照的に、この理論は人間の帰属的な活動それ自身が混乱していることを示唆する。なぜなら、それは人間を目の前の問題からそらすからである。この見解と一致する結果として、Diener と Dweck（1978）の研究があげられる。彼らは、コントロール不可能な問題がもたらす

失敗に対するなんらかのタイプの原因帰属の程度に応じて、子ども（被験者）の混乱の程度が異なることを報告している。

　Kuhl は、無力感が機能的無力感と呼ばれる状態志向によって生み出されることを示唆する。これと対照的に、学習性無力感モデルに関連する無力感は、動機づけに関する無力感と考えられている。そして、それはコントロール不可能性の予期によって媒介される。Kuhl は、典型的な実験室研究では、動機づけに関する無力感はテスト課題と前処置が非常に類似しているときにのみ、見いだされる傾向があると示唆する。いずれの場合においても、人間は最初の場面で抽象化された反応と結果の独立性についての考えを、次の場面にうまく一般化するのかもしれない。しかし、テスト課題と前処置が似ていないような他の実験においては、そのような予期の転移が起こりそうもないこと、そして観察された障害はおそらく機能的無力感であると彼は主張する。そしてさらに実験室の外では、機能的無力感は行動様式であり、動機づけに関する無力感ではないとも主張している。

　　数学のテストでコントロール不可能性の経験をした学生は、その晩の夕食を焦がしたり、友人に対してぎこちなく振る舞ったり、仲間うちで自分の要求を表現するとき、いつもより断言的口調が減るかもしれない。この［機能的無力感］理論は、一般的に行動の効果は般化された予期には帰属できないと主張する。……その学生は友人との関わりに問題があるようには思われない。なぜなら彼女（あるいは彼）は友人との関わりに関する無力感ではなく、テストに合格することの無力感を推測する。友人との関わりに関するその問題が、それでもなお生じるときには、おそらく彼女あるいは彼がテストの失敗によって生じた心理状態が、心を占めているときであろう（Kuhl, 1981, p. 160）。

　自身の理論を擁護するために、Kuhl はいくつかの実験結果を報告している。その中のひとつで、典型的な無力感の誘導の操作後、テスト課題が実施される前に数種類の課題が付け加えられた。第一の条件は、状態志向を強調するように計画された。例えば、被験者はアンケートに回答することを求められたが、そのアンケートは、失敗の理由、感情状態、そして実験場面の評価について問

うものであった。2つ目の条件は、行為志向を強調するように計画された。ここでは被験者は非達成課題に取り組むことを求められる。例えば、随筆を読んで、それがどのように興味深いものであるか、そしてどのような情報がそれによって得られたか、という意見を提出するような課題である。3つ目の条件における被験者には、このような課題は呈示されず、複雑な記号の配列の中から特定の記号を発見するというテスト課題に、すぐに取り組んだ。

コントロール不可能性の操作のない最初の被験者と比較すると、状態志向を誘導された被験者はテスト課題で障害を示したが、行為志向の場合はそうではなかった。この発見は、Kuhlの理論と一致する。コントロール不可能性の自覚に関する評定では無力感モデルの予測、すなわちこれらの効果が般化し、障害を媒介するという説明は支持されなかった。しかし、この実験における問題は、コントロール不可能な条件の被験者には、途中で課題を付加されない（すなわち、標準的な無力感実験の手続き）という条件においては対照群の被験者と比べて障害が生じなかったことである。Kuhlは自分の手続きが無力感という結果を生み出すことができるということを証明せずに、無力感の効果についての異なる解釈を支持するために、彼の他の実験結果を用いているのだが、これは明らかに問題である。

認知的消耗

状態志向が、コントロール不可能性によって誘導されるというKuhlの理論が形を変えて、SedekとKofta（1990）によって提出された。彼らの主張は、コントロール不可能な事象の経験が初めに認知活動を強く引き起こし、それによって人間は呈示された問題を解決し、そうすることの無力を理解しようと試みるということである。しかし、非随伴性の効果はこれらの努力を必然的に失敗に導く。われわれが既に述べた仮説検証の考え方は、人は自身が出合う場面を説明するためにさまざまな可能性（仮説）を作り出し、評価するということである。無作為フィードバックの場合には、人は限りなく仮説を考え出したり、評価し続けるようなことはしない。彼は結局これらの研究者が「認知的消耗」として認識している心理状態に切り換える。ここでは彼は単純に思考を停止する。後の課題で認知的障害を生み出すのはこの認知的解除の状態である（BarberとWinefield〔1986〕は、この理論の別の形のものをここで簡単に説明して

いるが、彼らは被験者が刺激に注意することをやめるときに、無力感の効果が生ずると述べている)。

SedekとKoftaは、この理論の検証を実験で試みた。その無力感誘導実験において、彼らは無作為フィードバックが明確に矛盾するような、すなわち概念同定課題において、被験者に同一の刺激について正反対のフィードバック(これはただの無作為のフィードバックとは異なる)を与えられるように条件を設定した。それから簡単なテスト課題の後に、被験者は難しい課題に取り組む。最初の課題では障害は全く現われなかったが、その理由はおそらくその課題が認知的に消耗した人であってもすぐに解決できるようなものであったからである。より難しい2番目の課題では前処置を通して被験者が明らかに矛盾する情報を受けるときのみ、障害が見られた。彼らは確信がもてなくなり、注意していることができないことを感じると報告し、自身の成功について予期が低下したことも報告した。

これらの結果は、SedekとKoftaが望むほど明快には認知的消耗仮説を支持しないと考えられる。確かに矛盾する情報を与えることによって、被験者を混乱させることはできる。例えば、これはまたその後のもっと難しい(努力が必要な)課題で彼らの遂行行動が低下すると解釈することは合理的である。しかしこのことによって、消耗が無力感実験における決定的な媒介であることが証明されるだろうか? 特に最も標準的であると思われているような条件で、研究者が無力感の効果を生み出すことに失敗するときには、そうであるとはいえないだろう。おそらく容易に解決できるテスト課題の導入がこれらの被験者への無力感の効果を全く無効にしてしまうだろうが、それが被験者を困惑させることはないだろう。これに代わる評価のためには、さらに作業が必要である。この仮説のもっとも魅力的な部分とは、この障害を特徴づけようとする試みが全く成功しなかった理由をうまく説明できるのは、まさに学習性無力感における認知障害(思考の失敗)であるかもしれない、という部分である。そして、特徴づけるものは文字通り何もないのである。

二次的コントロール

コントロール不可能な事象に対する反応に関して、また異なる解釈が、Rothbaum、WeiszとSnyder (1982) によって提出されている。無力感理論は「消

極性」、「引き込み反応」、「服従」、「人の言いなりになること」が個人のコントロールの低下を示す明らかな証拠である（第1章）と説明するが、Rothbaumらは、無力感というのは表面上のサインであり、これらは異なる形のコントロールを反映している可能性があると示唆する。

　Rothbaumらのモデルの中心には、環境を自身の願望に一致させる個人の能力として定義される一次的コントロールと、自身を環境に一致させる能力として定義される二次的コントロールの区別がある。一次的コントロールの問題は、最悪の事象に対して人がどのように反応するかということを説明する他の理論においても、無力感理論においても同様に関心の対象であった（Peterson & Stunkard, 1989）。Rothbaumらによれば、一次的コントロールでの試みはコントロール不可能性に対する、最初でかつ選択されやすい人間の反応である可能性を持っている。しかし二次的コントロールの方は、一次的コントロールが失敗するときに成功するようなものである可能性がある。もし人がコントロール不可能事象を受け入れ、そこからなんらかの意味を引き出すことができるならば、彼はそれによって混乱させられることはないだろう。無力感のように見えるものは、実際には一次的コントロールでは捕えきれない事象に対して二次的コントロールを維持するような試みであるのかもしれない。

　Rothbaumらは、いくつかの異なる形の二次的コントロールについて述べている。それぞれが特徴的な因果関係の説明を行なっているが、これらの事例で興味深いことは、これらが帰属させているものがコントロールの欠如を悪化させるとして、われわれが解釈しているものと同じであることである（第5章）。「予期的コントロールは、失望を回避するための嫌悪事象の予測能力に関連する（p.13）」。常に最悪を予期するという方略には、ときおり、あるいはしばしば起こる最悪の事態に失望しなくてもすむという長所がある。これは以前に述べたNoremとCantor（1986）による防衛的悲観論の考えに似ていることに注意しておこう。予期的コントロールは、能力の欠如の帰属によって特徴づけられ、自身の技能や特技を絶えず低く評価する人によって実証される。

　2番目の形、すなわち「架空のコントロール」は人が自身を機会や運命と結びつけるときに生ずる。ここでも、通常は運などのような用語による説明が気まぐれな世界を反映するとみなされる。しかし、Rothbaumらは「架空のコントロール」はこれとは正反対のことを反映していると主張する。人は架空のコ

ントロールでは、事象による直接の影響を受けないことは明らかではあるが、それにもかかわらず、彼らはこれらの事象にはなんらかの秩序があると信じている。運命はトランプのカードを配るだけだが、運命に自分を同期させて考えることは可能であろう。

　第3の形の二次的コントロールは「代理コントロール」である、架空のコントロールに類似しているが、違いはそのコントロールが自身によるものではなく、強力なグループあるいは個人、すなわち宗教上あるいは政治指導者、特定の職業あるいは趣味、運動選手、神、ロック・ミュージシャンなどに関係するコントロールによって達成されるコントロールであることである。個人あるいは特定のグループとの強い同一視（これは自身に影響することのない結果をコントロールするのに十分なほどなのであるが）は、Erich Fromm が有名な「自由からの逃走」(1941) の中で強調した心理的機構である。Fromm によれば、ファシズムのような全体主義者の運動は、自身の努力（一次的コントロール）によっては自由を達成することができない人、あるいはその気がない人に訴えるのである。この文脈における重要なポイントは、他人への帰属は、通常はコントロールの放棄とみなされることである。ここでもう一度確認しておくと、Rothbaum らの場合は、それがコントロールを獲得し保持する手段であると主張しているのである。

　以上をまとめると、これらを含めた二次的コントロールは解釈のコントロールと呼ばれる。それは一次的コントロールが失敗するとき、達成するように人が動機づけられるコントロールである。悪い事象が生じた後にその意味づけと理解を求めるための個々の探索行動、そして答えの発見はその性質に関係なく適応的なものかもしれない。この見解によれば、コントロール不可能性の予期、因果の説明、そして受動的なひきこもり行動でさえ、有用な方略であるかもしれない。それらの無力感にラベルをつけることは、その目的を見失なうことになる。

　Rothbaum らの考えは、いくつかの事例では間違いなく論理的である。その仕掛けは、まずこれらの事例を他の事例と区別することであり、それからどちらが理論通りでどちらが例外であるかを決定することである。今までの研究は、このことを試みてこなかった。しかし適切な研究は「無力」な行動が動機づけられる程度（すなわち持続と努力）に注意を向けるだろう。無力な個人は失敗

が不可避であるような場面を表向き好むだろうか？　また失敗は人が能力の欠如、運、あるいは強力な他者のような原因について信じていることとより密接に関連するかもしれないが、これらの原因は、慰めとなったり悩みとなると見なされるだろうか？

　ここでの論理の組み立ては、非常に入り組んだものであると考えられる。もし受動的行動が持続しないということが分かるならば、このことは低下したコントロールと消極性を同じものと見なす無力感モデル、およびそれと同様な他の理論の正当性を立証するだろうか？　あるいは表面上「無力」な無力感が、実際には3次の形のコントロールであると主張できるだろうか？　Rothbaum らの二過程理論は、全く正当なのかもしれない。いずれにせよ、もしこの節全体の要旨がコントロール不可能な事象についての人の思考が、相当に複雑であり得るということならば、Rothbaum らの観察はこの点をうまく例証している。

明らかになっていること

　人間の学習性無力感についての研究は、コントロール不可能性にさらされた動物で、既に発表された現象にその結果が似ているどうかという一般的な問いから、それが人間にも適用できる現象かどうかを検証することで始まった。われわれの最初の結論は、そのような現象が明らかに存在するということである。非常に多様な方法で操作的に定義されたコントロール不可能な事象は、後の問題解決課題で確実に障害を引き起こし、人間の情動、攻撃性、そして生理学的反応にも変化をもたらす。また、人間での無力感の効果には、時間による変化がある。それらは免疫によってその効果が最小にされ、心理療法によって回復される。人間の被験者での研究による発見は、全体としては人間の無力感と動物の現象の間に強い類似性を証明した。

　2番目の結論は、人間での学習性無力感には実験条件以外の要因があるということである（このことは動物の無力感についても同様であるが、動物の学習性無力感のこの側面を認めることが人間でそれを証明するように研究者を導くものではなかった）。けれども無力感の効果は一般性（結局、これは人が無力になるということである）が弱く、特定の場面を越えた一般性を主張するには限界があることは明らかである。この一般性についての確かな影響の中にある

のは、もともとのコントロール不可能な事象についての個人の原因帰属である。次章で考察するように、帰属の役割は帰属という概念に沿って無力感理論を改訂するための出発点であった。

　3番目の結論は、人間の無力感は明らかに動物の無力感とは完全には一致しないある種の変形であるということである。人は、他人を観察することによっても、無力感を獲得することができる。そして人間の小集団は、集団全体として、コントロール不可能性によって無力にされ得る。さらに、その集団の無力感は個々のメンバーの無力感には還元されない。これらの現象のいずれも、彼らの最初の立証の後に続く、多くの研究のテーマにはならなかった。しかしそれらを、特に興味をひくテーマとして強調したい。これらの事実は実験室のドアを開き無力感理論を実験室の外に導くことで、さまざまな種類の応用を可能にするのである。

　結論の最後は、人間の無力感は中枢神経の要因による支配下にあるということである。人間の被験者を用いた初期の研究は、動物での現象で示唆されるものと同じ種類の末梢主義者の解釈に反論する形で進められた。しかし人間の無力感には、必然的にある種の心理的媒介が伴うことが明らかになった。単純に見ても相当数の効果（明らかなものから、かすかなものまで）があり、これらは中枢の用語ならば簡単に説明できるが、互いに相容れない運動反応あるいは生化学的外傷といったような考え方に関連づけることによって、説明することは不可能である。

分かっていないこと

　人間での学習性無力感の効果は存在しており、被験者はコントロール不可能性の操作後のテスト課題では失敗を示すことは明らかであるが、無力感モデルが主張するように、この事象が動機づけと認知的障害の双方の反映であるかどうかについてはまだ分かっていない。一種類の障害のみの可能性もある。研究者はこれまでのところ、これらの障害に対して別々の操作的定義を考案するほど、十分に巧妙ではない。

　繰り返し強調してきたように、実験室で生み出される人間の無力感という媒介に関して、その性質の詳細もまだ分かっていない。無力感モデルは、それが

前処置を通じて獲得され、そしてテスト課題に般化したコントロール不可能性の予期が無力感の効果を生み出すことを提案する。しかし実験研究では実際に起こっていることをはっきりと示すことができなかった。このことを困難にしているのは、標準的な学習性無力感パラダイムによって認知過程を研究する上での、いろいろな落とし穴である。われわれは無力感の効果の認知的媒介を解明する助けとなる可能性のある研究の幾つかを考察したいと考えている。しかし、われわれが提案する判定基準では、それに値する研究は今のところほとんどない。

これと関連して、無力感の効果についてやや多いともいえる幾つかの理論を評価する方法についても、同様にはっきりとは分かっていない。これらの説明は、全て無力感モデルとは異なる媒介を仮定している。それぞれの事例で、われわれはそれらがコントロール不可能性に対する何か重要な反応をとらえていることを示唆してきた。しかしこれらのモデルが無力感モデルに反論できるような決定的な証拠を示しているとは思われない。幾つかは、それぞれに概念的問題あるいは経験的問題を抱えている。全ての理論が、このとらえにくい認知的構成物の存在の確認という、無力感モデルと同じ目的に向かっている。ほとんどの理論は互いに参照、比較し合うことなく、比較についてのほとんどのエネルギーは、無力感モデルにのみ向けられている。それらは全て正しいのだろうか？　多分、正しいのだろう。しかし、全ての可能性を同等に扱う優柔不断な折衷主義なのではない。例えば障害を思考の不足に帰属させる認知的消耗の説明とは対照的に、状態志向説明では多すぎる思考に手を焼いているのだ。

われわれの考えでは、これから必要となるのは、上記の異なる理論が強調したパラメータにとらわれずに、人間がどのようにコントロール不可能性に反応するかという一連の慎重な研究である。そして、これらの研究では特に時間の要因を考慮に入れるべきである。なぜなら、これまでのさまざまな説明のほとんどが、コントロール不可能性の経験が増加するにつれて、明らかになってきた過程を想定しているからである。認知内容と過程に関する研究方略についてのより洗練された基準が、おそらく必要であろう。例えば、第2章で概観した動物実験の文献は、操作的定義にかかわるいくつかの有用なヒントを与えるものと思われる。そして最も重要なことでありながら、人間の無力感研究でまだ研究されずに残っているのは、無力な人間は、いつ何をどのように考えている

かということについての詳細な事項なのである。

第5章　帰属の再公式化

　はじめに明確に述べたように、学習性無力感モデルは、コントロール不可能な出来事の経験が、動機づけ、認知、そして情動面に問題を引き起こすということを仮説とした（第2章）。この影響を媒介しているのは、出来事に対する反応の仕方とその結果は自分とは関係がないという個人の期待である。この期待は、自分ではコントロールできない出来事をコントロールしようとする努力の過程の中で生じる。そして、その期待は新しい状況に般化され、学習性無力感現象の問題を引き起こす（第1章）。

　本章の目的は、前章で述べたように、人間の無力感に関する初期の研究の欠点に対する、理論的、実証的な検討を行なうことにある。ここではとくに、認知的要因が強調される。これまでに多くの認知的要因が注目されてきたが、研究者の多くは、無力感を呈する個人が無力感の原因であるコントロール不可能な出来事をどのように解釈したかについて注目した。そこで、オリジナルの無力感モデルを原因の説明を行なうように改訂した。そして、人々がコントロール不可能な出来事にどのように反応するかに関するより強力な説明がなされた。とくに改訂理論では、コントロール不可能な出来事に対する反応の個人差の説明が可能となった。これは人が、自分が経験する出来事に対して、習慣的な説明スタイルを用いるからである。

歴史的背景：帰属理論と理論化

　個人の出来事の原因の解釈についての心理学的な関心は、Fritz Heider (1958) の「対人関係の心理学 *Psychology of Interpersonal Relations*」にたどることができる。このきわめてオリジナルな研究において、Heider は「素朴心理学」を取り上げた。それは人が自分達の世界をどのように理解しているかに関するものであった。「素朴心理学」は、人が自分自身と自分の周囲の人達の行動の原因

を理解することを目指した。

Heiderをゲシュタルト心理学の伝統にあてはめると、彼が重要視している点がいくつか明確になる。第1に、個人は自分の経験において、その経験の意味を見いだす。個人の経験に対する解釈は、続いて起こる思考や気分、行動を規定する。これはちょうど、視覚的な解釈によって知覚が決まることと同じである。第2に、個人の解釈は、バランスか調和によって特徴づけられる。その影響は、直接的な経験を越えて、自分達の解釈を般化することを意味する。第3に、個人の「認知的な」解釈は、「知覚的な」解釈に類似する。

この最後の点はあいまいである。しかしそれには重要な意味がある。そこで、それについては別の視点から述べる。Heiderは、個人がどのように複雑な行動を理解するのかに関心を寄せていたにもかかわらず、彼はしばしば知覚心理学者の見地から理論づけている。個人の視点について評するとき、彼はこれをほとんど文字通りの意味に理解している。だれかの行動を観察することで、われわれはそれには原因があると分かる（Michotte, 1963）。第2章で指摘したように、特定の状況下での出来事の経験は、原因の知覚を生じさせる。学生が手を挙げる。それゆえに先生は彼を指名する。退屈を経験する。それゆえに人はテレビのチャンネルをひねる。

さらにHeiderによれば、人が行動について理解するということは原因を理解していることになる。もちろん、別の解釈—例えば最終目標に関する解釈—の仕方も可能である。しかし、知覚においては、目的論的な説明は確立していない。そして、原因の説明ほど、基本的なものではないかもしれない。日常的に人が出来事の原因に関心があるという点では、われわれはHeiderを支持する。この点に関しては、異をとなえるものも幾つかはあった（Wortman & Dintzer, 1978）。しかし、因果関係に対する関心は人間性の基本的な側面であることの証拠は、反論しがたいように思える。

Heiderによる知覚の類似性に関するもう一つの重要な結果は、原因の説明が基本的に内的原因と外的原因とに区別されるということである。この区別は、知覚する人と知覚される人の区別に値し、自己と外界の区別、そしてわれわれの肌の内側と外側の区別に相当する。現在の「内的-外的」という区別の仕方は問題が多いということを指摘する研究者もいる。頭痛のようにあいまいな場合がある。しかし、少なくともこれらの問題点のいくつかは、Heiderが知覚を

重要視したことに留意することで解決される。原因は、外側から押しつけられたとみなされるのか、あるいは、それは内側から生じたとみなされるのか。個人の見方は、重要である。そして、頭痛を経験している人それぞれによって、頭痛は、内的ならびに外的のどちらにもなりえる。

　腕や足を折るという不幸な経験をした人は多い。少なくとも昔は、それが治るまで、手足を動かさないように、石膏のギブスを使用していた。ギブスを最初につけたとき、それは自分にとって外的なものであり、非常に気になる。ところが、時が経つとギブスは内的なものになり、ほとんど気にかけなくなる。ギブスが自分に同化したとき、文字どおりの知覚との類似性が高まり、"図と地の反転"が起きる。ここでのポイントは、ギブスが外的なものとしても、あるいは内的なものとしても解釈されることにある。しかし、それは曖昧ではない。ギブスは他の要因に依存して、ある一方であったり他方であったりする。

　JonesとDavis（1965）、Kelley（1967, 1972）によってひろめられたHeiderの考え方は、結局、心理学のより広い領域、とくに社会心理学の中に取り入れられた。彼らは、現在帰属理論と呼ばれる基礎を形作った。それは、人の持つ、原因に対する確信を考慮することで、人の行動を柔軟に理解しようとするアプローチである。帰属理論の研究では、普通内的な原因と外的な原因とを区別する。これまでに他の区別も行なわれてきたが、「内的-外的」の区別は、依然として重要である（Weiner, 1986）。

　帰属理論は、なぜかくも一般的になったのか。一つの答えは、時代思潮にある。1960年代と1970年代の心理学では、生体を無視したアプローチの衰退と、それに代わる、人が外界からの「情報を処理する」仕方に関心が寄せられた（Gardner, 1985）。人間性に対する2つの関連した比喩が生まれた。それは、「科学者としての人間」と「コンピュータとしての人間」である。帰属理論は、これらのいずれとも共存できる。科学者のように、人は外界を理解しようとする。とくに、人は自分が今後の出来事を予測し、コントロールできるように、原因を同定しようとする。コンピュータのように、人は情報を入手し、規則に従ってそれを変形し、そしていくつかの結果を出す。心理学者にとって、「刺激-反応」の言語を「入力-出力」の言語に翻訳することは容易であった。これによって得られた利益は、「入力-出力」という2者の間に起きたことを記述するための語彙が豊富に生まれたことである。

帰属理論が一般的になったもう一つの理由は、それが単に実際に起こっていることをとらえたものだからである。科学者は現実を理解することが仕事であるということは、最近の相対主義では、あまりはやらないかもしれない。しかし、もし他に代わるものがなければ、これはよく理解できる一つの推測である。おそらく、全ての科学者が日常的な科学の過程で採用するものであろう。そこでわれわれは、人々が行動の原因に注意を払い、彼らの原因の解釈が実際に行動する方法を規定する、と仮定している。われわれは、この仮説がその役割をうまく果たすので、帰属理論は決して限定された理論ではなく、一般的なものであると考えている。

帰属理論は、これまで社会心理学の分野であった。これは、帰属理論が社会心理学の立場から研究されていたということを意味し、原因帰属の状況的な規定要因を強調する。前章で述べたように、この種の研究では、オリジナルの学習性無力感モデルに人間を当てはめようと試みてきた。というのも、状況的に操作された帰属が、コントロール可能性のどのような操作にもかかわらず、無力感を引き起こしたからである。

しかし、学習性無力感モデルに帰属理論を導入する本当の利点は、それによって個人差の説明が可能になったことである。同じ出来事に対しても、人はそれぞれ違った原因の説明を行なう。つまり、人は異なる方法で反応する。個人の多様性は社会心理学の主要な関心ではないので、学習性無力感の帰属の説明は社会心理学を飛び越えて、パーソナリティ心理学と精神病理学の中で重要な問題として論じられるようになった。

原因の説明とコントロールの所在

われわれはとくに、帰属理論で提案された「内的-外的」の原因の説明と Rotter（1966）の社会的学習理論で提案された「内的-外的」のコントロールの所在との関係を位置づける必要がある。これらの概念については、本質的に同一であるとみなす理論家と、完全に異なるものとしてみなす理論家（以前に具体的な研究を行ったわれわれを含む。例えば、Peterson & Seligman, 1984）とに分かれる。現在のところ、われわれは次のように、より複雑な見方をしている。原因の説明とコントロールの所在はお互いに重なり合う。しかしそれらは、あ

5章 帰属の再公式化

る程度別でもある。類似性も相違性も、他方を無視しては理解できない（Peterson & Stunkard, 1989, 1992）。

　Julian Rotter（1954）の社会的学習理論は、場合分けを許さない。人がどのように、特定の刺激に対する反応において特定の方法で行動するようになるかを説明するのが学習理論である。しかし、Rotter に影響を及ぼしているのは精神分析の理論家 Alfred Adler と場の理論家 Kurt Lewin であった。Heider もまた Lewin の考え方に影響を受けており、少なくとも、社会的学習理論と帰属理論の間にはいくつかの類似点がある。Rotter（1966）によると、強化はそれに先立つ行動を自動的に強めるのではない。強化が反応に伴うだろうと期待する程度に応じて、その後の反応が生じやすくなる。この期待には、2つの規定要因がある。

　第1に、反応と強化の特異的な独自性が、今後の両者に対する期待を形成する。もし、Suzie という学生が有機化学でAの成績をとっても、そしてAの成績が彼女の学歴の目玉であったとしても、彼女は次の学期にまた同じ講義を繰り返して受講することはないだろう。というのも彼女は、受講を繰り返すことが強化されることにはつながらないだろうと考えるからである。

　第2に、人は報酬の所在についての一般的な信念を持っている。報酬は、自分自身の努力と能力という内的なものから生じると信じる人がいる。あるいは、状況、好機、あるいは他の人々という外的なものから生じると信じる人もいる。これらの2つの極端な考え方は、Rotter のコントロールの所在の連続体の両端、すなわちそれぞれ「内的-外的」と定義される。全てのことが等しい場合であっても、内的な人は、外的な人よりも、強化が特定の行動の後に続くという期待を多く形成する傾向がある。しかし、Rotter（1975）が慎重に説明したように、常にいつも全てのことが等しいというわけではない。とくに、その原因の構造がよく知られている状況では、パーソナリティによる相違は、あまり影響しないように思える。

　アトランティックシティでスロットマシンをするのと、フィラデルフィアで運転免許証の取得試験を受けることを比較してみよう。前者は、「運」が強化を規定すると考えられるが、後者は、「努力」と「技能」が非常に重要と考えられる。人は、これらの状況において、期待（そして後の行動）を規定するにはコントロールの所在が圧倒的に重要であることに気づいていない。内在者は

スロットをし、最終的に興奮がさめたときにスロットをやめる一方で、外在者は運転免許証の試験のために練習し、後は試験に合格したときに練習をやめる。

コントロールの所在と原因帰属との類似性は、行動の多様性を説明する認知的な構造にある。また両者とも、行動の結果との関連性に関係がある。これらはわれわれの生命力や受動性に影響を及ぼしているのかもしれない。

両者の相違は、コントロールの所在が強化の性質についての信念、つまり、報酬と罰の信念であるところにある。原因帰属は、出来事の原因についての判断である。これらは関連はしているが、全く同じではない。実証的に操作すれば、それらは独立しているかもしれない。コントロールの所在が内的な人が、外的な原因の説明をするかもしれない。「もし自分が魅力的であれば、私は仕事に就けるだろう。しかし、自分が魅力的かどうかは、面接者の気分しだいで左右される」の例もある。コントロールの所在が逆の場合もまた同じである。

原因帰属と Rotter の期待の概念との間には、帰属とコントロールの所在との間よりも、明確な区別がなされている。Rotter の言う期待はそれ自体、帰属的な意味を持つ。なぜなら期待とは反応が強化（を引き起こすこと）をもたらすかどうかの信念であるからである。コントロールの所在は、この期待の単なる規定要因の一つにすぎない。そして、コントロールの所在は、原因帰属とは別の概念的水準に属する。

再公式化された学習性無力感モデル

1978年に、Lyn Abramson、Martin Seligman と John Teasdale は、学習性無力感モデルを人間に応用したモデルに対する「批判と再公式化」を発表した。それらの主要な修正点は、コントロール不可能な出来事が障害を引き起こす過程の中に、原因帰属を媒介的影響を持つ要因として取り入れたことであった。この論文は、抑うつモデルとしての学習性無力感に力を注いでいた異常心理学誌（*Journal of Abnormal Psychology*）の特集記事に掲載された。おそらくこのために、帰属の再公式化は抑うつ障害の発症を説明するモデルとして主に検討されてきた（第6章）。けれども、無力感理論の再公式化はそのような抑うつへの応用のみならず、全面的に改訂されたものであった。

前章で述べたように、多くの実験室研究は、コントロール不可能な出来事に

5章 帰属の再公式化

対する個人の原因の説明が、その反応に影響を与えるということを示した。そして、本章で述べるように、帰属理論と帰属の理論化は、オリジナルの無力感モデルと結合することとなった。

Abramson ら (1978) は、無力感理論を人間に応用する際に直面する主要な問題を 2 つ指摘することで、再公式化を行なった。第 1 の問題点は、理論では結果が全ての人にとってコントロール不可能な場合と、その結果がある人にとってのみコントロール不可能な場合との区別をしていないことであった。これらの場合、前者は一般的な無力感と呼ばれた。例えば、先天性の疾患の子を持つ親の場合がこれにあたる。両親がどのようなことをしても、その子どもが再び健康になることはないであろうし、他人がどのようなことをしても、その子どもや親を助けることはできないであろう。これに対して、後者は個人的な無力感であると言える。例えば、微積分学の単位を落とした学生の場合である。ある学生にはその問題は難しいが、クラスの他の人々は宿題やテストで問題を苦もなく解く。

もし、一般的な無力感と個人的な無力感を経験したなら、その違いはどこにあるのだろうか。どちらも、行動と結果の関係に気づくことはない。どちらの場合にも、今後の経験に対する期待が悪影響を受けることになる。しかし、個人的な無力感の場合には、自責的な気持ちが生じる。「……でさえあれば」といった精神的反芻が生じたなら、その人の自尊心は崩壊する。一般的な無力感の場合には、自尊心に変化はない。

オリジナルの無力感理論に関する 2 番目の問題点は、無力感症状がいつ般化されるのかが明確でないことである。オリジナルの理論によると、無力感を持つ人は、（一般的な）反応と（一般的な）結果が無関係であることを期待している。つまり、コントロール不可能な事態によって引き起こされる無力感症状は、非常に一般的であるということである。この考え方は、前章で展望された実験室研究の知見からも分かるように、常識的とは言いがたい。

一般的な無力感の例が挙げられているが、それらは、強制収容所への抑留や自然災害の結果のように、きわめて非日常的な状況のことである。われわれは、これらの一般的に受動性の非常に高い例にのみ「学習性無力感」を適用しようとしているわけではない。残念なことに、オリジナルの理論ではコントロール不可能な事態がもたらす典型的な障害の例が明確ではない。理論で取り上げら

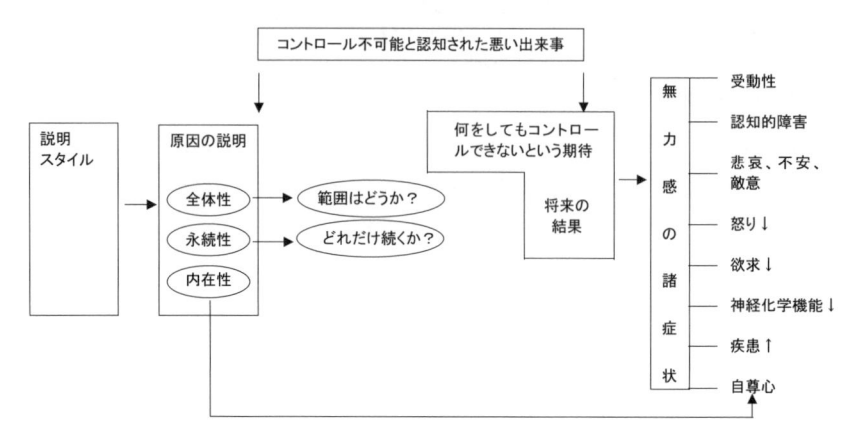

図5-1　帰属の改訂理論（Peterson, C., and Seligman, M. E. P.〔1984〕. Causal explanations as a risk factor for depression: Theory and evidence. *Psychological Review* 91: 347-374.）

れているのは、いくらか一般的で、いくらか限定された無力感である。

　Abramsonら（1978）は、無力感を持つ人々に自分達が出合ったコントロール不可能な出来事に対する原因の説明を求めることで、上記の2つの問題点を解決した。これらの原因の説明は、無力感症状の一般性の次元と同様に、自尊心に影響を及ぼす。言い換えれば、個人が自分ではコントロールできない重要な出来事に出くわすとき、「なぜ」と自問する。その答えは次に、自分がこれからの出来事にどのように反応するのかに影響を及ぼす。

　図5-1は、出来事の経験（随伴性）から無力的な行動に至る一連の過程の仮説を示す。無力感理論を人間に当てはめた場合には、認知的過程の記述を含むために、より複雑になる。人間の場合、無力感を引き起こすためには実際に出来事を繰り返し経験させる必要はない。必要なことは、出来事がコントロール不可能であると思わせることである。反応と結果が無関係であると思わせるためには、「反応-結果」の関係の抽象化は必要ではない。この期待（思い込み）は、一般的な結論の他にも、さまざまな原因で起こるかもしれない。例えば、他人の観察、文化的な先入観、影響への特異的な情報などがある（第4章）。

　人は、反応と結果が独立であると期待するようになると、この経験に対する原因の説明を探すようになる。この説明が、今後の経験への期待に影響を及ぼ

す。それはやがて、次の無力感症状の性質を決定する。ここで、われわれは言葉を慎重に用いる。原因の説明は、期待に「影響を及ぼす」。それは、原因の説明が、幾つかの決定要因のうちの一つでしかないことを意味する。原因の説明は、今後の経験への期待に対しては必要でも十分でもない。なぜならば、他の要因が、期待に対する原因の説明の影響を失わせることもできるからである。期待はやがて、無力感を「決定する」。それは、期待が「原因」であるということを意味する。

　無力感の再公式化は、一方では原因の説明を考慮に入れた研究に焦点を当て、他方では無力感を反映している結果を考慮に入れた研究に焦点を当てることとなった。しかし、図5-1に示されている仮説化された認知的過程に対して、等しく注意を払っているわけではない。

　Abramsonらは、原因の説明の3つのパラメータが重要であることを示唆している。第1は、よく知られている内的-外的の原因の区別である（失恋したことに対する原因の説明〔弁解〕の例を表5-1に示す）。コントロール不可能な出来事に対する内的な説明は、個人的な無力感に関係している。それはコントロールできないということが、誰にでも起こることではないからである。一方、外的な説明は一般的な無力感に関係している。なぜならば、コントロールできないということを、そのような立場におかれた人ならだれもが影響を受けるような状況や環境に帰因しているからである。従って、その人がコントロール不可能な出来事に対して、内的な説明をするかあるいは外的な説明をするかということは、その後のその人の自尊心に影響を及ぼす。内的な説明は、自尊心の崩壊を起こす傾向があるのに対して、外的な説明は自尊心に対して全く影響を及ぼさないようである。

　第2の重要なパラメータは、時間的に安定している原因と、不安定な原因の区別である（ここでまた、表5-1に示す例を参照）。大学入学後の試験の成績に関して、初めての試験に失敗したと仮定してみよう。もしあなたが、自分の成績の低さを頭痛が起きたせいだと説明する場合（おそらく一時的な原因）と、自分の失敗を能力のなさのせいにする場合（自分自身の能力か先生の教授能力かにかかわらず、おそらく永続的な原因）、今後の大学の試験の成功や失敗に対する期待はどのように異なるだろうか。前者の場合には、受動性や他の無力感症状は長くは続かないだろう。なぜなら、頭痛はすぐに治るであろうから

表5-1　失恋に対する原因の説明の例

内的
　　永続的
　　　　全体的：「わたしには魅力がない」
　　　　特異的：「彼／彼女にとってわたしには魅力がない」
　　一時的
　　　　全体的：「わたしの会話はときどき退屈だ」
　　　　特異的：「わたしの会話が彼／彼女を退屈させた」
外的
　　永続的
　　　　全体的：「人は恋愛をするのが難しい」
　　　　特異的：「彼／彼女は恋愛をするのが難しい」
　　一時的
　　　　全体的：「人はときどき拒絶的な気分になる」
　　　　特異的：「彼／彼女は拒絶的な気分だった」

である。後者の場合には、無力感は長く続くだろう。なぜなら、能力の低さはあまり変化しないためである。

　WilsonとLinville (1982, 1985) は、一連の興味深い研究の中で、大学生の成績を改善する介入の指針として、これらの理論を正確に適用した。学生達は、おそらく成績が在学中によくなるだろうと教示された。換言すれば、学生達は、試験の最初の失敗と落胆の原因が一時的なものであると考えるように促された。これらの学生達は、このような介入が行なわれなかった学生と比較して、実際に成績が向上した。

　Abramsonらが同定した原因の説明の第3のパラメータは、全体的な（さまざまな結果や状況に影響を及ぼす）原因であるのか特異的な（結果や状況にほとんど影響を及ぼさない）原因であるのかを区別することであった。表5-1は、これらを区別する原因の説明の例を示している。永続的な説明が時間的な影響を受けずに、無力感症状を般化させるように、全体的な説明は状況的な影響を受けずに症状を般化させる。ここでもう一度、大学で最初の試験に失敗したと仮定してみよう。「能力の低さ」は全体的な原因であり、歴史の試験、英語の試験、微積分学の試験問題とも関係してくる。もし、自分の試験の失敗を説明する仕方が能力のなさのせいであるならば、その脆弱性は広範囲に及ぶだ

ろう。それに対して、より限定された原因に自分の失敗を帰属したならば（「私は多肢選択式の試験は得意ではない」とか「化学は難しい科目である」）、原因の特異性に正比例して、その後の問題は限定されるだろう。

　先に述べたように、ほとんど全ての帰属理論家がHeider（1958）の「内的-外的」の原因の区別を採用している。そして、Bernard Weiner（1972, 1974）の理論的な洞察に従って、最近ではほとんどの帰属理論家が「永続的-一時的」な原因も区別している。「全体的-特異的」な次元は、原因の特殊性の程度を表わすものとして、Harold Kelly（1967, 1972）が最初に紹介した。Abramsonらによって用いられたように、この次元は般化と弁別を考える学習理論家の一般的な関心を反映している。

　このことより、無力感理論の帰属の再公式化は、オリジナルの理論が持っていた2つの問題点を解決した。一般的な無力感と個人的な無力感（そして、自尊心の役割）は、コントロール不可能な出来事に対する「内的-外的」の原因の求め方から説明される。無力感症状の般化は、（時間を越えて般化する）「永続的-一時的」の原因の説明と（状況を越えて般化する）「全体的-特異的」の原因の求め方から説明される。

　研究者の中には、無力感の再公式化について、「原因の説明にはまた別のパラメータが関連している可能性がある」、さらに「原因の信念とは別の認知的要因が、コントロール不可能性と無力感の関連性を変化させている」と反論するものもいる（Peterson, 1991を参照）。双方の主張とも言い分があるため、本章の終わりでこれらについてもう一度考察する。Abramsonら（1978）はいずれにしろ、受動性に影響すると目される認知的変数をリストアップするとともに、これまで十分に実証されてこなかった領域においても無力感理論を活用する方法を駆使して、帰属の再公式化を試みた。

　Abramsonらの改訂理論は、出来事を説明する仕方が個人によってそれぞれ異なっていることを示唆することで、新たな展開をもたらした。この「帰属スタイル」（後に、Peterson & Seligman〔1984〕によって「説明スタイル」と呼ばれた）は、コントロール不可能な出来事に対する反応の個人的な多様性を取り入れた。先に指摘したように、この個人差変数は無力感理論を、実験・社会心理学の伝統からパーソナリティ・臨床心理学の伝統へと導いた（Cronbach, 1957）。抑うつなどの適応の失敗に対して、無力感の考え方が大いに適用された。

説明スタイルは、コントロール不可能な出来事に直面したとき、個人が行なう原因の説明の仕方を規定する2つの要因のうちの一つである。もう一つの規定要因は、出来事そのものの性質である。この点は、十分に理解されていない。そこで、議論の範囲を広げることにする。再公式化されたモデルによると、特定の原因の説明は、無力感症状の般化のみならず、コントロール不可能な出来事の後の自尊心の喪失にも影響を及ぼす。これら原因の説明の仕方は、個人の典型的な外界の見方（「あなた、またやったね」）や、出来事の原因の性質（「不注意だったので、車を壊した」）、あるいはこれら2つの組み合わせに起因して生じているのかもしれない。

　これが意味することは、説明スタイルが、ある時はそれに続く症状と全く関係ないのに、またある時はそれに続く症状と非常に関係が強いということである。ここでの鍵は、コントロール不可能な出来事の原因の曖昧さである。いくつかの出来事に関しては、「本当の」原因が実際の出来事の中に共通して容易に見つけられるために、あるいは社会的に与えられた説明が一般に受け入れられるために、影響している原因について高い同意が得られている。出来事の原因に多くの同意が得られるときは、出来事を説明する個人の習慣的な方法は棚上げされる。

　しかしながら、その原因について多くの同意が得られないような出来事もある。この場合、正しい答えはない。これはあまりにも出来事が並はずれていて因果関係をまとめることが出来ないから、あるいは潜在的な原因が非常に多く、お互い混同してしまうからである。これらの場合、出来事を説明する個人の習慣的な方法が優位に立つ。なぜならば、現実性がそれを妨げないからである。

　この点は、パーソナリティ心理学が専門としている、一般的な考え方の特異な例でもある。パーソナリティの相違は、制約の多い状況では、行動に影響を与えない。例えば、結婚式や葬式、およびある種の心理学実験では、パーソナリティにかかわらず、特定の方法で行動することが「要求」される。それほど制約の多くない状況においては、個人のパーソナリティが行動を左右する。

　若干の説明スタイルの研究は、人が選択する特定の説明の仕方（そして、その後の「反応-結果」の独立性の期待への影響と、最終的な無力感や他の結果変数への影響）に可能な限り影響を与えるよう統制した状況で、その効果について検討してきた。しかし、出産後の抑うつ（Cutrona, 1983）と教師のストレ

ス（Hammen & deMayo, 1982）の研究は説明スタイルとの関連性を示すことに成功してきたとは言えない。これは、無力感の再公式化の理論的な欠点によるものなのか。あるいは、研究テーマのためなのか。いずれの場合も、実際に経験する苦痛に対して考慮すべき基礎がありそうであり、そのため説明スタイルは無関係なものと考えられる。

ここでは、再公式化の予測力を証明することに失敗したために、その事実を不適切であるとして研究を放棄してしまう危険性がある。これは、科学としてふさわしくない。説明スタイルとは異なる別の視点から、テーマの適切さを決定しなければならない。

第1に、結果の尺度に十分な多様性があるだろうか。言い換えれば、説明の可能性が残されているか。もし、ほとんどの人が、全く同じ方法で反応していたならば、説明スタイルのような個人差変数は必要ではない。すなわち、説明するものは何もないのである。

第2に、被験者が行なった原因の説明に十分な多様性があるだろうか。もしそうでなければ、因果関係は明確であり、説明スタイルはここでも何の役にも立たない。それゆえに、最善の注意を払って研究を行なうには、説明スタイルと原因の説明の両方を測定すべきであろう。なぜなら、説明スタイルにおける分散は原因の説明における分散を保証しないためである。説明スタイルと結果との相関関係を見つけることに失敗した研究は、特定の説明スタイルの尺度がないために結果が曖昧となったと思われる。

第3に、個人が行なった特定の説明の尺度は信頼できるのであろうか。たとえ、コントロール不可能な出来事に対して行なった説明で、個人差以上の変化を認めたとしても、これが信頼できる尺度であることの保証とはならない。原因の説明の査定は、質問の言葉づかいのような微妙な違いによっても影響されうる（Elig & Frieze, 1979）。そして、これらの外発的な要因を相殺するためには、多面的な測度を使うことが最も良いように思える。研究では多面的測定がいつも行なわれているわけではないので、有意差が得られない結果の解釈は難しくなる。

1984年に発表されたうつ病へのモデルの適用を議論した論文の中で、PetersonとSeligmanは、次の問題点を明らかにするとともに、若干の新しい用語を紹介することによって、再公式化の方向性を明示した。おもな修正点を以下に示

す。

　第1に、PetersonとSeligmanは帰属と帰属スタイルに代えて、原因の説明と説明スタイルという用語に改めた。これは再公式化で意図した内容をより明確にした。「帰属」は、何かの特性を何かの対象や出来事に帰することを意味する。しかし、無力感の再公式化は、帰属の一つの型だけにとくに関係する。すなわち、自分を巻き込んでいる出来事の原因を個人がどのように探すのかである。

　第2に、PetersonとSeligmanは原因の説明と説明スタイルは文字通りの意味ではなく、理論的な概念として考えた方がよいことを明確にした（MacCorquodale & Meehl, 1948）。「自分の経験した出来事の原因を説明する」と人が言っても、この説明が現象学的に本当であるとは思わない。さらに、それらの意味がただ一つの原因で言い尽くされたとは考えない。むしろ、原因の説明は、理論家にとって観察可能な行動を理解するための方法である。それは自然淘汰や生命、性愛、好み、報酬のような概念と同種である。これらの理論的な概念は、さまざまな操作によって測定されうる（そして、そうあるべきである）。

　この説明は、全く同じ方法論の器の中に、無力感の理論家や研究者の理論の卵を入れないように注意を喚起する。Heider（1958）のような、帰属理論家の中には、現象学的に本当であるとして、原因の説明を取り扱っている研究者もいる。重要なことは、原因の説明は、個人にそれに関する内省を求め、その人の原因の信念を言語的に報告させることによってのみ測定されうる。もし、これが原因の説明と説明スタイルを査定する唯一の合理的な方法であるとすれば、他の方略を用いた研究では、内省的な言語報告を求めた結果ほど首尾一貫しないだろう。

　第3に、PetersonとSeligmanは、「個人的-一般的」な無力感を強調することから「内的-外的」な原因の説明を強調することに修正した。これは、無力感の再公式化を変えることではない。Abramsonら（1978）は、これら2つを対比させることが、無力感を持つ人に対して全く同じような区別をしてしまうことに注目した。一般的な無力感を経験せず、内的な説明を行なわない個人もいる。また、個人的な無力感を経験せず、外的な説明を行なわない個人もいる（Schwartz, Burish, O'Rourke, & Holmes, 1986）。

　なぜそのような修正を加えたのか。意図的に行なったのではなかった。抑う

つ的な人々の無力感症状を媒介している認知に関心を持つようになったときに、そのことに気づいた。われわれは、無力感自体にはあまり目を向けず、原因の説明と説明スタイルにより注目した。焦点が合いにくい「個人的-一般的」の区別よりも、「内的-外的」の区別に焦点を合わせた方が論の展開が容易になった。

　それに加えて、抑うつ的な人は、一般的な無力感を経験しないように思える。少なくとも西洋の文化圏においては、自己非難と自罰感は抑うつの重要な部分である。従って、「個人的-一般的」の無力感の区別は、抑うつ的な人々を記述するには全く役に立たない。無力感の再公式化が、「犠牲」のような他の適応の失敗に適用されるときには、おそらくオリジナルな区別が再び注目を浴びるだろう。

　第4に、PetersonとSeligmanは、コントロール不可能な出来事についてではなく、悪い出来事についても説明を試みた。無力感モデルに関して言えば、オリジナルのモデルと再公式化されたモデルの両方とも、コントロール不可能な出来事が症状を引き起こす重大な原因となることに固執している。外傷的な出来事は本当に動物や人間に障害をもたらすかもしれない。しかし、外傷的な出来事それ自体が障害をもたらすとすれば、それは学習性無力感を意味しない。トリアディック・デザイン（第2章）が、外傷的な出来事とコントロール不可能な出来事との分離のために用いられた。

　症状が報酬の非随伴性によって引き起こされうるといえども、いわゆる「欲求性の無力感」はそれでもなお、「嫌悪性の無力感」ほどよく見られる症状ではない。少なくとも人間に限って言えば、これはおそらく、成功したときの人々の非随伴性に対する鈍感さを反映している。たいていの人は、自分の仕事がうまくいっていると思いこんでいる。だからこそ、報酬を得たときその報酬が自分の行動の結果に依存したものでは「ない」という可能性に言及しない。70フィートのシュートを、試合終了のブザーと同時に決めて試合に勝ったプロのバスケットボール選手のテレビのインタビューを思い出す。「シュートが素晴らしかったことに驚いていますか」とインタビュアーは尋ねた。その選手は冷笑しながらインタビュアーを見て言った。「私のシュートはいつも良いはずだ」

　コントロール不可能な出来事と悪い出来事とを区別するもう一つの理由は、無力感モデルに原因の説明を導入したことにある。帰属の研究者は、成功と失

敗は異なるように帰属されることを繰り返し示してきた。さらに、成功に対する特定の帰属（「私が利口であったからうまくできた」）は、失敗に対する全く同じ帰属（「私が利口でなかったからうまくできなかった」）とは異なる意味と異なる心理学的な結果をもたらす。われわれはコントロール不可能な出来事に対する一般的な原因の説明をすることができなかった。そのために、良い出来事と悪い出来事とを区別しなければならなかった。

多くの悪い出来事は、コントロール不可能な出来事の部分集合である。確かに、悪い出来事に対する内的で永続的で全体的な説明は、今後あるいは他の状況でもそれをコントロールすることが難しいと考えることでもある。一方、コントロール可能であると認知される悪い出来事もある（Peterson, 1991）。この区別にはとくに注意する必要がある。この区別が結果の差異を生じさせているのである（Brown & Siegel, 1988; Sellers & Peterson, 1991）。

これらの4つの説明から、無力感の再公式化が生まれた。本章の残りの部分で、再公式化が示す研究結果を述べる。これらの多くは、説明スタイルに焦点を当てている。われわれは、この個人差が無力感の再公式化に多くの研究者を引きつけた原因とは思わない。悪い出来事についての印象的な点の一つは、悪い出来事が、どのように人にさまざまな反応を引き起こすかである。無力感の再公式化は、この反応の範囲を説明するだけでなく、研究者が、人はどこで悪い出来事に屈するかを予測することを可能にする。

無力感の再公式化が一般的になったことに関連した理由は、われわれが説明スタイルを測定する2つの方法を開発してきたことである。両方とも、単純で、簡単に実施することができ、さらに、信頼性と妥当性を兼ね備えている。研究者がそれらの測定方法を用いて何かを行なうことができる場合に限り、理論は研究者の注意を引きつける。無力感の再公式化は、研究者に選択を与えているのである。

説明スタイルの評価

個人の説明スタイルを査定するわれわれの2つの方法は、帰属スタイル質問紙（Attributional Style Questionnaire: ASQ）と呼ばれる自己報告式の質問紙と、CAVE技法（CAVE Technique）と呼ばれる内容分析（逐語的な説明の内容分

析)の手続きである。順にこれらについて述べる。(われわれは子ども版の ASQ も開発してきた。われわれはそれを CASQ と呼んでいる〔Seligman, Peterson, Kaslow, Tanenbaum, Alloy, & Abramson, 1984〕。CASQ は、子ども達の抑うつを検討するために主に使用してきたので、その考察は第6章で行なう)

　他の研究者も、質問紙か内容分析かのどちらか一方から、原因の説明と説明スタイルを測定するための似たような尺度を開発している。これらの尺度とわれわれが使用した尺度とを明確に比較した研究がほとんどないとすれば、両者は幾らか重なり合ったものと考えられる。

ASQ

　ASQ[1]は、Seligman、Abramson、Semmel と von Baeyer (1979) によって最初に使用された。その後、Peterson、Semmel、von Baeyer、Abramson、Metalsky と Seligman (1982) によって詳細に検討された。回答者には次のような教示を与える。

　　次にあげるような状況におかれていると鮮明に思い浮かべてください。もしそのような状況があなたに起こったとすれば、何が原因で起こったと考えますか。出来事にはいろいろな原因があるかもしれませんが、この出来事が「あなた」に起きた場合の原因を一つだけ思い浮かべてください。この原因をそれぞれの出来事の後にある空欄に記入してください。次にその原因について、幾つかの質問をします。簡単にまとめると、次のことをしていただきます。
　　1．それぞれの出来事をよく読んで、それがあなたに起こった場合を想像してください。
　　2．もしそれがあなたに起こったとしたら、そのような状況になった「一番」の原因が何であるかを決めてください。
　　3．空欄に、その原因を1つだけ記入してください。
　　4．その原因について、3つの質問に答えてください。

(ASQ の初期の版は、出来事の重要性についての回答を求めていた。それは、この変数が症状を媒介すると考えたからである。しかし、そのような関連性は

証明されなかった。それはおそらく、ASQで用いた出来事が、回答者にはほぼ同じ程度重要であったからと思われる）

ASQは、6つの悪い出来事（例えば「期待されたほど、全ての仕事をうまくやり遂げられない」「自分に敵意をもつ友人に会う」など）と、6つの良い出来事（例えば「評価の高い仕事を任される」「ボーイフレンド（ガールフレンド）が、今まで以上に優しくしてくれる」など）を被験者に提示する。被験者は「内的-外的」「永続的-一時的」「全体的-特異的」の次元に沿って、7件法で各々の出来事の原因を評定する。

それぞれの原因に対して、被験者に次のような回答を求める。

・この原因は、自分のせいでしょうか。それとも他の人々や状況のせいでしょうか。
・今後、この原因は、再び影響を及ぼすでしょうか。
・その原因は、この状況だけに影響を及ぼすものでしょうか。それとも、あなたの生活全般にも影響を及ぼすものでしょうか。

内的、永続的、全体的な評価が、それぞれ高い得点になるように得点化した。そして得点を、良い出来事と悪い出来事に分けてそれぞれ平均した。3つの次元の得点を組み合わせ、「合成した説明スタイル」得点を算出することもあった。

TennenとHerzberger（1986）は、ASQの信頼性と妥当性に関係する入手可能な証拠を展望して若干の結論を述べている。もう一度、ここでそれを説明する。第1に、ほとんどの被験者にとって、ASQの回答は容易であった。第2に、個別の次元では、内的整合性は中程度であり、α係数は.40～.70であった。第3に、合成得点の内的整合性は非常に高い水準であり、α係数が.70以上であった。第4に、再検査法での信頼性係数は、数週間から数カ月の期間をおいても非常に高かった（全て、$r=.60$以上）。第5に、主として抑うつの研究からの証拠はASQの構成概念妥当性を支持した。われわれの研究で得た信頼性と妥当性の証拠は、本章と第6章で述べる。

ASQに関して、さらに幾つかの点で詳細に検討する必要がある。最近の研究において、われわれは原因を求める出来事の数を増やすことによって、ASQ

の個別の次元での信頼性を保証してきた（Peterson & Villanova, 1988）。これは心理測定学的に直接的な方略であり、.70〜.85の範囲で個別の次元の信頼性があることを示した。しかしながら、オリジナルのASQの妥当性の証拠に関しては、全てを信用しているわけではない。

　ASQに回答している被験者が、何を測定されているのかが分かっているのではないかという疑問が残る。もし被験者が、この検査の目的を見抜いていたならば、回答にバイアスがかかるかもしれない。というのも、質問に対する「望ましい」回答が存在するからである。しかし、心配は杞憂であった。Schulman、SeligmanとAmsterdam（1987）は、尺度の明白さについて検討した。検査が測定しようとしているものが何であるかという教示を明確に与えられた被験者でさえも、望ましい回答を行なうことはできなかった。これらの教示に加えて、「最高」得点を出したときには100ドルの報酬を支払うと約束した場合でも、被験者の回答には影響がなかった。

　良い出来事に対する説明スタイルについては、十分に分かっていない。しかしながら、たいていの研究者は良い出来事に対する原因の説明もまた、抑うつのような変数と関係しており、その場合悪い出来事の原因の説明とは逆の関係になることを示している。つまり、良い出来事に対する外的で一時的で特異的な説明が抑うつと関係するときもある（Peterson & Seligman, 1984）。また、良い出来事に対する説明スタイルの多くは、悪い出来事に対する説明スタイルから独立したものである（Peterson, Semmel, et al., 1982）。このことは、相関関係の逆のパターンが、互いの説明スタイルの表裏というわけではないということを意味する。

　もう一つの問題点は、説明スタイルの3つの次元間の関連性に関係する。ASQを用いた多くの研究では、（良い出来事だけや悪い出来事だけのときには）内在性、永続性、全体性は実質的に関連しているとされている。ASQの拡張版を用いた研究においては、内向性は独立した次元となり、永続性と全体性は互いに高い相関を示した。このことは、説明スタイルが3つの次元というよりは、むしろ1つか2つの次元を用いて記述されることを意味しているのだろうか。

　学習性無力感の理論が、帰属の流れに沿って改訂されたとき、原因の説明の3つの次元は、専門的な心理学者の関心（例えば、所在、時間、空間）を喚起するために提案された。素朴心理学者は、その点を違ったように説明するかも

しれない（Heider, 1958）。そして、前述したように他の理論家は次元の追加を提案して説明した。

この説明スタイルの次元性についての問題に対する最終的な解決は、われわれが考案した合成得点を算出する方法にある（Peterson, 1991）。これまでは、合成得点を将来の無力感を予想する信頼できる予測的尺度として単に扱ってきた。もし説明スタイルが多次元であったとしても、合成得点をこれまで通り算出することができる。しかし、合成得点の「信頼性」については考察の余地が残る。期待は、多次元的なものとして再解釈される。そしておそらく、これに基づいたASQの得点化の方法が示されるであろう。どのような出来事に関しても、合成得点を用いた今日までの研究は、それぞれの個別の帰属次元が異なった予測をすることの検証を不可能にしてきた（Carver, 1989）。

ASQに関する最後の問題点は、仮想の出来事に対して、原因の曖昧さを伴ったまま検査を行わせるというところである。ASQの最終的な形式を決める前に、われわれは回答者の説明の範囲が明らかになるような出来事を見つけだすために、予備的な研究を行なった。幾つかの出来事に対しては、説得力のある原因についての同意が得られた。これらの出来事に対する説明は、心理学的には興味深くはない。例えば、ASQで用いられる出来事の一つが、被験者に、自分達が仕事を探すことがうまくいかないと想像するように求めたとする。国家の経済状況が思わしくないときにはいつも、われわれはこの質問を他の質問に置き換える必要があるのではないかと危惧する。非常に多くの被験者が、この出来事に対して全く同じ原因をそろって述べるからである。それは、「見つけられるような仕事そのものがない」である。用いる出来事を選択する際に、注意が必要なのは明白である。

ASQは、被験者の説明が、提示された出来事によって過度に制約されない時に最もよく機能するという意味で、投影法の検査とみなされうる（これは、原因の説明が無意識的であるということを意味しているわけではない）。われわれは2つの制約を指摘した。一つは、現実的なことや影響力が強い原因に対する同意が高いことである。もう一つの制約は、出来事が被験者と全く関係がないときに起こる。TennenとHerzberger（1986）は、デートや学校の成績についての質問は、おそらく妊娠中の母親や年配の人々の被験者には該当しない。しかしながら、若干の研究では、そのような被験者にもASQを実施している。

被験者が「自分達の思いつき」で回答したために、自分自身のことは何もそこには反映されていないのではないかと疑われる（Taylor & Fiske, 1978）。

CAVE技法

無力感理論が原因の説明まで含むように改訂されたとき、人は自分が出合った出来事を自発的には原因の説明をしないという批判があった（Wortman & Dintzer, 1978）。もしそれが本当なら、この批判は重大である。しかしながら、前述したように、現在は、人は自分が出合った出来事を思い出さずとも、その説明を行なうと考えられている（Weiner, 1985）。とくに、逆境的で非日常的な出来事が、「帰属の検索」を引き起こす（Wong & Weiner, 1981）。これらが、正確には、実験室の内外で学習性無力感を引き起こしてしまうような種類の出来事に相当することに留意すべきであろう。哲学者のCharles S. Peirce（1955）が述べたように、思考の目的は疑問をなくすことである（人が良い出来事に対する原因の説明をしない傾向にあるという事実は、なぜ悪い出来事が、良い出来事が有益的である以上に人の安寧を損ねてしまうのかを説明するかもしれない。おそらく、良い出来事を味わえれば、その原因を「心に留めて」おくに違いない〔Langer, 1989〕）。

われわれは長い間、原因の説明に関心を寄せてきた。至る所にそれらは存在する。手紙の中、新聞の社説、治療の記録、学生が提出するレポート、学生がレポートを提出しないときの言い訳、テレビのインタビュー、アドバイスのコラム、歌の歌詞、スポーツのエピソード、政治の演説、個人の広告、広告掲示板、宗教的な文書、そしてトイレの落書きなどである。われわれは実際、これらの自発的な原因の説明と被験者が行なったASQの自由記述回答との類似性にびっくりした。

実際に自発的に書かれた原因と、ASQで見られる導かれた原因とのおもな相違は、後者の場合は、内向性、永続性、全体性に対する評価によって行なわれているという点である。言語的な材料の中で見いだされる自発的な原因の説明を系統立って査定できるかどうかと考えたことは、われわれの目標に向けての小さな第一歩となった。もし確かにそれが査定されうるのならば、そして、もし同じ話し手による異なる説明が集約されるのならば、われわれには、説明スタイルを査定する別の方法がある。この内容分析の手続きは、その程度が変

化するので説明スタイルの尺度にノイズをもたらす。しかし、ここでもまた、被験者が自分達の生活の中の出来事に対する原因の説明を含む記録を残しておく限りは、われわれは「被験者」の気の短さ、活気のなさ、あるいはその他容易に手に入れられない要因を研究することが可能になる。

このようにしてCAVE技法は生まれた（Peterson, Luborsky, & Seligman, 1983）。この手続きは、ASQほど広範囲に開発されてはいないが、12以上の研究においてうまく利用されてきた。技法の概要は、次のようなものである（Peterson, Schulman, Castellon, & Seligman, 1992）。

第1に、言語的な資料の方が、他のどのようなものよりも適当である。個人が投影された説明以上に、他の要因が圧倒的に優位である言語的な資料を分析すべきではないだろう。心理療法の記録は非常に適切であった。意外にも、新聞のスポーツ欄の引用記事にも適切なものが多くあった。

われわれの一人（臨床心理士）は、説明スタイルを記号化して、それと学力的な行動の結果との関連性を検討した。大学の奨学金を応募した時に、提出された高校3年生の100のエッセイを読んだ。しかしながら、これらのエッセイは、役に立たないことが分かった。学生は、人柄に関連したことについて書いていたが（「自分で間違いだと分かっていたことをしてしまった経験について書いてください」）、望ましいイメージ（理解されうる、与えられたエッセイの最終的な目標）を表現したいという欲求は、事実上、否定的な出来事を認めないという結果に終わった。従って、ごく少数の原因の説明しか得られなかった。得られたそれらの説明も、学生間にはほとんど差が見られなかった。

適切な言語的な資料が利用できるのであれば、次の段階は、それからの原因の説明を引き出すことである。これらの説明は、同定することが難しい場合もある。それでわれわれは、保守的な方略を勧める。すなわち、明白な例だけを引き出すのである。（責任性の帰属のような）原因の説明が境界線上にあるような曖昧な例が、心理学的に有益かもしれない。しかし、CAVE技法は、原因を明白に言明している陳述のみを用いた場合に、信頼性が高まるのである。

原因の説明を同定するために、話し手に起こった出来事が良い出来事であるのか、悪い出来事であるのかを最初に位置づける。ここでもまた、われわれは保守的な方略を勧める。もし、出来事が良いか悪いかがはっきりしないとき（例えば「本当に望んでいた仕事に就いた」のようではないとき）や、あるい

は被験者が明確な評価を示さないとき（「夕方は恐ろしい」のようではないとき）には、曖昧な出来事を扱わないようにする。

　出来事の良し悪しを位置づけると、次に原因の説明を探す。ある特定の表現が手がかりとなる。すなわち、「なぜならば」「〜の結果」「〜だから」「これがそのような結果をもたらした」などである。しかしながら、それらの帰属が原因の説明であるかどうかを求める際の最低基準は、（話し手や書き手の見方から）帰属された要因が、問題となっている出来事よりも時間的に先立っているか、そして要因とともに結果が変化していくかどうかである。もし帰属された要因がなかったとしたら、その出来事は起こらなかったのであろうか。もし出来事が起こらなかったならば、帰属された要因はずっと存在しないままであったのであろうか。これらの保守的な抽出基準を用いると、特定の原因の説明の存在に関する時間的側面に対して、独立した判定者間の一致率は90％になる（Peterson, Bettes, & Seligman, 1985）。

　最後の段階は、原因の説明を判定することである。出来事とその説明は索引カードに記入され、話し手や書き手についての他の情報を何も知らされていない独立した判定者に提示される。判定者はASQについて教示され、（判定者自身のものの見方からではなく、被験者のものの見方から）各々の原因を、その内在性、永続性、全体性の軸に沿って7件法の尺度で判定するように求められる。判定者の数は任意である。しかし、たいていわれわれは3人か4人の判定者を用いた。判定者の数が多ければ多いほど、判定結果の信頼性は明らかに高くなる。

　最初にわれわれがCAVE技法を開発したとき、判定者に多くの教示を与え、十分な練習を行なわせた。また、コード化を行なうためのマニュアルを開発した。4人の判定者による、各々の次元に沿った特定の帰属の判定の信頼性は、十分に満足できる高い水準であった。すなわち、Cronbach（1951）のα係数を用いて.80〜.90の値が得られた。

　一方で、われわれは、全く訓練されていない判定者に、回答された原因の説明を判定するように求めた。ここではASQの教示だけを用いたが、判定者は、ちょうど訓練された判定者同士が一致したのと同じくらいの高い水準で、お互い同士や訓練された判定者と一致したのである。被験者がASQに回答することが容易であったことを考えると、これはそう驚くに値しない。とにかく、CAVE

技法の最も単純で最も信頼できる手続きが判定である。

　CAVE技法を用いて測定する場合、被験者から得られた原因の説明は、内向性、永続性、全体性に関して一致しているのであろうか。4つの研究により、それらが一致していることが示唆されている。その第1は、66名の大学生が、前の年に自分達に起きた2つの最も悪い出来事について、記述したものである (Peterson, Bettes, & Seligman, 1985)。これらの悪い出来事に対する原因の説明が引き出され、4人の判定者によって、内在性、永続性、全体性に対する判定が行なわれた。

　判定は、それぞれの判定者の判定を合成して行なわれた。そして、最初の悪い出来事に対する評定は、2番目の悪い出来事に対する評定と関連性があった。全ての場合において、正の相関が得られた。内在性は$r=.25$ ($p<.05$)、永続性は$r=.49$ ($p<.001$)、全体性は$r=.33$ ($p<.01$) であった。説明スタイルの一貫性は、他の多くの個人差の一貫性よりも卓越している (Mischel, 1968)。もしわれわれが2つ以上の出来事に対する説明のデータを持っていれば、一貫性はより明白になるだろう (Epstein, 1980)。例えば、被験者が10の悪い出来事について書いたものでは、Spearman–Brownの公式を用いて、内在性に.77、永続性に.91、全体性に.83の一貫性が得られた。

　第2の関連した研究では、この原因の説明によって各次元が一貫性を持つという推測が支持されている。われわれは、心理療法において、40人の患者から引き出された言語的陳述にCAVE技法を適用した (Peterson & Seligman, 1984)。少なくとも5つの悪い出来事に対する説明がそれぞれの患者から引き出された。そこで、これらの説明の内在性、永続性、全体性の評定に対応するα係数を計算することができた。それらの係数は非常に高かった。すなわち、内向性は.64、永続性は.64、全体性は.60であった。

　第3の研究は、99名の男性を対象として実施された。第2次世界大戦の間の自分達の最も困難な経験について述べた自由形式の面接から、原因の説明を引き出した (Peterson, Seligman, & Vaillant, 1988)。これらの男性のうち59名が、悪い出来事に対して10以上の説明を行なった。そこでわれわれは、これらの人々の最初の10の説明を検討することによって、一貫性を確かめた。α係数を算出したところ、一貫性は中程度であった。すなわち、内在性は.48、永続性は.40、全体性は.46であった。これらは、先に述べた他の2つの研究から得られたα

係数よりも低い。この数値は、記述された特定の出来事（戦争体験）に起因しているとわれわれは考えている。おそらく、これらの経験の共通性が、被験者から出された説明の多様性を上回ったためと思われる。それでもなお、説明「スタイル」は明白であった。

第4の研究は、108名の大学生のTATのプロトコルに見られた原因の説明を同定し、得点化するためにCAVE技法を利用したものである（Peterson & Ulrey, 1991）。このうちの74名の学生は、少なくとも原因の説明を4つ述べた。そしてそれらの原因の説明の一貫性は、α係数を算出した結果、永続性は.56、全体性は.55であった。（内在性は、原因の説明がTATの図版の中の主人公について行なわれたので、得点化されなかった。被験者は、その主人公を同定していたかもしれないし、同定していなかったかもしれないからである）

CAVE技法によって査定された説明スタイルは、時間的に安定しているのであろうか。最も確かな証明は、BurnsとSeligman（1989）によって行なわれた。彼らは、30名の人から50年間にわたる書き物（手紙と日記）を得た。昔の書き物からコード化された悪い出来事に対する合成された説明スタイルと最近の書き物からコード化された同様の説明スタイルに、高い有意な相関が見られた（$r=.54$, $p<.002$）。

CAVE技法の構成概念妥当性の証明は、ASQの妥当性ほどには多岐にわたって検討されていない。2つの測度は全く一致するように見えるが、関連性は中程度にすぎない（Peterson, Bettes, & Seligman, 1985）。われわれは、CAVE技法とASQを、説明スタイルの二者択一的な尺度として取り扱っているが、それらが等しいものとは考えていない。ASQは仮想の出来事について尋ねている。ところが、CAVE技法は普通、被験者に実際に起こった出来事を査定している。結果として、手続きの長所と短所がそれぞれ異なる。実際の出来事に対する原因の説明は、それに合わせて、悪い出来事の後に続く何らかの困難の予測により近づくようになる。この意味でCAVE技法は、ASQよりも高い生態学的妥当性がある。一方CAVE技法は、ASQよりも、原因の実際の内在性、永続性、全体性を弱めてしまうことは明白と思われる。この意味においてASQは、おそらくCAVE技法よりも高い予測的妥当性があろう（Schulman, Castellon, & Seligman, 1989）。

これまでわれわれの研究では、これら2つの技法に優劣をつけてこなかった。

しかし、そうすることは結局大変重要なことなのである。そのためわれわれはこれまで、いずれにしても好都合である方法として、普通一方を用いたり、もう一方を用いたりしてきたが、異なる研究の収束をはかった。例えば、抑うつに関する研究（第6章）と疾患に関する研究（第8章）において、ASQとCAVE技法は、同じ結果を生み出している。それでもなお、2つの尺度間の差異に注意を払う必要があろう。

説明スタイルの実証的な研究

　無力感の再公式化は、数百もの実証的な研究を生み出してきたが、それらのほとんどは、説明スタイルに関係していた。そしてこのうちの大部分が、説明スタイルと抑うつとの関係に焦点を合わせていた。第6章において、これらの抑うつの研究を考察する。ここでは、説明スタイルの「別の」研究を概観する。概観する範囲はかなり限定されたものであり、ASQあるいはCAVE技法を用いた研究が中心になる。結果的にわれわれの研究が強調されることになるかもしれないが、この展望を通じて、今日まで行なわれた研究を概観できると確信している。

説明スタイルが原因の説明を予測するか

　定義によると、説明スタイルは原因の説明の傾向を明確にすべきである。その他の全てのことが同じであれば、内的なスタイル傾向の人は、出合った悪い出来事に対して内的な説明を行なうだろう。そして、永続的なスタイル傾向の人は、永続的な説明を行なうだろう。その他のことについても同様である。この仮説は、3つの異なる形式のプロトタイプとなる。

　これらの中で最も弱い点は、説明スタイルの2つの尺度が、個人内で一貫しているかという点にある。ASQとCAVE技法は、さまざまな出来事に対する説明を集めることによって、スタイルを指標化している。説明「スタイル」が、特定の説明と関係がないとするならば、これらの尺度の信頼性はなくなるだろう。ところが、実際はそのようなことはないので、説明スタイルは、その意味において原因の説明を予測すると言える。

　仮説のもう一つの形式は、ASQの得点とCAVE技法によって査定された説

明スタイルとの関連性である。査定に関しては、前の節で述べたように、これらの2つの手続きから得た得点は、期待した通りに、実際互いに関連している。前の年の「2つの最も悪い出来事」について述べた大学生の研究（Peterson, Bettes, & Seligman, 1985）と、自分達が心理療法を受けるようになってしまった環境について述べた抑うつの患者の研究（Castellon & Seligman, 1985）より、ASQを用いて測定された説明スタイルがCAVE技法を用いて測定された説明スタイルと一致することが明らかとなった。いずれも、相関係数は.30前後である。しかしながら、それぞれの次元の弁別妥当性は明確ではなかった。言い換えれば、ASQを用いて測定された3つの次元は、CAVE技法を用いて測定した次元と関連してはいたが、それは他の次元ともまた関連していた。CAVE技法で測定した場合にもまた逆のことがいえた。

おそらく最も重要な形式と思われる3番目の仮説は、仮想の出来事から得られた説明スタイルの尺度が、実際の出来事に対する原因の説明を予測するということである。これを検討した研究ではASQが説明スタイルの尺度として用いられた。そして、実際の出来事として実験室での課題の失敗や最近被験者が直面したストレスフルなライフイベントが用いられた。いずれも原因の説明はこれらの実際の出来事から得られ、ASQを用いて評価された。

代表的な研究として、Cutrona、RussellとJones（1985）は、妊娠9カ月の85名の女性を対象としてASQを実施した。このとき、被験者は、過去2年に自分に起こったストレスフルな出来事を3つ記述した。さらに各々の出来事に対して、「一つの主要な原因」を記入した。そして、内在性、永続性、全体性の側面について評価した。出産2週間後、彼女達はもう一度、子どもの養育に関連するストレスフルな出来事に対する3つの説明、「マタニティーブルーズ」に共通した症状（涙もろさ、不安感、イライラ感）に対する3つの説明、そして、過去2週間に生じた最も心を乱した出来事に対する説明を行なった。さらに、被験者は、無力感の再公式化に関連する3つの次元に沿って、各々の説明について評定した。最後に、出産後8週間目に、もう一度子どもの養育に関するストレスフルな側面に対する説明を行なった。

Cutronaら（1985）の結果は、説明スタイルが実際の出来事に対する原因の説明を予測するという仮説を支持しなかった。しかし、われわれは、これに反論する。彼らの研究報告の表5を見ると、彼らが求めた説明スタイルと実際の

説明との相関係数は、一つを除いて全て予測する方向にあった。約半数が統計的に有意であった。仮に養育や妊娠後のさまざまな症状のような出来事に対する説明が、現実的要素を強く持つ傾向にあるとすると、われわれには、説明スタイルがこれらの女性によって行なわれる実際の出来事の説明を、非常によく予測していると思われる (Gilmor & Reid, 1979; Gong-Guy & Hammen, 1980; Metalsky, Halberstadt, & Abramson, 1987も参照)。

説明スタイルの研究を取り巻く多くの論争を理解する際の、批判的問題に話題を向けよう。説明スタイルは個人差であるので、たいていの研究は説明スタイルと他の尺度との相関を計算している。これらの相関は、一定不変に予測された方向にあり、それらの相関の幾つかは統計的に有意であった。これらの見解がこの研究の実体を要約しているということはだれも同意しないであろう。しかしながら、どのように統計的に有意なこれらの相関係数の大きさを解釈するのかについては、かなりの不一致が起きている。言い換えれば、どれくらいの大きさが「大きい」のか。どのようなときに、相関係数は前向きに受けとめられるべきなのか。そしてどのようなときに、それらは無視されるべきなのか。

この問題は、何年か前にMischel (1968) が、パーソナリティの特徴の一貫性に関係する横断的に実施された実証的な文献を展望したとき、話題になった。ほとんどの研究結果は、$r=.30$を限度とすることによって結論づけていた。それは、Mischelが、心理学者があれこれと議論するには小さすぎるとして無視した程度の大きさであった。彼の結論は、心理学において広く重要な役割を果たしている。そして、われわれの説明スタイルに関する研究に対して、奇妙にもMischelのパーソナリティ心理学に対する、より一般的な評価を思い起こさせるような多くの批判を目にする。

しかしながらこの点については、もはや1960年代ではなく、われわれは、このような単なる批判をどのように相関研究を評価するかについてのより深い理解に変えていかなければならない。パーソナリティ心理学の主流の中で、Mischelの批判は反論を受けてきた。残念なことに、それ以外の心理学の分野ではどのようにこの話題を決着させたのか、いまだに分からない。ここでは、パーソナリティ心理学の展開についての広範な展望研究を行なうつもりはない (しかしながら、Peterson, 1992bを参照)。われわれは、この議論に関係するこれらの歴史に踏み込んで、2つの結論を引き出してみる。

5章 帰属の再公式化

　第1に、パーソナリティ心理学者は、個人差の尺度を合成変数へと集約する必要性を理解するようになってきた。これは長い間、パーソナリティ研究の「質問紙」の終焉であると認識されてきた。すなわち、質問紙は信頼できる得点を算出するために、多角的な質問項目を含んでいるのである。最近同じように、知性を研究上の「行動」の終焉に適用してきた研究がある（Epstein, 1980, 1983, 1984）。言い換えれば、パーソナリティの質問紙によって、予測される行動を反映する多角的な質問項目もまた信頼性のためには必要なのである。（実際の原因の説明を読みとった）行動を測定する研究は、1つかそこらの方法を除いて、不十分な結果しか得られないという危険性をはらむことになる。それは人が矛盾しているからではなく、研究の手続きが不適切であるからである。

　第2に、.30の相関係数を「あまりにも小さい」として却下することは不当である。相関係数を2乗したときに得られる値は、その変数が他の変数によって説明される分散に対する百分率であることをわれわれのほとんどは知っている。分散が9％という値はそれほど大きいようには思えない。そしてわれわれは、他の考慮すべきことの方が、より一層重要であると判断してしまう。

　しかしここで、じっくり考察してみよう。分散の9％を説明するということは何を意味するのか。RosenthalとRubin（1982）は、.30の相関係数が死亡の危険率を65％から35％に減少させる医学的な治療と同じくらいの分散に匹敵することを示している。FunderとOzer（1983）はさらに、有名なMilgram（1963）の非人間的な服従の研究と、DarleyとLatané（1968）による傍観者の無関心についての研究に対して、状況的な操作によって説明される分散の百分率を計算している。両者の場合ともに、ここでもまた約9％であり、同じr＝.30の相関係数に匹敵する分散の割合であった。先に述べた医学的な治療を非常に重要視することのみならず、社会心理学的な研究の行動に対する状況的な規定力が十分に証明されているとみなされることからも、結局問題視される.30の相関は重要な意味を持つことがわかる（Peterson, 1991）。

　とにかく、これらの相関係数の大きさを考慮することで、説明スタイルと実際の原因の説明との関連性を検討している研究の解釈が容易になる。相関係数が.30前後で得られ、しかも手続き的に適切である研究は、仮説を十分に支持すると考えられる。手続きの適切さとは、曖昧な原因を持つ出来事、実際の出来事を説明する際の多面的な尺度、十分な標本数などを含む（Peterson, Villanova,

& Raps, 1985)。そのような研究は実際に存在する。例えば、PetersonとVillanova (1988) は、140名の被験者に対し、24の仮想的な悪い出来事に対する説明を引きだすためにASQの拡張版を実施した。1カ月後、被験者はもう一度調査され、この1カ月に自分に起こった最も悪い出来事を4つ記述した。それぞれの出来事に対して、被験者は「一つの主要な原因」を記述し、その内在性、永続性、全体性の程度を評定した。さらに、4つの出来事の平均評定値が求められた。

説明スタイルは、実際の原因の説明を予測した。内的な説明スタイルは、内的な説明と.32（$p<.001$）の関連が見られた。また、永続的な説明スタイルは、永続的な説明と.18（$p<.05$）、全体的な説明スタイルは、全体的な説明と.36（$p<.001$）の関連が見られた。しかしながら、内的な説明スタイルが実際の説明の内在性を予測することを示す方法は証明方法の一つにすぎない。この相関が、内的な説明スタイルと実際の出来事の永続性、あるいは全体性との相関よりも大きいということを示すことも別な方法として可能である。PetersonとVillanovaは、内的な説明スタイルと全体的な説明スタイルは、この基準通りであったが、永続的な説明スタイルはそうではなかったことを明らかにした。とくに、永続性は全体性と高い関連性が見られた。従って、われわれは、説明スタイルは実際の原因の説明を予測するが、特定の帰属の次元の弁別妥当性については、十分に証明されていないという結論に至った。

説明スタイルの関連性と結果は何か

無力感の再公式化によれば、説明スタイルは、コントロール不可能な出来事に続いて起こる障害が出るか出ないかの境界線上の状況に影響を及ぼす。たくさんの研究によって、説明スタイルと疾患との関連性が検討された。これらの研究の多くは、説明スタイルと経験した困難の程度を関連づけている。厳密に言えば、これは無力感の再公式化で行なわれた仮定では「ない」。研究はむしろ、説明スタイルの機能として、問題の持続性や波及性に目を向けるべきであろう。問題の持続性と波及性の程度もまた、影響力の大きい問題である（そして、これは確かに理にかなった推論である）。しかも、実際に再公式化と関連する。しかしながら、それらの研究は説明スタイルの特定の次元の役割に言及しない。

説明スタイルと症状を検討する上で最も適切な研究は、縦断的なデザインを用いたものである。すなわち、最初の段階で説明スタイルを測定し、次の段階で困難さの程度を測定する方法である。この方法はもちろん、説明スタイルを症状の危険因子として見なすわれわれの概念から規定される。われわれと同じように、他の研究者もまた、尺度をいろいろ検討することで、再公式化の弱点を補足した。横断的研究では、因果関係の方向性について答えることができない。さらに、反応のセットと他の手続き的な混乱が、同時に存在する尺度の相関をつり上げてしまう可能性がある。部分的なものだが、その解決の一つとして、研究を時間的に拡張し、共変量を使用するやり方がある。第2測定時期に予測すべき症状の全ての変数について、予め第1測定時期でその水準を査定しておく。もし、ベースラインの症状が変化していなくても、説明スタイルが結果として起こる症状を予測できるならば、説明スタイルが危険因子の概念であることに対する支持となる。

　われわれは現在、これらの研究に着手し始めた。これらは横断的研究が支持的であるときだけ、意味があるように見えるからである。(しかし、同時期に測定する相関係数が低いということは、時間を越えた相関もゼロであるということを意味するものではない。再公式化によれば、悪い出来事は、説明スタイルが影響を及ぼす前に生じていなければならない)。ここでは、代表的な横断的研究と同様に、縦断的な研究を若干展望する。先に述べたように、説明スタイルと抑うつに関する多くの研究は、第6章で展望する。

実験室の無力感　多くの実験で、特定の原因の説明が、期待された方法によって実験室の無力感に影響を及ぼすことが示されている。これらの実験のいくつかについては、前章で展望した。しかし驚いたことに、実験室実験で操作したコントロール不可能な出来事の影響を、説明スタイルがどのように仲介しているのかについての検討は非常に少ない。実験室実験によって、再公式化ととりわけ内在性、永続性、全体性の次元に割り当てられた特定の役割について詳細に検討が行なえることを考えると残念である。

　従来の研究が矛盾なくまとめられているにもかかわらず、再公式化に対する実験については支持できない。ほとんどの研究が、説明スタイルの特定の次元が、実験室における悪い出来事の後に続く特定の症状と結びついている点で、

再公式化と一致しているが、これらの研究のうち、混同している他の2次元の影響を明白に除外したものは少数であった。そこで、Alloy、Peterson、Abramson と Seligman（1984）は、悪い出来事に対する内在性と永続性を分析の中で共変量として用いて、全体的な説明スタイルをコントロール不可能な事態のあとに続く、般化された失敗と結びつけた。これまで、このような検討を行なった研究は皆無といえる。

無力感の再公式化の実験室的な検討は、今日まで十分になされていない。これは関連する2つの理由がその原因と思われる。第1に、説明スタイルのようなパーソナリティの次元に興味を持つ心理学者は、実験室以外の応用に関心を寄せる傾向にある。第2に、不可能であるとは言わないが、実験室実験では状況的な操作を個人差に関連づけて検討することは非常に難しい。状況的な要因の操作は、従属変数の尺度に影響するように強くなければならないが、個人差の影響を圧倒するくらいに強くてはいけない。したがって、パラメータの選択が重要となる。研究者の多くは、そのような検討を行なうための技術か忍耐力のどちらかを欠いている。言うまでもなく、これらは実験室研究を軽視する科学的理由ではない。そしてわれわれは、今後、実験主義者が無力感の再公式化についての検討を行なうための実験を、より頻繁に計画してくれることを望んでいる。

無力的な行動　学習性無力感の研究についての奇妙なことの一つは、少なくとも人間を対象として行なわれているときは、無力感自体にはあまり関心を寄せないことである。オリジナルの無力感モデルのみならず、再公式化されたモデルの研究はいずれも、アナグラム課題の失敗や落ち込んだ気分のように、無力感を表面上反映している結果にのみ目を向け、無力的な行動そのものには目を向けてこなかった。そこで Peterson（1986）は、説明スタイルと日常生活で実際に示す無力感の実例との関連性を研究した。

検討に値する無力感の実例を決めるために、Buss と Craik（1984）の「行動頻度」のアプローチを採用した。これは、抽象的な概念を実証するために実際の行動を調べる方法として、実験心理学から借用したものである。被験者には、（果物やゲームや無気力のような）幾つかの概念の例を列挙するように求める。他の被験者は、これらの例がどの位良いかその「良さ」を評定する。これを通

表5-2 無力感の典型的な行動例

一日中家にいる。
自分で食事を作らない。
壊れたものを直すことができない。
何かをしている途中であきらめてしまう。
機会が与えられても競争しない。
誰かが自分につけこむのを放っておく。
自分のために何かをしてくれるよう他人に頼む。
自分自身を支えられない。
自分のことを他人に決めてもらう。
他人を支えにする。
自分自身で何かをしようとはしない。

Peterson, C. (1993). Helpless behavior. *Behaviour Research and Therapy 31: 289-295.*

じて双方の被験者はともに、ある特定の実例が与えられた概念の例として良いか悪いかの意見が一致するようになる。つまり良い例は、問題とされる概念の本質をとらえるプロトタイプとみなされる。

Peterson (1986) は、この手続きに従って、表5-2に示された無力感の典型的な行動例を同定した。これらの無力的な行動の多くが社会的なものであることに注目すべきであろう。例えば、自分自身で何かをしようとはしない、他人に決めてもらう、他人を支えとする、などである。無力感研究の重要性が遂行行動の達成にあるとしても、このような特徴は予想できない。それでもなお興味深いことである。それは無力感の今後の検討を通じて、その社会的な文脈をより明確にする必要があることを示唆している。

Peterson (1986) は、被験者に過去1カ月のうちに、何回自分達が無力的な行動を行なったかを記述するように求める自己報告式の質問紙を開発した。質問紙は、75名の学部学生によって回答された。これらの回答の妥当性を確認するために、被験者の友人によって被験者の行動が評価される平行検査を施行した。それらの一致率はまずまずであった。そこで、この「無力感質問紙」は妥当性があると判断した。

ここで、さらに2つの結果を指摘する。第1に、無力感尺度に対する被験者の反応は一貫していた。言い換えれば、測定された無力感は一般的な心理状態

といえる。もちろんこれは、症状の一般的な傾向として、オリジナルの無力感モデルの概念と一致する。第2に、Peterson（1986）はまた、被験者に改訂版ASQへの回答を求めた。無力的な行動は、悪い出来事に対して、外的で一時的で特異的な説明をした人々と比較した時、内的で永続的、全体的な説明をした人々に数多く見られた（$r=.23$、$p<.05$）。この結果は、無力感の再公式化を追認している。

さらにそれ以上の支持が、Nolen-Hoeksema、GirgusとSeligman（1986）の研究から得られている。彼らは小学校の先生に対し、受け持った児童が難しい問題よりも容易な問題を好むといったような、「無力的な」行動を行なった程度を評定するよう求めた。CASQを用いて3カ月前に査定されたこれらの児童の説明スタイルが、これらの評定を予測した。これらの結果は、説明スタイルが無力的な行動の具体的な例と関連していることを示したPeterson（1986）の研究と一致する。

ライフイベントに対する反応 形式的に話せば、無力感の再公式化は障害の体質ストレスモデルともいえる。あらかじめ存在している脆弱性（悲観的な説明スタイル）は、環境のストレッサー（悪い出来事）と互いに影響し合って困難な問題を引き起こす。再公式化に対する検討を行なうための一つの方法は、望ましくないライフイベントに対する反応を、どの程度説明できるかを調べることである。この種の研究はいくつか行なわれてきたが、そのほとんどは、抑うつを対象としたものであった。これらについては、第6章で述べることにして、ここではそれ以外の結果について調べた研究を考察する。

前述した研究によると、PetersonとVillanova（1988）は、最初の調査から2回目の調査の間に起こった4つの最も悪い出来事についての記述を求めるために、1カ月後の2回目の調査で140名の学部学生の説明スタイルを測定した。被験者はまた、それぞれの悪い出来事が長時間持続する要素を有する程度と、波及する要素を有する程度について評定した。4つの出来事に対する平均評定から、合成得点を求めた。

説明スタイルでは、これらの合成得点とどのように関連したのだろうか。永続的な説明スタイルは、長時間持続する結果を予測したが（$r=.19$、$p<.05$）、全体的な説明スタイルも同様であった（$r=.18$、$p<.05$）。全体的な説明スタ

イルはまた、永続的な説明スタイルが予測するよりも（r=.18, p<.05）、波及の程度の結果を予測した（r=.38, p<.001）。内的な説明スタイルは、悪い出来事の結果の持続性や一般性のどちらとも関連がなかった。特定の次元の弁別妥当性が強く支持されていないとはいえ、これらの結果の一般的なパターンは、無力感の再公式化と一致するように思われる。

　WilliamsとBrewin（1984）は、運転免許試験に失敗した人々の反応を研究した。非常に少ないサンプル数（n=30）が難点であるが、彼らの結果の幾つかは、無力感の再公式化と一致している。男性の受験生が永続的な言葉で自分の失敗を説明したとき、今後の試験合格への期待は低下した（これは女性の受験生では見られなかった）。これ以外の知見は、仮説を支持しなかった。彼らの研究では、固執を測定するために興味ある尺度を用いてきた。それは、被験者が自分の失敗のあとに、どのくらい早く再受験の申し込みを行なったかというものであった。申し込みは、被験者の合格の期待の動機づけから予測できたが、申し込み時間は、失敗の原因の説明とは関連がなかった。

　Anderson（1983）は、失敗のあとに続く「固執」に対する説明スタイルの影響を研究した。説明スタイルの尺度を用いて、彼はパーソナリティの欠如（われわれの言葉でいえば、内的で永続的、そして全体的な原因）の観点から失敗を説明した被験者と、行動的誤り（すなわち、内的で一時的で特異的な原因）を用いて失敗を説明した被験者とに分類した。被験者は、献血者を募るために電話をするよう頼まれた。被験者がかけた最初の電話は、協力することを拒むサクラに対してであった。したがって、全ての被験者は、初めはだれもが勧誘に失敗した。被験者には、電話をかける相手の名前と電話番号のリストが与えられた。悲観的な説明スタイルが受動性をもたらすという予想と一致して、パーソナリティの欠如から悪い出来事を説明した被験者は、行動的誤りを用いて悪い出来事を説明した被験者よりも、成功の見積もりが低い上、電話をあまりかけず、献血のボランティアを集めることがうまくできなかった。

　Anderson（1983）の研究では、状況的にも失敗を操作した。被験者はまた、自分のパーソナリティ（説得力の不足）の観点から、あるいは自分の行動（間違った方略）の観点から、サクラの拒絶を説明するように求められた。結果は、もともと備え持っていた説明スタイルと一致した（Anderson & Jennings, 1980）。これらの結果を合わせて考えると、日常生活の中で個人が悪い出来事に対して

反応する仕方は、無力感の再公式化に従っているように思われる。

Major、MuellerとHildebrandt（1985）は、原因の説明と中絶に対する対処との関係を調べた。妊娠に対して、自分達のパーソナリティ（すなわち、内的で永続的で全体的な原因）を非難した女性は、自分達の行動（すなわち、内的で一時的で特異的な原因）を非難した女性よりも、予測された通り身体的疾患などの否定的な結果を数多く経験した。Majorら（1985）は、対処のまずさはうまく対処できないであろうという期待、妊娠の概念、そして妊娠の持つ意味合いによって予測されるということも明らかにした。興味深いことに、中絶のために病院に夫と一緒に来院した被験者が、一人で来院した被験者よりも対処が上手であったわけではない。この結果は、そのままの帰属の解釈が可能であるといえども、一般的な見解と逆のように見える。おそらく、このストレスフルな出来事を、自分一人で処理した女性ほど、自分には能力があると評価しているためと思われる。

横断的研究において、NewmanとLanger（1981）は、離婚に対する女性の反応を検討した。彼らは、配偶者のどちらかに関する説明を意味する人物帰属と、結婚における2人の特定の絡み合いを意味する相互作用帰属を区別した。おそらく、相互作用帰属は人物帰属よりもそれほど永続的で、全体的とはいえないだろう。これによって離婚の原因を説明した女性は、人物帰属によって離婚の説明を行なった女性と比較して、離婚の後により幸福で活動的であった。

原因の説明いかんによって身体的障害や疾患に対する反応が異なることを多くの研究が示している。しかし結果は全くまちまちである（例えば、Abrams & Finesinger, 1953; Bard & Dyk, 1956; Bulman & Wortman, 1977; Mastrovito, 1974）。これらの研究のほとんどは、無力感の再公式化との関係が曖昧である。これは説明スタイルがほとんど査定されていないことが原因と思われる。その代わりに、特定の疾患に対する特定の原因の説明が調べられている。すなわち現実性は、個々のこれらの説明と未知の出来事の程度の説明とを混乱させているのかもしれない。例えば、Taylor、LichtmanとWood（1984）は、原因の説明の仕方と乳がん後の適応との間にはいかなる関係もなかったことを報告した。しかし、彼らはオリジナルの無力感モデルに従って、がんに対するコントロール可能性の認知が適応の良さを予測できることを明らかにした。この結果は、患者が自分でコントロールできる状態にあったか（一次的コントロール）、あるい

は担当医がコントロールできる状態にあったか（二次的コントロール）を評価することで得られた。

　関連した研究において、SteeleとSouthwick（1981）は、アルコール依存症に対する原因の説明の機能として、飲酒を減少させる目的のために行なわれる脅威性に基づいた説得の影響を検討した。アルコール依存症は治る見込みがない（永続的な）疾患であると聞かされた飲酒者は、アルコール依存症は学習された行動の（一時的な）結果であると聞かされた飲酒者よりも、飲酒をやめるようにという説得に応じなかった。もしこれが一般的な知見であるならば、アルコール治療と薬物治療に対する重要な意味を含んでいる。すなわち、アルコール依存症患者救済協会やそれに類似した12段階の介入プログラムの中で行なわれているように、アルコール依存症の患者に対して、「進行性」の疾患に罹病していると告げるべきではないだろう。これは、問題解決の気力を削いでしまうような結果を生むだけである（Peele, 1989を参照）。

　若干の研究は、原因の説明が、自分が愛する対象が重大な障害や疾患に罹った時の反応にどのような影響を及ぼすのかも検討してきた。出産時のトラブルで後遺症が残った子どもの問題に対して、母親が自分の行動を非難した場合よりも他人のせいにしたときの方が母親の育児上の問題が大きいことを明らかにした（Affleck, Allen, McGrade, & McQueeney, 1982）。この結果はおそらく、コントロール可能性の認知の差異を反映したものといえるが、これは推論にすぎない。Tennen、AffleckとGershman（1986）によって行なわれた最近の研究では、われわれの結果が支持された。危機に瀕している幼児の母親によるコントロール可能性の認知が対処の適切性を予測するという知見が明確になったからである。

　要約すると、無力感の再公式化は、悪い出来事に対して人はどのように反応するかについて妥当な説明を行なったように見える。しかし、説明スタイルのそれぞれの次元に沿って想定された特定の役割はまだ証明されていない。さらに、おそらく現実性の悪影響のために、特定の悪い出来事に対する一つの説明が、反応との関係を大きく見せるであろう。説明スタイルが、実際に生じる悪い出来事に対する反応にどのように影響しているのか、という理想的なデザインに基づいた研究を縦断的に行なうことが今後必要である。CAVE技法によってこれらの困難の幾つかが解明されるかもしれないが、そのような研究を行な

うことには、方法論的な問題がある。

自尊心 再公式化は、悪い出来事に対する内的な説明が、自尊心の喪失に関係していると予測する。この主張に対する実証的な支持は、特定の原因の説明と説明スタイルの両方が、横断的ならびに縦断的デザインを用いて検討されたさまざまな研究から得られる（例えば、Brewin & Shapiro, 1984; Devins, 1982; Fielstein et al., 1985; Girodo, Dotzenroth, & Stein, 1981; Ickes & Layden, 1978; McFarland & Ross, 1982; Rothwell & Williams, 1983; Weiner, 1979）。しかしながら、内的な説明スタイルが、永続的もしくは全体的な説明スタイルよりも、自尊心の低さと強く関連しているのかどうかは明らかではない。例えば、Peterson と Villanova（1986）は、説明スタイルの3つの次元の全てが自尊心と関連しているが、どの次元とも似たような関連性があったことを明らかにした。ここでもまた、特定の次元の弁別妥当性の証拠は十分ではない。

政治的な人気 説明スタイルの最も興味深い研究の一つとされるが、Zullow と Seligman（1990）の研究である。彼らは、1900年から1984年までの、共和党と民主党の大統領候補者の指名受諾演説から得られた説明スタイルをコード化した。各候補者が、悪い出来事について精神的に反芻した程度も数量化した。説明スタイルと悪い出来事の精神的反芻の程度との合成得点が、次の選挙結果をうまく予測した。すなわち、22回の選挙の中で、悲観的な陳述が多かった18人が落選した。実際に、在職期間や最初の政治投票による大統領支持率のような第三の変数を一定にしたときでさえも、当選の予測は演説の中で示された悲観的な陳述の程度から可能であった。アメリカの有権者は、希望に満ちたメッセージに対して明らかに賛同した。

どのように説明スタイルが形成され、どのように変化するのか

社会心理学者が長い間、特定の原因の説明の規定要因に興味を持っていたにもかかわらず、説明スタイルの規定要因についてはほとんど何も分かっていない。無力感モデルは、この問題に関してはいかなる予想もしない。説明スタイルが学習性無力感にどのような影響を及ぼすのかを証明するためには、それがどのように形成され、どのように変化するのか説明する必要がある（Fincham

& Cain, 1986)。われわれは、疾患が起こるメカニズムを単に記述することに満足しているわけではない。いつの日かそれが起こった時、これらの過程に介入したり予防できることを第1に願っている。

Kelley（1973）は、原因の説明の際の2つの一般的な規定要因を区別した。第1は、外界の出来事が実際に発生したときに含まれる共変量の情報である。証拠の提示を受けることによって、この情報から「原因-結果」の関係を推論することができる。時間や状況を統制した後に、出来事が結果と共変するようになればなるほど、その出来事は原因として見なされる。

Kelley（1973）が述べた原因の説明の第2の規定要因は、原因のスキーマである。すなわち、特定の出来事の原因について既に備え持つ抽象的な信念である。出来事に出合ったとき、その原因を同定するために、自分が有する原因のスキーマを検索する。おそらく、原因のスキーマは、たくさんある方法のいずれかを通して、社会性を身につける過程で形成されると思われる。

これら一般的な原因の説明の2つの規定要因を区別すると、検討した結果が不明瞭なものになってしまうように思われる。「純粋な」証拠はないようである。人は「原因と結果」の関連性を判断するとき、既に存在する信念と照らし合わせて判断する。そして、特定のスキーマを適用できた成功例によって、原因のスキーマへの依存度が決められる。

これらの原因の説明の規定要因は、説明スタイルの起源を説明することによって推定されうる。いつも同じ説明に導く出来事の反復経験が、一貫した説明スタイルを最終的に形成する。同様に、同じ説明をするように促す原因のスキーマに繰り返し曝されることが、説明スタイルの一貫性につながるのである。

若干の研究は、ライフイベントの不快な経験が、悲観的な説明スタイルに関係していることを示している（Brewin & Furnham, 1986; Feather & Barber, 1983; Jackson & Tessler, 1984; Peterson, Schwartz, & Seligman, 1981と比較せよ）。ここでは、その複雑さに注意してほしい。悲観的な説明スタイルは、人を苦境に導くかもしれない。これは次に、悲観的なやり方で悪い出来事を説明する傾向を強める。同じことが、抑うつの場合にも当てはまるように思われる。説明スタイルは原因と結果のいずれにもなりうるのである（Nolen-Hoeksema, Girgus, & Seligman, 1986）。

説明スタイルの起源について検討した研究がいくつかある。Nolen-Hoeksema

(1986) は、説明スタイルがいつどのように現われるのかを明らかにするために、年少児を対象に研究を行なった。彼女は、子ども達に否定的な出来事を提示し（「他の友達が、自分と遊びたがっていない」）、その原因の説明を求めた。4歳の子どもで最もよく見られた反応は、悪い出来事の解決方法であった（「先生に言いつける」）。おそらく原因の説明は、その解決方法が失敗したときに、行なわれるようになると思われる。

　8歳の児童になると、一貫した説明スタイルが出現し始める。これは、子どもの認知的発達とともに、発達すると理解されている（Fincham & Cain, 1986）。8歳以前には、子ども達は、自分達の成功と失敗を正確に判断できない傾向がある。しかも、原因についての永続性と全体性に関して考えられない傾向がある。しかし、一度これらの能力が備わると、無力感の再公式化が予測するように、何らかの結果に関連する説明スタイルが実際に出現してくる。

　他の研究では、養育の要因が、おとなになった時の説明スタイルと結びついていることが示された（Peterson & Bossio, 1991）。この検討は、1950年代から始まった。年少児の母親に、子どもをどのように育てたかについて、広範な面接を行なった。そして、これらの子ども達を対象として、約40年後に再び面接を行なった。そこで、説明スタイルの尺度に回答を求めた。われわれは、子どもの時に厳しく、調和に欠けた養育を受けた子どもは、成長して中年期になった時に悲観的な説明スタイルを有していることを明らかにした。

　われわれは、説明スタイルの学習が一般に可能であると考えている。Carol Dweck によって行なわれた研究では、子ども達は、先生による批判の原因帰属に対応して、自分の学力不振を説明するようになった（例えば、Dweck, Davidson, Nelson, & Enna, 1978; Dweck, Goetz, & Strauss, 1980）。すなわち、先生による「永続的な」批判（「あなたは、絶望的である」）は、永続的な自己帰属を高めるようになる。先生による「一時的な」批判（「あなたは、やろうとしていないだけだ」）は、一時的な自己帰属を高めるようになる。

　興味深い研究として、Plous と Zimbardo（1986）は、精神分析学者と行動療法家の説明スタイルを検討した。それぞれの臨床家は、自分達が受けた訓練の方法で出来事の説明を行なった。精神分析学者は、素因的要素を含む説明を好んだ。一方、行動療法家は、状況的な原因を指摘する傾向にあった。専門教育の一つの側面は、原因の説明の社会化であるともいえる。この結論はおそらく、

非常に広範囲に般化されるだろう。学年によっても影響される説明スタイルがあると考えられる（Dick & Jane が示した悪い出来事に対する一時的な説明を参照）。その他に、一問一答の授業、ゴシップのコラム、テレビのショー番組、カブスカウト、バンパーのステッカー、新聞の社説、ロックの歌などによる影響も考えられる。

Seligman ら（1984）は、両親とその子どもの説明スタイルを比較し、子どもは男女を問わず自分達の母親がするように、出来事を説明することを明らかにした。父親の説明スタイルは、妻や子どもの説明スタイルとは関連がなかった。この被験者は、主に伝統的な中流の家族から集められた。そのためにわれわれは、母親と子ども達はお互いに、父親と過ごしたよりも多くの時間を過ごしたのであろうと推測した。これが原因となって、両者に類似した説明スタイルが形成されたと思われる。この縦断的な研究は、興味深い。それはこのような研究を通じて、母親と子ども達との間で見られた関係について、影響の方向性が初めて明らかにされたからである。

最近の研究は、説明スタイルが遺伝的なものである可能性を示唆する。Schulman、Keith と Seligman（1991）は、一卵性双生児（$n=115$）と二卵性双生児（$n=27$）のそれぞれに ASQ を実施した。悪い出来事に対する ASQ の得点は、一卵性双生児においては互いに非常に高い相関が得られたが、二卵性双生児においてはそれほどの相関が得られなかった。これはある種の遺伝的な影響があることを示唆している。この関連の程度は、これまでに実証されてきた他のパーソナリティ要因の影響の大きさに匹敵する。

「遺伝的なものである」ことは、それが全て受け継がれるということではない。むしろ、この用語には、より専門的な意味がある。すなわち、ある特徴（例えば、説明スタイル）における多様性は、遺伝性の多様性と関連している。遺伝性は個人のグループの特性であり、ある個人のいずれかに与えられたものではない。そして、特徴が遺伝するということは、環境の影響や順応性を全く除外するわけではない。結局、ある特徴は遺伝によって直接的に影響されるのではなく、間接的に影響されるために、遺伝性を有することが判明するかもしれない。今後の研究は、説明スタイルが、気質のような要因の影響を受けて遺伝的なものと見なされている可能性について検討する必要があろう。

特定の説明スタイルが形成されると仮定したとき、それはどのようにして、

そしてなぜ変容するのかが問題となる。ここでもまた、無力感モデルはこの問題に対していかなる予想もしていない。説明スタイルが変容する過程について、多くは分かっていない。本章の前半部分で展望した証拠は、説明スタイルが時間的に永続的であるということを示している。しかし、この永続性は100%ではない。これは、説明スタイルがいくらかの順応性も備えているということを意味している。

Abramsonら（1978）は、最初に無力感の再公式化を試みたとき、無力感モデルが示す抑うつへの治療方略を論じた。しかしながら、この考察は非常に一般的だった。すなわち、「失敗に対する非現実的な帰属を、外的で一時的で特異な要因に変化させ、成功に対する非現実的な帰属を、内的で永続的で全体的な要因に変化させる」ことであった（p.70）。Seligman（1981）は後に、説明スタイルが、少なくとも2つの方法で変容可能だと仮定して、治療への示唆を詳述した。第1に、セラピストは、症状を説明するのはその個人が慢性的に好んで採用する他の何よりも、原因の説明である可能性を強調している。第2に、EllisやBeckが認知面に基づいた心理療法の中で述べているように、セラピストは患者が作り上げた説明を直接的に変容することを望んでいる。

明らかになっていること

本章では、1978年にAbramson、SeligmanとTeasdaleが提案した学習性無力感の再公式化モデルについて述べた。その理論的な文脈に沿ってモデルを考え、それがどのように検討されてきたのかを考察した。そして、重要な研究結果について詳しく紹介した。ここでは、再公式化に関する一般的な結論を述べることにする。前章までのように、「明らかになっていること」と「分かっていないこと」を対比させて、われわれの結論をまとめた。

ここで、われわれの結論を述べる。第1に、悪い出来事に対する原因の説明は、これらの出来事に対する反応にいろいろと影響する。すなわち、動機づけ、情動、認知、行動などに対してである。第2に、人は特有の説明スタイルを持つ。すなわちそれは悪い出来事に対する習慣的な説明の方法であり、信頼性と妥当性のある測定法により得られるものである。これまでわれわれの測定法に対してたくさんの批判が寄せられた。しかしわれわれは、それらは他の多くの

個人差を測定する尺度と同じくらい満足のいくものであると考えている（Peterson, 1991）。もちろん、改善することは重要である。しかし研究者は ASQ を使い続けているのである。そして CAVE 技法も同じようにポピュラーになりつつある。第3に、学習性無力感の再公式化と同じように説明スタイルは多くのさまざまな状況で行動する活動性や受動性を正確に予測する。

このことより、全体的な結論は明らかである。無力感の再公式化は、ここで取り上げた研究を見る限り、一般的に強く支持されている。原因の説明と説明スタイルは、人間の状態の重要な側面と関連性を持っているといえる。

この結論の明確さにおいても、さらに質的な向上を是非ともはからなければならない。いくつかの明確な主張に関して言えば、無力感の再公式化が追認されていない部分もある。例えば、説明スタイルの特定の次元についての弁別妥当性に関する証明は十分であるとはいえない。また、悪い出来事の役割に関してもあまり検討されていない。さらに、無力感理論の中核をなす、今後の非随伴性の期待は、その仮定された規定要因からは除外されてきた。無力感の再公式化によって仮説化された全体の過程は、さらに検討される必要がある。再公式化に対して提出されている多くの疑問について、理論的ならびに実証的側面の両方から詳細な検討を行なう必要がある。われわれは、現在これらの解決を目指している。

分かっていないこと

本章を通じて、問題とすべき点を明らかにした。それらの問題点を要約してみよう。第1に、説明スタイルは他の認知的なパーソナリティ変数とどのように関連しているのだろうか。他の理論によれば、原因の説明とは別の要因が、悪い出来事に対して反応する方法に影響している。これらの構造と無力感理論の構造は比較検討するに値する。もしそれらが異なっていれば、おそらく、それらの要因をモデルに追加すべきだろう。例えば、無力感を生み出す悪い出来事の重要性（または頻度、あるいは強度）は、その後の症状の程度を規定するかもしれない。永続的な説明と全体的な説明はそれぞれ症状の持続と波及の程度に影響をしていることを仮定しているが、これらのパラメータは困難さの程度とは概念的に異なっているのかもしれない[2]。もし構造が冗長であるような

らば、おそらくそれらのパラメータをその理論的な意味を具体化するために無力感モデルに要約すべきであろう。このことより、原因の説明と対処がコインの裏表をなしていると推測できる。表裏一体であると仮定すれば、それらの関係を認めることで、個々の側面をもっと理解できるようになる。

第2に、原因の説明を記述した場合の基本的な次元は何であろうか。無力感の再公式化は、3次元を提案している。今日までの研究は、それらが互いに独立していることを証明することに成功していない。おそらくもっと単純な見解を示すべきであろう。われわれは、2つの次元を試みとして提案する。すなわち、説明の所在と一般性である（Peterson, 1991）。

第3に、いったいどのような期待が起こるのだろうか。われわれは、期待の測定は難しいことを他のところで述べた。このためわれわれは、原因の説明と説明スタイルに焦点を当てるようにした（Peterson & Seligman, 1984）。これはあまりに表面的すぎるのかもしれない。結局、他の伝統的な心理学的研究は、あまり問題に巻き込まれずに期待を測定している（例えば、Bandura, 1986; Rotter, 1966）。無力感モデルは、オリジナルのモデルと再公式化されたモデルのいずれも、操作主義に基づいて行なわれる試みが必須である期待を、そのように重要視している。これらの点がモデルの新しい修正追加箇所であったので、おそらく原因帰属と説明スタイルに、注意が集中した。そして、ASQとCAVE技法が開発されると、これらの尺度がそれ自身の役割を引き受けるようになって、本来扱うべき期待は無視され続けることとなった。

第4に、良い出来事に対する説明スタイルの意義は何なのか。本章では、良い出来事に対するスタイルには注目しなかったが、これまでに述べてきたことを思い出してほしい。良い出来事に対するスタイルは、しばしば、悪い出来事に対するスタイルの結果と逆の関係にある。そして、良い出来事に対するスタイルは、悪い出来事に対するスタイルから独立している。これらの2つを考え合わせると、良い出来事のスタイルと悪い出来事のスタイルの両方を視野に入れた研究の方が、悪い出来事のスタイルだけを視野に入れたものよりも、結果の予測が高まると思われる。しかし、われわれは、まだ、良い出来事のスタイルが意味することをわかっていない。再公式化を試みている研究のほとんど全てが、悪い出来事を対象にしてきた。おそらく今後、良い出来事に人はどのように反応するか調べることで、良い出来事に対する説明スタイルの重要性が明

確になるであろう。

　第5に、状況的な要因は、どのように説明スタイルと互いに影響しあって特定の原因の説明を引きだすのだろうか。この点に関しては、一般的な見解が妥当であると思っている。しかし、それは明らかに一般的な見解でしかない。必要とされているのは状況的な要因と説明スタイルの両方を視野に入れたきめ細かい研究である。

　第6に、楽観的な説明スタイルの効果の限界はどこにあるのだろうか。悪い出来事に対して外的、一時的、特異的な説明をする人は、ほとんどどの領域でも元気と頑張りを示す。しかし、冷静さと用心深さが必要となる状況もある（Seligman, 1990）。極端な場合には、われわれの心理的健康に対する洞察は不完全であり、反対されさえするだろう。なぜならば、それが、個人の幸福と達成は、全て心理的健康の問題であるということを意味するからである。第1章において、学習性無力感が現代的な非常に優れた理論であることを示した。しかし、それは記述的な見解からこう判断しただけで、ほとんど規範的な見解を意味するものではない。われわれは、「楽観主義」が失敗する状況を明らかにすることで、説明スタイルを結論づける義務があるだろう。

　最後に、説明スタイルに関して、われわれが十分に分かっていない別の2つの問題についてコメントする。第1は、手続き上の問題である。われわれは、説明スタイルの状況特異的な尺度を開発するべきなのであろうか。コントロールの所在や自己効力感のような領域の研究者は、最近結果の予測力を上げるために、非常に特異的な質問紙を使用する傾向にある。若干の説明スタイルの研究者がその傾向に従っている（例えば、Atlas & Peterson, 1990; Peterson & Barrett, 1987）。その程度は正確には言えないが、これによって予測力を高めることができると思っている。しかしながらその場合、若干の関連した問題が生じてくる。説明スタイルを形成する個人差はどの程度一般性を持つのかという問題である。そして、状況特異的な尺度が説明スタイルを考案する困難さを相殺するという予測下において、われわれは利益を得るのだろうか。そしてわれわれは、与えられた生活の分野にあわせて状況を制限することによって、説明スタイルの構造力を縮小しようとしているのであろうか。

　第2は、概念的な問題と関わっている。悪い出来事に対して、内的で、永続的、全体的な説明をする人は、さまざまな悪い結果に対する危険性があること

を認めた場合、続いて起こる特定の結果を決めるのは何であろうか。同じ人が抑うつ的になったり、疾患に罹ったり、落第したり、仕事を辞めたり、大統領の選挙に落選したりするのであろうか。もしそうであれば、どのような特定の問題に対しても、説明スタイルの特異性が問われなければならない。この問題は、抑うつの文献の中の表題に現われている。そこでは、抑うつに対する説明スタイルの特異性が問われてくる。もちろん、最初に問われるのは、どのように不安、抑うつ、疾患、学業での失敗といった問題が説明スタイルと関係しているかである。もし、それらが同じ方向性を有するならば、説明スタイルがその前兆となるということは完全な意味を持つことになるだろう。

しかしもし、立証できる程度にそれらが関係していなければ、すべてを予測するために、説明スタイルの明らかな効力を説明するためにはさらに考察を重ねなければならないだろう。現在公式化されたように、無力感理論は、(知能が低いために学校不適応になったケースや生化学的な異常から抑うつになったケースのように)他の要因によって逆境に陥ってしまった人に対してのみ説明がつくものなのかもしれない。おそらく無力感の再公式化は、人が直面する一つあるいはわずかな障害のモデルではなく、問題の全ての形式に見られるようなメカニズムとして見なされるべきであろう。それにもかかわらず、われわれの結論は、再公式化が重要な構造を同定することに成功しているということにかわりはないのである。

(注)

1. ASQ (Attributional Style Questionnaire) の開発に際し、Mary Ann Layden に多大な貢献をいただきました。Martin Seligman は記して感謝いたします。
2. オリジナルの ASQ には、自分にとっての重要性を評定するように求めた尺度が含まれていた。後にこの評定は、全体性の評定と重なって、かなり冗長になることが明らかになり削除された。しかしながら、ASQ よりも広い範囲の出来事を考える時には、重要性と全体性の区別を明確にするべきかもしれない。

第6章　学習性無力感と抑うつ

　学習性無力感の最初の応用は抑うつに対してなされ、今日までに、最も徹底的に応用が研究された理論となっている。本章では抑うつに関する議論を4つの部分に分けて行なう。第1に、抑うつについて記述する。抑うつの種類と捉え方である。第2に、抑うつへの応用として、改訂学習性無力感理論を概観する。第3に、近代化とともに抑うつが広がることを示唆する新しい証拠を論ずる。無力感理論は、この証拠をどのように捉えているか？　最後に、学習性無力感の抑うつへの応用に関して論争となっている若干の問題について述べる。

抑うつとは何か

　"抑うつ"は、一時的気分から慢性的障害までを包括する幅広い用語である。多くの区別がなされているが、正常うつ病と単極性うつ病、両極性うつ病の3つに分類する方がよいだろう。

正常うつ病
　痛みと喪失は、人間にはつきものである。望む仕事に就けるわけではない。愛する人に拒絶される。両親が死ぬ。蓄えが尽きる。嫌な小言を言うし、悪い書物を書く。最後は自分の死に直面しなければならない。そのような、かけがえのないものの喪失に直面した時、われわれの反応はある程度予想できる。悲しく絶望的になり、受動的で、無気力になる。将来は望み薄いものだと信じ、うまくやっていくことが出来ないと思われる。いつもなら楽しい活動も興味がなくなり、食事や友人との付き合い、セックスや睡眠さえも欲求がなくなる。だがしばらくすると、自然の慈悲深い神秘の一つにより、落ち着きを感じ始める。これが"正常うつ病"の意味するところである。しかし、痛みや喪失を経験してもこのような抑うつ反応を示さない人の場合、そのことが不安の原因と

なっていることも考えられる。

抑うつ"疾患"

　診断医は、抑うつ疾患の基本には、単極性うつ病と両極性うつ病の2つがあることに同意している。単極性うつ病の患者は、躁状態を伴わない抑うつ状態を病む。両極性うつ病の患者は、うつ状態と躁状態の両方の発作を繰り返す。躁病は、多幸症、誇張性、熱狂的な会話や活動、慢心的な自尊心、不眠症など、うつ病とはまったく反対の症状を示す。互いに正反対の2つの気分障害が存在するため、単極性うつ病と両極性うつ病ならびに躁病を包括する"感情障害"という用語が現場で使用されるようになった。

　両極性うつ病は、単極性うつ病とは異なる性質を持っている。両極性うつ病は躁状態の発現を顕著な特徴としているが、単極性うつ病にはそのようなエピソードが見られない。さらに、両極性うつ病は単極性の場合に比べて、かなり遺伝的な面を持っている。Allen（1976）は、感情障害の有る9組の双生児研究を要約しているが、その報告によれば、一卵性の双子がともに両極性の疾患を有する割合が72％であるのに対して、二卵性双生児では14％にすぎない。しかしながら、単極性うつ病の一致率は、一卵性双生児で40％、二卵性で11％であった。一致率が異なるということは、その本質的な差異を示唆する。すなわち、両極性の疾患はかなり遺伝的なものであるが、単極性の疾患は必ずしもそうでない。

　両極性と単極性のうつ病の基本的差異を示唆する最後の論拠は、両極性うつ病の炭酸リチウムに対する反応である。両極性うつ病患者の80％以上は、この投薬により、躁症状が軽減されるが、うつ症状の軽減はわずかである。両極性うつ病患者がリチウムを予防的に継続したところ、症状の再発は34％であったが、プラセーボ（偽薬）では79％の患者に再発がみられた（Gelenberg & Klerman, 1978）。単極性うつ病患者には効果のある薬物（三環系抗うつ薬やモノアミン酸化酵素阻害薬）は、両極性うつ病患者にはあまり効果がない（Gelenberg & Klerman, 1978）。このような薬物効果の違いは、2つの疾患の差異を示唆している。両極性うつ病と単極性うつ病の類似性は、そのメカニズムよりも外見にあると結論できるが、この章では、両極性うつ病についてはこれ以上論じない。

疾患として認定されている単極性うつ病は、正常うつ病とどれほど関連性があるのだろうか？　どちらも全体的に連続性を持ち、同じ現象を示すが、症状の数や重篤度にのみ違いがあるとわれわれは思っている。このような視点は、単極性うつ病は疾患であり、正常うつ病は臨床的には問題とされない一時的症状であるとする一般的な医学的見解とは違う。症状の連続性-不連続性に関する問題は、どちらの場合も重要であり複雑である。この点は後で詳しく論じることにする。ここでは、うつ病をどう捉えるかの問題に戻ることにする。

うつ病の症状

抑うつは、単極性、両極性、正常うつ病ともに、気分、思考、行動、生理機能に共通の諸症状が現われる。うつ病と診断するには、考えられるすべての症状が有る必要はない。実際には1つの症状も必要ではないのだが、多くの症状が存在し、その症状が顕著であるほど、うつ病であることが確かとなる。

気分　抑うつ者は、悲しく、不幸で、憂うつで、落胆し、気力を喪失し、絶望で落ち込むなどといった感情を非常に強くいだく。しばしば泣いたり、あるいは涙すら出ない状態になるかもしれない。ほとんど例外なく、楽しいことが人生から消えていく。以前は楽しむことのできた活動もしなくなる。冗談もいまではおかしくない。

抑うつ者に特徴的な気分は悲しみだけではない。抑うつは不安と強く関係する。軽度もしくは中度に落ち込んでいる人ではほとんどの場合、不安状態が見られる。おもしろいことに、ひどく抑うつ状態にある人には、不安はまったく見られない。このパターンは何を意味するのだろうか。おそらく、不安は危険に対する精力的な反応であるのに対し、抑うつは非精力的で、保守的反応である。人は危険に脅かされる時、不安が生じるが、何か行動すればきっと役に立つと信じられるかぎり、計画を立てて行動を起こそうとするだろう。しかし、自分が無力であることが確かになると、不安は抑うつに置き換わる。抑うつで、実際どうしようもない時には、その計画や行動を取りやめ、自分の資源を保持しようとする。ただ、自分は無力であるという予期と、その状況でも何かできることがあるという希望との間で心が揺れ動く時には、不安と抑うつは共存する（Garber, Miller, & Abramson, 1980）。

悲しみと不安に加え、敵意——実際には、その欠如——も抑うつと結びつく。Freud（1917）は、抑うつは敵意が自己に向けられた結果生じると信じた。抑うつ者は他人に怒りをあまり向けないことからみて、Freudの考えは正しいように思える。だが、このことについて、われわれはFreudとは異なる見方をしている。怒りは、消えてしまうかのごとく、自己の内面に向けられ変形していくものだとは思っていない。抑うつ者に敵意がみられないのは、抑うつ症の特徴でもある自発的行動の全体的な低下のためである。

思考　抑うつ状態の人の思考様式はそうでない人のものと異なる。Aaron Beck（1967）の抑うつの理論は、抑うつ的思考をもっとも正確に記述している。ここでそれを論じるのは、それがわれわれの理論と密接に関係しているからであるが、もちろん、理論上の差異も指摘する。Beck（1967）は、抑うつ思考を負の認知的3要素という点から記述している。これは、自己と現在の経験世界と将来に対する否定的な思考である。さらに、Beckは抑うつ者は論理的誤りを示すという。Beckが述べる6つの論理的誤りの例としては、勝手な推量（1つの事実だけで結論に飛んでしまう）や個人化（実際には自分のせいではない悪い出来事でも自分を責める）などの思考習慣が含まれる。

　抑うつ的思考についてのBeckの描写は正確だが、理論家を悩ませるものでもある。そこで、正確な記述を維持することと、理論を明確にすることが、ここでのわれわれの課題の一つであろう（Brewin, 1989; Segal, 1988参照）。現在提示されているBeckの概念には若干の不備が認められる。

　因果関係についてはっきりしない疑問がある。抑うつ者の悲観的思考は疾患の主たる症状である。これが、いくつかの症状の中のまとまった症状（クラスター）であるのか、それとも、他の症状を引き起こす中心的な症状であるのか？ Beck（1967）の初期の研究では、それは原因と考えられている。だが近年、Beck（1984）は生物学的学派の考えに大きく歩み寄り、悲観的思考を非原因的なものに位置づけている。認知が原因となっているのなら、うつ病の他の症状はどのように生じてくるのだろうか？ 第5章で詳述したうつ病の改訂学習性無力感モデルでは、素質として存在する個人の説明スタイルが無力感の予期に影響して他の抑うつ症状をもたらすとしている。

　Beckの理論で、もう一つ不十分なところは、認知的3要素と論理的誤りの

経験的関係が明確でない点である。個人化（自分を責める傾向）が自分を否定的に見ることにつながるということ、あるいはその逆の関係はあるのだろうか？

抑うつの改訂学習性無力感モデルによれば、これらの症状は個人の説明スタイルから引き起こされたものである。

最後に、Beck が述べる変数間のそれぞれの概念的関係もまたはっきりしない。論理的誤りはそれぞれどのように異なっているのだろうか？ Cook と Peterson（1986）は、Beck のカテゴリーを用いて誤った推論を分類しても、専門家の判断にはかなりの不一致がみられることを報告している。Beck の理論は分類が複雑である。これに対して抑うつの改訂学習性無力感モデルは説明スタイルだけで説明をしている。

行動と動機づけ　抑うつ者は受動性、優柔不断、自殺行為などの行動的ならびに動機づけ的な症状を示す。彼らはしばしば、どんなことも、決まりきった課題でさえ、自発的に行なわなくなり、妨害があるとすぐにあきらめる。抑うつ的になった大学教授は、論文の最初の言葉も書くことができない。なんとか始めたとしても、ワープロの画面がちらつくと書くのをやめ、1カ月は再開しない。

抑うつ者は選択肢があると決めることができない。抑うつ的な学生は、電話でピザを注文して、トッピングをどうするか聞かれると、ぽーっと受話器を見つめる。しばらく沈黙して、電話を切る。

抑うつ者は死についていつも悩み、自殺を試みることさえある。彼らは大抵1つか2つの動機の両方を持っている。つまり、今はひどい状態だが元気よくやっていける見込みを見いだしたり、でなければ愛を取り戻す、恨みを晴らす、議論で勝つなど、世の中で何かを成し遂げたいと思っていたりする。どちらにせよ、抑うつと自殺の強力な関係がわれわれの社会にはある。自殺する人の約80％は、抑うつが激しいときに実行する。

生理的機能　うつ病はしばしば身体症状を伴う。先にも言及したように、一般に欲求が減退する。食欲、性欲、人づきあいが減る。いつもは愛する人を、今では放っておく。以前は楽しめた活動も退屈になる。寝付きが悪く、睡眠も持続できない（特に、抑うつに不安が伴う場合）。

動物が無力になったときに生じる身体的変化（第3章）と同様に、生化学的変化が生じる。生体アミンが有効でなくなり、特に、ノルエピネフリンやセロトニンが影響を受ける。エンドルフィン含量が上昇し、鎮痛作用が生じる。さらに、免疫系が疾患を防御できなくなる（第8章）。

学習性無力感と抑うつ

抑うつ症状の簡単な要約はこれで終える。1975年、Seligmanはこれらの症状は無力になったヒトや動物の症状を適切に描写していると論じ、このうつ症状と無力症状の類似性を手がかりとして、うつ病の無力感モデルの理論的基礎を形成した（表6-1参照）。後の研究は学習性無力感とうつ病の比較を、その原因、治療、予防に関して行なった（Peterson & Seligman, 1984, 1985参照）。

うつ病と学習性無力感の比較を人間で認めるのは容易である。しかし、動物ではどうだろうか？ WeissとGoodman（1985）は、人間のうつ病の診断基準

表6-1 学習性無力感とうつ病の症状の比較

	学習性無力感	うつ病
症状	受動性	受動性
	認知的障害	負の認知的3要素
	自尊心の障害	自尊心の低下
	悲哀、敵意、不安	悲哀、敵意、不安
	食欲低下	食欲低下
	攻撃性の減退	攻撃性の減退
	不眠	不眠
	ノルエピネフリンとセロトニンの枯渇	ノルエピネフリンとセロトニンの枯渇
原因	反応は結果と独立しているという学習された信念	反応しても効果がないだろうという一般的信念
治療	反応しても無駄であるという信念を変えること	認知・行動療法
	電撃療法（ECT）、抗うつ薬	電撃療法（ECT）、抗うつ薬
	REM睡眠の遮断	REM睡眠の遮断
	時間	時間
予防	免疫	非脆弱性（打たれ強さ）

Rosenhan, D. L., and Seligman, M. E. P. (1989). *Abnormal Psychology* (2nd ed.). New York: Norton.

に留意し、逃避不可能な電撃に暴露された動物でこの基準が満たされるかどうかを調べることで、この問題はもっともうまく解決できることを示唆した。「精神障害のための診断と統計のマニュアル」(DSM-III-R) では、人間のうつ病を診断するための9つの症状を列挙している (American Psychiatric Association, 1987)。

1. 抑うつ気分、または過敏性気分
2. 日常行動における興味の喪失
3. 食欲・体重の障害（増加・減少）
4. 睡眠障害（不眠・睡眠過剰）
5. 精神運動の障害（心的動揺・心的遅滞）
6. 精力の喪失・疲労
7. 無価値感
8. 思考力減退の証拠
9. 死や自殺へのとらわれ

うつ病と診断するには5つの症状が認められる必要がある。抑うつ気分、無価値感、自殺観念の3つは動物で評価することはできないが、他の基準は調べることができる。残り6つのうち5つの症状があることを要求することは実際、厳密な診断基準である。逃避不可能電撃を受けた動物はこれらの基準を満たすだろうか？

日常的活動に対する興味の喪失　さまざまな研究で、コントロール不可能な電撃とコントロール可能な電撃がラットの平時の活動に及ぼす影響性を調べてきた。これらの研究の多くは、競争行動を指標に検討した。このうちの最初の研究で、Maier、Anderson と Lieberman (1972) は、コントロール可能電撃やコントロール不可能電撃を先行暴露すると、"電撃誘発性攻撃" の水準が変わると結論した（電撃誘発性攻撃とは、同じ装置に置かれた2匹のラットが足に短い電撃を受けた時、互いに闘争的姿勢をとり、"戦う" ことを指す）。逃避不可能電撃をはじめに受けると攻撃水準は低下するが、逃避可能電撃ではそうはならない。

電撃誘発性攻撃は人工的で、実際の攻撃行動を表わしていないように見えるかもしれない。しかし、逃避不可能電撃はより"自然な"攻撃行動も同様に抑制する。Williams（1982）は、2匹の雄ラットと1匹の雌ラットの3匹を、1つのコロニー（居住地）で8週間共存させた。1匹の雄ラットはそのような状況でほとんどいつも優勢であった（"社会的優位"に立つ雄）。コロニーに他の侵入ラットが入ってくると、優位な雄は侵入者をつねに攻撃した。コロニーで8週間過ごした後、優位な雄は取り出され、逃避可能電撃か、逃避不可能電撃か、電撃を受けないかの、いずれかの条件に振り分けた。ラットをコロニーに戻した24時間後、侵入ラットをコロニーに入れた。

ここでの興味は、優位であった雄の侵入ラットを攻撃する傾向が電撃処置によって変わるかどうかであった。逃避可能電撃は、優位な雄の攻撃行動に効果はなかった。しかし、逃避不可能な電撃は、優位な雄の侵入ラットを攻撃する傾向を著しく低減させた。これは、より自然な攻撃行動の測定といえる。なぜなら、電撃はテスト状況では一切用いられていないからである。だが、コントロール不可能性の経験は、活動性も低下させた。

Williamsの実験では、逃避不可能電撃を受けた優勢な雄とペアにされた、電撃の処置を受けなかった劣位の雄が侵入ラットに対する攻撃行動を増加させた。このことは、逃避不可能電撃が優勢な雄の優位性を低下させたことを示唆する。RapaportとMaier（1978）は、この可能性を直接調べた。対象のラットをペアにして、一度に2匹が摂食できない食物カップに近づき競争させるという総当たりテストを行ない、ラットの優位階層を決定した。すべての対決で、もっとも勝利したのはどのラットで、2番目はどのラットで、ということを同定した。再テストでも、その階層は安定していた。ラットは次に、電撃なし、逃避可能電撃か逃避不可能電撃を受けた。24時間後、食物競争テストで優位階層を再び調べた。逃避不可能電撃を受けたラットは、以前は負けることのなかった競争に今回は敗れ、優位階層が下がった。ただ、競争相手がいない場合には、以前と同じ様に素早く食物に走り寄り、通常量の食物を摂取した。食物獲得の動機はあるのだが、競争相手がいると降参してしまった。逃避可能電撃の場合には、そのような影響を及ぼさなかった。

コントロール不可能性のこのような般化効果は、競争行動に限定されるものではない。Williams（1984）は、出産後8日目の母親ラットにコントロール可

能電撃かコントロール不可能電撃を与えた。電撃処置の24時間後と72時間後に母性行動を観察した。逃避不可能電撃を受けた母親ラットの母性行動は変調をきたした。すなわち、巣から追い出されても巣に戻るのが遅く、巣の周りに短時間とどまり、子との口部接触の頻度や時間が少なかった。

　コントロール不可能な電撃の経験は、攻撃性、優位性、母性行動といった、ラットの多くの通常の活動障害をもたらす。これらはこれまで発表された研究で明らかとなった行動についてであるが、その影響力はこれらの行動に限定されないだろう。例えば、われわれの研究室の未公表データでは、性行動の抑制も同様に現われた。コントロール不可能電撃は多くのラットの通常の活動を、少なくとも24時間から72時間は変調させると結論できるかもしれない。この効果の及ぶ範囲については、将来の研究を待たなければならない。

　欲求、体重、睡眠障害　Weiss (1968) は、長期間持続する強度のコントロール不可能電撃は、うつ病に特徴的な多くの身体症状をもたらすことを示した。逃避不可能な電撃を経験した動物は、逃避可能電撃を経験した被験体よりも、摂食量が少なく体重も減少した。WeissとGoodman (1985) は近年、強烈な逃避不可能電撃を2セッション受けた動物の睡眠パターンを研究している。これらの動物は、対照群よりも睡眠時間が少なかったが、もっとも大きな効果は睡眠サイクルにおける早朝覚醒であった。睡眠時間の全般的な短縮は逃避不可能電撃の処置後5日間は持続するが、早朝覚醒効果は何日も持続する。

　精神運動の遅滞とエネルギーの喪失　第2章では、コントロール可能な電撃ではなく、コントロール不可能な電撃が、後の電撃出現状況での活動を低下させることを示した。だが、長くコントロール不可能電撃を受け続けた動物は電撃のない状況に置かれても活動が少ない。例えば、Weissら (1981) は、コントロール可能な電撃と不可能な電撃を長期間ラットに与えた。動物は次に水槽に入れられた。ラットには、沈まないように"水泳練習者用の両脇浮き輪"に似た浮き具を取り付けた。Weissとその共同研究者は動物がもがいたり（前足を動かし、水面を進もうとする）、浮く（足を動かさない不動状態）傾向を測定した。コントロール不可能電撃を経験したラットは、もがくのをあきらめ、対照ラットに比べてすぐに不動状態になった。さらに、報酬性であってもコン

トロール不可能な出来事を経験したラットは、新奇な環境におかれたときの探索行動が少ないという報告もある（Joffe, Rawson, & Mulick, 1973）。これらの知見は、精神運動の遅滞とエネルギーの喪失が生じていることを示唆する。

思考力減退 コントロール不可能電撃を受けた動物が、おそらく注意力のメカニズム変容のために、自分の行動と結果との関係を学習するのが困難になることも分かっている。対照群に比べて、環境随伴性の複雑さに影響を受けやすく（Maier & Testa, 1975）、問題解決状況ですぐにあきらめてしまう。人間では、"思考力の減退"と呼ばれる状態に匹敵する。

逃避不可能電撃によるこのような結果を抑うつの"診断基準"とするのは正しいだろうか？　もちろん、われわれは主観的な悲しみや苦悩といった抑うつについて考えているのであって、ラットの抑うつについてはあくまで推測である。だが、逃避不可能電撃を受けたラットの行動は、ラットが人間であれば抑うつと診断されるような特徴を示している。動物で測定することのできるDSM-III-Rの症状はすべて、人間と同じであった。

ここでまた注目すべきことは、逃避不可能電撃を受けたラットに、人間の抑うつでも想定されている神経化学的変化のパターンが認められることである（第3章参照）。さらに、人間の抑うつを緩和する薬物は、動物の学習性無力感も緩和する。三環系抗うつ薬や、モノアミン酸化酵素阻害薬（MAO阻害薬）は、電気ショック療法同様、ラットやイヌの無力感を軽減する（例えば、Dorworth & Overmier, 1977; Martin, Soubrie, & Simon, 1987; Porsolt, Anton, Blavet, & Jalfre, 1978; Sherman & Petty, 1980）。抗うつ薬として効果的でない薬物は、動物の学習性無力感に対してもあまり効果はない。さらに、これらさまざまな抗うつ薬は、動物の無力感の予防にも同じく適用可能である（例えば、Petty & Sherman, 1980）。

人間で、コントロール不可能な事象により実験的にもたらされることのない唯一の抑うつ症状は自殺観念である。この理由の一つは、強度にある。実験的な体験は、自殺行動を誘発するような現実の生活体験に比べたらささいなものである。もう一つの理由は、自殺を手段として利用していることにある。自殺によって苦しみを終結させたり、何か別の目的を成し遂げたりするのである。無力感を強調する理論は、自殺の結末がいかに不適応的であろうとも、自殺の

ような行動を理解することは困難であろう。このことより、自殺が無力感によって直接引き起こされるというよりも、無力感に対する反応であると思われる。

抑うつの改訂学習性無力感モデル

臨床的うつ病と実験的無力感で、症状や治療の関連が強いならば、オリジナルの学習性無力感理論の修正を行なう必然性はあったのだろうか？ モデルの主たる問題は、その不完全性にある。モデルは実験室での人間の無力感と臨床的なうつ病の両方に応用されたが、境界条件を説明できていなかった。実験的無力感は一般的であったが（例えば、Hiroto & Seligman, 1975）、時には限定的でもあった（例えば、Cole & Coyne, 1977）。望ましくない出来事は人間を抑うつ的にさせるが（一時的な場合や持続する場合がある）、時にはそうならない（例えば、Brown & Harris, 1978; Lloyd, 1980）。無力感やうつ病の慢性化、一般性を決定するものは何なのか？ 同様に、オリジナルの無力感モデルは抑うつ者にしばしば観察される自尊心の低下が説明できなかった。人はなぜコントロールができないと認知した出来事に関して、自分を責めるのだろうか？ オリジナルのモデルでは、このことについて何も言及していない。

第5章で説明したように、Abramson、Seligman と Teasdale（1978）は、きっかけとなった望ましくない出来事を個人がどう説明するかを含めた理論に改訂することで、この欠点の修正に取り組んだ。コントロール不可能性の結果として、「なぜ私にこのことが起こったのか」と問いかける。この反応が彼らの反応に影響する。抑うつに関しては、説明の仕方に特定の潜在的パターンがある。悪い出来事を内的、永続的、全体的に説明し（「私のせいだ、これからも続くだろう、私のすることはすべて妨害されるだろう」）、よい出来事を外的、一時的、特異的に説明する（「たまたま起きたのであり、すぐによくなくなるだろうし、この場合だけで生じた」）。そのような説明をする傾向のある人はうつ病の危険がある。

これはなぜだろうか。これまでみてきたように、人は何か悪い出来事で無力的になる時、うつ病に大変似た症状プロフィールが現われる。この症状が数週間から数カ月続くようなら、それはうつ病と呼ばれる。それがすぐに消えるようなら、悪い気分と呼ばれる。それがさまざまな生活に影響するならうつ病と

なるが、ある特定の領域に限定されているならバーンアウト（燃えつき）とか、意欲障害と呼ばれる。従って、望ましくない出来事に遭遇したとき、その原因を将来やさまざまな活動に広げて予期する人は、たんに悪い気分とかバーンアウト（燃えつき）とか、意欲障害というよりも、完全なうつ病になる危険がある。さらに、失敗に対して内的な説明をする傾向のある人は、他の抑うつ症状に加えて、失敗時に自尊心を低下させる傾向がある。

改訂理論の中心概念は、説明スタイル、すなわち、望ましくないさまざまな出来事に対して一貫して同じような説明をする習慣傾向である。なぜ同じ出来事に対して反応が違ってくるかという個人差を理解するためには、出来事を説明する傾向に関係する個人差を考慮する必要がある。なぜ解決不可能な問題の経験後に無力的になる人がいれば、ならない人がいるのだろうか（Alloy, Peterson, Abramson, & Seligman, 1984; Dweck & Licht, 1980）？　なぜ、悪い出来事の後、ある人は抑うつになり、ある人はそうならないのだろうか（Lloyd, 1980; Metalsky, Abramson, Seligman, Semmel, & Peterson, 1982）？　改訂理論では、抑うつになりやすい人というのは、このような出来事を内的に、永続的に、全体的に解釈すると仮定する。まったくあいまいな出来事でも、その人の習慣的な説明傾向が投影されてしまうのである。この傾向が望ましくない出来事に対する内的、永続的、全体的原因に向けられたものである場合、実際に望ましくない出来事が生じたときにその人は抑うつになる傾向がある。

これは改訂理論の中心的仮説であるので、今度はこれを支持する証拠に目を向けることにしよう。数種類に集約して証拠を列挙する。横断的研究では、説明スタイルと抑うつ水準を同時に測定し、その関係を調べる。縦断的研究では説明スタイルと抑うつ水準を時間軸上で測定する。また、フィールド実験では、説明スタイルを測定することを初めに行い、望ましくない出来事に遭遇した後で抑うつになるのは誰かを予想する。

横断的証拠

Sweeney、AndersonとBailey（1986）は、説明スタイルと抑うつとの関係を検証した15000人以上の被験者を含む、104の研究についてメタ分析を行なった。研究では、発表論文が75、未発表論文が29であったが、われわれの研究室の論文は含まれていなかった。これらの知見は、正の事象（よい出来事）と負の事

表6-2 メタ分析

	負の出来事				正の出来事			
	内在性	永続性	全体性	複合	内在性	永続性	全体性	複合
研究数	90	75	61	42	54	43	33	30
効果の大きさ	.36	.34	.37	.44	−.36	−.25	−.12	−.26
確率	.0001	.0001	.0001	.0001	.0001	.001	.001	.001
お蔵入り統計量	12 729	10 254	9 760	6 678	5 114	2 038	262	1 149

Sweeney, P.D., Anderson, K., and Bailey, S. (1986). Attributional style in depression: A meta-analytic review. *Journal of Personality and Social Psychology* 50：974-991.

象(悪い出来事)どちらにおいても、原因を説明する各次元について、改訂説と一致していた。表6-2にはおもな結果を示した。

　筆者は、予測される効果の大きさと有意性を評価するために、2つの統計値を用いた。一つは"効果の大きさ"である。これは、抑うつ群が非抑うつ群に比べて平均してどのくらい離れているかを示す標準偏差で、信頼性を補正したものである。二つ目は"お蔵入り"統計値である。いくつかの研究者が効果を有意でないとしてファイルの引き出しに、未発表のままにしまい込んでおく無意味な知見の数である。表6-2をみて分かるように、効果の大きさは6つの予測値のすべてで有意であった。抑うつ者は非抑うつ者に比べて負の事象を内的、永続的、全体的に説明している(標準偏差は.34から.44の間)。さらに、抑うつ者は非抑うつ者よりもよい出来事を外的に、一時的に、特異的に説明している(標準偏差は.12から.36の間)。これらの予測値はそれぞれ明らかに有意であり、無意味な知見の数よりも意味がある。無力感の研究はとても普及しているが、この知見はあまり知られていない。現在確立された相関とともに、説明スタイルの抑うつにおける役割に関して、いくつかの問題に戻ってみよう。

　抑うつ患者 対 大学生　改訂理論は実際の患者では十分検証されていないことから、せいぜい学生を対象とした場合のみ適用できる理論であるとよく言われる。だが、この批評は間違っている。このメタ分析では、大学生を対象とした研究が52あり(学生ではない健常者の研究も24ある)、抑うつ患者の研究も14ある。抑うつ患者の場合も、上と同じような結果であった。同様に、事象を説

明する際に、それが仮説的出来事であるか（例えば、ASQ）、実際の出来事であるか（例えば、CAVE）、実験的にもたらされた出来事であるかは問題ではなく、どの場合でも、予測された抑うつ的説明スタイルが現われた。

抑うつ的説明スタイルの特異性 悪い出来事を内的、永続的、全体的原因で説明する習慣は精神病理の一般的特徴なのだろうか、それとも抑うつに特異的なものなのだろうか？ この問題はつまるところ、抑うつ群と比較される群の問題である。関連する多くの研究がある。その一つで、Raps、Peterson、Reinhard、Abramson と Seligman（1982）は、単極性うつ病の患者と非抑うつ性の分裂病患者を、入院期間を対応させた上で比較している。抑うつ患者は分裂病患者よりも悪い出来事を内的、永続的、全体的原因で説明した。ただ、分裂病患者の説明スタイルは、内科や外科の患者と、1つの例外をのぞいて、類似していた。その例外は、彼らの妄想観念から分かるように、悪い出来事の説明は外的なことである。

Riskind、Castellon と Beck（1989）は、説明スタイルを推量する CAVE 技法を用いて、単極性うつ病患者（不安障害はない）と一般的不安障害（GAD）の外来患者（うつ障害はない）を比較した。単極性うつ病患者に比べ GAD 患者は悲観的 CAVE 得点が少ないことが分かった。

Eaves と Rush（1984）による研究からも、別な証拠が出された。彼らは、抑うつ的な患者と、抑うつのない統制群とを比較する診断の道具として ASQ を用いた。ASQ の感受性を患者がうつ病である場合にうつ病と正しく診断できた確率として定義してみると、負の事象の内在性は61％、永続性は58％、全体性は77％であった。ASQ の特異性を、患者がうつ病でない場合にそれを正しく診断した確率として定義してみると、負の事象の内在性、永続性、全体性それぞれに94％、94％、88％であった。この数値はうつ病のもっともよい生物学的検査と比べても同等であった。

また、反応性のうつ病者の負の説明スタイルは、抑うつ症状の全時間量、抑うつエピソードの平均的長さ、現在の抑うつエピソードの長さと相関していた。これは特に永続性次元の測定で当てはまった。その相関は、抑うつ症状の全時間量とは.79、抑うつエピソードの平均的長さとは.76、現在の抑うつエピソードの長さとは.71であった（すべて統計的に有意な相関 $p<.01$）。これらのデ

ータは、負の事象の永続性次元が抑うつエピソードの持続時間を反映し、また予測することを示唆する。

Seligmanら（1988）は、単極性うつ病患者と両極性うつ病患者でうつ周期にある患者の説明スタイルに差はないことを見いだした。われわれはまた、メランコリー型うつ病と非メランコリー型うつ病の間や、不安型うつ病と非不安型うつ病の間には、差がないことを見いだした。

"抑うつ的"説明スタイルは、摂食障害や不安、病的ギャンブル、物質（アルコール）乱用など、さまざまな精神病理と関連していることを示す研究がある。明らかに、これらの研究は説明スタイルがうつ病に特異的である知見と矛盾している。しかしながら、すべてではないにしろ、いくつかの場合、説明スタイルの実際の相関の点で、これらの精神病理におけるうつ病の役割が除外されていない。実際、重いうつ症状を有する人の大多数は、他の障害を少なくとも1つは有しており（Sanderson, Beck, & Beck, 1990）、特異性の問題はそれほど単純ではないと、疫学者はみている。

たとえ限界があるにしても、われわれは抑うつ的説明スタイルの存在を自信を持って言える。すなわち、抑うつ的な人は非抑うつ者に比べて、悪い出来事に対して内的、永続的、全体的原因を考え、よい出来事には外的、一時的、特異的原因を考えるということである。この点に関してのこれ以上の議論は無駄であるし、今度は、この説明スタイルがうつ病発生の原因として寄与しているかどうかを考えた方がよいだろう。

改訂理論では、説明スタイルはうつ病の危険因子であると主張している。ある時点で、悪い出来事の原因を内的、永続的、全体的に説明する習慣のある人は、反対のスタイルを持つ人よりも、後でうつ病になる危険が高い。これは、現在抑うつでなくてもそうである。だが、メタ分析の結果は、他の魅力的でない仮説と似たりよったりである。なぜなら、説明スタイルとうつ病は単相関しているからである。おそらく抑うつは悲観的説明スタイルをもたらし、他の場合はそうならない。そして、カテコールアミンの枯渇とか、怒りを自己に向けるなど、何か第3の変数がうつ病と悲観的説明スタイルを引き起こしている。あるいは、その関係は単なるトートロジー（同語反復）なのかもしれない。われわれがだれかを抑うつであると認知するのは、その人自身が自分を悲観して見ているからでもある。従って、われわれが人を抑うつと判断する方法と、悲

観的説明スタイルがあると判断する方法は、同じ現象への注目によるものであろう。たとえ、ある場合にはそれをうつ病と呼び、ある場合には悲観主義と呼ぶにせよ。

こうしたいくつかの可能性は、うつ病と説明スタイルを時間軸上で眺めてみることで解決できる。特に、改訂理論では3つの予測をしている。

1．現在はうつではないが抑うつ的説明スタイルを有する人は、将来うつ病になる危険が大きい。
2．現在うつであるが、非抑うつ的説明スタイルを有する人は、将来はうつになりにくい。
3．（治療や予防処置などにより）説明スタイルの変化を経験した人は、その変化に伴って抑うつ症状も変わるだろう。

さて、今度は危険因子仮説を検証することで他の仮説に反論しようとする2つの研究方略を見てみよう。それは、縦断的研究とフィールド実験である。

縦断的研究

縦断的研究は同じ個人を時間軸上で観察し、いくつかの時点で同じ測定をすることである。この研究法により、初期の段階でどれだけの抑うつ症状があったかが分かるだけでなく、初期の段階での説明スタイルが後のうつ病の罹患性に影響するかどうかが分かる。これは、前節の予測1と2に取り組む方法である。児童、一般成人、うつ病患者をそれぞれ対象にした3つの縦断研究がある。

児童 Susan Nolen-Hoeksema、Joan Girgus と Martin Seligman (1992) は、5年間にわたる縦断研究を350人の3年生とその親を対象に行ない、うつや学業成績の遅滞を説明スタイルから予測しようとした。使用した主たる質問紙は児童版帰属スタイル質問紙 (CASQ; Seligman, Peterson, Kaslow, Tanenbaum, Alloy, & Abramson, 1984) であった。CASQ は強制選択式の質問紙であり、以前の予備研究で児童は成人用の ASQ に答える上で、特に全体性次元の評定に困難があると分かったために作成したものである。この児童用の質問紙では、子どもに関係する仮説的なよい出来事や悪い出来事に続いて、2つの考えられる説明

表6-3　CASQの項目の例

項目	誘意性	変動次元	統制次元
仲のよい友達が、あなたを好きじゃないと言っています。	悪い		永続性、全体性
a. 友達はその日気分がよくなかった。		外的	
b. 私はその日友達に親切じゃなかった。		内的	
誕生日に、欲しかったおもちゃがプレゼントされました。	良い		内在性、全体性
a. みんな、いつも私の誕生日にはどんなおもちゃがいいか分かっている		永続的	
b. 今回の誕生日は、みんな私が欲しいおもちゃをうまく当てた。		一時的	
テストでAをとりました。	良い		内在性、永続性
a. 私は頭がよい。		全体的	
b. 私はその科目が得意だ。		特異的	

Peterson, C., and Seligman, M. E. P. (1984). Causal explanations as a risk factor for depression: Theory and evidence. *Psychological Review* 91: 347-374.

が示される。各出来事は、説明次元の1つだけが変化し、他の2つの次元は一定に保たれている。3つの次元それぞれに16の質問があり、半分はよい出来事で、半分は悪い出来事である。CASQのサンプル項目は表6-3を参照。

　CASQは、内的、永続的、全体的反応には1を与え、外的、一時的、特異的反応には0を与えることで得点化する。尺度は、よい出来事と悪い出来事を別々にして、3つの次元それぞれに質問得点を合計して算出する。尺度得点はそれぞれ0から8になる。CASQの下位尺度の信頼性は妥当であった。下位尺度を結合することで（ただし、よい出来事と悪い出来事は別に）、より満足できる信頼性が得られる。よい出来事の合成尺度のα係数は.66で、悪い出来事では.50であった。CASQの尺度と合成得点は、説明スタイルが成人同様、児童でも比較的一貫した個人差であることを、矛盾なく示している。

　この大規模な研究は、ある予備的研究を基礎としている。それは、168人の3年生から5年生までを対象にした1年間の縦断的調査である。ここでは、抑うつ（児童版抑うつインベントリー; Kovacs & Beck, 1977）と説明スタイルを5つの時点で測定した。それぞれの時点では一貫した結果がみられた（Nolen-Hoeksema, Girgus, & Seligman, 1986）。

第1に、説明スタイルも抑うつも各測定時点の間で安定していた（相関係数はそれぞれ、r=.36～.61, r=.46～.71）。第2に、説明スタイルと抑うつはそれぞれの時点において互いに相関していた（平均r=.29～.48）。第3に、先行する時点での説明スタイルは、その時の抑うつの影響を除外しても、次の時点の抑うつを予測した（偏相関はr=.29～.37）。これが意味することは、一般に、

・抑うつ的説明スタイルを有するがうつ状態にはない児童は、時間とともにうつになっていく傾向がある。
・非抑うつ的説明スタイルを有するがうつ状態を示す児童は、うつが解消していく傾向がある。
・抑うつ的説明スタイルを有し、うつ状態でもある児童は、うつが持続する傾向がある。
・非抑うつ的説明スタイルを有し、うつ状態にもない児童は、非抑うつ状態が持続する傾向がある。

ということである。
　次の知見も重要で、説明スタイルと抑うつの縦断研究の結果として典型的なものである。それぞれ先行する測定時点における抑うつは、その時点での説明スタイルの影響を除外しても、次の時点での説明スタイルを予測した。このことは、悲観的説明スタイルが人を抑うつにしていくのと同じように、抑うつが人を悲観的にしていくことを意味している。この結果のパターンは相互的因果関係といわれるもので、各要因は他方に原因的な影響力を及ぼしている。これは、社会・行動科学の分野、特に思考や気分に関する分野では、法則となりつつある（Teasdale, 1983）。
　先行する抑うつが後の抑うつや、抑うつ的説明スタイルを引き起こしているとすれば、説明スタイルは抑うつへの因果的効果を有していないということなのだろうか？　これはそうではないと思う。というのも、抑うつ気分がもたらされても人の説明スタイルは変わらないことを示す2つの研究がある（Brewin & Harris, 1985; Mukherji, Abramson, & Martin, 1982）。別の言い方をすれば、説明スタイルと抑うつ気分はいつも決まったように変化していくわけではない。

だが、説明スタイルと抑うつの相互の関係は、われわれの結果にさらに分析を追加して、5番目の知見をもたらすことを必要としている。もしも第1時点での抑うつが第2時点での悲観的説明スタイルをもたらすのであれば、第1時点での抑うつは第3時点での抑うつに影響しているのだから、第2時点での悲観的説明スタイルが第3時点での抑うつをもたらすということがあり得るのだろうか？

結果はそうではないことを示唆している。ある n 時点での説明スタイルは n＋1時点での抑うつを予測する。各 n 時点と n−1 時点での抑うつの影響を除外してもである。これは、抑うつ的説明スタイルが後の抑うつに及ぼす純粋な効果は、はじめの抑うつが後の抑うつに及ぼす効果以上に存在することを意味する。

大規模研究の場合は5年間にわたる追跡で10回の時点で測定している。抑うつは先行する抑うつからも、悲観的説明スタイルからも、悪い生活出来事からも、一貫して予測されている。これらの要因はそれぞれ、3年生が7年生の終わりまでにうつ症状を経験することを予測する。

成人 同じような疑問を、Zullow（1984）は大学生を対象に研究した。彼の研究で、154人の学生は3カ月にわたる3回の時点において、ASQ とベック抑うつインベントリー（**BDI**）で評定された。その結果、児童の場合と同じ結果のパターンが現われた。すなわち、抑うつ的説明スタイルは、初期の抑うつに加えて、後の抑うつを予測した（Golin, Sweeney, & Shaeffer, 1981、参照）。

さらに、重いうつが回復期にある人は、状態志向性（反芻志向性）と組み合わさった時に、悲観的説明スタイルにより症状が悪化した。第4章で論じたように、Kuhl（1981）は思考パターンには活動志向（生産的な将来の活動に向けた志向）と、状態志向（悪いことを反芻する志向）があると特徴づけた。Kuhl は反芻者は活動志向者よりも無力感や抑うつになりやすいと論じる。さらに Zullow（1984）は、反芻しやすく、悪い出来事を内的、永続的、全体的に説明する傾向のある者が、もっとも抑うつになりやすい者であるとつけ加えた。

説明スタイルは出来事をパターン化された方法で説明する単なる素質である。その時に抑うつが存在するわけではない。それでは、人を抑うつにする影響力はどれほどだろうか？　この研究は説明スタイルと抑うつを結ぶ経路が何なの

かに関してヒントを与えてくれる。反芻者は自分のことをたくさん話したがる人である。抑うつ的説明スタイルは特定の内容に枠組みを提供する——「私は愚か者で、才能もなく、かわいくもなく、無能力だ」。もしもその人が反芻者で、かつ、この抑うつ的説明スタイルを持つならば、頻繁に自分のことを話すだろう。反芻者だが次のような非抑うつ的説明スタイルを持つならば、自分のことを頻繁に話しても、抑うつになることは少ない——「今日は不運な日だ。彼女は気むずかしい。上司は気分が悪い」。もしもその人が反芻者ではないけれども抑うつ的なスタイルを有しているならば、抑うつ的な話はそれほどしないだろう。

　Zullow（1984）は反芻が説明スタイルと抑うつを結んでいると提案した。意識的に考えることは、抑うつを誘発する連鎖の最後のきっかけになる。悪い出来事の内的、永続的、全体的帰属は短期的な抑うつ症状をもたらすのには十分である。加えて、より頻繁にこのような考えをするほど、症状は長期化し重篤化していく。Beckの言葉では、悪い出来事の内的、永続的、全体的原因帰属を含んだ自動思考（脅迫的思考）が抑うつを引き起こすという。この推測は、Kammer（1983）やDweckとLicht（1980）の知見と一致している。彼らの知見は、抑うつの成人や無力な子どもが抑うつ的説明スタイルを有するというだけではなく、出来事の説明をいろいろと心に抱くということである。抑うつは、その人の説明スタイルの産物というだけでなく、どれだけ頻繁に反芻するかの産物でもあるだろう。

　嫌悪的な出来事に直面したときに、人は特に考え込む傾向を示すという研究（例えば、Wong & Weiner, 1981）も、この推測と一致している。悪い出来事が起きた時にはわれわれは考え込むが、悪いことがたくさん起きた時にはよりいっそう考え込む。このことは、ストレスの多い生活出来事と抑うつとの強い結びつきを、素因としても誘因としても説明するものである（Lloyd, 1980）。これらの知見はしばしば、そのような結びつきが生じる理由についてあまり注意していないが、われわれはそれを説明するものが認知であると思っている。抑うつになること事態悪い出来事であり、悪い出来事、抑うつ気分、原因帰属、反芻という段階的影響があると分かった。

　患者　FirthとBrewin（1982）は、抗うつの医学的治療を受けている患者の抑うつの経過を調べた研究を報告した。その結果、最近の望ましくない生活出

来事を一時的なものでコントロールできるものと説明した患者は続く6週間に抑うつになることは少なかった。Brewin（1985）は回復に関する類似の結果（例えば、Cutrona, 1983）を引用して、説明スタイルの力による回復モデルを論じた。特に、悲観的説明スタイルを持つ場合の抑うつ改善の予測よりも、楽観的説明スタイルを持つ場合の抑うつ改善の予測の方が一般に確証しやすいと、彼は強調した。

　患者を対象にした縦断研究で最後に示すのは少し変わったもので、1個人だけを対象にした研究であった（Peterson, Luborsky, & Seligman, 1983）。しかしながら、彼の行動はとても正確に、とてもきめ細かく予測できた。ミスターQというこの患者は、4年間行なわれた心理療法のセッション中、気分の急速な変化を示した。ミスターQの200以上のセッションがテープに記録され、サンプルが書き写され、気分が揺れる前後の彼の全説明内容が分析された。分析されたのは3タイプで、ミスターQが抑うつになった時のもの、抑うつが少なくなった時のもの、気分の変化が起こらなかったときのものであった。気分が揺れる前後のセッションから悪い出来事に対する説明を抽出し、内在性、永続性、全体性を評定するという、CAVE技法のごく初期のやり方であった。

　われわれは、ミスターQの抑うつ前後の気分の揺れを同定するためにいくつかの基準を使用した。(a) 気分の変化についての彼自身の報告（例えば、「私の気分は今落ち込んでいる」）、(b) 気分の揺れが生じた治療セッションの書き写しを読んだ2人の判断の一致、(c) その揺れが、別の揺れと時間的に近接していないこと（すなわち、同じセッションの15分以内）。この基準を適用した結果、ミスターQがうつになった4つの揺れと、うつが軽減した5つの揺れが同定された。

　悪い出来事に対する説明は、各揺れが生じる前の最初の400語と、揺れの後の400語から抽出した。比較のために、気分の揺れが生じなかった3セッションからランダムに選ばれた800語の節からも、原因説明を抽出した。図6-1にはそれぞれのセッションの平均値を示してある。

　改訂理論の予測通り、差異はミスターQの気分の揺れの前にあった。つまり、抑うつが増加する前には、内的、永続的、全体的原因説明をすることが多く、抑うつが減少する前には、外的、一時的、特異的原因説明をすることが多くなっていた。揺れの前の原因説明は、抑うつ増加の場合と減少の場合、まっ

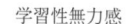

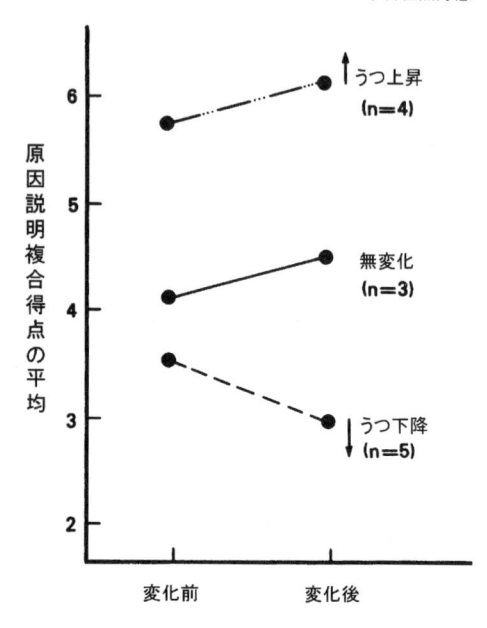

図6-1 ミスターQの原因説明
(Peterson, C., Luborsky, L., and Seligman, M. E. P.)

たく異なるものであった。

　これはきめの細かい事例研究ではあるが、実験的研究ではない。そのため、原因説明が気分の揺れをもたらしているといえるためには、第3の変数の影響、相関のある何か他の要因による影響を除外しなければならない。同じ筆記録の中から、ミスターQの不安、絶望感、罪の意識、敵意、自尊心の低下、エディプス・コンプレックスなど、さまざまな特徴を調べた。その結果、あるセッションで抑うつ気分が上昇した場合と下降した場合に、これら他の変数は、原因説明と同じような差異を示さなかった。気分が変化する前に異なっていたのは原因説明だけであった。

　この研究は改訂無力感モデルがうつ症状を有す一個人にも応用されることを示す。抑うつ増加への揺れが生じたセッションと、抑うつ減少への揺れが生じたセッションとでは、先行する原因説明評定がまったく異なるということは、原因説明によって抑うつ気分の変化を完全に予測できることを示している。

　要約すると、これらの縦断的研究は抑うつ的説明スタイルがうつ症状に先行するという予測と大部分は一致している。中には、この予測を支持しない他の

研究もある（例えば、Peterson, Schwartz, & Seligman, 1981）。これらの研究を細かく論じるよりは、抑うつはとても持続的になる場合があり、抑うつが時間軸上で十分変化しない場合には、説明スタイルの効果をみるための縦断的研究は機能しないことがあるといっておこう。別の言い方をすれば、説明スタイルが効果を持つのは、抑うつが変化した場合だけである。われわれが記述してきた研究で共通するのは、抑うつ状態から非抑うつ状態へ、あるいはその逆に、変化する人がいるという事実である。

論じてきた研究には重要な欠点がある。悪い出来事を操作したり評価していないのである。悲観的スタイルを有する人は多くの悪い出来事を経験している（あるいは、引き起こしてさえいる）可能性があり、従って、抑うつを引き起こしているのは、単に悪い出来事であるかもしれない。さらに、Abramsonら（1978）によれば、抑うつ的説明スタイルそれ自体では抑うつ発生に十分ではない。抑うつ症状が生じやすくなるのは、悪い出来事が実際に生じて、それを内的、永続的、全体的原因の点で解釈するときだけである。この研究は悪い出来事を調べてはいないので、予測を検証したとは言いがたい。次の節の研究は、抑うつ的説明スタイルが存在している人に悪い出来事が生じると抑うつが生じやすくなるという強い予測を検証している。

フィールド実験

抑うつの改訂無力感理論を検証する理想的な方法は、個々人の説明スタイルを測定し、彼らの中からランダムに半数を選んで何か恐ろしい出来事を経験させることである。抑うつ的説明スタイルを有す被験者が、次にこの出来事を経験すると、予測では最も抑うつになりやすい。明らかに倫理的な問題があるが、自然に生じた悪い出来事が実験的操作の部分に取って代わるような、準実験的方法によって、これはある程度解決できる。そこで次はそのような研究をいくつか報告する。最初の研究では、悪い出来事は中間試験での満足のいかない成績であった。2つ目の研究では、投獄であった。3番目には、フィールド実験の論理を拡張したもので、説明スタイルに及ぼす治療効果をみる。

中間試験研究 Metalsky、Abramson、Seligman、Semmel と Peterson（1982）は大学生を対象に、中間試験で低成績だった時の反応を予見する研究を行なっ

た。参加者は心理学入門の授業を受ける学部学生であった。第1時点で、参加者は、ASQ と、授業の中間試験で満足と思う成績と不満足と思う成績をたずねる質問紙に答えた。中間試験の直前の第2時点では、多面感情形容詞チェックリスト（MAACL; Zuckerman & Lubin, 1965）により、抑うつ気分の水準が評価された。中間試験の成績受け取り直後の第3時点で、学生は再度 MAACL で評定された。

試験成績が、彼らが不満足と表明した成績に等しいかそれ以下であった場合、その被験者は低成績を受けた人であると考えた。改訂理論の予測を検証するために、悪い出来事に対する説明スタイル得点と、MAACL 抑うつ尺度の第2時点と第3時点の標準残差得点との相関をみた。何が起きたか？ 悪い出来事に対する説明スタイルは低成績の学生の抑うつ気分増加を予測した——内在性（$r=.34, p<.02$）、永続性（$r=.04$, ns）、全体性（$r=.32, p<.02$）。だが、成績のよかった学生はそうならなかった。

最近、Metalsky、Halberstadt と Abramson（1987）はこの研究よりも洗練された研究を行なった。今記述した基本的知見に加えて、中間試験で失敗した学生の説明スタイルと実際の説明の関係を調べた。無力感の改訂理論では、人の説明スタイルは失敗した時の実際の説明に影響することで抑うつに影響していくと主張している。Metalsky ら（1987）は、学生に中間試験でどのように説明したかを提示してもらった。研究者は説明スタイルが中間試験失敗に対する特定の説明を予測することを見いだした。そして、その特定の説明は抑うつ反応を予測した。説明スタイルそれ自体は、特定の説明をすることに対する効果以上には、抑うつ反応に影響はなかった。この実験は改訂理論で仮定される因果の連鎖を支持するものである。

囚人研究 説明スタイルは留置に続く抑うつを予測するのだろうか（Bukstel & Kilmann, 1980）？ 留置は疑いもなく悪い出来事である。生活上のあらゆる面で、囚人のコントロールは否定される（Goffman, 1961; Taylor, 1979参照）。従って、留置に対する共通の反応は抑うつであると考えられる。さらに、悲観的説明スタイルを持つ囚人は、収容後もっとも抑うつになりやすいと予測した。これに関する予備的研究を説明しよう。囚人は収容下において ASQ で評定された。そして、解放された後すぐに、BDI に評定した（Peterson, Nutter, & Seligman, 1982）。

　ニューヨーク、オハイオ、ペンシルバニアの囚人、245人の成人男性（17〜64才、平均27才）は、収容後1週間以内にASQに評定した。収容は1カ月から1年とさまざまだが、解放前1週間以内にはBDIに評定した。28人の囚人は収容直後のBDI得点が利用できた。このときの平均値は1.68で、収容時にはまったく抑うつにはなっていなかった。

　だが、収容の最後には、囚人のBDIの平均値は17.7で、やや重いか、重い抑うつ状態におかれていた。さらに、収容が終わるときの抑うつ症状は拘置開始時の説明スタイルと関連していた。予測通り、悪い出来事に対する説明スタイルは抑うつ症状の発生と正の相関があった——内在性（$r=.34$, $p<.001$）、永続性（$r=.36$, $p<.001$）、全体性（$r=.35$, $p<.001$）。

　これらのフィールド実験は改訂理論を確認し、抑うつ的説明スタイルを持つ者は、悲劇や災害が襲ったときにもっとも抑うつになりやすい人であると予測させるものである。この予測因子の実用性については、現在、身内と死別した者や、サイクルの早い両極性うつ病者、出産直後の女性などで研究されている（Cutrona, 1983; O'Hara, Rehm, & Campbell, 1982; O'Hara, Neunaber, & Zekoski, 1984も参照）。フィールド実験が行なわれた最後の重要な集団は治療中の抑うつ患者で、説明スタイルの変化がみられている。

　治療　治療はわれわれの定義をフィールド実験できる場である。患者の説明スタイルと抑うつを、治療の前、治療中、治療後に観察できる。改訂理論は治療に関して2つの予測をする。（1）説明スタイルのよりよい方向への変化（悪い出来事を外的、一時的、特異的に説明するようになること）は、抑うつからの快復につながる。（2）治療中にうつ症状が緩和しても、説明スタイルがよくないままの患者は、再発の傾向がある。

　単極性うつ病の快復でよく報告される治療には4種類ある。そのうちの2つは身体的なもので、抗うつ薬（一般に、三環系抗うつ薬）と電気ショックである。残りの2つは精神治療法で、認知療法と対人療法である。ここでは、三環系抗うつ薬と認知療法の治療における、説明スタイルとうつ症状の変化を追跡した。

　ある研究で、単極性うつ病患者は三環系の治療か、認知療法か、その両方の

治療を12週間受けた（Hollon, Shelton, & Loosen, 1991参照）。それぞれの治療は抑うつを大きく軽減させた。治療の開始時、中間時、終了時にはASQによって説明スタイルを測定した。患者のうつ症状の軽減と説明スタイルのよい方向への変化にはどのような関係があっただろうか？　三環系の治療群の場合、その相関は有意ではなかった。認知療法と三環系治療の両方を受けた群は強い正の相関を示した（r＝.55, p＜.001）。認知療法群の場合は、とても強い正の相関であった（r＝.77, p＜.001）。Seligmanら（1988）やPersonsとRao（1985）も抑うつの軽減と治療中の説明スタイルの改善とに正の相関を報告している。

　これらの結果は何を意味しているのだろうか？　認知療法中に説明スタイルがより良い方向に変化するにつれ、患者のうつは少なくなる。ところが、薬物療法では説明スタイルの改善は、症候の改善とは無関係であった。これは、認知療法と薬物療法が異なる過程で抑うつを解消することを示唆する。おそらく、薬物療法は患者を活動的にし、認知療法は原因の見方を変えている。

　この知見は示唆に富むが相関があったにすぎない。原因連鎖に関するわれわれの仮説はこうである。認知療法は、抑うつを高揚させる説明スタイルを、良い方向に変える。データがしっかりしていれば、これは真実である。だが、抑うつの変化が説明スタイルを改善させた可能性や、認知療法が記憶力をよくするなど何かを変え、それが説明スタイルと抑うつを改善した可能性もある。われわれは現在原因連鎖が実際どうであるのかについて詳細な検証を行なっている。今記述した患者の12の治療セッションそれぞれから、セッションごとの治療の量と質、説明スタイル、抑うつ水準を索引化した。われわれは、連鎖を検証するための因果モデルに取りかかっている。われわれが見いだしたいと思うのは、多くの認知療法が施されたセッションに続いて説明スタイルが改善するということである。そうなれば、抑うつ症状は軽くなる。

　説明スタイルの改善が見られない人からも、症状再発を予測しうるヒントがある。Seligmanら（1988）は、認知療法を受けた38人の患者を1年間追跡調査した。治療の終了時に説明スタイルの改善が最小であった4人中、3人の患者には再発がみられた。治療終了時にはうつ症状は軽減したにもかかわらずである。このことから、当面の間、うつ症状の軽減と説明スタイルの改善の両方がみられるまで、治療はやめない方がよい。

　説明スタイルの変化が三環系抗うつ薬に対してではなく認知療法に対して特

異性を持つということは、認知療法の活動要因の本質は説明スタイルの変化であることを示唆する。他の言葉でいえば、認知療法の基本的技法は説明スタイルを変える方略ということになるのかもしれない。自動思考を認識し(「私はひどい母親で、死ぬに値する」)、それに反する証拠を用意すること(「いいえ、陰鬱な人間ではない」)は、悪い出来事の説明を内的、永続的、全体的なものから、外的、一時的、特異的なものへ変えることのようである。代わりの説明を探すこと(「君がお粗末な学生だというのは実際のところ本当なのだろうか？教授は全員に低い成績を与えたのではないだろうか？」)は、内的、永続的、全体的説明が少ないものを探しているようだ。他の認知療法の技法——再帰属訓練——は、説明スタイルの変化と明らかに連動している。

要約すると、認知療法は説明スタイルを著しく改善する。この改善は持続性がある。Seligmanら(1988)は1年の追跡で説明スタイルの安定性が高いことを見いだした。われわれは、認知療法の効果の本質は説明スタイルの変化にあると推測する。おそらく、将来の認知療法は、明確にはっきりと帰属に焦点を当てたものになるだろう(Forsterling, 1985参照)。

近代化と抑うつ

次に進む前に整理しよう。本章は抑うつを概観することから始めた。その症状は学習性無力感の症状とまさに一致していることが分かった。しかしながら、(実験的にもたらされた)無力感がうつ病のモデルであると主張するオリジナルの理論には欠点があると論じた。境界条件を説明できなかったのである。抑うつ的説明スタイルという条件を付加することで、理論はうつ病の時間的・空間的変動を説明できるようになった。説明スタイルはまた、だれがうつ病になる危険があるのかを予測し、そのことを確認する多くの証拠を見いだした。

われわれは、うつ病の危険因子(遺伝的性質、悪い生活出来事、秋冬の季節など)すべてについて余すところなく議論する機会を持ち合わせていないが、改訂理論が主張する危険因子では説明が難しいものがある。それは、この本の副題、『パーソナル・コントロール時代の理論』にもある危険因子である。現代の生活上の何かしらが抑うつの可能性を何倍も秘めているようであり、それは個人を美化するものでもあるのである。

ゆううつの時代か？

われわれがゆううつの時代に生きているという証拠は増えている。かつては、抑うつの広がりを歴史的に比較することは難しいと思われていたが、近年のいくつかの研究は、そのような問題、特にうつ病の分類が時代によって異なるという問題を乗り越えてきている（Jackson, 1986）。他の言葉でいえば、今日のうつ病の診断は50年前の診断と違うところがあるという意味だが、1940年と1990年のうつ病の割合を表にして比較することはリンゴとミカンを比較するようなものである。しかしながら、現在の研究は、DSM-III-Rと関連させた構造化された診断面接から導かれた統一した分類機構を用いており、1950年のうつ病の事例は今日の事例と同じ基準を満たしているに違いない。

ECA（疫学的通院範囲）研究 1970年代後半、国立精神衛生研究所（NIMH）は、アメリカにおけるさまざまな疾患頻度に関する明確な統計量を得ることにした（Robins et al., 1984）。この目的のために、3つの中心地（ニューヘーヴン、ボルティモア、セントルイス）を指定し、典型的なサンプルとして1万人の成人が1978年から1981年にかけて標準的診断面接を受けた。この研究は精神病理学の学生にとっては金の宝庫である。ここではその一つの側面である年齢ごとの大うつ病の生涯有病率を集中的にみてみよう。

疾患の生涯有病率は生涯で少なくとも一度疾患にかかった人の割合である。これは累積的な統計量であるので、たとえその疾患が歴史的時間上で同じ危険性を有していても、若齢者より高齢者の方が年齢を重ねているという理由だけで、生涯有病率は高くなる。大うつ病の発生は対象者にうつ症状が生涯のいつの時点で生じたか、またその程度はどうであったかを聞くことで確認した。表6-4には、3つの地域における異なる年齢集団の生涯有病率を示している。

結果は注目すべきものである。もしもあなたが1910年に生まれたのであれば、少なくとも70年は発病の機会があったにもかかわらず、大うつ病になる可能性は1.3％にすぎない。反対に、1960年以降に生まれたのであれば、20年の発病機会しか持たないのに、既に5.3％の可能性を有している。これはとても大きな差であり、2つの世代間で、うつ病発症の危険性はほぼ10倍の増加があることを示唆する。

表6-4　大うつ病の年齢別生涯有病率（％）

生まれ	18-24才 1960年 n＝1397	25-44才 1945年 n＝3722	45-64才 1925年 n＝2351	65才以上 1910年 n＝1654
ニューヘーヴン	7.5	10.4	4.2	1.8
ボルティモア	4.1	7.5	4.2	1.4
セントルイス	4.5	8.0	5.2	0.8

Robins, L.N., et al. (1984). Lifetime prevalence of specific psychiatric disorders in three sites. Archives of General Psychiatry 41: 949-958.

家系研究　大うつ病の人の親族は、おそらく遺伝的理由で、うつ病になる危険が高い。同じ親族集団（誕生が近い10人）は危険性のある親族を持つ傾向があるのだろうか？　この疑問に答えるために、感情障害のある523人の親族2289人は、大うつ病の生涯有病率を調べるための構造的診断面接を受けた（Klerman et al., 1985）。

　歴史的時間の効果はここでも大きく、一つの順序があった。例えば、1950年生まれの女性と1910年生まれの女性を比べてみよう。1950年生まれの女性の65％は30才までに抑うつエピソードを経験しているが、1910年生まれの親族仲間が30才までに抑うつを経験したのは5％以下であった。ほとんどすべての対応する年齢時点で、誕生が近年に近いほど大うつ病の危険が高く、そして早かった。全体的に、2世代の間にはほぼ10倍の危険性増大があることが、ここでも推定された。

高齢のアンマン派の人びと　この2つの研究が行なわれた時と同じ頃、ペンシルバニアのランカスターに住むアンマン派の人びとのうつ病率についても調べられており（Egeland & Hostetter, 1983）、似たような診断面接が行なわれた。アンマン派はとても厳格なプロテスタントの宗派である。家庭で電気を使うことは許されておらず、輸送手段には馬や馬車が使われ、アルコール中毒や犯罪などは実際彼らの知るところではなく、反戦主義は絶対的である。彼らは閉鎖的集団で、18世紀の創始者30人から完全に系統が引かれている。彼らは精神病を人類にもっとも悪い影響を及ぼす病気の一つであると見なしているので、うつ病や自殺の網羅的疫学研究にはよく協力してくれた。

1976年から1980年の5年間に41人の大うつ病の事例が見つかった。5年間で0.5%の罹患率であった（成人のアンマン派は8,186人）。この割合をECA研究の対応する数字と比較してみると、アンマン派の人びとが大うつ病になる危険性は、現代文化に生きる隣人であるアメリカ人の約5分の1から10分の1であると推定できる。

説明可能性

　正常うつ病の罹患率が今世紀は一定で変わらないと仮定してみよう。しかし、昔の人は今の人とは違ったやり方で自分たちのうつ病を操作しているとも考えてみよう。特に、正常うつ病にみられる気分の低調や悲観性は、重要性は低いが避けられないものであるにもかかわらず、過去にはあまりまじめに取り扱われなかった。

　「良いものは強調し、悪いものは捨てよ」「ブルーな気分になったら、愛する人のために何かをせよ」「人生、楽な暮らしができるわけがない」「仕事は人生の価値を高める」といったことは、今世紀前半、気分が落ち込んでいる時の対処として人気のあるガイドラインであった。ネガティブな気分に気づいたり報告することを最少化する方略もある。これは正常うつ病が単極性うつ病に発展しにくくするにちがいない。

　対照的に、個性やコントロール、快楽主義などを重視するわれわれのような文化は抑うつの増加という代償を払っている。実際、われわれは単にパーソナル・コントロールを持っているのではない。持つことを是認し、美化する。だが、うつ病は部分的にはパーソナル・コントロールの障害であると仮定してみよう。つまり、うつ病は、自分自身の無力さに気づき、絶望を感じることから生じると仮定してみよう。そうであれば、現代にうつ病が大流行することは予測できるだろう。

　近代化により、現実に適応するだけではなく、それ以上の達成目標や期待がわれわれには出てくる（「どんな問題も解決できる」というように）。そして、たくさんの無力感予期や失敗が生じてくる。われわれは、多くの機会と選択を持つほど、失敗の可能性も大きくなる。最後に、失敗理由を内的、永続的、全体的に説明することを、近代化が支持・是認するほど、抑うつ的説明スタイルは強まっていく。われわれは個人のコントロールを人間にとって重要なものと

考えるので、個人が失敗したときには、自責——永続的で全体的な欠点——がもっともらしい説明となる。

アンマン派についての議論を思い出してほしい。彼らは土地均分論社会におり、個人の目標や選択は限られている。"コントロール"は彼らの社会や神に存在している。慎み深い個人には、目標はコントロールを達成するための大きなチャンスとなる。そして、失敗した時には、その責任のすべてを個人にはおかないような説明構造を持っている。失敗は一時的で特異的な原因によるもの（死後の世界や神の考えたこと）とみなす。

さらに、現代のわれわれの社会とカルリの人びととを比較してみよう（Schieffelin, 1990）。彼らはうつ病とは無縁のニューギニア文化の人びとで、失敗や喪失はいつでも必要なものであり、つねに報われて元に戻ると信じる。人はしばしば無力になるが、そうなった時も、彼らは現在の無力感を絶望感に変えるような永続的、全体的説明構造を持っていないのである。

論議

無力感とうつ病の分野では、議論は3つある。第1は、説明スタイルがうつ病の危険をもたらすメカニズムは何なのか？　第2は、現実との関わり（現実認知）がより正確なのはうつ病者と非うつ病者のどちらか？　第3に、正常うつ病は単極性うつ症状と連続性を持つのか不連続なのか？

説明スタイルのメカニズム

抑うつ的説明スタイルが後の抑うつの危険を増すことは、証拠事実から示唆されている。これは、説明スタイルが後の抑うつを引き起こしているのだろうか、それとも、原因となる何か他の過程と相関しているだけなのか？　もしも原因であるならば、それは最小の役割か最大の役割か？　これは学術的な疑問ではない。もしも、抑うつ的記憶のような何か他の過程が抑うつを引き起こし、抑うつ的原因思考とは単に関連があるだけであるとしたら、治療は説明スタイルよりもそうした過程に焦点を当てるべきである。

われわれの理論では説明スタイルはうつ症状を引き起こす連鎖の中でかなり初めの方に位置している。抑うつの直接的原因となっているのは、悪い出来事

はコントロール不可能であるという予期である。従って、悪い出来事の現実性とその説明によって予期は影響を受ける。説明スタイルは実際の説明に影響する。だが、通常、検証されてきているのは（説明スタイルと抑うつの結びつきのように）理論の中の一つの結びつきだけであり、同じ流れの中で2つ以上のステップを検証しているのはMetalskyら（1987）のような研究だけである。この研究においてさえ、説明スタイルは、他のうつ病の縦断的研究の場合と同様に、うつ病の変動のわずかな部分だけを説明してる。他の変数はここのところで機能しているようである。他の心理過程の何が抑うつの危険を高めているのだろうか？ それは説明スタイルとどのように相互作用しているのだろうか？

一つの寄与因は"予期スタイル"であろう。人が悪い出来事の原因説明に特徴的なものがあるのと同様に、悪い出来事の発生を予期することにも特徴的なものがある。通常、この二つは密接に関連している。つまり、もしも愚かさのために試験で失敗すると信じるならば、将来の学術的な面での失敗予期は永続的で全体的なものとなるだろう。だが、原因と結果はいつでも同じ特徴を持っているわけではない。

例えば、あなたが飲酒運転者の酒酔い事故により肢体不自由者になったとしたら、その原因は一時的で特異的なものである。しかしながら、生涯車椅子生活となったら、その結果は永続的で全体的である。この出来事は、たとえどんなにその原因を限定的にみたとしても、抑うつになりがちである。このことを考慮し、Nolen-Hoeksema, SkinnerとSeligman（1984）は、ASQにおける出来事の結果がどうなるかを尋ね、それを永続性、全体性次元に沿って評定させる予期スタイル質問紙（ESQ）を考案した（結果の内在性次元は多くの意味を持たない）。説明スタイルと予期スタイルは.50の相関を持ち、ともに抑うつとの相関がほぼ同じであることが分かった。この時点では、これらの変数がそれぞれ抑うつにどのように寄与するのかが分からないが、予期スタイルは抑うつを引き起こし、説明スタイルは単に抑うつと相関があるだけである可能性がある。

HullとMendolia（1991）はこの可能性を因果モデルの技法を用いて探求した。大学生を対象とした二つの研究で、彼らは説明スタイルが予期に対する効果を通じて抑うつ症状を予測することを見いだした。このことは改訂理論と一致する。しかしながらこれらの研究者は、説明スタイルが抑うつに直接的影響を有しており、予期という仮説媒体に依存しないことも明らかにした。

Abramson、Metalsky と Alloy（1989）も、将来の悪い出来事に対する予期が抑うつをもたらす上で重要であるという可能性を緻密にみている。彼らは、無力感の帰属モデルの改訂（いわば、再改訂理論）として記述した中で、うつ病の近接原因としての絶望感を提案している。"絶望感"は、悪い出来事が将来頻繁に起こるだろうという信念と対になった無力感（反応-結果独立性）の予期を含んでいる。この絶望感の説明により、個人が悪い出来事の発生を予期しない限り、無力感の信念それ自身が抑うつを導くことはない。例えば、ある個人が核戦争やテロリストの攻撃の結果をコントロールすることはできないと信じていても、これらの出来事が実際に起こると予期しない限り、コントロール不可能性により落ちつきを失うことはない。

　絶望感理論は説得力を持っているが、これまで書いてきたように、まだ検証されていない。かなり優れた概念的区別を提案しているが、実際の研究でそれを引き出すことは難しいし、困難でさえある。これと同様に、無力感モデルはオリジナル版でも改訂版でも、一度にすべての仮説的過程を検証することはできないことが批判されうる。これは、現在の研究技法に内在する困難さによるものである。Abramson ら（1989）の"再改訂理論"も、なおさらそうである。だが、少なくとも当面の間は、改訂理論を放棄するつもりはない。

　抑うつを引き起こすと思われるもう一つの過程は、ネガティブな側面の知覚で、おそらくそれは説明スタイルに引き続いて生じるものである。説明スタイルが機能し始めるのは、悪い出来事を認知し、ネガティブなものと評価した後である。だが、抑うつは説明や予期、記憶に比べ情報処理の水準が低く、出来事はネガティブなものと判断・評価される。同様に、抑うつ者はネガティブな記憶に容易に接近する（Bower, 1981）。ネガティブな評価やネガティブな記憶のどちらの過程も抑うつ的説明スタイルをもたらす傾向がある。

　求められているのは、これらの構成概念の明確な説明と操作可能性であり、説明スタイル、予期スタイル、絶望感、否定的評価、ネガティブな記憶への接近など、後の抑うつの危険を高めるこれらの変数の縦断的研究である。

　この問題に関係しているのは生活出来事の役割である。改訂無力感理論は、抑うつ的説明スタイルを素質とし、コントロール不可能な悪い生活出来事をストレスとした"素質-ストレス・モデル"を意味する。だが、ストレスよりも素質の方が証拠は多い。例えば、Nolen-Hoeksema ら（1986）の児童の研究や、

Firth と Brewin（1982）の患者の研究で、説明スタイルは抑うつを予測したが、生活出来事は予測しなかった。これは、概念的な問題というよりも技術的な問題である。つまり、大きな出来事（死や離婚）の通常の測定は、日常的混乱よりも測定に問題はない（Kanner, Coyne, Schaefer, & Lazarus, 1981）。だが、問題は概念的ゆがみにある。怪物の存在である。

小説"ガープの世界"で、ガープの息子は両親に引き波（undertow）に気をつけるようにいわれた（Irving, 1978）。彼は、これを、水泳プールの配水管の下に潜んでいると思われる危険な怪物の名前（undertoad）であると間違える。同時に、抑うつ的思考が、現実の出来事だけでなく想像上の誇張された出来事に縛られる。光明を取り囲む雲を眺め、どこにでも潜んでいる怪物を想像する。水泳プールの破裂で、抑うつ者は、結婚の決裂のような意気消沈状態に陥る。抑うつに陥る生活出来事は客観的混乱や大きな生活出来事ではなく、しばしば、容易には測定できない怪物であったりする。つまり、精神力動的（無意識的）思考が抑うつの理論づけに確かに寄与しているということが、怪物の世界に見られるのである。では、なぜ水泳プールの破裂が、ある人の幸福感にとても脅威となり、別の人にはそうではないのだろうか？

Dykema、Bergbower と Peterson（1992）は、最近、抑うつに及ぼす想像的恐怖（怪物）の役割について報告している。縦断的研究で、われわれは悲観的説明スタイルが、日常生活で経験する混乱の数に及ぼす効果を通じて、後の抑うつ症状に通じていることを見いだした。またこの研究では、大きな生活出来事の測定も含んでいたが、それらは単独でも説明スタイルとの交互作用によっても抑うつ症状には影響しなかった。別の言い方をすれば、悲観的説明スタイルを持つ者は、楽観的な者よりも世界を苦悩が多いと見なしており、この認知が抑うつに通じているようである。

現実を曲解する者はだれか？

おそらく抑うつ者は現実認知が正しく、非抑うつ者はよいように、自分のためになるように、現実を曲解する。本章を読む読者の多くは、この世では自分でできること以上のことをしようとしても無駄であると信じているだろう。それではなぜあなたはそんなに元気なのでしょう？　残りの非抑うつ者は、究極的に、われわれはみな失敗するとか、この世のことなどどうでもよいといった

認識ではなく、積極的な錯覚をするのだろうか？

これは2番目の争点になる。一方で、Beck (1967) は、抑うつ者は自己破壊的に現実を歪曲すると見なしている。他方で、Lauren Alloy と Lyn Abramson が行なった実験は、自己防衛的であれ、現実を歪曲認知するのは非抑うつ者であるという証拠をわずかながら集めた。Beck の視点は直感的に分かりやすい。抑うつ者はしばしば配水管の怪物を見る。彼らはプールが壊れたのは自分が無能なためであり、家から追い出されないようにと考える。この臨床的視点は、うつ病の治療を真に主体的に行ない、幸福を導く者でありたいとする臨床家の意志に支えられている。

抑うつの関数としての歪曲認知は、5つの領域で研究されている。コントロールの判断、成功予期、技能判断、記憶、説明スタイルである。これらのデータを余すところなく概観する余裕はないが、各領域で分かっている要点をすばやく概観するためには、Alloy と Abramson (1988) の論評論文から学ぶことができる。

コントロールの判断 今では古典的となった実験で、Alloy と Abramson (1979) は抑うつ学生と非抑うつ学生にボタンを押してもらい、光の点灯をどれだけコントロールしているかを判断させた。研究者は実際のコントロールの量をほぼ完全なコントロールからまったくコントロールのない状態まで変化させた。コントロールがある場合には、すべての被験者は判断が正確であった。コントロールがない場合、抑うつ学生は正確な判断を維持した。コントロールがない場合の実質的コントロールの報告で、非抑うつ学生はかなり不正確となった。Alloy と Abramson (1979) は、抑うつ者は悲しいが賢い者であり、非抑うつ者は現実を自分によいような方向に歪曲すると結論した。

非抑うつ者のコントロールの錯覚は、情報の知覚がゆがんでいるためではなく、受け取った情報の組織化の仕方によるもののようである。非抑うつ者はボタンを押した場合と押さなかった場合の光の点灯確率を正確に知覚するが、コントロールができている方向への判断になるよう情報を組織化する。彼らは抑うつ者であればしないような方法で（「カウントが行なわれていない。準備ができていない」）、コントロールの失敗を割り引いて考える。さらに、この現象には自我が関与している。抑うつ者が他者のコントロールを判断する場合には、

錯覚が生じてしまい、他の人が持つコントロールの程度を膨らませる（Martin, Abramson, & Alloy, 1984）。

この基本的知見は何度も追試されている（例えば、Tennen & Sharp, 1983; Vazquez, 1987, experiments1, 2）。だが、いつでも見いだされるわけではない。Vazquez (1987, experiment4) は、非随伴的な結果刺激が光ではなく否定的な陳述（「私の問題は大抵解決できない」）である場合、抑うつ者はコントロールしていると判断するが、非抑うつ者は非随伴性を検出する。逆に、陳述が肯定的な内容である場合、抑うつ者は非随伴性を検出するが、非抑うつ者はコントロールの錯覚をいつものように示す。

研究結果は、全体的に、非抑うつ者は典型的にコントロールの錯覚を示し、抑うつ者はコントロールを正確に推定するという方向になっている。ただ、少なくともいくつかの境界条件では、抑うつ者は進行中の事象にゆがんだ見方をし、非抑うつ者は正確である。

成功予期　Golin、Terrell と Johnson (1977) は、抑うつ者と非抑うつ者にさいころを転がしてもらい、成功確率を推定させた。勝ちは、さいころの目が2、3、4、9、10、11、12であった場合と定義し、客観的勝利確率は44％であった。抑うつ者の推定は正確であったが、非抑うつ者はうまくいくと過大評価をした。

同様に、Alloy と Ahrens (1987) は学生に学術上の成功を予想させた。ここでも抑うつ学生は正確であったが、非抑うつ学生は成功の可能性を膨らませた。たくさんの研究結果は、非抑うつ者の楽観性（オプティミズム）の存在を示しており、この現象は広くみられるものなので、肯定的錯覚（positive illusions）という独自の呼称さえもっている（Taylor, 1989）。非抑うつ者のオプティミズムに関して興味があるのは、その対照者（抑うつ者）が必ずしも抑うつ的悲観主義者というわけではなく、むしろ抑うつ的現実主義者であるという事実である。

技能の判断　数年前のニューズウィークの報告によると、80％のアメリカ男性が自分の社会的能力は上位半分に位置していると考えているという。もしも、Lewinsohn、Mischel、Chaplain と Barton (1980) の結果が妥当なものであるな

ら、これらの男性は非抑うつ者であったにちがいない。研究者は抑うつ患者と非抑うつ患者にパネル・ディスカッションに参加してもらい、あとで、自分の遂行能力を判断してもらった。討論の観察者の判断では、抑うつ患者は非抑うつ患者よりも社会的能力が低かった。重要なのは、抑うつ患者は自分の能力を正確に判断したのに対し、非抑うつ患者は過大評価したことである(Roth & Rehm, 1980; Siegel & Alloy, 1990; Strack & Coyne, 1983参照)。

記憶 抑うつ者と非抑うつ者に、よい出来事と悪い出来事の体験を思い出してもらう研究がいくつかある（例えば、Teasdale & Russell, 1983)。一般に、抑うつ者は悪い出来事を多く再生し、よい出来事は少ししか再生しないが、非抑うつ者はその逆のパターンを示す。だが、正確なのはだれなのか？　つまり、よい出来事と悪い出来事の実際の数が分かっている場合、過去をゆがめてみるのはだれなのか、抑うつ者か非抑うつ者か？

これについては対立するデータがあるが、一般に、抑うつ者はよい出来事の再生が少なく、悪い出来事については正確であるが、非抑うつ者はその反対である (Buchwald, 1977; DeMonbreun & Craighead, 1977; Dennard & Hokanson, 1986; Nelson & Craighead, 1977; Wener & Rehm, 1975参照)。

説明スタイル　"失敗者は孤児だが、成功者は何千もの父親を持つ"。この言葉は非抑うつ者には当てはまるが、抑うつ者は成功しても失敗しても1人の父親しか持たない。

説明スタイルに関するわれわれの研究すべてに、一つのパターンが一貫して現われた。非抑うつには偏りが、抑うつ者には公平さがあった。このことを説明するために、われわれはよい出来事と悪い出来事に焦点を当てている。抑うつ者の説明スタイルはよい出来事でも悪い出来事でも大体同じである。すなわち、抑うつ者の悪い出来事に対する内的、永続的、全体的説明が平均より少し上であれば、よい出来事の内的、永続的、全体的な説明も平均より少し上である。非抑うつ者には偏りがある。悪い出来事は外的、一時的、特異的に説明する傾向があるが、よい出来事は内的、永続的、全体的に説明する傾向がある。さらに、非抑うつ的であるほど偏りも大きい。ASQにおける正の出来事に対する複合得点と負の出来事に対する複合得点の差異は偏り度を示している。得

点差が大きいほど偏りも大きい。

　Alloy（1982b）は抑うつと非抑うつの児童、生徒、患者11人のデータを論評した。彼女はほとんどすべての事例で、非抑うつ者は大きな偏り度を示すのに対し、抑うつ者はバイアスがまったくないことを示すゼロの周辺にいることを見いだした。このことは、非抑うつ者は成功を自分がもたらしたもので、永続し、自分のすべてのことに広がっていくとみる傾向がある。逆に失敗は、だれか他の人の責任であり、すぐになくなり、この場限りのものであるとみなす。逆に、抑うつ者は自分の成功も失敗も同じようにして生じたとみなす。他の面を見てみれば、非抑うつ者は自分が特にこの世界で好意的に思われていると思うが、抑うつ者はこの世界は自分とは相容れないと思う。

　偏り度に関する研究が同時に示唆することは、抑うつ者が悪い出来事を内的、永続的、全体的に原因説明をし、よい出来事は外的、一時的、特異的に原因説明をすると断言するのは、慎重になるべきであるということである。このことが真実となるのは、非抑うつ者と比較して結論を出した場合であり、これは、実際、われわれの研究プログラムがいつでも行なってきた方法である。絶対的な意味で真実ではない。

　5つの領域――コントロールの判断、成功予期、技能の判断、記憶、説明スタイル――の研究では、全体的に、非抑うつ者の自己利益的歪曲と抑うつ者の正確さが現われている。ただ、記憶に関するデータでは、他の領域ほど明快ではない。将来の研究で、この論争の疑問は基本的に2つに向けられるべきであると思う。

　第1に、抑うつがとても重篤になった場合、抑うつ者にも歪曲が生じるのだろうか？　これらの研究の大多数は、中・軽度の抑うつと非抑うつとを比較しており、抑うつ者に歪曲が見られたという臨床的逸話はとても重篤な抑うつ者の場合である。われわれは、歪曲に関する5種類の一大研究が、躁病から重篤なうつ病までの全範囲にわたって行なわれることを期待している。

　第2に、抑うつ者の現実主義は抑うつの危険因子か、単に抑うつと相関があるだけか？　すべての研究が横断的であるため、現実主義者が抑うつとなる傾向があるかどうかとか、良性の錯覚を有する人が非脆弱さ（打たれ強さ）を保持する傾向があるかどうかということは分からない。はじめの時点では抑うつではない人で、5種類の抑うつ的現実主義をすべて有する人を対象とした縦断

的研究により、この因果の疑問には答えが出るだろう。

　そのような研究の結果は、学習性無力感が抑うつの現象をどれほど適切に捉えているかを評価する上で重要である。学習性無力感とうつ病の関連は密接であり多数の類似点があるが、抑うつ者の現実主義の現象が——そのままあるなら——とても重要な非類似点となる。無力感（抑うつもそうだと思うが）が反応-結果独立性の認知と関連していると考えられていることを思い出してほしい。この独立性の知覚は真実である。だが、いま論評した研究は、初めの時点で抑うつでない人は、この知覚を受け入れない。ということは、抑うつの学習性無力感モデルは既に抑うつ状態の人にのみ適用されることを意味するのだろうか？

連続性-不連続性

　理論家や研究者はしばしば、軽度の抑うつと重度のうつ病は異なるものであり、一方の現象をもって他方の現象に一般化することはできないと主張する。この不連続性の視点はうつ病の医学的モデルに直接由来する。この視点によれば、治療や入院を必要とするほど重篤なうつ病は疾患である。それは病気であり、われわれがよく知る正常うつ病とは種類も程度も異なる経過を示す。だが、この主張を調べるほど、間違っているように思えてきた。われわれはうつ病を連続的なものだと信じる。軽度なものと重度のものの区別は単に量的なものであり、この論争自体しっかりした理論や研究の基礎をもっていない。この論争は所属団体の問題で、知的なものとはいえない。

　不連続説の立場にみられる言葉の使い方の差異を考えることから始めよう。詳細な考察を強いているわけではない。一つの考えられる意味としては、犬のコリーとダックスフンドの違い、通貨のペニーとニッケルの違い、小人症の人と背の低い人との違いのように、軽度の抑うつを経験した人は重度の抑うつ経験者と異なるということである。不連続説の主張は、1つ以上のうつの特徴を分布させてみると、末端に大きな割れが見られるということである。例えば、矮小発育症（小人症；dwarfism）と身長の低い者とが異なる性質であるのは、背の高さの分布の末端には、手足が胴体と釣合いを失ったようなとても背の低い人とは異なる特徴を持つでこぼこ人間（bump）がいるからである。他方、極小人（midgets）は、身長の低い人とは程度の差だけがあるようである。と

いうのも、身長の分布の低い方の側に、でこぼこ人間はおらず、分布の上の方の人と異なる性質は持たないからである。単極性うつ病の"疾患"は、矮小発育症の人や極小人のようなものなのだろうか？

　うつ病は、さまざまな症状の数と重篤度により診断される。不連続説は、うつ病者の（あるいはすべての母集団の）不眠症や自責、体重減少などの諸症状が、2つの異なる特徴に分離することを要求しているが、そうなっているという証拠はない。実際、われわれの抑うつ研究の多くが、ある変数（説明スタイルなど）と抑うつの重篤度との相関を、決まりきったように求めている。もちろん、抑うつが重篤な人と非抑うつ者には違いが見られるが、この差異は連続説の立場と不連続説の立場のどちらでも両立するのである。だが、重要なのは、うつであるほど、人はその特性を有しているというように、われわれはいつもその変数と抑うつの重篤度との間に線形の関係を見いだすことである。われわれが知っている研究で、個人の抑うつ症状がないか、軽度か、中度か、重度かを気にかけてみている研究では、連続性の証拠が得られている。不連続性を支持する主張をする研究は、単に、抑うつ症状の全範囲にわたって対象者を研究をしていないのである。

　強力なうつ病診断検査のための医学的研究について考えてみよう。抑うつと思われる人に生物学的な投与をすることで抑うつを同定しようとする医学手続きがある。投与に対する生理反応により、被験者が明確に2つのグループ（抑うつ群と非抑うつ群）に分かれることが望まれた。最初の投与の後、デキサメタゾン抑制試験は、比較群として中度の抑うつ者を含めるようにすると、抑うつの強力な診断手続きとしては失敗の烙印が押された（Nierenberg & Feinstein, 1988）。研究者は現在、甲状腺解放ホルモンに対する反応を観察しているが（Loosen, 1988）、同じ結末になるだろうと思う。

　不連続説に立つには、軽度のうつ病になりやすい人は、重度のうつ病にはなりにくいということや、その逆のことも必要である。そうである証拠をわれわれは知らない。それとは反対だと思う。軽度な抑うつは重篤なうつ病の温床であり、重篤なうつ病の経歴は軽度なうつ病の危険因子である。

　不連続説について第2に考えられる意味は、軽度のうつ病が1つの症状（群）で特徴づけられるのに対し、重度のうつ病が2つめの症状（群）で特徴づけられるということである。軽度のうつ病は、悲観性と意欲障害を特徴とする認知

的障害であるのに対し、重度のうつ病は身体と食欲の乱れを特徴とする身体症状であると示唆する研究がある。別の言い方をすれば、軽度のうつ病には身体症状はなく、重度のうつ病には認知的症状はない、もっと正確にいえば、軽度のうつ病の場合には身体症状よりも認知症状の方がまさっており、重度の場合にはその逆である。けれども、確かな証拠はない。

　第3に考えられる不連続的視点は、軽度のうつ病と重度のうつ病は、その症状は同じ連続帯にあるにしても、原因が異なっているというものである。軽度のうつ病は生活上の妨害に対する反応であるのに対し、重度のうつ病はおそらく遺伝的に伝わった生化学的異常から生じたものである。しかし、この場合も研究の証拠は見つかっていない。実際、得られた知見は、軽度のうつ病と単極性のうつ病が、早期の喪失体験、コントロール不可能な出来事の経験、悲観的予期、家族の抑うつなど、同じ危険因子を有することを示唆する。さらに、遺伝的危険も連続説と不連続説の立場を区別していない。単極性うつ病の遺伝的危険を示す研究も実際、存在する。例えば、一卵性双生児は二卵性双生児よりもうつ病の一致率が有意に高かった（Allen, 1976）。しかしながら、1つの遺伝子が抑うつを引き起こしているのでなければ、遺伝性の証拠は不連続説の証拠とはなり得ないし、この場合もそうでないことははっきりしている。例えば、このデータを連続説で見てみると、ある種の遺伝的材料が存在すればするほど、うつの重篤度も大きくなる。不連続説の視点では、遺伝的材料がすべてあれば抑うつは生じるが、ないならば、抑うつは生じないということになる。

　第4に考えられる不連続説の視点は、軽度のうつ病は心理的治療を可能とするが、重度のうつ病の治療は薬物を必要とするということである。他の言葉で言えば、中度と重度の区別は、症状や原因の点からはできなくとも、治療の点で意味を持つのである。階段から転がり落ちて、足の骨を折った人を考えてみよう。落ちたのが階段1つの場合から、何段もの場合まであるように、骨折は軽いものから重度のものまで連続的に異なる。だが、"軽度"の骨折の場合には少し休むだけでよいが、"重度"の骨折の場合には、回復にギブスが必要となる。だが、ここでも、抑うつの形態が軽度か重度かによって、治療効果が異なるという証拠はない。

　不連続説の立場のさまざまな解釈を調べてきたが、いずれもそれを支持しなかった。連続説の仮定の方がまさっている。だが、なぜ一部の理論家や研究者

は不連続説をそれほど強く信じ続けるのか疑問が残る。

　3つの関連する理由があると思う。第1の理由は、精神病理学者が診断名のついた現象を研究する場合にバイアスを示すということである（Persons, 1986）。軽度なうつ病は、DSM-III-Rや、研究診断基準（RDC）や、情動障害-分裂病スケジュール（SADS）に該当しないので、重度なうつ病とはまったく異なると思うのである。重度なうつ病はもちろん、それ自身の診断名を持つ。

　第2の理由は、精神力動論や生物学的観点で仕事をする精神病理学者は、生活上の問題を具体的問題として考える傾向があるということである（Szasz, 1961）。重篤なうつ病はその現れが永続的で普遍的特質を持っているため、背後に何かあるに違いないと思いやすいが、一時的で限定された軽度のうつ病の場合には背後に何もないと思いやすい。

　第3の理由は、精神病理学者は精神病の治療になるような問題を研究する傾向があるということである。確かに患者であるかないか、入院するかしないかは、うつ病の重篤度と関係している。患者であることや入院することは、人を差別化するあらゆる社会・心理的過程を進めていく。だが、これらは抑うつから派生したものである。患者となることは、症状の連続体上で重篤であるだけでなく、治療費を支払ったり、結果としての汚名に耐える意志があることを示す。患者になると詳細な健康保険計画を考えることになる。これらは性質上の差異ではない。軽度と重度の違いがもっとも意味を持つのは、おそらく、社会・経済的条件に目を向けた時である！　いずれにせよ、われわれは、これらのバイアス——レッテル貼り、具体的背景推量、入院など——によって、抑うつの量的差異を実際以上のものにしてしまわないようにすべきである。

　前にもふれたように、不連続説の信念の背後にある力は、究極的には所属団体の問題からきていると思う。単極性のうつ疾患が正常うつ病と不連続であるという信念は、現実の世界では重要な意味を持つ。つまり、うつ病は医学関係者が取り扱うべきものであるとか、治療方法は、心理学的なものよりも生物学的なものであるべきであるとか、研究のための患者選択は、学生や工場労働者や主婦が行なうのではなく、うつ病の把握と軽減に興味を持つ研究者が行なうべきであるとか、研究の設定場所としては病院やクリニックが適当であり、教室やショッピング・センターではないなど、こうした考え方は、不連続説を支持する証拠がなければほとんど意味をなさないものである。

われわれは、理論家や研究者に重篤度の連続性に注意するのを止めろといっているのではない。注意するようにいっているのである。伝統的な無力感研究を行なう研究者の中にも、抑うつの重篤度の異なるサンプルで同じような疑問を調べた者が若干いる。抑うつ症状の頻度、相違、持続性、難治性が異なる者を研究することによってのみ、抑うつの経過と緩和の十分な理解が得られるのである。

明らかになっていること

1．単極性うつ病の自然発生的症状は、動物と人間の学習性無力感の症状とうまく適合する。
2．抑うつ者は悪い出来事の原因を内的、永続的、全体的に説明し、また、よい出来事の原因を外的、一時的、特異的に説明する傾向がある。
3．この抑うつ的説明スタイルはおそらく後のうつ病の危険因子である。
4．認知療法は単極性うつ病を有意に軽減するが、同時に説明スタイルも改善する。

　まとめてみれば、これらの知見より、学習性無力感モデルがうつ病の有効な説明モデルであることが分かる。うつ病の過程は、モデルで明確化されているものよりも疑いもなく多いが、学習性無力感モデルは確かにいくつかの重要な要因を指摘している（Akiskal & McKinney, 1973, 1975参照）。注目すべきことは、抑うつに対する学習性無力感の研究アプローチがいつでも理論的に行なわれてきたのに対し、抑うつについての他の多くの説明が非系統的な観察や臨床的試行錯誤によって発展してきたということである。

分かっていないこと

　われわれは既に、理論やデータで現在対立する問題となっているいくつかの論点——メカニズム、歪曲、連続性——について論じた。そして、これらの論争が決着するような研究を概説した。しかし、まだ対立するデータや強力な理論的論争のテーマとなる領域が2つある。それは、うつ病の性差の基礎と、う

つ病の予防である。

　Susan Nolen-Hoeksema（1987, 1990）は、性差とうつ病に関する多数の研究を広範囲にわたり論評した。これらの研究は、女性に約2倍の危険性があることを説得力を持って指摘した。だが、この性差の原因についてはまだ分からない。

　まず、方法論的にしっかりした研究、すなわち、標準化された評価手続きと、大きな標本サイズ、それに、単極性と両極性のうつ病を分離する診断システムを使用している研究を考えてみよう。これらの研究は治療事例（現在治療を受けている人）と、研究者が戸別に訪問する地域社会のサンプルに分けられる。合衆国の治療事例の8研究のうち7研究で、抑うつ女性は抑うつ男性よりも有意に多く、その比率は2対1であった。合衆国以外の治療事例の10の研究では、9つの研究が抑うつ男性よりも抑うつ女性の方が多いことを示し、その比率は2.3対1であった。治療事例では抑うつの基本的性差が明らかではない。女性は男性よりも治療を求めやすいからである。この問題を解決するために、たくさんの地域社会研究が行なわれており、そのうちもっとも包括的な研究については前に言及した（ECA研究）。多くの主要な地域研究が男性に対する女性の優勢さを示し、その平均比率は2対1より少し下だった。Nolen-Hoeksemaの研究は、うつの経験が人為的産物ではなく遺伝的差異によるものであることをはっきりさせている。

　全体的に、抑うつが女性に優勢であることははっきり確立している。なぜそうなのかがはっきりしない。われわれの理論化したものから矛盾なく導かれるいくつかの仮説がある（Nolen-Hoeksema, 1987）。一つは、女性の地位の低さと早期の社会化が、女性を依存的で受動的にし、生活上の重要な出来事をコントロールすることに無力さを予期させているというものである（Radloff, 1975）。もう一つは、女性は男性よりも抑うつ的な説明スタイルを学習したというものである（Dweck & Gilliard, 1975）。最後の可能性は、女性は男性よりも状態志向（非活動志向）で、したがって、悪い生活出来事（一番は抑うつそれ自体）について悩んだり、話したりしがちであるが、男性は活動が多く思考が少ないというものである。抑うつの状態志向（特に、抑うつ的説明スタイルがある場合）は、抑うつを増幅するが、活動志向は抑うつ気分を鈍らせ、問題解決をもたらす。

データは、これらの仮説がそうであったとしても、必ずしも真実であるといっているわけではない。われわれがまず必要とするのは、知覚されたコントロール不可能性や、説明スタイル、状態志向に関する男性と女性の差異についての横断的研究である。これら3つの認知発達の抑うつとの関係についての縦断的な研究も、究極的には重要である。ここで重要であると思われるのは思春期への移行期である。思春期前は男子の方が抑うつ障害は多いが、思春期を過ぎると、劇的な移行が起き、女子はより抑うつ障害を持つとRutter（1986）は報告した。無力感認知や、説明スタイルや状態志向は、思春期に男女間でなにか方向転換があるのだろうか？

いったん抑うつが生じれば、認知療法やさまざまな抗無力感技法はそれを緩和できる。だが、治療を求める人は重篤な抑うつになった人の一部だけである。合衆国では、若者の約10人に1人が人生のある時点で大うつ病のエピソードを持つ。10人中他の1人は軽度の抑うつエピソードを持つ。25万人が次の10年間で自殺をするだろう。15％の人は生涯でアルコール依存や薬物依存になるだろうが、その大部分は抑うつの結果である（Robins et al., 1984）。このうちのいくつか、あるいは多くは、予防できるのだろうか？

抑うつ的説明スタイルと無力感に対する対処能力（レパートリー）の不足は、抑うつの危険をもたらす。認知療法やさまざまな行動療法（例えば、主張訓練や社会技能訓練）は説明スタイルを改善し、対処能力を増加させる。抑うつを軽減する認知療法や行動療法は予防的に教えることができると思う。さらに、これらの技法は教室場面で集団的に指導できる。そして、これを行なう非常に重要な時期は、うつ障害の危険が何倍にも高まる思春期の初めである。

ここで、次の研究を提案する。6年生のある大きな集団は、毎週の授業で、"パーソナル・コントロール訓練"を受ける。そこでは、自動思考や、それに拮抗する証拠整理や、再帰属訓練、代替説明の探索、抑うつ発生条件への挑戦などを明確に理解する。他のグループは同じ時間量の性教育や、他の役立つが特定化しない技法（パーソナル・コントロールに関して）を学ぶ。3番目のグループは何も受けない。そして、10代の間、抑うつ症状や、うつ病発生率、自殺企図、物質（アルコール等）乱用、学業成績を追跡調査する。予防的パーソナル・コントロール訓練を受けたグループは抑うつ問題の発生率が低いと予測させる。人類のもっとも劇的な公衆衛生上の出来事は確かにソークワクチンで

あった。ポリオはすべてではないにしろ、若年者の統一的免疫治療により除去された。今日起きている抑うつの流行は、抑うつに対する免疫を学校で系統的に行なえば激減するだろう。

第7章　学習性無力感と社会問題

　人間における学習性無力感の話には2つの流れがある。一つは、実験室において、犬にコントロール不可能な電撃を与えた後に見られるような現象をつくり出そうという試みに関連している。二つ目は人がどのように適応に失敗するかを説明するのに無力感現象を当てはめようとするものである。この2つには、いくつかのきわだった違いがある。既に第4章で述べたように、無力感に関する基礎的研究はいまだ議論の余地を残すものであるが、その一方でその臨床的応用という点では、多くの場合、強く支持されているのである。しかし、ここにもっと興味深い話もある。学習性無力感の概念がもっとも多くに適用されたのは、うつ病についてである。そしてこのことがとりもなおさずもっとも論争の的になっている。6章では、なぜこのような論争がおこっているのかについて触れた。

　本章では、学習性無力感がうつ病以外の社会問題にどのように適用されているかを検討する。学習性無力感の概念は幅広くかつ多様に適用されており、例えば夕刊のちょっとした記事から聖パウロの受難といったテーマにまで広がっている。一部の理論家達が無力感の概念を無批判に使っているため、偏らないように注意を払いながらこれらの適用について見ていくことにする。まずある特定の不適応行動に対する、学習性無力感の適用に関してもっともよい評価方法がどのようなものかを論ずる。その後に最も広く適用がなされている領域を調べ、われわれが提唱する基準に基づいて実証的に評価する。

　最後に、学習性無力感の適用において過剰に比喩的な例をあげ批評を行なう。理論家のなかには、根拠が曖昧であるにもかかわらず、学習性無力感の考えが十分に機能していると主張するものもいるかもしれない。同時に、受動性を説明するために、この無力感を適用せざるを得ない必要性があることにも共感できる。過度に能動的なこと、例えば肉欲、大食、貪欲さ、大罪などについては、情熱ということで簡単に説明されるのに対して、過度に受動的であることにつ

いては説明に困るのである。また、一般的に言っても受動性は人々にとって最もいらいらさせられることである。例えば、

・うずくまって耐える
・自分自身を防御するのに指一本動かさない
・行動する前に考えない
・あきらめる
・努力しようとしない
・ふんばって頑張ろうとしない
・振りかかってくることに関心を払わない

そこであらゆる学派の心理学者が、受動性について説明しようと試みた。精神分析家達は、依存やマゾヒズムや死の本能など複雑な概念を考え出した。彼らはその学説の中で、人々は受動的であるようにかりたてられてそのように振る舞い、そのことによって引き起こされる悪い結果に満足していると提唱している。同様に厳格な行動主義者は、能動的でないことにより報酬が与えられると同時に／あるいは能動的であるために罰せられることにより、人は受動的態度を学習すると提唱している。精神分析の理論をどのようにしたら検証できるのかは知るよしもない。一方、行動主義者の主張は、検証することはできるが、何かが欠けているように思われる。受動性は、能動性を促すような賞や罰が広く行き渡っている状況でも起こりうる。このような場合、どのようにして受動性を説明できるのだろうか。受動性の説明概念として、学習性無力感は魅力的なものである。道具的条件づけによる説明と同様に、学習性無力感は環境での出来事を出発点とする。しかし条件づけの説明とは異なり、学習性無力感は受動性自体に意味を持たせて説明する事ができる。そこでおのずと無力感モデルを社会問題に当てはめてしまうような強力な魅力に気づくのである。同時に上手く当てはまるものから、そうでもないものまであることも分かる。学習性無力感をどの場合にも無理に当てはめることには賛成できない。なぜなら学習性無力感をあらゆる場合に等しく当てはめようとすることは、そのモデルが上手く当てはまっている場合の信頼性まで脅かす危険をはらんでいるからである。

学習性無力感の基準

　「学習性無力感」という言葉が使用される際は、その現象を認識するための3つの基準がある（第1章）。第1に、学習性無力感は集団や個人や動物が不適切な受動性を示すときに存在する。効果的に対処することが可能な状況であるのに、その状況に応じた精神的または行動的な活動をしないために、その状況に見合うことができないということである。第2に、学習性無力感はコントロール不可能な出来事の出現に引き続いておこる。いわゆる悪い出来事そのものが、学習性無力感を引き起こすのではないのである。もちろん心的外傷（トラウマ）は受動性も含めて不幸な反応を引き起こすことがあるだろう。しかし心的外傷により引き起こされた無力感は、学習性無力感とは異なるものである。第3に、学習性無力感は、自らはコントロールできない出来事にさらされている間に獲得された特定の認知により媒介され、それが新たな状況に遭遇した時に不適切に般化したものである。しかし、これらの認知の本質がまさに何であるかについては分かっていない。

　これらの基準は、ある特定の社会問題がどの程度学習性無力感を反映しているかを判定する際に利用することができる。それでは学習性無力感が反映されている社会問題の典型例とはどのようなものだろうか。第1に、その人（または集団）は、受動的に振る舞い、場にそぐわないだろう。このことは大変重要である。人はさまざまな理由によりさまざまな状況において受動的になりうるが、「学習性無力感」の場合は、能動的であれば望む結果が得られる状況でさえ、その受動性を固持しているのである。受動性は多くの場合、条件づけによって起こる。つまり受動的であることで得をしたり、能動的であることで罰せられるから、受動的になると想像できる。活動しないことは結果的には同じでも、そのことで報酬を得ているならば、それらは適切なものといえる。

　第2に、その人は自らコントロールできない出来事を経験してきたのかもしれない。既に述べたように、学習性無力感のモデルでは、その出来事をコントロールできないことが重要であり、それが外傷的な性質であるかどうかは重要でない。実験室では、ショックをマッチさせるヨークト手続きを用いることによって、コントロール可能性を電撃の生理的特性から分けることを図ることができる。しかし、現実の世界ではそれは簡単ではない。それでもやはり、それ

がコントロール不可能であることを示そうと企てることは重要である。

　帰属の再公式化を用いると、この課題は容易となる。なぜならこの理論は、コントロールが不可能であると認識していないのであれば、客観的にコントロールが不可能であること自体はなんら気落ちすることではないことを強調しているからである。人がある出来事をコントロール不可能と信じたときにのみ無力感が生じる。この議論の中で重要なことは、無力感に陥った人々が自分の生活上の出来事をコントロール不可能とみなしているかどうかを、研究者は確認すべきだということである。彼らはコントロールできないと思えば思うほど、より無力に振る舞うだろう。全ての対象者が同じような出来事を経験した場合、それをどう思うかによってその後の障害はさまざまに変わってくるだろうと予測される。このような仮説に基づいてなされた研究として、失恋に対する抑うつ反応の研究（Peterson, Rosenbaum, Conn, 1985）がある。全ての対象者が同じ出来事（失恋）を経験するが、彼らのコントロール感はそれぞれ異なっていた。この認知の違いは、彼らが経験する混乱の程度を予測する。コントロール感が少なければ、抑うつ症状は重くなるだろう。

　第3に、ある人の自滅的行動が学習性無力感で十分に説明がつくならば、その人の受動性はその人が信じている無力感によるものだろう。重要なのは、学習性無力感はある種の認知的現象なのだということである。しかしながらその認知表象がどのような形をとっているかはまだはっきりとは分かっていない。

　ここで帰属の再公式化が取り上げられた理由は、人がある結果に至った理由づけをしたがるからである。つまりこのような結果になったのはこういう原因だからだということを考えて信じ、またその信じる理由をためらわずに研究者に話すことができるからである。前述したように、われわれは原因帰属に焦点を当て、予期についてあまり注意を払ってこなかった。振り返ってみて、私達はこのことを後悔している。なぜなら予期は、実際には私達の理論にもおおいに関連があるからである。おそらくこれは口述された予期が予測に用いられる場合の混乱によってあまりに影響されるというわれわれの感覚からきたものであった。一方、説明スタイルは何カ月間、何年間の単位でずっと安定していた。個人の説明スタイルは気分の操作にも影響を受けないし、肯定的な自己呈示もまたそうであった。

　最もよく学習性無力感を適用できる方法は縦断的研究である。なぜなら無力

感についての理論は、オリジナルにせよ修正版にせよ、いずれもプロセスについての理論だからである。理論によって予測された通りに出来事が展開して初めて、われわれは学習性無力感が存在すると自信をもって言える。残念ながら、縦断的研究はほとんどない。横断的研究はより多くなされており、そこでは同時点での異なる尺度の関連が検討されている。原因説明と受動性などのような同時点での相関は、無力感的予測と一致するものではあるが、その他の要因の可能性も否めないため、学習性無力感を支持するには、明らかに弱い。

　学習性無力感の優れた例は3つの基準が全て存在するものである。悪い例は1つの基準しか示されていない（あるいは全く1つの基準も示されていない）。このような見方は、学習性無力感の概念がどのように適用されているかを評価するのに役立つ。なぜなら、特定の行動を悪い例から優れた例までの間で位置づけることができるからである。最後に、学習性無力感の適用例の多くが、基準の中の幾つかだけを示していて、優れてもいないが悪くもない中位のものであると言うことを申し述べておこう。これらの適用例は、全面的に受け入れられるべきではないし、完全に退けられるべきでもない。そこで、"さらなる調査を必要とする"というありきたりの結論になるわけであるが、学習性無力感を認識するための明確な基準は、少なくとも今後なされるべき研究の方向性を与えてくれるはずである。

適用例の検討

　ここでは一見自滅的に見えるが、理論家が学習性無力感の例として仮設をたててきたさまざまな行動について論ずる。それぞれの適用例を学習性無力感の基準に基づいて経験的に評価し、そのトピックスを悪い例から優れた例まで順序立てて呈示する。さらに、3つの基準に照らしながら、それぞれの適用例についての判定を最後の表にまとめる。

　社会問題に無力感の概念を適用して論ずるとき、われわれは必然的に政治的な問題に迷いこむ。まず学習性無力感モデルの政治的色合いについて述べる。学習性無力感モデルを、保守的か進歩的かのどちらか分けるのは難しい。このモデルには両方の要素があるように思われるからである。一方で、学習性無力感は人間の性質についての進歩的な見方を示す。それは、無力感は最終的には

環境によるというものである。環境を変えれば、無力感も一緒になくなるだろうというのである。ここでは無力な人々の受動性はそのように動機づけられたものとは見なされず、世の中の仕組みについての確かな信条に基づく理にかなった反応と見なされる。そこで環境への介入が無力感を防ぎうることになる。

また一方で、学習性無力感は保守的な色合いも持っている。だれかを無力であるという場合、例えばわれわれは「そうだね、これまでなにもかもが彼女がコントロールできるような事態ではなかった。それで彼女は無力なのだ。でも今は努力しさえすれば、結果は違ったものになるだろうに」と言うだろう。もしも本当にいま結果がコントロールできるなら、この分析は理にかなっている。もしもその人の問題が世界をどのように見ているかということによるのであれば、認知的介入は有効であるといえるだろう。しかし、もしも世界が相変わらず混沌としたままであるならば、そこに生きる人が学習性無力感を示しているということはとんでもない過ちである。

非常に悪い例

学習性無力感の最も悪い例の研究文献はほとんど見あたらない。しかしわれわれはまず *Worm Runner's Digest* の2つの（ユーモラスな）記事を例示しよう。ひとつは死んだ鳩に対して学習性無力感を適用したもので（Gamzu, 1974）、もう一つはペットの石に対して適用したものである（Maier, 1974）。これらの結末は教訓的なものである。能動的でないことはどんな場合も必ず学習性無力感を意味すると見なすことで理論家がいかに過ちを犯すかを示しているからである。

いささかの悪意もないが、非常に悪い例として、かつて読んだある本の一章を引用したい。なにからの引用かはっきりしないが、しばしば島を襲うフィリピンのモンスーン災害についての話である。ここでの議論によれば、島に住む人々はモンスーンによって学習性無力感に陥る。われわれはフィリピンについて熟知しているとは言いがたいが、この議論が説得力に乏しいものであると評価できる程度には知っているだろう。なぜなら学習性無力感のどの基準もここには報告されていないからである。

フィリピンが長年相当の混乱を蒙ってきたことは知っているが、これらの問題を述べるのに受動性の概念を用いるのが最もいい方法なのだろうか？　　（例

えばアキノの革命は、草の根援助活動に支えられたもので、受動性が証明されているとは到底思えない)。仮に受動性が妥当な表現であるとしても、それは不適切な受動性であろうか。もしも思い通りの世界に住んでいたとしても、フィリピンの国民は受動的に行動するであろうか？　それとも彼らが受動的であったのは、政治的に危険な情勢におけるトラブルを避けるための戦略だったのではなかろうか。

　同じように彼らが受動的であったのは、(受動性が本当に存在するとしたらの話ではあるが)モンスーン(季節風)がコントロール不可能なものであったからだろうか、あるいはモンスーンによって物理的にダメージを蒙ったからだろうか。モンスーンをコントロール可能な場合と不可能な場合とで実験することはできないが、コントロールできないと言う条件は同じでかつ、被害の程度が異なる地点において研究することは可能である。もしも学習性無力感が作用しているのなら、受けたダメージのいかんにかかわらず、彼らは受動的になるだろう。彼らがモンスーンをコントロール不可能なものと認識しているかどうかについてインタビューしてみるといいかもしれない。彼らがコントロールできないと認識すればするほど、彼らはより受動的に行動するだろう。にもかかわらず、これまで述べた仮説を検証できるようなデータは何も引用されていない。そこで、われわれはこれを、無力感を適用したとても悪い例であると結論づけることができるのである。

悪い例

　ここでは必要な基準の全てが示されていないばかりでなく、矛盾した意味を持つとさえ思われるような学習性無力感の概念を適用した例をあげることにする。言い換えれば、これらについてはおそらく学習性無力感の例ではないと結論づけるに十分なだけの研究が既に行なわれている。これらは無力感のモデルのある種誤った理解の仕方をしている例だと見なされる。

　アルコール依存症　アルコール乱用によって健康に害を被るにもかかわらず、彼等が酒をのみ続けることは注目すべきことである。現在までアルコール依存症の概念化と治療は進展していない(Vaillant, 1983)。そのためアルコール乱用の説明因子の一つとして学習性無力感が適用されてきたことは驚くにあたらない(例えば、Griffith, 1986)。満足のいく説明が全くなされていないことも

またしかりである。まず、理論家がなぜ学習性無力感に興味をもつのかについて述べる。コントロールの喪失というテーマは、アルコール乱用の記述に一貫してみられる。アルコール依存症の一般的な定義の一つに、むちゃ飲みが重要な特徴として挙げられる。これは一旦アルコールを飲み出したらその量をコントロールできないというものである。アルコール依存症患者は自らその苦境を無力感として述べ、しばしばうつ病を併発する（O'Leary, Donovan, Cysewski, & Chaney, 1977）。従って、悲観的な説明スタイルがとられることは驚くに値しない（Dowd, Lawson, & Petosa, 1986）。

アルコール自助グループの12ステップにおける最初の宣言では、アルコール依存症患者は次のことを認めるよう求められる。それは彼等が"アルコールに関して無力であること"、つまり"自分自身の生き方を管理できなくなってきている"ということである。一見したところ、このことは無力感の存在を証明しているように思える。しかし別の見方をすると、この主張は自尊心を高め、禁酒を続ける方法の一つのようである（Beckman, 1980）。

アルコール乱用者の受動性についてはどうだろうか。確かにビールを一気に飲み干す人は、実験箱の犬のように活動的でないわけではない。もしわれわれがアルコール依存症の特徴として受動性を挙げるならば、活動的でないことについて次のように考えなければならない。つまり人は、最も安易な道（飲酒）以外のことで失敗を経験すると、活動的ではなくなるのである。動物実験の文献の中に、この解釈に対応する内容がある。それは単純でよく学習された課題においては、無力感は生じにくいという知見である（Maier, Albin, & Testa, 1973）。おそらくアルコール依存症は、学習性無力感を反映してはいるだろう。しかしそれは乱用者がアルコールに関して無力であるからではなく、彼らが人生で他の課題に直面した時に無力であるからである。

それでは飲酒はコントロールできないことに直面したときに起きるのか。NoelとLisman（1980）がそのことに関連した実験を報告している。彼らは女子大学生を募り解決可能な、あるいは解決不可能な問題を与えて取り組ませ、その後に味見会を装ってビールとジンジャーエールを飲む機会を作った。解決不可能な問題を与えられた被験者は、ジンジャーエールよりもビールを多く飲む傾向があった。面白いことに、ビールを飲む割合は解決できる問題を与えられた被験者と同じであったが、解決不可能な問題を与えられた対象の方がより長い

時間飲み続け、より多くの量を消費した。しかしNoelとLisman（1980）は集めた他のデータに照らして、これらの調査結果を、学習性無力感がアルコール乱用のメカニズムを示すものとしては解釈しなかった。むしろ彼等は、コントロール不可能であることは欲求不満とストレスを生むが、それはアルコールによって徐々に少なくなると主張した。この見方をとれば、アルコール依存症は少なくとも狭い意味で条件づけ行動といえる。FinnとPihl（1987）による最近の研究はこの分析と一致する。それはアルコール依存症の家族歴がある人は、ない人よりもコントロール不可能な電撃に対して心臓血管系により大きな反応を示すというものである。そしてアルコールを飲んだあと、この反応は減少したのである。Volpicelli（1987）はコントロールすることが不可能なとき、飲酒の量が増えるという事に関して生理学的な解釈を試みている。それはアルコールが、コントロール不可能な出来事にさらされることによって生産されるエンドルフィンを高レベルに維持するというものである（3章）。

　要約するとアルコール乱用は、せいぜい学習性無力感のまずい適用例という程度である。無力感の認識は存在するが、他の基準はどれも十分には示されてはいない。実際、アルコール依存症患者における受動性は、反応と結果を一般化して別個に予期することよりもむしろ、道具的条件づけの方を反映していると思われる。またアルコール依存症患者の行動面の欠陥を説明する際には、アルコールそのものの嗜癖的で有害な性質の方を考慮すべきであろう。最後にアルコール依存症患者はそうでない人よりも多くのコントロール不可能な出来事を体験するという決定的な証拠は存在しない（Vaillant, 1983）。この分野の研究の、より有望な方向性を示していると思われるものにFlannery（1986）の提案がある。それはアルコール依存症患者の子ども達こそ現実に無力な存在であり、彼らの親が彼らに対してつくり出したコントロールできない状況や嫌悪的な環境の犠牲者だというものである。

身体のコントロール　何人かの研究者がバイオフィードバックにおける学習性無力感の役割を研究してきた。まず初めに、バイオフィードバックに関しての若干の背景を説明する。私達が普通は気づいていないようなある種の身体的過程には望ましい心理状態が伴われることが研究で示されている。例えば、脳波の特定のパターンが、リラクセーションの状態に随伴して起こる。おそらく

私達が自身の身体的過程をコントロール下に置くことができれば、同様に望ましい心理状態もコントロールできるはずである。

バイオフィードバックはこの目的を達成するための技術を提供している。適当な計測器と機械装置を体に接続して、目的となる身体的過程（例えば脳波、脈拍、体温など）を記録する。対象となる身体的過程の測定されたレベルを視覚的、聴覚的に示し、身体制御の目標に向けてどのくらい進歩したかの指標となるように、被検者に文字通りフィードバックする。この方法でバイオフィードバックは学習心理学の適応範囲を行動の領域から生理学的過程へと拡張している。適切な情報（フィードバック）が提示されれば、人は試行錯誤による学習を通じて身体をコントロールできるようになる。バイオフィードバックはまさに準備段階にあり、それを巡る初期の期待や批判は修正されてきた。例えば、一時期研究者は、疾患や外傷に対する治癒反応を生み出すことも学習できるのではないかと思い描いていた。

現在のわれわれの期待はもっと慎ましいものである。しかしながら、バイオフィードバックは研究者の興味を引き続けており、そのなかには学習性無力感が自己制御能力の獲得を妨害することがあり得ると提唱する者もいる（Carlson, 1982）。問題は、この分析がどの研究によっても裏付けられていないことである。Carlson Feld（1981）、Traub と May（1983）らによる研究で、コントロール不可能な事態を体験することが、その後のバイオフィードバックによるリラクセーション課題の効果を促進することが見いだされた。

4章でみてきたように、いつ起こるかは予測しにくいが、学習無力感の実験においては時に誘導（感応）抵抗効果がみられる。おそらく被検者はバイオフィードバック実験において、この課題が十分な重要性を持ち、かつコントロール不可能な事態の経験があまりなかったことから、より増強された成績を達成したのではなかろうか。もっと興味深いことは、Tranb と May らの研究によると、受動性は実際コントロール不可能な事態によって導かれるが、その受動性がバイオフィードバックの成績をむしろ促進した可能性があるということである。これまで述べてきたように、バイオフィードバックが身体反応をどうやってコントロールするかについては、特にふれられていない。明らかに言葉を避けているのである。被検者はむしろなされるがままで、自発的な努力はしないように言われる。学習性無力感によって無関心という態度が妥当なものにな

るのである。

　この可能性が追試により裏付けられれば、学習性無力感が好ましくない結果を生むという公理に対する痛烈な反証となるだろう。おそらくそれは救いのない人々が何を考えるかについての現在続いている論争（第4章）になにがしかの光をもたらすだろう。その答えは見つからないかもしれないが、これはある環境においては最終的に有益なものになりうる可能性もある。この議論には、程度の差こそあれ実証されている事実に拘束されないさまざまなレベルでの推論が必要である。我々は、学習性無力感が、身体制御の失敗において何の役割も果たしていないと確信をもって結論づけることができる。

　児童虐待者　何人かの理論家は、親が子どもを虐待するようになる要因の一つは、子どもが泣くのをコントロールできないことから生じる親の側の学習性無力感にあると論じてきた。これは、少し考えてみただけでも到底信じがたいことである。コントロール不可能な泣き声は虐待の先行要因ではあるが、虐待そのものは不適応的な受動性とは言いがたい（たしかに不適応的ではあるが、受動的とは言えない）。実際、狭義には十分に暴力を行使すれば子どもはたしかに泣き止むと言った意味で児童虐待は有効な手段となっている。

　救いのない動物はいかなる反応も示さなくなるのと同様に、攻撃的な反応も見せなくなる（Seligman 1975）。しかし実験的研究で示されたように（Donovan, 1981; Donovan & Leavitt, 1985; Donovan, Leavitt, & Walsh, 1990; Kevill & Kirkland, 1979）、コントロール不可能な泣き声が無力感を生み出すとすれば、この無力感は積極的な虐待ではなく放置するというかたちで表現されるはずである。

　学習性無力感の概念の適用は、実に多くの領域で盛んに行なわれているが、それはこの概念には楽観主義的なところがあるからである。だれかが無力であることを学んだのだといえば、その人が体験している不幸をその人自身のせいにするのを回避することになる。またそこから格好の介入の標的も得られるのである。今、児童虐待を例にとって行なっているように、私達がある現象を学習性無力感として解釈することに反論する際、その代わりにマゾヒズムや似たような難解な概念を説明に持ち出そうとしているのではないことは明確にしておきたい。私達は単にこのケースでは学習性無力感という概念が有効でないと言っているのである。自己敗北的な行為を学習性無力感がうまく説明できないようなケースに、もっとも適した説明をつけるとしたら、それはより現実的な

ものではなかろうか(例えば局所的に偏って使われている罰と報酬などの随伴性の問題。これらも格好の介入の標的となりうる)。

まあまあの例

次に学習性無力感の定義を示す基準のうち一つだけ(普通は救いがないという認知が存在していること)を示していて、他の基準を満たしていないような例を検討する。さらに研究をすすめれば、これらの実例が無力感モデルで十分に説明できることが示されるかもしれないが、おそらくそうはならないであろう。現在のところわれわれは、それぞれのケースにおいて議論は部分的にしかなされていないと見ている。

児童虐待の犠牲者 学習性無力感は親が子どもを虐待する理由とは関連しないが、虐待された子どもの側の否定的な反応については説明できるかもしれない。虐待された子どもは引きこもりがちであり、抑うつ的で、受動的で、意気阻喪しているといわれてきた(German, Habenicht, Futcher, 1990; Green, 1978; Martin & Beezley, 1977)。確かに虐待の歴史にはコントロール不可能な悪い出来事が含まれている(Kelly, 1986)。そこでは学習性無力感の概念が有効だろうか?

Slade、Morrison、Abramowitz ら(1984)は被虐待児とそうでない子どもを対象に、鍵となる絶望感の構成概念のあり方を詳細に調べ、被虐待児の心理機能を学習性無力感が説明できるかどうかを検討した。そこで虐待児の側で観察された受動性が学習性無力感の反映であるならば、私達はこうした子どもが、持続して課題に取り組む力が弱く、たまたま利用できる情報を十分にうまく使えなかったり、成功と失敗について悲観的に解釈したりするだろうと予想する。

8歳から12歳までの子どもを対象に標準化された実験課題と質問紙を用いて調査を行なった。ほとんどの領域で虐待児とそうでない被検児の間に差は見いだされなかった。その中から浮かび上がってきた差の一つは、無力感の概念から予想されるものとは反対の結果となった。虐待児はそうでない子どもに比べて、失敗した時に自分を責める傾向がずっと少なかった。この所見は疑いもなく児童虐待の現実を反映したものだ。犠牲者には悪い出来事が起こってもその責任はないのである。しかしこの結果はさらに、こうした児童虐待に対する反応が学習性無力感によってはうまく説明されないことを意味する。虐待児にみ

られる受動性については、違った観点からみた方がもっとうまく説明がつくと思われる。

小児自閉症 小児自閉症を定義する特徴は、子どもの重篤な社会的孤立にある。自閉症の子どもはほとんど他者と関わりを持とうとしない。最近の考えでは、自閉症は生物学的要因によって起こると推測されているが、基底にある生物学的問題が明らかになっても心理学的過程が関与しないとする理由はない。おそらく学習性無力感が自閉症の子どもにしばしばみられる動機づけ障害の根本にあるのだろう（Meline, 1985）。

KoegelとMentis（1985）らは、この解釈にそって自閉症の子どもが学習課題をうまく達成できないのは、学習する能力がないからではなく動機づけを欠いているからではないかと提案した。彼らは色々な困難な面を持っているので、何か課題に取り組んでも何の報酬も得られない。自閉症の子どもと関わる人々は挫折感をもつようになり、手当たり次第に彼らに強化を与え、結局異常な（そぐわない）報酬システムを形成してしまう（Koegel & Egel, 1979）。子どもにとっては、結果がどうであれ何らかの反応を開始することに失敗するということになる。Koegel、O'Dell、Dunlapら（1988）は自閉症の子どもの言語が、発音そのものよりも話そうという試みを強化した方がよりよく進歩することを示して、こうした筋道での理由づけを支持している。言い換えれば動機づけへの介入の方が技能への介入よりもうまくいくということである。

その他の研究は、手がかりとなる刺激を与えたり、課題達成がうまくいったり、より頻繁に報酬を与えることによって自閉症の子どもの動機づけが実際に強められたことを示している（例えば、Dunlap, 1984）。これらの研究から、自閉症児は一部の人が信じているよりもずっと多くのことを学習することができ、このことから彼らの問題が単に生物学的欠陥とは言えないことが分かる。しかしながらこれらの研究は学習性無力感の関与をそれほど強くは支持しない。KoegelとMentisら（1985）は頻繁に失敗することによる減損効果は強調しているが、失敗することとコントロール不可能であることをきちんと分けて考える必要性を認識していない。学習性無力感は単なる悪い出来事の心的外傷に対する反応ではない。私達はこのケースについて、あまり良い例ではないと結論せねばならない。

家庭内暴力　全てのカップルが、結婚して末永く幸せに暮らすわけではない。身体的暴力は夫婦間のなかで15％か、それ以上にみられる（Kalmuss & Straus, 1982）。当然ながら、なぜ妻が暴力を振るう夫のもとにとどまるのかという疑問が生じる（Gelles, 1976）。予想に反して暴力の頻度やひどさと、妻が暴力的な夫と別れるかどうかということとの間に強い相関はなかった（Pageglow, 1981）。そこで理論家は、別の理由を捜した。そして結婚に対する心理的なとらわれと経済的な依存というもっともらしい事実を理由としてあげた（Strube & Barbour, 1983）。しかし、学習性無力感も同様に関与していると考えている理論家達もいる（Peterson & Seligman 1983）。

このように無力感の概念を適用するのはよいことだろうか。少し考えただけでも、虐待される関係のままでいようとするのは、不適応的な受動的態度のように見える。家庭内暴力の被害者は、自分が暴力を受けることに抵抗できないと感じており、さらには警察やソーシャルワーカーなどの社会的機関は当てにできないと信じていると報告されている（Gayford, 1975; Martin, 1976）。いくつかの研究によると、これらの女性達は問題解決能力に乏しい（Launius & Lind-Quist, 1988）。しかしながら、夫のもとにとどまるという決定は、単に道具的条件づけを考慮した結果かもしれないことも念頭においておくべきである。妻は別れることができないから留まっている。つまり彼女が無力であるばかりでなく、彼女にはそうするよりほかに方法がないからである。

Follingstad（1980）は、見かけは学習性無力感のモデルが当てはまる女性の症例を報告した。彼女は弱々しく、無能な人物像を示している。しかしながらFollingstad（1980, p. 295）は次のように述べることによって、学習性無力感についての混乱を露呈している。「バタードウーマンは、受身的な姿勢を、賢明な姿勢で、しばしば唯一の選択だと考えている」。言い換えれば、彼女は受動性を学習性無力感によるというより、一つの手段と考えている。さらに、「バタードウーマンが変わろうと試みて失敗に終わると、きまって虐待がエスカレートする」（p.295）。Follingstad（1980）は、家庭内暴力の犠牲者に観察される受動性は、虐待を導くものではなくむしろ虐待の結果であると結論している。これはなるほどもっともな結論であるが、彼女の症例研究は学習性無力感のあまりよい例にはなっていないと思われる。

Walker（1977-1978, 1979, 1983; Walker & Browne, 1985）は虐待される女性

の受動性を説明するために、学習性無力感のモデルをより広く適用している。彼女は、女性が従来の社会通念のために自分は無力であると信じ込んでいると論じている。さらに虐待される女性の多くは、こどもの時にも虐待されていたことを見いだした。従って少なくともこれらの対象においては、無力な行動をとるようになる前に、コントロール不可能な出来事が存在するという条件を満たしていることになる。しかしわれわれは、この理論家によってまた誤解が生じたと考えている。「女性は、男の子達とうまくやっていき、気に入られるためには自分の強さを手放す必要があるというメッセージを受け取ったのだ」(Walker, 1977-1978, p. 529)。なるほど彼女が言うように、おとなになり社会に出ていくと、無力感が生じることになるだろう。しかしこのことは、われわれがここで考えている学習性無力感ではない。さらに Walker (1983, p. 47) は、学習性無力感と異なる事柄を書いており、次のように結んでいる。「虐待を受けている女性は状況に見合った恐怖をいだいており、別れることが暴力を更にエスカレートさせるだろうという彼女の不安は的をえている」。

　要するに、われわれは家庭内暴力の犠牲者に観察される受動性は学習性無力感のあまり良い例だとは考えていない。受動性は確かに存在する。しかし、それは、道具的条件づけの結果なのかもしれない。彼女らは無力であることを認識している。なぜならコントロールできない事態が続いていたのだから。けれども、あきらかに受動性を強めるような事態もまた続いていたかもしれない。従って、これらのことからこの女性達が学習性無力感を示しているとは言えないのである。

イブニングニュース　4章で、学習性無力感は代理体験――他人が学習性無力感をもつように誘導されるのを観察すること――によっても獲得されることをみてきた。この可能性があるとすれば、学習性無力感の概念がおびただしく適用されていそうに思われるが、実際にわれわれが知りうる例はただ一つである。それは、代理の学習性無力感の最初の実験例より前のことである。Levine (1977) は、ある興味深い記事の中で1970年代のテレビニュースの内容分析を試みた。NBC と CBS のニュースの断片5分間を無力感の程度によってコード化した。

4＝中心人物が全く結果に影響を及ぼすことができない場合
3＝中心人物がほとんど結果に影響を及ぼすことができない場合
2＝中心人物がいくらか結果をコントロールできる場合
1＝結果に影響を及ぼすことができるが、そうしなかった場合
0＝（無力感と）関連がない、または中心人物が結果に完全に影響を与えることができる場合

例えば、航空機が墜落したとか、地震がおきたなどの大災害はスコア4とした。一方、優れた成果により、運動競技で優勝したなどはスコア0とした。ニュース番組の断片の14％は最も高い無力感得点を示し、19％は2番目に高い得点に分類された。2つの放送ネットワークの間には、明らかな差はなかった。しかしながら、Levine（1977）は2つのネットワークで放送された、同じ内容の話がしばしば異なる得点となることに気づいた。そして、テレビニュースで放映される無力感は、ニュースの出来事の内容によるのではなく、その放送のされ方にもよると考えた。

われわれの目的からするとLevine（1977）の研究は学習性無力感の研究というより、提示の仕方の問題についてのものである。テレビの視聴者は毎晩コントロールできないようなひどい出来事にさらされているということだけは確かであろう。しかし、これらの出来事の影響で1970年代が特に無力な時代であったかどうかは明確にされていない。われわれとしては、1960年代のニュース放送を、1970年代のものと比較したいと考えている。そして今や1980年代は過ぎ1990年代に入っているが現在のニュース放送もかつてのものとの比較の対象になればよいと思う。アメリカ人が本当に以前より、さらに抑うつ的になっているとしたら（6章）、無力的なニュースも違ったものとして取り扱われるであろうか？　レーガン大統領に関するニュースはカーター大統領のそれよりもより効力感の強いものであっただろうか？　そしてニクソンとケネディの比較はどうであろうか？

施設病　学習性無力感の研究はもともと動物の学習についての研究から始まった。しかしその研究結果には、社会学的文献と照らし合わせると興味深い類似点がみられた。無力感（個人の水準での）と隔離状況（施設の水準での）の間にも確かに類似するところがある。どちらの例においても、人の自発的行動

とは無関係に出来事は起こり、それが疎外感として認知され、そして受動性が生じることが観察された。また、施設によっては無関心や無感情、そして道徳観の低下などが引き起こされた。その理由を説明するために、研究者が学習性無力感理論を適用した（Aasen, 1987; Sahoo & Tripathy 1990）ことは、驚くにあたらない。

ThoresonとEageston（1983）は、典型的な教育システムについて、以下のように論じた。すなわち、子どもや青年に彼らがなすすべもない課題に取り組ませることで、不必要なストレスがひき起こされているのだという。彼らは運動競技を例に挙げた。学校は、全ての生徒のためになる有酸素運動（ジョギングや水泳、あるいはサイクリングのような）ではなく、体力的に恵まれた生徒だけがマスターできる競技性の強いスポーツ（フットボールやバスケットボール、野球など）を重視する。このような強調の結果起こるものが、一部の典型的な学生にみられる無力感や不活発さである。典型的な場合には、その後の人生においても、それはたんに健康を維持しストレスを克服するための運動のような場合さえ、かつての運動競技と同じように感じ、習得し損ねてしまうのである。

この考えに沿って、WinefieldとFay（1982）は因習的な伝統を重んじる高校の生徒と"開放的な"方針をとっている高校の生徒とを比較した興味深い研究を報告した（原注：1977年、Rosenは開放的な方針をとっている学校では、学業成績に対する生徒達自身のコントロール感が高まることを示している）。標準的な学習性無力感の実験で、まず学生は解決可能な問題と解決できない問題のどちらかを受けさせられ、次いで2つ目の（コントロールできる）課題を与えられる。解決可能な問題を受けた群では、どちらの学校の生徒達も後の課題を難なくこなした。しかし、解決できない問題を受けた群では、開放的な学校の生徒達の2つ目の課題達成が何の影響も受けなかった一方、伝統的な学校に通う生徒達の課題達成度は低いものであった。

MartinkoとGardner（1982）は、学習性無力感の概念によって仕事組織における生産性の低さ、質の悪さ、長期欠勤、転職率、受動性、引きこもり、そして不満など、不適応の問題を説明することができると主張した。おそらく、組織が型にはまった規則によって中央集権化され、官僚化されている場合に、コントロールできないという認識に至りやすいと思われる（Aiken & Hage, 1966;

Blauner, 1964）。また、労働者達はしばしば、給与や彼らに与えられる利権が実績に見合っていないと考えている（Kerr, 1975; Lawler, 1966）。

その他にも、施設の中で学習性無力感が生じていく例がMalcoson（1980）によって示されているが、そこでは病院の中で、看護婦達が自分達の方針を示し勧告する試みを無視されることによって無気力で無関心になっていくと述べられている。正式なデータは示されていないが、コントロールできない出来事や受動的な態度、そして無力であるという認識の個人的な体験が詳しく述べられている。しかしMalcomson（1980）は、無力感はそれ自体強化されると明言した際に、彼女も今やよく起こりがちな学習性無力感に関する誤解を示している。ここでは婦長の忠告が引用されている。「ここで何を言っても何をしてもどうせ事態は変わらないということが分かるでしょう。さもなくばあなたもここではせいぜい6カ月ともたないでしょう」（p. 252　傍点は筆者らによる）。

病院内での問題について話を続けるとTaylor（1979）は、病院が患者を自発的に活動するものとしてではなく、壊れた機械のように考えているために無力感が生じてくるのだと主張した。患者には、自分のやり方次第でそれに相手が応えてくれるような手段がないのである。　Raps、Peterson、JonasとSeligmanら（1982）は、これらの意見を支持した。その根拠として、一般病院の患者が入院期間が長くなるにつれ、体調は改善しているにもかかわらず、より抑うつ的で問題を解決する能力が低くなっていくことを示した。

これらの分析に関わる問題には3つの要素がある。第1に、研究者が結果をコントロールできないものなのかどうか、はっきりと確認していない点である。より説得力をもたせるために、能動的な反応をする者に対して一貫して罰が与えられるような施設の例を挙げることはできる（Baltes, 1983; Goffman, 1961）。このような施設のあり方は確かに無力感を引き起こすが、それは学習された無力感の範疇には入らない。第2の問題は、救いがないという推測が、ある状況から他の状況へと般化していくことが示されている例はほとんどないということである。しかしこのことが無力感の説明において最も重要なのである（Peterson, Zaccaro, & Daly, 1986）。第3に、これらの研究では集団的な無力感と個人の無力感とを区別していない。まとめると、施設入所によって引き起こされる無力感は、学習性無力感のよい例とはいえないと考えられる（Lennerlof, 1988）。

孤独と内気　孤独や内気さといった対人関係上の問題は、学習性無力感のよい例になると思われる。孤独や内気さはとても受動的な面が際だっているし、また、自己に関する抑うつ感、不安、そしてネガティブな認知とも関連がある。数編の研究のうち、Anderson（例えば、Anderson & Arnoult, 1985a,1985b; Anderson, Horowitz, & French, 1983 ）は、この対人関係の問題を説明スタイルと関連づけた（Girodo, Dotzenroth, & Stein, 1981; Goeta & Dweck, 1980; Revenson, 1981; Snodgrass,1987）。周囲から孤立している人は、悪い出来事について、内向的、永続的、普遍的な原因説明をしがちである。

　この研究は予備的なものであるが、説明スタイルと対人関係問題との間の特徴について、既にいくつかのことが分かっている。第1に、Alden（1984）は何かの結果についての原因説明と、その人の自己主張の強さとの関連に着眼した。無力感を再び形成することから予想できることとして、自己主張の強い人は成功についても失敗についても楽観的な説明をする一方、自己主張しない人はより悲観的である。その人の説明スタイルで、その人の社会的な自己主張が強いかどうかが決まってくるのかもしれない。それはさらにその人の社会適応の程度を反映しているともいえよう。

　第2に、GotlibとBeatty（1985）によると、彼らの研究のなかで被験者は、悪い出来事を行動上の問題として説明する人（同様に内向的な捉え方ではあるが一時的、特異的な説明をする人）よりも、性格上の問題としてとらえる人（内向的、永続的、普遍的な原因で説明する人）に対して、より否定的な態度を示した。言い換えると、悲観的な説明スタイルが、実際に社会的に孤立するかどうかの分岐点となるといえる（Weary, Jordan, & Hill, 1985）。無力感の観点から再定式化することは、原因説明のしかたによって個人の内界の出来事に焦点を当てることである。しかし、この研究は人と人とのあいだの相互作用にも同様の注意を払うことを提案している。他人にいやな感情や拒否感を抱かせるような人が孤独になり、内気になりがちなのは当然のことである。

　このような対人関係上の問題は、学習性無力感の例に値するであろうか？最近の研究の中でこの疑問に十分答えるものは見当たらない。受動性の関与は否定できないとしても、それが常に不適応的であるかどうかは明確ではない。おそらく社会的引きこもりは、その人が過剰な不安を抑制しようとする試みを示しているのであろう。そして、内気さと孤独は、その陰うつさから引き起こ

されたのである。これに関してコントロール不可能な出来事を過去に経験していたということは、まだだれも示していない。以上から、これらの社会的問題は、せいぜい学習性無力感のほどほどの例であると言える。今後さらに研究が重ねられれば、これらの結論も変わるかもしれない。

良い例

学習性無力感モデルに関する社会問題の良い例は、全てではなくとも、1つ以上の基準を満たすものである。ここではこのようなたくさんの例を調べていく。繰り返すが、もっと調査を重ねると、これらの例が実に優れた例であることが分かるであろう。

加齢 最近の老年学における知見をみると、加齢とは身体的なものであるのと同じく心理的なものであるとの思いをますます強くする。加齢に伴ういくつかの障害や欠陥は、学習性無力感を反映するものであると、多くの理論家が提唱している（Rodin,1986;Schulz,1980）。今では、このことを評価するためには不適応的な受動性や、コントロール不可能な出来事の経験、無力感認知をみればよいことが分かっている。

年老いた人は、自分ではコントロールできないことを多く経験するだろうか。明らかに、そうであるといえる場合がある。人は年をとるにつれ、必然的に自分ではコントロール不可能な出来事を経験する機会が増える。親友を失うこと、家族の死、仕事を失うこと、収入を失うこと等々である。しかし、それほど明確でない場合にも、同じ事が、言える。専門家の間でさえも、老人について型にはめて考えようとする傾向がひろまっている事を考えてみると良いだろう。

> より手厚い介獲の必要性、記憶の喪失、身体的問題……限られた興味……身体的不調……家族から必要とされないこと……消極的な性格的特徴……心理的・身体的能力の低下……保守性、不確かさ、寂しさ、お節介、そして悲観（SoIomon, 1982, p. 283）。

実践の場面に置き換えて考えると、このように型にはめてしまおうとすることとは、ヘルスケアの専門家達が、年老いた人々の要求(すなわち年老いた人々

の行動に付随するもの）に応じてではなく、代わりに決まりきった形式で対応しているだけだということを意味している。このこと自体がまさに、学習された無力感に先立っておこる典型的な例といってよいだろう。

一方、この可能性に対して反論する者達はヘルスケアの専門家は高齢者それぞれの行動に画一的なやり方で対応しているというわけではなく、むしろ系統的なやり方で対応することによって高齢者の受動性が強化されるのだと示唆している。これまで見てきたように、この場合は学習性無力感の定義とは異なったものであると言える。

Thomae（1981）は平均年齢75歳の174名の男女を対象とした研究を報告した。彼らは、生活上の出来事に対するコントロール不可能感尺度を作成した。この尺度に対する反応から、彼らが生活上の困難な出来事にいかに素直に対応したかということと同様に、生活上の満足度が予測された。これらの結果は、被験者が利用できる資源（例えば収入）などの客観的な測定とはおおよそ関連はなく、高齢者に無力感障害が生じる時には、認知が大きな影響を与えると言うことを支持するものであった。同じような手法による研究においてLangerとRobin（1976）とSchulz（1976）は、施設居住の高齢者に、コントロールの感覚を強調するような介入をすると、彼らが身体的・心理的に改善していくことを見いだした。他の研究でも、同じように高齢者自身にコントロール感を強めるような介入をしていくと、高齢者の作業能力が改善されることが示された（例えば、Kennelly, Hayslip, & Richardson, 1985）。

学習性無力感の例として、加齢はどのような意味を持つのだろうか。われわれはそれを良い例であるとは思うが、優れた例であるとはみなしていない。受動性は存在していても、それが道具的条件づけによる可能性があるからである（Voelkl, 1986参照）。著しい衰弱を示す人にこそ、無力感は切実に存在しよう。最後に、高齢者は無力感におちいる前にコントロール不可能な出来事を経験しているのもしれないが、このことはまだ明らかに示されているわけではない。

運動競技 Yogi Berraは、野球の試合の半分は9割がた心理的なものであると述べたと伝えられている。この格言に刺激され、SeligmanとPeterson（1986）は学習性無力感が運動競技の失敗に関連しているのではないかと興味を持った。我々は、プロのバスケットボール選手を対象に、負の出来事に対する説明スタ

イルを評価した。われわれの仮説は、何人かの選手は悪い結果（負け）のあとには無力感に陥りやすく、このような状況では、彼らは十分に実力を発揮することができないのではないかというものである。あるシーズンを通して、われわれはNBA大西洋地域のチーム（ボストン・セルティックス、ニュージャージー・ネッツ、ニューヨーク・ニックス、フィラデルフィア・セブンティシクサーズ、ワシントン・バレッツ）に関する地元紙のスポーツ記事を読んだ。そして、負の出来事に対する説明スタイルに関連していると思われるような選手やコーチの言葉を抜き出し、内向性、永続性、普遍性の各次元について評価を行なった。それらを組み合わせて、チーム全体のスタイルを反映する得点を合成した。これらの得点で、バスケットボールチームが負け試合の後、どのように反応したかを予測できただろうか。

　われわれは、チームが次のシーズンにどのような競技をしたかを観察した。なぜなら、それらのチームは実力にずいぶんと差があり、単に勝敗の記録を観察するのみでは十分ではなかったからである。そこでわれわれはラスベガス式の「ハンディ」を利用した（賭け事をしない読者のために説明すれば、「ハンディ」とは両チームに対して賭ける人の人数が同じくらいになるように、胴元が設定するものである。例えばボストン・セルティックスがニュージャージー・ネッツに8.5点有利であるとしよう。この場合、セルティックスに賭ける人はセルティックスが9点以上の差で勝つことに、ネッツに賭ける人はネッツが8点以上の差で負けないことにそれぞれ賭けるのである）。この「ハンディ」ポイントの一覧表は、地元試合の有利さやスランプ、むら、けがなどの、全ての要素を反映している。これらは全て試合後の説明スタイルと試合内容の関係を曖昧にする可能性をもつ要素である。好都合なことに、この「ハンディ」ポイント一覧表は両チームを平等にするのにきわめてよく機能した。

　試合後のコメントが楽観的説明スタイルのチームは、悲観的スタイルのチームに比べて、負け試合の後の「ハンディ」を覆すことが多かった。このような違いは勝ち試合の後の観察においては起こらなかったことであり、これは特異的素質-ストレス理論の概念に一致するものである。1982年より引き続く3シーズンにわたって、この結果は繰り返された。しかし、トレードや引退に追い込むようなけがが大西洋地域のチームを悩ませ、私達の結果をも悩ませた。われわれは、残念ながら運動競技における学習性無力感の役割が決定的に明言さ

れるには至っていないと認めざるを得ない。

しかしこの研究の着想は、学習性無力感を社会的問題に適用する正しい方法を示した。われわれは、受動性（すなわちハンディに反して負けること）、コントロール不可能な出来事の経験（すなわち、それまでの試合の勝敗）、そして出来事と受動性を媒介する認知（すなわち負の出来事の原因に対する説明スタイル）を評価した。新聞のスポーツ記事によるプロの運動選手の研究は、（洒落ではなく）一か八かの推測である。なぜならチームや選手は比較的少数であり、そのことが、なにがしかの非常に強い関連性を呈示することには不利に働くからである。更にわれわれは、個人レベルの無力感と集団における無力感とを区別していない（ただし、Zaccaro, Peterson, & Walker〔1987〕の運動選手における個人対集団の帰属性に関する議論を参照）。

より多くの運動選手を対象にした研究に、3つの有望なものがある。最初の研究は、プレッシャーのかかる状況下でヒットを打つ野球選手の能力に説明スタイルがどのように影響しているかを観察したものである。その結果は、説明スタイルの影響力が存在することを示唆していた（Rettew, Rivich, Peterson, Seligman, & Seligman, 1990）。2つ目の研究は、レスリング選手が試合の3つのピリオドの最初の2つで既に負けていると分かった後、いかにして反撃するかについてのものである。この研究では、選手の説明スタイルが反撃方法を予測するかどうかに焦点をあてた。そして3番目の研究は、テニス選手の説明スタイルがトーナメント成績を予測するかどうかを観察した。レスリング選手の場合のように、運動選手の不利な状況からの反撃能力はさまざまである。ある者はジミー・コナーズのように試合前半でセットを落としても後の成績に影響しないが、ある者はイワン・レンドルのように試合において先行しているときだけ良い試合ができるのである。この違いは学習性無力感を反映したものなのだろうか。

慢性的な痛み　Skevington（1983）は　慢性的な痛みが学習性無力感を引き起こすのではないかと考えた（Chapman & Brena, 1982; Love, 1988; Seltzer and Seltzer, 1986参照）。これは無力感という概念を適用してきた人達の典型的な方略に追随したものではない。通常、研究者はある不適応行動をとりあげ、そして学習性無力感がそれよりも先であったかどうかを、過去に遡って研究する。しか

し、Skevington（1983）は、まず最初に慢性的な痛み——これは明らかに止めることのできない悪い出来事であるが——に着眼し、それがその後の受動性を引き起こすのかどうかを調べた。もしそうであれば、無力感を感じることは、慢性的な痛みによって生じる受動性を生み出すことに関与しているのだろうか。

受動性がどの程度であるかを判定するために、抑うつ症状を評価する質問紙を用いた。慢性的な痛みのある患者は、健康な者よりも抑うつ症状を多く訴えた。また、多次元的なコントロールの所在尺度と、悪い出来事に対する自責傾向の程度を測る質問紙も用いた。コントロールの所在をある種の偶然として記述した患者は、大抵抑うつになっていたが、自責傾向は抑うつとは関連がなかった。

Skevington（1983）は、この結果は慢性的な痛みが一般的に無力感を引き起こしており、この発見は無力感の理論と十分一致しているとした。しかし、われわれはこの考察に賛成できない。彼女の調べた患者の多くは、負の出来事が起こったことで自分自身を責めていないが（患者達が一般的無力感を経験しているなら、普通自分を責めるはずである）、それでもなお自責感には相当の幅があった。しかも、（無力感の観点からは必要とされるような）抑うつ症状との関連をもたなかった。そのため、慢性的な痛みは学習性無力感の良い例であり、ほとんどの基準は満たしているが、全てではないという結論に達した（Feldman, 1986）。

精神遅滞　学習性無力感を考えるにあたって、また別の現象がある。それは、精神遅滞者や学習障害者にみられる受動性である（Ayres, Cooley, and Dunn, 1990; Canino, 1981; DeVellis and Mccaurey, 1979; Lowenthal, 1986; Stamatelos and Mott, 1983; Wilgosh, 1984）。DeVellis（1977）は、施設に入所している遅滞者の受動性、従順さ、学習障害は、しばしば精神発達の遅れからではなく、施設に入所していること自体によってつくられたものであると主張した（Floor and Rosen, 1975参照）。彼は、3つの非随伴的原因を指摘している。

（1）　精神遅滞者が必要としているからでなく、スタッフに都合がいいからという態度（例えば、歩けない人をいつもバスルームのそばに配置するような態度）。

（2）　患者が何をしようと反応しない周囲の者の行動。

（3） 彼らを襲う発作やその他の身体的状態。

　Weisz（1979）、RaberとWeisz（1981）の研究は特に精神遅滞と無力感を密接に関係づけている。彼は、遅れのある人はそうでない人よりも年をとるにつれて、次々に失敗を積み重ねていくということから観察を始めた(Cromwell, 1963; Ziglerand Balla, 1976参照)。この仮説は、教師が遅滞児に与えるフィードバックを観察することによって確認された。遅れのない生徒と比較して遅れのある生徒は、相対的にそして絶対的に、より否定的なフィードバックを受ける。さらに言えば、否定的なフィードバックは知的レベルと相関がある。この調査が行なわれるにつれて、精神遅滞は非常に無力感から影響を受けやすいものだということが分かり、また、遅滞児は失敗によってひどく混乱してしまい、それはとりわけ年をとるにつれてその傾向が大きくなることが、Weiszによって行なわれたその後の調査で確認された。この相互関係は重要である。なぜなら、このことは日常生活でコントロール出来ないことが積み重なるにつれて、失敗に直面した際に、無力になってしまうという性質も示しているからである。

　ここで一つの問題は、RaberとWeisz（1981）が、遅滞児が能力の問題に原因を帰する傾向をもたなかったことに気づかなかった点である。実際遅れのない子と比較すると、遅滞児は失敗の原因を能力不足ではなく、努力不足に帰することが多い。多分努力はここでは違った意味にとられているのだろうが、一見したところ、学習性無力感が精神遅滞に関連しているという議論を支持することはできない。つまり、この現象においても学習性無力感の適用の中では、まあまあの例だと言わざるを得ない。すなわち基準のうちの2つ（受動性とコントロール不可能性）はあるが、3つ目（認知）は十分には証明されていない。

　遅滞者の受動性を学習性無力感として解釈する上でのもうひとつの問題は、GargiuroとO'Sullivan（1986）による知見に関するものである。忍耐や反応しようとする態度、帰属、そして教師の無力感についての認識の程度は44例の軽度精神遅滞児においては予想されたほどには相関がなかった。もし学習性無力感が実際に影響を与えているなら、これらの異なった尺度には互いに関連があるべきである。

　セールス　SeligmanとSchulman（1986）は、学習性無力感を仕事の領域に拡げた。ある仕事は人にとって非常に精神的に苦痛なものであろう。失望や失

敗は、ある職場では避けられないだろう。だから働く人達が自分の失敗に対して対処する場合、なにがその対処の決め手になるかをたずねることが重要になる。問題解決のために仕事を続けるのはだれか？　そしてあきらめるのはだれか？　これらの質問が実質的に重要となってくるのは明らかなことだ。このことは仕事をする人の動機づけと非常に関係があると、産業組織心理学者によって指摘されている（Dunnette, 1976）。

　無力感の改訂理論によると、悪い出来事も対して、内的、永続的、普遍的な説明のしかたしかできない人は、失敗に参ってあきらめてしまうだろう。その反対に、外的、一時的、特異的な説明をする人はどんな問題であれ、解決しようと試み続けるだろう。それで、SeligmanとSchulman（1986）は、生命保険の外交員でこのことが当てはまるかどうかを調査した。周知の通り、保険の売り込みはストレスの多い職業である。外交員が、この人なら買いそうだと思って交渉したうちの、ほんのひとにぎりの人が買ってくれるにすぎない。

　説明スタイルは、このストレスだらけの仕事の成功を予想できるのだろうか？このスタイルは実際に、外交員が仕事を続けたか辞めたかのみならず、仕事を続けている人に限ってみても、その人によってどれだけの保険が売れたかも予想できる。これらの研究は、確かに興味をそそるものがある。外交員があまり販売業績を上げられないのは、学習性無力感が作用していることを示しているのだろうか。必ずしもそうではない。なぜならば、学習性無力感に対する基準の一つ（認知）だけが、明らかになっているからである。つまり業務成績が自分ではどうしようもないような出来事があった後に下がっているということや、外交員の立場からすると（社会性や対人関係に障害があることとは別に）、過度の受動的態度によって成績が下がるということを証明する必要がある。

　聖パウロ　われわれが直面した学習性無力感の最も興味深い適用例の一つは、McMinn & McMinn（1983）によって明らかにされている。彼らは学習性無力感のモデルを考慮に入れて、聖パウロの新約聖書の文章を説明している。われわれは神学者ではないので、無力感の基準が適切に適用されているかどうかのコメントはここでは控える。しかし正しく当てはまっているだろう。コントロール不可能なことの歴史については、どのようなことがあったのだろうか。ここに人間の条件に関するパウロの文章がある。

彼らは神を深く知ることに価値を認めていなかったので、神は彼らを価値のない考えのままに任されました。それで彼らはしてはならないことをしています。彼らはあらゆる邪なこと、悪と貪欲と悪意に満ち、ねたみと殺意と争いと欺きと敵意にあふれ、陰口を言い、そしり、神を憎み、人を侮り、高ぶり、自慢し、悪事を編み出し、親不孝でわきまえがなく、約束を守らず、薄情で、無慈悲です。(ローマ人への手紙　第1章28～31)

さらにパウロは、人間を自分達の性質や他人の性質を変える力がないものとしてとらえている。「私は自分の内に、すなわち、私の「肉」の内に善が住んでいないことを知っています。善いことをしようという意志はありますが、行ないが伴いません」(ローマ人への手紙　第7章18)。コントロール不可能な負の出来事だけでなく、パウロの書の中には、無力感認知の実例もたくさんみられる。パウロは、人々が善を行なうようにと切実に願っていたが、彼の目的は達成できなかったのである。

McMinnらは無力感モデルに基づき、パウロが落胆し受動的になっていたはずだということを正しく予測している。けれども驚いたことに、ローマ人の手紙からは、実はパウロが積極的で楽天的ではなかったことぐらいしか見当たらないのである。

このように学習性無力感が明らかに成立していないことを、ローマ人への手紙の中からどうやって説明できるだろうか。われわれは例数が少ないことを批判する傾向にあるけれども、McMinらによるとそれは帰属の再公式化に、その良い答えがある。パウロは、外向的で一時的な人間の現状に悪が潜んでいると説いている。その一方でパウロ自身は、無力感を経験するよりもむしろ、そこで平穏や (フィリピ人への手紙　第4章7)、歓喜 (ガラテヤ人への手紙　第5章22) を経験しているのである。

McMinら (1983) は、パウロの聖書の言葉の中で、無力感の理論をうまく適用したと結論づけることができよう。一方パウロ自身が、楽天主義的な説明スタイルにより、学習性無力感から救い出された人の良い例であると結論づけるのは躊躇される。しかし、20世紀後半にわれわれがアメリカで研究している構成概念を、大昔に遠いところで書かれた聖書の内容の中にも同様に首尾一貫して適用できるということは、実に興味深いことだと思われる (学習性無力感

の観点からみた仕事についての同様な分析に関しては、Reynierse（1975）を参照）。

失業　理論家の中には、学習性無力感は失業するときにも起こると提唱する者もいる。その結果、受動的で意気消沈した状態となり、失業者が新しい仕事を見つけることはますます困難になるという悪循環に陥る。どのような研究によってこのような分析がなされるのだろうか。BaumやFlemingら（1986）は以下のようなことを示した。すなわちある人の不本意な失業の期間が長引くほど、その人は実験室での問題解決の課題にとりくむときに、コントロールができずより混乱するということ。さらに失業が長引くにつれ、被験者は困難な課題に見合うほどの能力が自分にはないと考える傾向にあるということである。

これらの所見は、Feather（1982）、FeatherとBarker（1983）、FeatherとDavenport（1981）によるいくつかの研究結果とも合致する。これらの研究において、失業者の間における抑うつの反応は、内向的、永続的、普遍的な説明スタイルによって予測することができた。しかしながら、Featherは、無力感モデルに反してより抑うつ的な人が、抑うつの程度が軽い人よりもかえって新しい仕事を見つける努力をしたということを明らかにした。

どの研究も、さまざまな被験者が失業から受けた影響の重大さを、十分に評価してはおらず、このことは一般に失業といってもその中身が均一ではなくさまざまであるということを意味している。対象が異なっていても、失業の重要性は一定に保たれるようなかたちでの研究がさらになされない限り、失業は学習性無力感の優れた例ということはできない（Abbott, 1984参照）。

優れた例

最後に、学習性無力感モデルによってきわめてよく説明される、いくつかの社会問題を述べる。もちろん学習性無力感が、これらの問題に集中させる必要性のある、唯一の概念であると結論づけることはできない。しかし以下にあげるケースは、それぞれ不適切な受動性、コントロール不可能性の経験、無力感の認知が少なくともいくらか含まれており、優れた例として十分成り立つものである。

うつ病　うつ病については6章で述べたが、ここで再び優れた例としてふれることにする。われわれは、研究者達が無力感の概念と抑うつとの関連性を決定的に示していると見なしている。それは教訓的な——他の研究の方針を決める際の基準になるような——例としてあげられるものである。

　うつ病は学習性無力感の基準をどのように満たしているのだろうか。第一に、うつ病は不適切な受動性を伴う。これはまさにうつ病の定義の一部分なのである（Americann Psychiatric Association, 1987）。さらにまた、うつ病は悪い出来事の後、特に人々がコントロール不可能だと判断した出来事の後に起こる（例えば、Thoits, 1983）。そしてうつ病は、無力感、絶望感、厭世観などの認知によって媒介されている（例えば、Beck,1967）。説明スタイルはうつ症状に一貫して関連する因子であり（例えば、Sweeney, ,Anderson,& Bailey, 1986）、明らかな危険因子である（例えば、Peterson & Seligman,1984）。

　既に指摘したように、うつ病を説明するために学習性無力感を用いることには批判もある。ここでさらに一歩進んだ見方をすれば、この批判はしばしば誤った方向に向けられており、学習性無力感がうつ病（あるいは何らかの適応の失敗）を説明するために役立つという意味についての誤解を反映しているようである。無力感がうつ病の一つのモデルとなると提案することは、必ずしも無力感がうつ病そのものであるということではないのである。それらが説明するモデルや現象には、さまざまな抽象レベルがあり、完全に一致することはありえず、また期待されるべきことでもない。

　モデルのよし悪しを判断する際には、そのモデルの本質的特徴によって現象の重要な部分が把握されているかどうか確かめるべきである。学習性無力感モデルには3つの本質的特徴があり、それらは全てうつ病の症例にはっきりと見られるものである。これらの特徴がうつ病の症候学、原因論、治療を説明するものであれば（Peterson & Seligman, 1985）、無力感モデルがうつ病において意義深い内容をもたらすといってよかろう。

　うつ病のモデルとしての学習性無力感を批判する場合には、1つまたはそれ以上の無力感の基準がうつ病には存在しないあるいは関連していないということを論じなければならない。Arieti & Bemporad（1978）らは、この方法にそって、うつ病の表向きの受動性が道具的条件づけにすぎないと定義し、無力感モデルを批判した。すなわちうつ病の人々は、他人を操作するために無力なよう

に行動しているという主張である。われわれが知る限り、この研究は彼らの議論を少しも支持していない（Coates & Wortman, 1980）。とはいえ、これは少なくとも適切な部類の批判である（Coate & Wortman, 1980、抑うつが他者から引き出す反応についての概論を参照）。

　他の批判は、どれも適切ではない。なぜなら無力感モデルがうつ病で十分妥当性をもつかどうかを問うていないからである。例えば無力感とうつ病の関係を支持する研究が大学生を対象に用いているという理由で、学習性無力感がうつ病には適用できないものだとして退けられるのは、全く議論の範疇にさえ入っていない。大事なことは、無力感をもつ大学生があらゆる点からみて、うつ病患者に類似しているかどうかではなく、本質的な特徴を共有しているかどうかである。こうした考えは、学習性無力感の良い例を認識する作業に役立つ。評価の基準が一度明確にされれば、その適用例が良いかどうかについて無駄な議論を避けることができる。この教訓は、学習性無力感とうつ病を取り巻いてきた多くの的外れな論議の積み重ねから得られたものである。

　学業成績　うつ病の次によく知られている、学習性無力感の適用例は学業成績である[1]。学業成績がもてはやされる理由には、少なくとも2つのことが思い浮かぶ。第1に、生活領域は他にもたくさんあるが、それにもまして学校というのは、正しい答や間違った答が存在するというところや、その人の努力が実際に重要なのだということをよく反映しているところだからである。従って、学校というのは学習性無力感が最初に発見された実験室環境に特に近いものなのである。つまり、無力感の概念を容易に一般化できるということである。

　第2に、無力感研究は帰属の改訂理論と共に、成績に及ぼす帰属の決定要因に関するWeiner（1972, 1974, 1979, 1986）の研究に集約されている。Weinerはまず達成動機についての伝統的な研究から着手し、それについて認知的観点から新提案をした。それはちょうど無力感の研究者達が新しい工夫をするために動物の伝統的学習理論から始めたのと同じである。両者の研究の方向性が、帰属の重要性に関してどのように意見の一致を見るのかというのは興味深いことである。

　Dweck（1975; Dweck & Reppuci, 1973）は学業成績に無力感の考え方を適用した最初の人である。彼女は学問の成功と失敗に対する理由に応じて、児童を

"無力的"と"達成志向的"の2群に分けて研究を始めた。無力感を抱いている子ども達は失敗を自分の能力欠如のせいにする。問題を解いているとき、彼らは効果的でない方法を用い、否定的感情を述べ、うまくやれないだろうと最初から予想し、見当違いの問題についてあれこれ考えこむ(精神的に反芻する)(例えば、Diener & Dweck, 1978)。そしてその児童らが失敗に直面したときには、以前の成功なんてなんの役にも立たないのだと、くじけてしまうのである(Dweck & Reppucci, 1973)。

Dweck (1975) は帰属スタイルの再体制化をはかると、学生の失敗に対する反応の仕方は実に良く改善されると報告している。この再体制化において生徒は、それまで失敗の原因が能力の欠如にあると思っていたのを、代わりに努力不足によるものだと教えられる。これはある種の認知的な介入であり、このやり方の成功は、学業における失敗が学習性無力感の良い例であるという主張の妥当性をさらに強める。その他にも、学校での失敗に対して有効な認知的介入については Brustein (1978)、Cecel と Medway (1986)、Sowa と Burks (1983)、および Wilson と Linville (1982, 1985) などにより論じられている。

学校での失敗を、学習性無力感の条件にあてはめて分析するもう一つの研究が Butkowsky と Willows (1980) らによって行なわれている。彼らは読むのが下手な生徒に焦点を合わせた。読書困難は学習性無力感をひき起こすという、自分達の仮説を支持するものとして、彼らはつぎのようなことを提示した。つまり読みに関して問題のある5年生は、読むという課題が将来うまくできるようになるとはほとんど期待しておらず、自分の失敗を自分自身の問題だと思い、かつその原因は変わりようのないものだと説明し、読む練習を続けることができないのである。

Fincham、Hokoda と Sanders (1989) らは小学生を2年間にわたって調査し、教師に子ども達が示す無力感を毎年評価するように頼んだ。"無力感"は不変であると立証された。そして最初の時点における無力感の評点により、2回めの客観的学力テストの成績不振が予測できた。

他の研究では、大学生において無力感の構成要因と学力の結果との間に関連が示された。学年のはじめに、Kamen and Seligman (1986) らはペンシルバニア大学で新入生と上級生の2つの学生集団に ASQ を施行した。また、その学生の能力の評価として SAT (大学進学適性試験) の得点も入手した。彼らの

能力が一定に保たれている場合でも、説明スタイルによって学年の終わりの成績は予測できたであろうか。上級生の結果は分かりやすいもので、学習性無力感は学校における失敗に伴うことが示唆された。SAT得点が一定であった場合でさえ、負の出来事を内向的、永続的、普遍的な言葉で説明する傾向は、成績不振を予測した。

しかし新入生では説明スタイルが成績を予測したのは、学力の低い学生に関してのみであった。これは、ペンシルバニアの新入生が、彼らの説明スタイルが影響するような負の出来事にまだ出合っていないからだと解釈された。入門コースのクラスの規模は上級コースに比べて大きくなりがちだし、その結果として、選択肢から答えを出すかたちの試験が成績をきめるのに用いられたからだという解釈もできる。KamanとSeligman（1986）による研究対象者でSAT得点の高い新入生は、これらの客観的試験を難なくやってのけているのかもしれない。そのような状況では、学生はめったに失敗に出くわさないので、失敗の説明の仕方は影響をもたないのである。対照的に、SAT得点の低い新入生は大学での最初の1年間で既につまずいていた。負の出来事に対して楽観的な説明をする人は克服しようと努力を続けるが、悲観的な人はあきらめてしまったと言える。

新入生に関する同様の研究がヴァージニア工業大学で行なわれ、もっとはっきりとした結論が得られた（Peterson & Barrett, 1987）。SAT得点から判断すると、この学生達はKamenとSeligman（1986）らの研究の新入生に比べて、かなり"普通"であった。負の出来事に対しての説明スタイルは、SAT得点の結果に加えて、大学での最初の1年間における新入生の成績不振を実に良く予測した。また、学生一人ひとりが学術的なアドバイスを求めた年間の回数とも関連があった。予想した通り、悪い出来事を内向的、永続的、普遍的に原因説明をする学生は、アドバイザーのところには行かない傾向があった。また、アドバイザーのところに行かないことは成績不振と関連していた。

この研究は、学習性無力感の受動性と認知という2つの判断基準を十分満たしているように思われる。3つ目の基準についてはどうだろうか。KennellyとMount（1985）の研究が適切な証拠を与えている。彼らは86人の6年生を調査し、教師の随伴性尺度と呼ばれる評価尺度を考案し施行した。これは、教師が、付随的あるいは非付随的な方法をとり混ぜながらどの程度に賞罰を用いている

かを学生に問うものである。また同時に、生徒の成功と失敗の原因についての信念や、実際の学業成績、あるいは教師が彼らのことを無力であるとみなしているかどうかについて測定した。罰の用い方が非付随的であると生徒が認識していることと、その他の変数とは関連性がなかった。しかし、賞の用い方が非付随的であるという生徒の認識は、生徒の側の無力感と強く関連していた。さらに、学業成績は自分ではコントロールできないと考えている児童は、教師から無力であるとみなされていた。これら変数はいずれも実際の学業成績を予測していた。

　学習性無力感の視点に適合しないのは、なぜ非付随的な賞の認知だけが他の変数と関連を持つのかということである。しかし他の研究では逆のパターンが見いだされている。ここでは、（賞でなく）非付随的な罰の認知が、低い学業成績を予測する要因となった（例えば、Kennelly & Kinley, 1975; Yales, Kennlly, & Cox,1975）。これはクラスによる差異のためかもしれない。ともかく、これらの研究をまとめると、教室において得られた証拠は、学習性無力感と受動性との間の関連性を示している。

　Johnson（1981）によって報告された研究は、さらに学校での失敗を学習性無力感の評価基準との関連から調べている。彼女は9歳から12歳で構成される3つの男子生徒集団を比較した。第1のグループは平均的な生徒で構成されていた。第2のグループは慢性的に失敗経験をしている生徒により構成された。第3のグループは慢性的な失敗を続けていながらも特殊学級に入っているグループであった。全ての対象において、帰属スタイルに関する質問紙、自己概念尺度、持続力を指標とする実験的課題を施行した。

　この研究では、学習性無力感の3つの基準全て、すなわち、負の出来事の経験、認知、そして受動性が評価された。学校における慢性的な失敗は学習性無力感に影響を及ぼすという予測通り、これらの変数はいずれも低い自己評価（自尊心の低下）を伴い、互いに相関していた。慢性的な失敗をする者は、これらの変数全てが最も低い評価であった。最後に、治療的な教育をほどこすと、無力感が軽減されるといういくつかの兆候が見られた。

アジア系アメリカ人　Sue（1977）は、アジア系アメリカ人が合衆国における典型的な少数民族であるという、一般的で型通りの問題を取り上げている。

差別は実際に存在し、アジアに祖先をもつ多くのアメリカ人に理想的な生活はなかった。彼は、学習性無力感がアジア系アメリカ人の経験のありさまを明らかにできると示唆している。彼の分析は、うまくいっているだろうか。

受動性の基準から始めよう。Sue（1977）が示唆しているように、伝統的アジア文化は個人の主張を強調しないために、この基準を証明することは最も難しい。例えば、差別に抵抗できないなど、アジア系アメリカ人の受動的な例を指摘することはできるが、それが文化的価値観の反映なのか、学習性無力感によるものかは明らかではない（Nicassio, 1985）。

アジア系アメリカ人の無力感認知については、むしろ議論しやすい。Sue(1997)は、他の（主に白人の）アメリカ人と比較した研究を再調査し、アジア系アメリカ人は、自律的ではなく、不安が高く、神経質で、孤独で、疎外されたり拒絶されたりしやすいことを報告している。Sue（1977）は、彼らが巨大なアメリカ文化の中に入っていくにつれて、そこでは、彼らは全面的に受け入れてはもらえないのであるが、実際にこのような認知が広くゆきわたるようになっていると論じた。

多くのアジア系アメリカ人が経験したコントロール不可能な出来事の歴史について議論することはもっと容易だ。合衆国への初期のアジア系移民は、投票することも裁判で証言することも拒否された。他の人が享受している権利を、広汎な規則が明確に拒否した。合衆国政府は、第二次世界大戦のあいだ、10万人以上の日系市民を収容した。今日でも、アジア系アメリカ人は、その行動ではなくて人種によって扱われる。学習性無力感の基準は明らかに存在している。

Sue（1977）の分析は洗練されており、再構成モデルが期待できる。彼は、無力感の範囲が特異的で、アジア系アメリカ人はコントロール可能な状況や環境にとどまる傾向にあることを観察している。アジア系アメリカ人の経験のなかに学習性無力感がともなっていることは事実であると私達は判断する。これは、われわれが学習性無力感という言葉で意味するすぐれた例である。

黒人系アメリカ人　アジア系アメリカ人が学習性無力感を経験しているとするならば、黒人系アメリカ人にも同様のことが言えるであろうか。その可能性を探究した理論家がいる。Seligman（1975）は以下のような仮説をたてた。多くの黒人系アメリカ人にとっての窮状である貧困と差別が破壊的なのは、単に

物質を奪われているというだけでなく、心理学的な"資産"も奪われているためだと。貧困と差別はコントロールが不可能であることを意味し、それはまた受動性と敗北主義、つまり、学習性無力感を意味する（Fernando, 1984; Powell, 1990, 参照）。

ハーレム区域のスラム街に特有の無力感について Kenneth Clark（1964）は以下のように述べている。

> ハーレム区域のスラム街は無力感（powerlessness）の制度化そのものである。ハーレムは社会的に引き起こされた不安定さ、怨根、不況、虚脱感と引き続く虐待に対する暴発の危険性をもつような反応で、構成されている。無力な個人と地域が、ますます依存的になったり、凶悪な虐待に対抗する潜在的な力さえ使えないと言ったことでこの事実を示している。個人や地域が不能である結果、その中には不動、不況、無気力、無関心、そして敗北主義が明日に見てとれるのである。

同時に、学習性無力感の証拠として黒人系アメリカ人の受動性全ての例を理解しようとするためには、ずっと差別が続いているという現実をわれわれは見過ごしてはならない。努力が報われないとはっきりと認識しているがゆえにやってみようとしない人もいれば、結果をコントロールしようと実際に試みて罰をうけてしまったためにやろうとしなくなった人もいる。いずれの場合にも学習性無力感は見られない。

アジア系アメリカ人と同様に、黒人系アメリカ人の受動性が常に不適切なものであるかどうかを述べることは難しい。しかしながら、黒人系アメリカ人という役割にみられる受動性が学習性無力感の基準を満たす場合がある。これが2つの観点から証明されている。第1に、Smith と Seligman（1978）は、黒人と白人の子どもに対して実験室で無力感実験を行ない、コントロール不可能な出来事に引き続いて課題解決を行なうと、白人に比べて黒人に学習阻害がより多く見られることが分かった。Weisz（1981）も同様の知見を報告している。そして、これらの研究により、まさに忍耐が求められるような状況においても、黒人系アメリカ人は我慢することができないということが示された。第2は、1960年代、スラム街の暴動が起こったときになされた研究で、もっとも好戦的

（つまり能動的）な黒人系アメリカ人ほど、問題解決に対してはもっとも無力ではなかったことが示された。特に、「自分の生活上の出来事をコントロールできる、自分自身の将来を形作ることができると強く信じる」闘士型の人間においてそうであった（Forward & Williams, 1970, p. 88）。

学習性無力感のもう一つの基準はさらに証明しやすい。黒人系アメリカ人がコントロール不可能な出来事を経験したことがあるという事実は明白である。コントロール不可能な出来事の一つである失業に焦点をあててみよう。我が国においてもっとも高い失業率がみられるのは若年の黒人系アメリカ人であり、その率は50パーセントにも達するとみられる（例えば、Freeman & Wise, 1982）。この高い失業率にはさまざまな理由があるわけだが、失業という事実がそれ自体無力感に関する認識へと翻訳される。Bowman（1984）は、仕事を持たない若年の黒人系アメリカ人に面接をしたが、そのうち23パーセントもの黒人が、最後には仕事が見つかるという望みはほとんどないと答えている。そして、その窮状を自分自身の能力の欠如によるとののしっている。つまり内向的、永続的、普遍的な原因説明をする人が、もっとも無力感を感じているのである。

従ってわれわれの結論は、学習性無力感を黒人系アメリカ人に適用することは有益であるということになる。学校や職場で何かを達成する際の障壁を見落とさない事も大切ではあるが、黒人系アメリカ人が示す受動性のうち、少なくとも幾分かは学習性無力感の影響を受けていることも忘れてはならない。(Spencer, Kim, & Marshall, 1987）。

燃えつき　燃えつきとは、対人サービスを行なう人々が時に陥る情動的、身体的疲弊状態である（例えば、Edelwich & Brodsky, 1980; Freudenburger & Richelson, 1980）。燃えつきは、主に差し迫った要求が対応する側のもつ資源を超えてしまった状況で、相談者に直接、気の抜けない状態で接触する場合に起きるものと規定される。燃えつきの症状はかなりの部分でうつ病の症状と重なるが、たいてい仕事に関連して起こるという点だけが異なっている。その意味で、1日8時間だけ起こるうつ病といえる。そのような燃えつきの、状況に特異的な性質には、まさに学習性無力感が作用していることが示唆されている。

GreerとWethered（1984）もこれと同意見であったため、学習性無力感の3つの基準に当てはまるような燃えつきの研究がないかを調べた。その結果、燃

えつきは不適切な受動性を示すことが分かった。仕事に関連する疲弊感を経験している人々は、融通がきかず彼らの抱えている問題を解決しようとはしないのである（Pines, Aronson, & Kafry, 1981）。さらに燃えつきにはコントロールできない出来事、ことに来談者が改善しないことが先だって起こる（Sarata, 1974）。最後に、燃えつきには無力感の認知（Cherniss, 1980）や悲観的な説明スタイル（Mcmullen & Krantz, 1988）が伴っている。以上から燃えつきは学習性無力感の大変よい例であるといえよう。

過密環境　過密環境の有害な影響はよく報告されている（Altman, 1975）。過密環境によって身体的外傷を受けることは、もちろん人々のそうした状態への反応に大きな影響を与えるが、コントロール可能性の感覚もまた影響を与えていよう。過密環境によって、ある人が結果のコントロール可能感を失う程度が大きいほど、それは嫌悪的なものとして体験される（Cohen & Sherrod, 1978; Fleming, Baum, & Weiss, 1987; Rodin, Solomon, & Metcalf, 1978）。そのような体験の背後に学習性無力感が存在しているのだろうか。Baum による一連の研究（Baum, Aiello, & Calesnick, 1978; Baum & Gatchel, 1981; Baum & Valins, 1977）は過密環境が学習性無力感の大変よい例であることを示唆している（Kuykendall & Keating, 1984）。これらの研究の対象者は大学の寮で生活しており、その中には大変過密な環境にいる者とそうでもない者とがいた。ここでは学習性無力感の3つの基準全てが提示されている。過密状態で生活している学生は、社会的引きこもりと同時に実験的に与えた課題に際して持続力を欠いており、生活上の出来事をほとんどコントロールできないと報告し、自分達の将来のコントロール期待も減退していた。

　このような流れの研究では、さらにいくつかの注目に値するような側面が存在している。第1に、過密環境への急性の（短期的な）反応は、コントロールを取り戻そうとする試みでもある。言い換えれば、Wortman と Berham（1975）の言うところの心理的感応（リアクタンス効果）が起こっているのである。しかしながら、慢性的に過密環境にいると、続いて受動性が起こってくる。第2に、過密環境の否定的影響を減ずるような介入が可能であるという事実がある（Baum & Davis, 1980）。過密状態におけるコントロール不可能なつらい出来事には、通常他の人々が関与している。他人がいつも往来することは学習性無力

感を生み出す。学生寮がコントロールできないような行き来を減ずるようにデザインされれば、過密環境の有害な影響も減少するだろう。

てんかん 学習性無力感を適用する一つの方法は、コントロール不可能な負の出来事から始めて、それが不適切な受動性を生み出しているかどうかを見ることである。このアプローチは慢性疼痛の影響を調査するのに用いられた。同質の研究がてんかんに対してもなされた。てんかん患者は受動的で、非競争的で、達成が少なく、不注意で、孤立して、抑うつ的であるといわれている(Hermann, et al., 1977)。身体的基盤にてんかんがあるということがこのような行動に直接影響を与えると思われるが、てんかんに対する心理的反応もまた同様である。てんかんは、学習性無力感を見いだす場として適切である。DeVelles, DeVelles, Wallstone, & Wallstone (1980) は、てんかんを持つ289人に、発作の予想可能性とコントロール可能性、およびその頻度と程度を調査し、この考えを推し進めた。無力感尺度として、被験者は抑うつ質問紙とコントロールの所在尺度に記入した。

一般の人々と比べて、てんかん患者は抑うつ的で、生活上の出来事に対してコントロールできないことを認識していた。さらに、彼らは発作のコントロールが不可能であると認識している人ほど抑うつ的であった。後者の相互関係は、発作の程度を考慮にいれても適用することができた(Rosenbaum & Palmon, 1984, 参照)。この研究結果は、学習性無力感の3つの基準全てを明確に立証し、この適用が優れた例であることを証明している。

騒音 学習性無力感のモデルを社会問題に適用するもっとも典型的な例は、騒音に関する問題である。われわれは第4章で、実験室においてコントロール不可能な騒音を突然起こすことは、学習性無力感を引き起こすもっとも標準的な方法であることを見てきた。従って、学習性無力感を社会問題に一般化する準備ができていることは驚くには値しない。印象的な一連の研究において Glass と Singer (1972) は、同じ騒音でもコントロールできると解釈されたときには問題解決能力を阻害しなかったのに対し、コントロール不可能な騒音は阻害したと報告した。

Cohen、Evans、Krantz と Stokols (1980) および Cohen、Evans、Krantz、Stokols と Kelly（1981）は、教室の上空が飛行機の航路になっている児童と、なっていない児童の学業成績を研究することで、実験室研究を発展させた。コントロール不可能な騒音にさらされている児童は、そうでない児童に比べて学業成績が劣っていた。要約すると、われわれは騒音公害の社会的問題が、学習性無力感のもう一つの優れた例であることを見いだした。

明らかになっていること

われわれは、理論家が学習性無力感の例として述べたいくつかの現象について再検討した。分析の結果、それは学習性無力感の基準（すなわち適応的でない受動性、コントロール不可能性、無力感認知）が含まれているかどうかについてもチェックされたが、非常によく当てはまっているものも幾つか見られた。大部分のものが、学習性無力感の典型例とまではいかないが、適当であると判明した。だが、当てはまりにくい例も一部あった。

われわれは、多くの社会問題に学習性無力感が関わっていると考えている。学習性無力感の顕著な例とは言えないものにおいてでさえ、無力感モデルは、われわれの注意を内面的な「病理」から、状況の随伴性や認知のような、もっとありふれた構成概念の方に向けさせた。これらは、介入のための適切な指標を与える。おもしろいことに、認知の役割は、基礎研究（第4章）よりも、むしろここによく現われている。同時に、学習性無力感は、人が思うほどいたる所に存在するものではない。社会問題に対する適用例をみれば、適合範囲もさまざまであることが分かる。

分かっていないこと

今までのところ、学習性無力感の社会問題への適用例の多くは、決定的な実証とはなり得ていない。そこで今後の適用研究では、無力感モデルの3つの基準を明確に立証するべきである。われわれは、この文献レビューの中で、全ての研究者が学習性無力感の意味することをよく理解しているわけではないことを知り、幾分失望した。この章では、無力感が意味すること（意味しないこと）を繰り返し説明してきた。われわれは今後、学習性無力感の概念を用いるとき

表7-1 学習性無力感の応用

社会的問題	学習性無力感の基準		
	不適応的受動性	コントロール不可能経験	媒介認知
当てはまらない例			
アルコール症	なし	なし	あり
身体的コントロール	なし	なし	なし
児童虐待者	なし	あり	なし
やや当てはまる例			
児童虐待の犠牲者	なし	あり	なし
児童期自閉症	ややあり	なし	なし
家庭内暴力	なし	なし	あり
夜のニュース	—	あり	—
施設収容	なし	なし	あり
孤独と内気	なし	なし	あり
よく当てはまる例			
老化	なし	あり	あり
運動競技のでき	ややあり	ややあり	ややあり
慢性痛	あり	あり	なし
精神遅滞	あり	あり	なし
販売売れ行き	ややあり	なし	あり
聖パウロ	—	あり	あり
失業	矛盾	ややあり	あり
もっともよく当てはまる例			
抑うつ	あり	あり	あり
学業成績	あり	あり	あり
アジア系アメリカ人	ややあり	あり	あり
黒人系アメリカ人	あり	あり	あり
燃えつき	あり	あり	あり
混雑	あり	あり	あり
てんかん	あり	あり	あり
騒音	あり	あり	あり

には、少なくとも適切な基準に当てはまるかどうかが熟慮されることを切望している。

　無力感モデルをより説得力あるやり方で適用するためにわれわれは、縦断的な研究手法を奨める。また、ただ一つの不適応だけではなく、同時に複数の不適応を測定することを奨める。そして、もし介入を計画する際に、学習性無力感が実践的な重要性を持ちそうな場合には、無力感による説明がそれ以外の説

明で置き換えられないものかどうかを、批判的な観点から検討してみなければならない。そのような作業を行なった結果、無力感の理論によって定義された心理機制が、社会問題の中でどのくらい大きな役割を果たしているのかが分かるのである。

　無力感について、これからの研究でより注目すべきいくつかの問題点がある。第1に、無力感の適用研究は、認知の問題が心的外傷以上に重要であることを示すことにこれまであまり注意を払ってこなかった。実験研究で標準的なヨークト実験を人間を対象としたフィールド研究で実施することは、不可能ではないとしても困難である。しかし、模擬実験さえ試みなかったことは非難されるべきである。それはなぜか。多分それはあまりに明白なものであったのでそう思い込むことが実行を困難にしたのだろう。しかしながら、心的外傷もまた受動性を生じることがある。無力感を適用した研究についてのわれわれの批評には、一貫して一つのテーマがあった。それは、無力感を説明として用いる前に、混同されやすい心的外傷を、無力感の要素から除外するという重要なものであった。

　第2に、今日までのところ、適用研究は2つのグループに分類されがちである。それは、2章のようなオリジナルの無力感モデルに基づくものと、4章のような改訂理論に基づくものである。この2つの相違点は無力感が存在するかどうかの議論の際に研究者が何を見ているかによる。研究者がもし適用研究において本来のモデルに関心があるならば、受動性が観察される前に、コントロール不可能な出来事が先行していることを強調するであろう。研究者が改訂モデルの方に関心がある場合には、認知（例えば、原因説明の仕方）に重きをおくと思われる。しかしながら、5章で強調したように、改訂モデルは、認知と出来事の両方を含む素質-ストレス・モデルである。改訂理論は、オリジナル・モデルを精緻化して置き換えたものではなかった。応用研究の研究者は、このことを十分認識してはいなかった。

　第3に、4章で強調したように、人間の基本的な無力感の現象については、いまだ未解決の議論すべきところがある。無力感の構成概念の適用に際して、これらの議論が意味するところは何なのだろうか。無力感など存在しないということではない。コントロール不可能な出来事により、確かに人はさまざまな障害を持つ。認知が重要でないということでもない。人と環境との関係の特徴

として、コントロール不可能性は認知的表象を生む。

　以上をまとめると、研究者は、無力感に陥った人が何を考え、それによってどのような困難が生じるのかについて、正確に理解しているとはまだ言えない。実験的現象に関する批評や疑問は、コントロール不可能な出来事と、実際観察される障害を関連づける認知の性質に向けられなくてはならない。帰属の改訂理論は、無力な人の複雑な認知に関する研究を一歩進めた。しかし、これ以上先へと進む必要があるかどうか、確かではない。認知と予期と説明は、相互に関係するが、その他に何があるのだろうか。無力感の適用例は、すばらしい例であると予測したものでさえ、もう少し疑って検討する必要があることを教えた。なぜなら、無力感の現象の理解は発展途上だからである。

　第4に、伝統的な学習性無力感に関する膨大な研究は、個人の無力感に関するものであったが、無力感の考えは集団に対しても拡大して適用することができる。PetersonとStunkard（1989）は集団のコントロールと、集団の無力感の理論を研究し始めた。集団におけるコントロールはある種の規範――共有された信念――として描写できる。それは集団機能の反映でもあり、何らかの行為によって集団が達成できたり、できなかったりするものでもある。これは第2章で示した学習性無力感における個人の予期と全く同等の意義を持つものである。

　さらに類推すれば、集団のコントロール感が減じた場合、おそらくモラルの低下や、失敗時の忍耐力の欠如、中断や変更への耐性の低下、身体的健康の低下などが生まれると思われる。例えば、官僚的組織集団において、何かを行なっても成果にむすびつかなければ、集団無力感が生じることになるだろう。そのような環境では、労働者は無計画になり、それぞれ勝手に、短絡的な目標を追い求めるようになり、組織の目標を無視するようになる。

　集団におけるコントロールと学習無力感は、個人のレベルのものよりもずっと複雑なものであろう。メンバーはその集団で何ができ、何ができないかについてのメンバーの意見はばらばらである可能性がある。集団が無力的か効力的かに関してメンバーは各々主張の違いを示し、それからクループとして賛成か反対かどこかに落ちつくのである。

　集団における無力感が個人のそれよりもずっと複雑になるもう一つの理由は、集団のメンバーは、集団の目標達成力についてのみでなく、メンバー自身の集

団を助ける能力についても、個人によって考えが違うことにある。このため集団と個人の学習性無力感が相互に影響し合うのである。人は、自分の無力感を集団に依存して判断する。また集団の能力を判断する際には、メンバーやリーダーの個人能力によって判断する。スポーツチームの成功がファンにとって重要であるのはこのためかもしれない。同時に、Simikin、LedererとSeligman (1983) は、個人の無力感が集団の行動に必ずしも般化しないし、集団の無力感が個人の行動に般化するとは限らないことを示している（第4章）。

われわれが調査した学習性無力感の適用例の幾つかは、集団や組織におけるものであった。しかしこれらの適用例は、どれも個人と集団の無力感を明確に区別していなかった。無力感は両方に存在し、互いに与え合う影響の度合いは、集団によって異なると思われる。この領域は、概念的にも経験的にもさらにすすんだ研究が明らかに必要である（Munton & Antaki, 1988）。

まとめると、学習性無力感を実際に人間の適応のさまざまな失敗例に適用する場合、その事例はあまりにも多い。そのためコントロール不可能な出来事を経験した人が無力感に陥ると、この世の全てに受動的な対応をしてしまう危険性があるという、思わしくない予測が導き出されるのである。社会的な問題が一度起こっても、それは予測が示す通り、おそらく強い関連性はないと思われる。さらに社会問題がいくつか同時に起こったとしても、それらの問題がそれぞれ学習性無力感という一つの源へ辿るということではなく、一つの問題が別の問題を悪化させていくという連鎖反応の結果と考えた方がよい場合もある。

それでは何が問題となっているのか。コントロール不可能な出来事や無力感の認知によって、なぜある一部の人だけがうつ病を発症するのか、あるいは学業不振においてはどうか、がん患者や不本意な仕事に関してはどうかなど、理論家達が取り組んでいない問題はまだ残されている。第5章で我々が示したように、学習性無力感を"モデル"として扱うのはやめて、"メカニズム"と呼ぶことが、おそらく解決の鍵になると思われる。これは用語の上で区別することだけにとどまらない。モデルとして扱う場合には、おそらくその現象の特徴がどのように関連しているかを見ていかなければならないが、メカニズムにおいては、単に重要な要素をとらえるだけでよい。学習性無力感は、メカニズムとして、他の要因と結びつけられるべきなのである。

(注)

1. さらに詳しい議論については Peterson（1990, 1992a）の論文を参照。

第8章　学習性無力感と身体的健康

多くの人が心理的状態は健康や疾病と何らかの関連があると信じているが、どのような影響を及ぼしているのか実際に示すことはきわめて困難である。心理的状態が健康や病気に影響するとした事例研究を思いだす。Norman Cousins (1981) が、前向きな情動を奮い起こすことで病気を克服したというものである。この話はたいへん興味深いと思う反面、懐疑的にならざるを得ない。このような事例研究は、人間の身体的健康の過程が劇的に変わり得たという事実だけで、他に何も明らかにしていない。

それは、心理的要因が健康・不健康と何か関係があるということを明確にはしていない。どの心理的要因が重要なのかも特定していない。つまり、一般化することは許されない。Norman Cousins が、生命をも脅かす病気を克服し、長く満足した生活を送れたことはよかったが、彼の話についていえることは他にない。

おそらく、このような事例研究は、心理的状態と身体的健康との関連性をより綿密に調べる必要性があることを明らかにしたことに価値があるだろう。研究者は、最近関連性を認めており、学習性無力感が一つの役割を果たしていることを示唆した。この章では、関連のある幾つかの研究について述べる。

幾つかの基本的なルール

学習性無力感が、望ましくない健康状態と関連があるというのは、どのようなことを意味するのだろうか。我々の調査では無力感は、疾病モデルではなくうつ病を考える前提にある作用だとした。(第6章)。むしろ、無力感は望ましくない健康状態を引き起こす潜在的なメカニズムであると仮定している。それは多くのメカニズムの中の一つにすぎない。病気に関してはっきりしていることが他に何もないのであれば、不健康がさまざまな影響を受けていることは明

らかである。ここで、学習性無力感と望ましくない健康状態について、2つの課題に直面する。第1に、無力感という複合概念と望ましくない健康状態は、関連があるのか。第2に、関連が確認されるのであれば、無力な状態から、望ましくない健康状態へ、どのように移行するのか。これら2つの問題解明の試みは、現在も続いている。これまでのところ、パズルのピースにたとえると一致しているものもあるが、まだ多くのピースは合わない状態である。

健康か病気かを確定するのは容易であるように思うかもしれない。だが、より詳細に調べられるほど、確定はあいまいなものとなる。身体的疾患の基準には多くのものがある。

・病識があるかどうか
・リンパ腺が膨れるというような特定症状
・身体検査による特定疾患の診断
・血液検査、尿検査、レントゲン写真などによる診断の確定
・生体防御を示す免疫機能のような反応
・余命
・生死

研究者は健康状態を測定する方法を決めなければならない。さまざまな疾病基準は実際の健康状態と完全には一致しない。"気分はよい"という人が、重症であったり、"気分はすぐれない"という人が、身体的にはどうもないことがある。症状はないが病気であったり、病気ではないが症状があることがある。広く定着している疫学的知見では罹患率（疾病）と死亡率（死）が、性別を考慮に入れると一致しない。女性は男性よりも多くの病気にかかるが、長生きもする（Verbrugge, 1989）。

われわれの調査では、学習性無力感と身体的健康に関するさまざまな方法を用いて慎重に健康状態を測定し、研究者間での一致を求めた。それにより、一般性を得た。同時に、できる限り交絡要因を除外するために、1つの研究の理論的枠組みに固執しないようにした。概して調査プログラムは予備的なものである。いずれの調査も、予想以上に欠点がある。実際、それぞれの場合で二者択一的な考えをしなくなることによって初めて、興味ある点に収束して結果を

得ていると言うことができよう。

病気になる危険要因

　学習性無力感が、望ましくない健康状態を引き起こすのかどうかを問うことはどんな意味があるのだろうか？　まず、"学習性無力感"を取り巻く3つの異なる構成要素を思い出してほしい。受動性、コントロール不可能性、認知であった。つまりこの質問は、これらの構成要素が、一つずつあるいは組み合わさって、不健康状態に影響しているかを問うていると言い換えるべきである。現在のところ、認知、とくに説明スタイルが、身体的健康にどのように関連しているのかについて、たびたび調査を行なってきた。

受動性
　それにもかかわらず、われわれは望ましくない健康状態を引き起こすのは受動性であると、今ではかつて以上に信じている。健康の専門家達は疾病と戦う3つの主要な時代を経てきた（Taylor, Denham, & Ureda, 1982）。第1の時代は、全く自然な反応であった。病気になれば治療を受けた。第2の時代は歴史的には最近のことである。まず、物理的環境を改善することで病気にならないようにし、細菌感染の可能性を低減した。マラリアを運ぶ蚊が生息する低湿地帯では放水が行なわれた。腺ペストを運ぶノミを宿す家ネズミが集まらないよう、廃棄物の山は除去された。外科医は手術の前後に手指の洗浄を行なうようになった。

　これらの時代は、いずれも重要であり、その方法は今日にも受け継がれている。しかし現在、以前とは全く異なった疾病との戦いを試みる第3の時代に入っている。今、多くの人はライフスタイルの問題で病気になり、死に至っていると推測されている。喫煙や飲酒、栄養状態の偏り、運動不足はとても多くの、そしてさまざまな弊害を引き起こしている。つまり、第3の時代の疾病との戦いは、不健康な生活習慣をやめさせることである。

　医師が細菌の研究に取り組んだり、公衆衛生局の職員が物理的環境をよくしているとはいえ、この時代が他の時代と異なるのは、人はもはや傍観者として見ていることが許されないからである。健康増進の時代ということもできる第

3の時代は、個人が一人ひとり行動することが求められている。このために、あらゆる健康的な行動を推奨するプログラムが、テレビ、学校、職場、あらゆるコミュニティーで、国をあげて行なわれている。こうした熱心な取り組みにもかかわらず、受動的であることは、明らかに健康的ではない。

最も論議をよんでいるのは、コントロール不可能性と認知との関連、そしてコントロール不可能性と身体的健康との関連についてである。われわれは、これらの関連を明らかにする研究を行なってきた。動物実験では、コントロール不可能性の経験が、生体の生理機能にどのような変化を及ぼすのかについて、疾病の発生過程を含めて検討した。また人間を対象とした研究では、悲観的説明スタイルと望ましくない健康状態との相関関係について調べた。

コントロール不可能性

動物と人間の研究では、コントロール不可能な嫌悪的出来事の経験が不健康をもたらしたり、死期を早めることが示されている。動物を対象とした研究についてはこの章の後半で述べるとして、ここでは人間での研究を論評する。詳細に調べると、動物実験と人間の研究とは全く異なっている。また多くの場合、コントロール不可能性それ自体が重要な危険因子であるということは示されていないと言っておく。ストレスはしばしば健康的ではなく、ストレスの原因の一つがコントロールの欠如にあることも分かっているが、ストレスが健康をおびやかすまさにその原因にコントロール不可能性があるということとは別問題である。

調査研究では、ストレスフルなライフイベントが人間の健康を損なうことを示している。よく要因統制された多くの研究で、ストレスは病気と関連があった (Rabkin & Struening, 1976)。例えば、T. Holmes と R. Rahe (1967) は、経験したストレスの"量"を測定するために、社会的再適応評定尺度（Social Readjustment Rating Scale）を作成した。この調査では、43のライフイベントを過去1年に体験したかどうか記入してもらう。質問に含まれる出来事を経験して、現在の生活が混乱したり、ある種の再適応が必要とされるほど、"生活変化単位 (life change unit)"の得点は高くなる。この尺度の総合得点が高いほど、病気になる可能性が高くなる。

ストレスの原因は、重大なライフイベントだけではない。Kanner、Coyne、

Schaefer と Lazarus (1981) は、日常の苛立ち事についての質問以外は、社会的再適応評定尺度と同様の尺度を作成した。日常の苛立ち事とは、車の鍵を紛失したことや、夕食が中断されたこと、小切手の決算を間違ってしまったこと、ペットの世話をしなければならないことなど、日常生活の中での、ささいな、いらいらさせられる出来事である。日常のささいな苛立ちは、蓄積するとストレスとなり、身体的健康を徐々に破壊し始める。苛立ち事は、その数が多いと、重大なライフイベントよりもストレスフルになる (Weinberger, Hiner, & Tierney, 1987)。

　ストレスと病気との関連が示されると、研究者達は、その本質に目を向け、心理的要因が重要であることに気づき始めた。とくに、出来事についていつもと違うように考えたりするほど、その出来事はますますストレスフルなものとなり、病気を引き起こし易くする。また出来事を予測不可能でコントロール不可能なものと見なすほど、それはいっそうストレスフルになる。葛藤的な出来事であれば、ストレスが引き起こされる。そして、よくない出来事だと自分自身を責め、それを変えられない無力を感じ、ストレスはさらに強くなる。

　場合によっては、このような信念は状況の現実性を反映したものかもしれないが、事実以上となることもあり不必要なストレスを与えることがある。これらの知見を要約すると、ライフイベントに対する悲観的な見方が出来事をよりストレスフルなものとし、より多くの病気を生み出すようになるということである。逆に、楽観的に考えることは、ストレスによる健康阻害を和らげる。

　この研究の問題点は、実験に基づいていないことである。また健康悪化を高めるのはライフイベント自体にあるという、恐るべき結論に困惑させられる。さらに、ストレスフルなライフイベントは、コントロールが不可能なだけでなく、外傷ともなり得る。第7章で記述したように、もしうまく身体的外傷の影響を除外できなければ、コントロール不可能性が重要な要因であると結論づけるのは不可能である。

認知

　次に、人間で説明スタイルと不健康との関連を調べた一連の研究を見てみよう。学習性無力感に特徴的ないくつかの認知と、身体的健康とが関連がある。

35年間の縦断研究 ハーバード大学の成人発達の調査は、ハーバード大学健康科学研究所の C. Heath と A. Bock によって1937年に始められた。現在は、ダートマス大学医学部の G. E. Vallant が指揮する、現在も進行中の縦断調査である。人間の成長と発達を生涯にわたり集めた唯一のデータである。ハーバード大学は、コーピング（Vaillant, 1977）やアルコール依存症（Vaillant, 1983）について、重要な研究成果を生み出している。また、われわれも説明スタイルの研究、健康との関連研究を行なうことができた（Peterson, Seligman, Vaillant, 1988）。

調査は1942～1944年、身体的にも精神的にも健康な、ハーバード大学の学生を対象に始められた。事前に被調査者は、学業成績で振り分けられ（学生全体の40%は除外された）、次に身体的精神的健康状態で振り分けられ（更に30%が除外された）、最後に最も権威ある大学の学部長推薦をもとに振り分けられた。全員で268名の若い男子学生が選ばれた。

それぞれの被験者は在学中にあらゆる身体検査、性格検査、知能検査を受けた。卒業後、被験者は職業、家族、健康などについて、年に1回質問紙に回答した。各被験者の定期的な身体検査は各自の主治医によって行なわれた。在学中に10人の男性がやめ、卒業後さらに2人がやめた。

成人発達のハーバードの研究は、心理的な状態が身体的健康へのどのような影響を及ぼすかを研究する上で、多くの理想的基準を満たしているため、特別な研究となっている。つまり、縦断的研究であること、大勢の研究対象者がいること、被験者のリタイヤが少ないこと、身体の健康の優れた指標——医学検査で裏付けされた身体の検査結果——があることである。

また、研究参加者が若かった頃の特徴的な説明スタイルを確かめることも可能である。1946年に行なった質問の項目には、苦難であった戦争体験について自由記述を求めるものがあった。

> あなたは、どんな苦難な状況に出合いましたか（詳細にお答えくださいさい）。
> それは戦闘中ですか。それ以外の時ですか。
> それは上官との間で生じましたか。それとも部下との間ですか。
> 自分ひとり戦わなければいけない戦いでしたか？
> そのような状況下で、うまく判断できましたか？できませんでしたか？

その苦難はあなたの仕事や健康に何か影響しましたか。
その時、どのような身体的症状、精神的症状を経験しましたか。

この質問は状況を思い起こすためのものであった。この質問に対する回答は短い言葉ではなく、エッセイ的となった。

われわれは、多勢の中から無作為に選んだ99人の男性に興味を持った。悪い出来事の原因となる説明を見つけるために1946年のエッセイを通読した。悪い出来事を見つけだし、インデックスカードに一語一句変えず書き留めた。99人の男性で、計1,102の悪い出来事と、それに対する原因説明を見つけだした。1人平均11.1個であった。

つぎに、4人のアシスタントで、抽出された原因帰属を、内的（対 外的）、永続的（対 一時的）、全体的（対 特異的）という次元で評定した。次に、各アシスタントの得点を平均し、3つの評価次元での得点を平均した。最後に、出来事別に得点を平均化した。結果は、1人につき1つの得点が、極端に楽観的説明スタイルから、極端に悲観的説明スタイルまでの範囲のどこかに位置づけ、99人の得点を得た。

各被験者の説明スタイル得点を割り当てる過程で、一人が一貫した形式で出来事を説明しているかどうかを計算するのに大変手間取った。出来事をどのように説明しているか述べさせる時は、最初の方で注意したことを思い出すとよい。要するに今問題になっている説明に気を取られると習慣的な考え方を見落とすこととなる。。こうなると、先程の得点は、被験者が直面した戦時中の特定の出来事（現実）を反映してしまい、習慣的な思考様式（説明スタイル）を反映していないこととなる。一貫性のチェックを行なうことで、手続きの妥当性に関する危惧を減らした。被験者は、実際には各出来事を同じように説明していた。

説明スタイルの確認方法を詳述してきた。今度は、被験者の身体的健康の評定に目を向けよう。被験者は25歳の時（自由回答式質問紙に回答した時期）、30歳、35歳、40歳、45歳、50歳、55歳、60歳の時の、8つの時点で、主治医により綿密な身体検査を行ない、ハーバード大学内科医に結果を転送した。内科医は、検査結果により、被験者を次のように評定した――なお、この内科医は、説明スタイルの調査であるということは知らされていない。なぜなら、説明ス

タイルは数年後に確認されるようなものではなかったからである――。

各被験者を、検査結果を考慮に入れ、次のように分類した。

1＝健康で正常

2＝多くの軽い不定愁訴がある（軽い背部痛、前立腺炎、痛風、腎結石、関節障害、慢性的な聴覚障害）

3＝身体の障害は伴わないが、なかなか回復せず、進行する可能性が高い慢性的な疾患（高血圧、心性肺を伴う肺気腫、糖尿病など）

4＝なかなか回復せず、身体の障害を伴う慢性的な疾患（激痛発作を伴う心筋梗塞、動けないほどの腰の障害、高血圧や過度の肥満、糖尿病、激しい関節炎、多発性硬化症など）

5＝死亡

50歳からは、血液検査や尿検査、心電図、胸部X線撮影も行なった（Vaillant, 1977参照）。

　1人の被験者で1つ以上の測定結果が得られた。1945年、精神科医が全体的な評定を行なった。そして、将来、情動障害が発生する可能性を予測した。各被験者を知る上でこのことは重要である。例えばうつ病など、潜在的な情動障害による、悲観的な説明スタイルと身体的な不健康の可能性を除外したかったからである。

　驚くことではないが、被験者は年をとるにつれて、全体的に健康状態は悪化してくる。しかし実際は、検査の得点範囲が広がっていた。言い換えれば、最も健康な者と最も不健康な者との間にかなり大きな得点差が生じたのである。この傾向は、当然のことで、予測できないことではない。なぜなら被験者全員、最も健康な状態から調査を始めたからである。被験者の選抜基準が厳しかったことを思い出してほしい。興味あることは、非常に健康的な若者でさえ、年をとるとすっかり病気になってしまう者がいるということである。調査した99人の男性のうち、13人が60歳前に死亡した。健康である者と、死んでしまった者との違いは何なのか、明らかにしたいと思うようになった。説明スタイルが関連しているだろうか。

　全般的に、25歳時に悪い出来事に対して楽観的な説明をした者は、悲観的説明をした者よりも、晩年健康であった。この相関は、初めの身体的、情動的健

康を考慮しても認められた。従って、若い時の楽観的説明スタイルは、晩年の望ましい健康状態と関連があるといえよう。

　この研究は、心理的状態と身体的健康との関連を示す重要な根拠となる。研究結果をより明確にしてみよう。被験者の説明スタイルと健康との関係を8つの時点で調べてきた。30〜40歳時では、説明スタイルと健康状態との関連はなかったが、その後関連が確認された。説明スタイルの評価を始めてほぼ20年後の45歳時に、その関連は最も強くなり、その後はいくぶん低減した。

　また、25歳時の説明スタイルが、ある年齢から次の年齢への健康状態の"変化"と、どのような関連があるかについても調べた。この25歳というのは楽観的なスタイルが得をする（悲観的スタイルが損をする）と評価して、スタートしたのである。その結果、悲観的説明スタイルの者は、35歳から40歳にかけての健康状態の悪化と、いくぶん関連があった。40歳と45歳で最も関連があった。（相関係数 $r = .42$）。楽観的説明スタイルの者は、当初の健康を維持した。対照的に、悲観的説明スタイルの者は、著しい健康悪化を示した。

　この調査で明らかになったことは何だったのだろうか？　心理学的変数——説明スタイル——が20〜30年後の身体的健康と関連があることを明確に実証した。初めの身体的健康や情動状態などの第3の変数が統制された場合においても、明らかであった。

　説明スタイルで、25歳時の健康状態を予測しなかった。これは驚くことではない。なぜなら、研究を開始した時には、被験者の健康はほとんど差がなかったからである。しかし、中年初期（35〜50歳）までに、健康状態は変わり、心理的要因の影響が考えられるようになった。中年後期（50〜60歳）には、説明スタイルと健康状態との関連は幾分低減した。現在、この原因についてうまく説明することはできないが、体質的要因やライフスタイル、あるいはその双方が同時に健康状態に影響し始めた結果ではないかと考えている。

　どんな研究も、たとえ結果はすばらしくても、話の最後の言葉に詰まる。今まで述べてきた研究の主な問題点を指摘してみよう。まず、被験者は母集団全体を反映するものではなく、もともと選ばれた人達であった。これは実証的な研究の価値を損なうものではない。ある状況下である人々には、心理的な状態と健康は関連するであろう。しかし、ひと度これが実証されれば、次には境界条件についての疑問が生じてくる。説明スタイルと健康状態との関係は全ての

人々に全ての環境下で当てはまるのだろうか？ この研究のように、大変特殊な被験者における結果から、一般論を引き出すことは明らかに問題である。被験者は、調査を開始した時点では健康で、裕福で、学業的も優秀な男子大学生で、多くはアメリカ北東部の出身であった。

そこで次のステップとして、広範囲の人々を対象に説明スタイルと健康との関連を調査することにした。これは、ハーバードでの研究結果を一般化することが目的であった。次に、この相互関係をさらに立証していると考えられる他の研究について述べることにしよう。

風邪 次の調査では、説明スタイルと身体的健康との関連について調査対象の母集団を変えるとともに、今までとは違う説明スタイル尺度と、2つの健康の基準を用いた（Peterson, 1988）。再度、説明スタイルが身体的健康に関連があるかどうかについて検討した。

1984年秋にバージニアのブラックスバーグにあるバージニア工科大学の大学生172人を対象とし、調査は開始された（第1回調査）。被験者はASQ（Attributional Style Questionnaire：特性診断テスト）に回答した。また、疾病に関する質問紙にも回答し、最近一ヶ月に罹患した病気について全て記述した（Suls & Mullen, 1981）。各疾病について、初めて症状を自覚した日と、最後に自覚した日を記述した。これにより、少なくとも1つでも症状があった日数を計算し、疾病の得点とした。得点範囲は0～30で、得点が高くなればなるほど病気であるとした。特定の対象者の愁訴傾向を統制するため、抑うつ気分尺度についても回答してもらった。

1ヵ月後、対象者に再び疾病に関する調査を実施した（第2回調査）。最初の172人のうち170人（99％）が調査に参加した。2回目の調査で、被験者は、説明スタイルが確認された1回目の調査以降患った病気や症状について報告をした。ハーバード大学の研究と同様に、当初の説明スタイルとその後の健康状態との関連は、たいへん興味あるものであった。

さらに、1年後文書で3回目の調査を実施し終了した。返信用の封筒も同封した。質問項目は次のようなものであった。

　　昨年の感謝祭以降、病気の診断や治療のために、何度病院に行きました

か。下の空欄にその回数を記入してください。定期健診やけが（足の骨折など）によるものは含めないでください。

この疾病に関する尺度は、健康状態が悪化すればするほど、病院にいく回数はますます増えるであろうという根拠に基づいている。当初の172人の被験者のうち、3回目の調査の回答は146人（86％）であった。1回目の調査の説明スタイルと3回目の調査の健康状態との関連が明らかになった。

説明スタイルと健康状態との関連についてはハーバードの研究結果と同様の結果を得た。楽観的な大学生は、悲観的な大学生に比べると、翌月の疾病日数と、その後1年間の病院受診回数は少なかった。これらの結果は当初の健康状態（1回目の疾病尺度）を統制しても同じであった。さらに、抑うつ得点（愁訴傾向）を考慮した場合も同様であった。

これらの関連の程度は、ハーバード大学の結果ほど強い相関は認められなかった。おそらく調査期間が短かすぎたためと思われる。ASQの得点が上位25％の被験者群（もっとも悲観的な者）と下位25％の被験者群（もっとも楽観的な者）とを比較した。表8-1は、各群の平均疾病日数と平均受診回数を示している。疾病日数では2倍以上の差が、受診回数では3倍以上の差があった。

1回目と2回目の調査で、罹患した疾病の95％は風邪、のどの痛み、インフルエンザなどであった。残りは肺炎、耳下腺炎、性病、単球増加症などのような疾病を報告した。疾病は全て感染症であった。3回目の調査では、特に何の疾病で受診したかについては尋ねなかったが、何人かは回答を寄せてくれた。いずれも感染症であった。

これらの結果はハーバードの研究が示していないことを明らかにしたように思う。つまり悲観主義であることと特定の疾病と関連があるということである。

表8-1 楽観主義者と悲観主義者（風邪についての調査研究）

グループ	翌月の平均疾病日数	翌年の平均受診回数
悲観主義者（対象者の25％）	8.56	3.56
楽観主義者（対象者の25％）	3.7	0.95

Peterson, C. and Bossio, L. M.（1991）. *Health and optimism*. New York: Free Press.
©1991 by Christopher Peterson and Lisa M. Bossio. Reprinted by Permission of The Free Press, a Division of Macmillan, Inc.

心理的状態と特定の健康問題との間に特異的な関連があると予測することには慎重にならなければならない。それでもなお、この結果から、感染症に対する身体反応を含む健康状態と説明スタイルと関連があることが示唆されるのである。

しかし、この調査は完璧ではない。成人を対象にした生涯発達のハーバード大学の研究のように、調査対象者が母集団の代表とは言い難い。対象となった大学生は、一般の人より健康的で知能も高く、特権階級である。風邪はがんや心臓病と同じカテゴリーには属さない。また、おそらくお互いが、かなり近くに住んでいる学生では感染のリスクが高い。しかしながら、この調査結果はハーバード大学の結果と類似しており、説明スタイルと望ましい健康状態とは関連があると確信するようになった。

がんの生存率　説明スタイルと健康との関連について、この他の研究ではピッツバーグ薬科大のS, Levyらによる、乳がんが再発した中年女性36人を対象に行なった調査がある（Levy, Morrow, Bagley, & Lippman, 1988）。最初にがんの診断を受けてから、どのくらい生存するかを予測する要因に注目した。とくに説明スタイルなど心理的要因の影響を調べた。

研究を開始した時、被験者は広範囲なさまざまな話題についてインタビューをうけた。これらのインタビュー内容は筆記された。CAVE（説明スタイルの逐語的内容分析）の手続きとして、インタビュー中に含まれる原因の説明スタイルの確認・抽出・評定が行なわれた。また、がん自体が生存率に影響することは分かっているが、生存に影響する他の要因についても確認した。当然医師は最善の治療を続行した。

Levyらは4年間の追跡調査を行なった。最初の参加者36人のうち24人がこの期間に死亡した。このグループの生存期間は100日～1300日（3.6年）であった。説明スタイルなど、初めに測定した多くの要因で、生存期間を予測した。予想通り、最初のインタビューで、説明スタイルが楽観的であるほど、生存期間は長かった。

説明スタイルは生存期間を予測する最も有効なものではなかった。むしろ、診察を始めた時点でのがん細胞数といった生物学的要因の方がとても重要であった。さらに、説明スタイルと健康（すなわち生存）との関連は、この章で述

べてきたその他の関連に比べて、強いものではなかった。Levy ら（1988）は慎重に解釈し、結果は一つの傾向であるとした。結局、症例数が少ないことが、統制され除外されるべき"第3の変数"をそのままにしてしまった。

制限があるにせよ、この結果は、説明スタイルと身体的健康との関連の議論を要約すると、一つの根拠となった。この特別な被験者は、心理的状態が健康に影響することを立証するには、適切ではなかった。調査開始の時点で既に乳がんに罹患していたからである。心理的状態は病気の"発症"あるいは"経過"に影響するが、これらは別の問題である。発症は、影響がなくても生じる。だが、疾病がかなり進行している場合には、心理的要因は限定的な役割しか果たさない。結局、Levy の研究は、一つの"傾向"にとどまった。

心臓発作の回復　G. Buchanan と M. Seligman（1989）は、説明スタイルが心臓発作の回復に及ぼす影響について調査した。対象者はスタンフォード大学で行なわれた、心臓発作の再発予防法に関する先行研究の統制群の者たちであった。被験者は、この調査開始の少なくとも6カ月前に心臓発作を起こした男性であった。糖尿病の合併症はなく、禁煙者、あるいは元喫煙者であった。

調査開始時、標準化されたタイプ A の冠動脈疾患傾向の行動パターンの評価表に基づくインタビューが行なわれた。このインタビューの模様はビデオに録画された。G. Buchanan と M. Seligman は後に説明スタイルを確認するために、CAVE を用いた。統制群は合計160人の男性であった。8年以上追跡調査を行なった。この期間に60人が心疾患が原因で死亡しており、ほとんどは2次的な心臓発作であった。

Buchanan と Seligman は被験者の年齢や PEEL インデックス、また以前の発作時の損傷の部位や重症度を考慮にいれた広範囲心機能尺度を基準に、生存している被験者と死亡した被験者を比較した。これら2つのグループは予測通り、説明スタイルに違いがあった。死亡した被験者は8年前も悲観的説明スタイルを示していた。現在、生存している被験者よりもかなり悲観的であった。この結果から、悲観的説明スタイルが感染症だけでなく心疾患に関しても疾病に影響していること確信した。

免疫系機能　次の調査は、ペンシルバニア大学の L. Kamen-Siegel らにより

行なわれたものである（Kamen-Siegel, Rodin, Seligman, & Dwyer, 1991）。説明スタイルが、身体的健康のもう一つの有効な指標である免疫機能にどのような関連があるか調査した。だが、われわれの調査で健康の基準として用いられているものと同様、これもまた理想からは遠い。血液サンプルから評価できる免疫機能の項目はたくさんある。またそれらの相対的価値について、免疫学者の間で活発な討議が行なわれている。研究者は一般に、信頼できる尺度に頼りたがるが、免疫機能が良好であるから健康であるあるいは長生きであるという単純な関係ではない。

Kamen-Siegel らは、62歳から87歳のたいへん健康な老人47人にインタビューを行なった。主に生活出来事、問題、ささいな苛立ちや心配事などについて聞かれた。要するに、被験者に出来事を意識させ、その結果十分な原因説明が得られたのである。この説明スタイルは CAVE で得点化された。

インタビューを行なった時、採血も行なった。血液から免疫機能の一つの尺度、特に T4細胞と T8細胞の比率を分析した。T4細胞はヘルパー細胞、T8細胞はサプレッサー細胞といわれているもので、これらの値は感染に対し、身体の防衛機能を反映している[1]。この数値が高いことは免疫機能が作動していることを示す。相対的にヘルパー細胞は多く、サプレッサー細胞は少ない。数値が低いと、相対的にヘルパー細胞は少なく、サプレッサー細胞は多い状態で、免疫学的に危険な状態を示す。

楽観的説明スタイルと、免疫機能である T4／T8比には中等度の相関関係が認められた。この研究は横断的研究計画を用いたが、記述した関係の方向性があいまいであるため、考えられる第3の変数を除外しようとした。第1に現在の健康状態の全体的な評価は、調査を行なっている2人の医師によって行なわれた。最近病気になった人は、必然的に免疫能が高いので、T4／T8比は紛らわしい。第2に各被験者の抑うつ気分を、質問紙で評価した。うつ病が免疫機能に影響することは調査で明らかであり、再度 T4／T8比には潜在的に偏りがあることが示された（Schleifer, Keller, Siris, Davis, & Stein, 1985）。説明スタイルと免疫機能との関連性は、これら2つの尺度——現在の健康状態と抑うつ気分——が、統計学的に考慮された場合でさえ認められた。

追試 ここでさらに、説明スタイルと身体的健康との関連を確認している、

他の研究について手短に述べたい。最初の研究は、ミシガン大学のサマースクールの学生83人に帰属スタイルの質問紙に加えて、「現在病気ですか」という質問に、「病気ではない」、「病気ぎみである」、「病気である」の選択肢から答えてもらうものであった（Peterson, Colvin, & Lin, 1989）。それから3週間病気になったか日記に書き続けた。最初の83人の被験者のうち72人（87％）が日記を戻してくれた。先行研究で疾病尺度を得点化したように、彼らの健康状態を得点化した。それは少なくとも1つの症状を経験した日を1点とする。楽観的説明スタイルが多ければ多いほど、報告される疾病日数はより少なくなる。これは「現在病気ですか」という質問に対する回答が統計的に考慮されても、中等度の関連があった（相関 $r=.33$）。報告された症状の95％は風邪あるいはインフルエンザであった。

他の調査は縦断研究ではなかった。説明スタイルと身体的健康状態を同時に測定した。このような研究デザインは、説明スタイルが身体的健康状態に及ぼす直接的影響を明らかにする以外の何ものでもない。しかし、先行研究と合わせると、この調査は、楽観的説明スタイルが望ましい健康状態と関連があるというわれわれの主張を広く支持するものとなっている。

ある研究の被験者は、中年期の90人であった。彼らは子どもの時、親のしつけの違いの影響に関する調査に参加していた（Sears, Maccoby, Levin, 1957）。数年後の1988年に、さらに各被験者に連絡をとった（Peterson & Bossio, 1991参照）。被験者はたくさんの質問紙と、他のパーソナリティ尺度に回答した。

質問は次の項目について約300字のエッセイを書かせるものであった。

　　過去にあなたに起こった最も悪い出来事を述べてください。
　　（1）それは、いつ起こりましたか、（2）もし、その出来事に他の人が関係あるのであれば、それはだれでしたか、（3）会話の主旨は、（4）結局、どんな事が起こりましたか。
　　他の人とはだれでもかまいません。出来事はあなたにとって、重要なことでなければなりません。少なくとも800字で述べてください。

説明スタイルを得点化するために、CAVEの手続きに基づき、これらのエッセイを分析した。ハーバード大学の研究同様、各被験者の説明スタイルを得点化

した。

　この研究では、最近の健康状態を報告させた質問紙で健康状態を評定した。他の研究同様、楽観的説明スタイルの者は悲観的スタイルの者より、より健康であった。この関係の強さは他の調査結果と同じくらいであった。

　説明スタイルと健康についての横断研究が、LinとPeterson (1990) によって行なわれた。ミシガン大学の学生は、帰属スタイル質問紙に加えて、身体的健康に関する次の質問に回答した。

・最近1年間、何度病気になりましたか。
・最近1年間、病気の診断や治療のために何度病院を訪れましたか。
・現在病気ですか。
・他の同年齢の人と比較して、全体的に、あなた自身の健康をどのように評価しますか。

先行研究のように、悲観的説明スタイルが不健康状態と関連することが分かった。

　最後にM. Lachman (1989) は、高齢者で説明スタイルの測定を行ない、身体の不調についても評価した。再び、悲観的説明スタイルと望ましくない健康状態に相関関係が認められた。

関連調査の概要

　コントロールできない出来事や悲観的説明スタイルが、不健康状態に関連していることを示す研究について述べてきた。それぞれの研究が最終的なものではないことを心に留めるように注意してきた。それにもかかわらず、これらの研究は、心理的状態が健康に影響すると確信する根拠となっている。最近10年間、一般に、前向きな思考と健康とに関連があるという研究が増加しているようである。広範囲にわたるこれらの研究について、十分に論じることはできないが、少なくともさまざまな研究概要の特徴を集約し、伝えることは可能であろう。

　そこで心理的状態（主に認知スタイル）と身体的健康状態との関連について述べているいくつかの関連研究の概要に触れてみよう。共通のテーマは、これ

らの関連調査をさっと調べ、その結果と無力感の構成概念を明確に調査した研究とを結びつけることである。

心理学者の M. Scheier と C. Carver は、身体的健康と関連があるとされる"素質的楽観主義（dispositional optimism）"と称する個人的特性について数年間調査した。Scheier と Carver の研究は、われわれの説明スタイルの調査に大変よく似ている。一般に将来きっと良いことがあると期待することを、素質的楽観主義と定義している。また一連の研究で、良好な健康状態と楽観主義、良好でない健康状態と悲観主義には関連があった（Scheier & Carver, 1985, 1987; Scheier et al., 1989）。

説明スタイルの概念とかなり重複し、身体的健康状態と関連している他の人格特性が"ハーディネス"である。S. Kobasa（1979）が明らかにしたハーディネスは、コミットメント、コントロール、チャレンジの3つの特性からなる個人差のことである。コミットメントとは個人的な計画設計や目標に夢中になっていることをいう。コミットメントの高い人は、性格的に夢中になりやすいが、低い人は体裁をつくろうだけである。コントロールは重要な構成要素であり、人は人生における問題をコントロールできるという信念をもつ。コントロールの高い人は、自分を取り巻く世界に積極的に立ち向かうが、コントロールの低い人は運や運命に支配されているとあきらめる。最後にチャレンジは、ストレスフルな出来事を解釈する方法をいう。これは個人の成長する機会とみなされるもの、あるいは個人の尊厳や安全を脅かすのである。この視点から測定されたハーディネスは、ストレスを経験するとどのような人が病気にならないかを予測するものとなる（例えば、Kobasa, 1979, 1982; Kobasa, Maddi, & Courington, 1981; Kobasa, Maddi, & Kahn, 1982）。

なお学習性無力感に関連する他の見解として、A. Bandura（1977, 1986）の自己効力感の概念がある。コントロールに関する本には、自己効力感とはある状況下である行動を行なうことができるという信念であると定義されている。多くの研究で、Bandura は、特定の行動を遂行できるという信念が、実際に遂行するかどうかを強く予測することを例証した。この信念は、個人の過去の行動より未来の行動に、より強力な影響を及ぼすことを証明している。心理学的にはいくつかの一般論があるが、最も確立した一般論の一つに、過去の行動が将来の行動を導くというのがある。つまり、どのように考え、感じ、振る舞うか

は、過去の行動によりかなり決まっているのである。これに対して、自己効力感はこの一般論に反し、注目に値する。

健康と自己効力感との関連は何か。O'Leary（1985）は、広範囲に文献をレビューし、自己効力感の影響を受けた多くの健康関連行動を立証した。

> 自己効力感を認めるかによって健康行動に違いが生じるということが全体として、得られた事実である。薬物乱用の領域では、自己制御の効力感を認めるかどうかで、再発者を予測したり、最初に過ちを起こしそうな者を予測することができる。痛みに関する強い効力感を認める者は疼痛耐性を高めるであろうし、……食事や体重に効力感を認める者は、摂食障害を克服するであろう。心筋梗塞からの回復は、患者や配偶者の身体や心機能に関する評価能力を高めることによって、めざましく促進される。また自分自身の健康に関する自己効力感を読めることは、医学的にも確実に健康増進する。……具体的にどのようにしたらよいかについては専門分野によってさまざまであるかもしれないが、健康に関する自己効力感を評価したり、高めたり、向上させる方法を学ぶことは、たいへん有効である。(pp. 448-449)

専門的に述べると、O'Leary は、人は適切な行動をとることができる（あるいは控えることができる）と確信する範囲で、健康的な行動をとると述べている。自己効力感は、ダイエットの厳守や他の健康増進活動を導く重要かつ基本的な要因の一つであるにちがいない（Peterson & Stunkard, 1989）。

Bandura らによる最近の研究によって、自己効力感が健康に、より直接的な影響を及ぼすことが示された。それは、ストレスに対する身体的反応はコーピングに関する自己効力感のレベルに影響されるというものである。ストレスにうまくコーピングできると信じていればいるほど、身体的負担は少なくなる（Bandura, Taylor, Williams, Mefford, & Barchas, 1985）。自己効力感の高い人は、免疫系がたいへん活性化されていることが関連研究で示唆されている（Bandura, 1987）。

共通のテーマ

　最初に学習性無力感と不健康との関連についての研究について述べてきた。心理的状態が、身体的健康状態に影響し、影響を受けることは事実である。別の側面から、共通のテーマを探してみよう。明らかに心が健康に及ぼす影響は、常に問われてきた問題である。人々が何千年もの間、その影響について探求していることも分かっている。なぜ先人らが行なったと同じこれら一連の特別な研究を行なうのだろうか。

　この問の答えは、身体への心理的影響を提唱する者は、必ず最後には、心のどのような局面を見るべきかということを考えつくというのが答えであろう。ここでは本質的に異なる研究線で、強調されている共通点を述べる。

1．健康と最も直接的な関係があるのは、明らかに思考や信念である。先行研究では主に情動、葛藤そして／あるいは無意識的過程について調査したが、得られた結果は、控えめなものであった。
2．とくに挫折や失望についてどのようにとらえるかが問題となった。考えるということは、疑念を減らすことにある（Peirce, 1955）。また、現代の心理学者達は、思慮深い状況下で人々に焦点を当てるという幸運に恵まれていた。
3．出来事、原因、結果といった、健康に関連する現実世界について考えている。
4．行動を起こすような、力や効力感を吹きこむような、健康になる信念について強調されている。これは、受動的になったり、やる気がなくなるということではない。

心理学者が追究している関連研究全てが、これら強調した点を全て実証しているわけではない。情動や動機づけの領域に含まれる考え方もあれば、全く観念的領域の考え方もある。"現実"をよく反映しているのもあれば、きわめて狭義のものもある。

　とにかく、これら多くの可能な対比の真ん中に学習性無力感があることを調査で確認している。これらの関連研究は、一族のように類似している。学習性無力感はかなり影響を及ぼす一族の一員である。しかしながら、われわれの結

果はただ単に記述しただけであり、どのような説明スタイルが身体的健康状態に影響するかということではない。そこで現在の研究目標は、無力感と身体的健康状態の間にかけはしを作ることである。1つの過程だけでなく、むしろいろいろな過程、生物学的過程、情動的過程、行動的過程、人間関係的過程を仮定し、これらの過程が互いに介入したり、影響したりすると考えている。

メカニズム

　ここでは、どのように学習性無力感が健康に影響を及ぼしているか論ずる。実在すると思われる多様な過程について詳細に述べる。まず内面の過程である生物学的プロセスや情動的プロセスについて詳細に述べる。また人間の外面の過程についても詳細に述べる。これは問題を分類するための少々独断的な方法であるが、簡潔に述べるために、このような分類で行なう。

　とくに、日常行動が健康をどのように促進したり、害したりするのかに焦点を当てる。ダイエット、運動療法、ストレス・マネージメントなど、健康増進に関する膨大な文献と、学習性無力感に関するわれわれの調査結果とを結びつける（Peterson & Stunkard, 1989）。健康増進は時々単純な方法で公的に推進されている。これには2つの問題がある。第1に健康増進は全体的に福祉の理念に基づいたものではなかった。むしろ、身体的・情緒的に健康でない人に元気になってもらうために、健康増進すればするほどよいということが強調されている（Barsky, 1988参照）。健康であることの意味で何よりも大切なのは、健康増進への気持ちを取り戻すことであると考える。

　第2に、健康増進という場合、身体面が強調され、心理面が軽視されている。心理的状態は、健康増進の専門家がしばしば示唆するように、身体的状態から生じる単なる副産物ではない。身体面と心理面は、相互に影響する。文字通り健康増進に心理を含め、福祉を推進する過程を考えたり、信念を持つことから始まる。

生物学的過程

　無力感により生じる生物学的変化が、疾病のプロセスを変え得るという多くの報告がある。これらの考え得る影響を簡単に再調査することは、容易なこと

ではない。第3章でも述べたが、学習性無力感の生物学的過程は複雑である。全てではないにせよ、多くの生物学的システムは、ある程度までコントロール不可能なストレスによって影響され、このシステムは次々に結合し、絶えず相互に影響しあう。さらに、無力感と病気とを結びつける潜在的な生物学的媒介因子は、問題となる疾患によってさまざまである。

例えば、アメリカではアテローム性動脈硬化症が心疾患のおもな原因である。これは高コレステロールが一因となっており、ラットはコントロール不可能なショックに曝されると、血中のコレステロール値が上昇する(Brennan, Job, Watkins, & Maier, 1992)。コントロール不可能なショックによって血中に放出される多量のホルモンは、不飽和脂肪酸の放出やコレステロールの化学的変化に影響する。そこで無力感と心疾患との関連を、より詳細に生物学的過程から詳しく述べることができる。しかしながら、これらのホルモンやコレステロールはどちらも、感染症などの他の疾患では重要でない。このような場合、違う生物学的カスケードを明確にしなければならない。

さらに、一般論として知っている一つの生物学的過程を示すことができる。免疫系は免疫細胞はもちろん、脾臓、リンパ腺、骨髄、胸腺などの免疫細胞を生成、供給する器官から構成されている。大部分の細胞は、感染症をくいとめる、さまざまな機能をもつ白血球である。白血球は、体内に微粒子サイズの異物を認識すると、その異物分子を破壊し、不活性化する。異物分子はウィルスや細菌などの外部からの病原体をはじめとして、腫瘍などの病的体内産物まで多岐にわたる。いろいろな細胞（大食細胞、ヘルパーT細胞、細胞毒T細胞、B細胞など）が免疫反応に関与する。そしてこれらの細胞が攻撃性を高めるにはさまざまな方法がある。

攻撃性を高めるには、免疫反応は別の反応との協調が必要である。神経系のコントロールのもと、内分泌腺からのホルモンが放出されるのと同様に、神経系からのシグナルは、免疫系内で行なわれる細胞の相互作用の順序を方向づけたり、調整するのに関与する。脾臓や骨髄などの免疫器官は、実際には交感神経系により刺激される。交感神経線維の末端は、これらの器官の白血球と、実際、"シナプス結合"している（例えば、Felton & Felton, 1991参照）。さらに白血球はたくさんの神経伝達物質やホルモンの受容体を持っているが、重要なことは、これらが、脳下垂体や副腎から分泌されることである。

ポイントは何か？ 免疫反応に影響する必要不可欠な連合体が脳に実際存在する。さらに免疫反応が起こっている間、白血球によって産生された物質が順に、脳の入口部へ接近し、神経機能を変化させる。神経系と免疫系との間には双方向性のコミュニケーションがあり、これが免疫系的見地から心理的影響の説明を可能にしている。また、健康や疾病の心理的影響も説明できる。

免疫反応に影響を及ぼすさまざまな神経系と内分泌系は、ストレスによって変化する。ストレスが免疫機能を変え得ることは驚くことではない。関連文献は膨大である。また結論を明らかにするのは容易なことではない。とくにストレッサーがコントロール不可能性であると明らかにすることはかなり困難なことである（Maier & Laudenslager, 1988）。ストレスが適切な免疫機能を抑制、妨げ、疾病が進行すると、多くは何とか結論づけたがる（例えば、Peterson & Bossio, 1991）。いかにアピールしようとも、この安易な陳述は、必ずしも正しいとは言えない。免疫機能に対するストレスの影響は、ストレッサーの種類、用いられている免疫指標、他の多くの要因によって決まる。

選択された免疫反応をストレスは抑制したり、影響しなかったり、増強したりする。また免疫を引き起こす過程は大変複雑であるので、特定の免疫指標に低下が見られても、免疫反応全体が低下しているわけでなはい。他の免疫反応が代償している。ストレスと免疫機能との関係を解明し、理解するためには、さらに進んだ研究が必要だろう。それにもかかわらず、ここまでの状況から判断して、無力感と身体的健康との間には免疫系があり、特に生物学的過程はたいへん重要であるという前向きな結論を呈示できる。

複雑ではあるかもしれないが、生物学的過程というかごに、説明スタイルという卵を全て置きたいと決して思っているわけではない。われわれは生物学的還元主義者ではないし、無力感と健康との間に存在するルートを調査するには、それぞれに必ず根拠があると思う。

情動的過程

心理学の文献の中でもよく確認されている関連の一つに、説明スタイルとうつ病との関連がある（第6章）。実際に、多くの研究で悪い出来事に対して悲観的説明をする子ども、青年、中年、老人にうつ病が増加している（Sweeney, Anderson, & Bailey, 1986）。当然の帰結として、楽観的説明スタイルは、幸せ、

楽しいといったような肯定的な情動状態と関連がある。

　この強い関連性は重要である。うつ病の増加は罹患率や死亡率の増加と関連があるからである。深刻なうつ病によく起こる自殺も関連がある。

　悲観的説明スタイルは、うつ的な症状だけでなく不安神経症、摂食障害、その他の情動障害とも関連している。一般的に学習性無力感、とくに悲観的説明スタイルについて言われている最も堅実な呼び方がある。心理学者や精神科医はディスフォーリア（不快気分）と呼ぶ。これは、さまざまな負の情動状態をもたらすということである（Gallagher, 1988参照）。ディスフォーリアは、うつ病の形態をとることや、不安、罪悪感、怒り、敵意の形態をとることがある。これら負の感情のうちどれが混在するかは、おそらく他の多くの要因による。

　第6章で、学習性無力感はうつ病に特異的ではあるが、まだ根拠については懐疑的であると述べた。本章の目的としては、無力感や絶望感の抑うつにおける位置づけが決して完全でなくても構わない。なぜなら、情動障害についての最近の研究は抑うつは、不健康と単純に関連しているわけではないことを示唆している。数百の研究をレビューした FriedmanとBooth-Kewley（1987）は次のような結論を述べている。「病気と慢性的心理的苦痛には、確かに関連があるという有力な根拠がある。それゆえに、心理学者による……医学的診断のついた患者の治療は慎重になるべきであり、価値あることである。」（p. 552）。慢性的な心理的苦痛は、不安、怒り、敵意、うつ病などの情動状態を含む。調査によれば、慢性的な心理的苦痛は心疾患、喘息、潰瘍、関節炎のような病気と関連があるが、それは一般的な関連にすぎず、特定の情動と特定の病気との特異的な関連を示すものではない。悲観主義はこれらの負の感情と交錯し、不健康となる基礎的要因であると提唱する。

　本章ではこれまでのところ、人の内側にある"内面的な"過程に焦点を当ててきた。とくに生物学的な過程と情動的な過程に着目した。次に人間の外面の過程に目を向けてみると、より容易に理解してもらえるだろう。ここで繰り返し述べてきたことを思い出してほしい。学習性無力感と健康と関連しているのはただ1つの過程ではないのである。

行動的過程

　われわれの行動様式は、思考内容を反映している。説明スタイルから健康に

至る過程で最も重要な要因の一つに行動があることは予期できる。楽観的説明スタイルの人は、悲観的な説明スタイル人と考えも行動も異なる。例えば、悲観的説明スタイルの人は問題を適切に解決できないことが多いとされている。本書の冒頭で述べた無力に陥った動物のように、悲観的説明スタイルの人は、与えられた思ったより良い事実を最大限活かそうとしない。また他の研究では、楽観的スタイルの人は、行動が理にかなっていれば、成し遂げられるまで課題を放棄しないことを示している。これとは対照的に、悲観主義者はあきらめやすく、すぐ力尽きる。楽観主義者のこれらの特徴は、よい健康状態をもたらすが、悲観主義者の特徴は、疾病にかかりやすく、死期までも早めてしまう。

　出来事の原因を悲観的にみる人は無気力な行動をとるが、これは、悲観主義者が不健康になる一つの過程で、健康管理に消極的であることを示している。いくつかの研究で、この推論は証明されている。

　健康的な習慣　例えば、Peterson（1988）は126人の大学生を対象に説明スタイルを測定すると同時に、疫学者によって確認されている健康と長寿に関連のある下記のような習慣があるか尋ねた。

・バランスよく食事をとること
・食塩を制限すること
・脂肪を制限すること
・運動すること
・朝食を食べること
・喫煙しないこと
・飲み過ぎないこと
・夜1日8時間睡眠をとること

悲観的な者は楽観的な者よりも、これらの健康増進活動を行なっていなかった。
　学習性無力感の観点から、悲観的な人は安易な解決策をとりやすい（自殺しやすい）。この結論は、彼らが悪い健康習慣を変えることができると信じるかどうかに関して行なった自信の評定値からもいえる。悲観的説明スタイルの人は、悪い習慣が変わる、あるいは、変えることができるという自信の表明が少

なかった。悪い健康習慣を克服した多くの人は、成功する以前に何度も悪い習慣を断ち切ろうと試みたという報告と照らし合わせると、この結果はたいへん重要である。例えば、煙草をやめた人の中では、喫煙習慣を完全に断ち切るまでに平均3度失敗をしている（Prochaska, Velicer, DiClemente, & Fava, 1988）。

同じ視点で他の研究では、説明スタイルが健康問題のリスク認知とどのように関係しているかについて、PetersonとEdwards（1992）によってなされた調査がある。調査によると、大部分の人は楽観的バイアス、すなわち、さまざまな疾病にかかる危険性は平均以下の確率であると認知したが（Weinstein, 1989参照）、楽観的説明スタイルの人は、特に自分のリスクを低く見ていた。なぜだろうか？　被験者の他の評定から、説明スタイルとリスク認知の関連は、問題の健康問題の予防可能性の認知により完全に左右されることが明らかになった。言い換えると、楽観的説明スタイルの人が自分の健康についても楽観的であるのは、健康でいるために他にできることがあると信じているからである。

疾病に対する反応　説明スタイルや健康関連行動について、Peterson、ColvinとLin（1989）によって行なわれた調査がある。アナーバー（Ann Arbor）に住む72人の青年のある時点でのASQを評定し、それから数週間、経験した疾病の症状と、健康になるために行なったことがあればそれは何かを追跡調査した。楽観的な人は悲観的な人より病気になりにくいし、病気になった場合でも、健康になるためにより積極的に、休養をたくさんとったり、水分摂取を増やすなどした。

この調査の他の結果について詳しく述べてみよう。1週間病気で、気分が良くなるような積極的な行動をとったと仮定する。積極的に行動した人は、次の週にはすっかり回復していたのだろうか？　答えはノーである。積極的な活動が病気の経過によい影響を及ぼすことは証明されていない。この結果に、はじめは少し驚き、がっかりした。今まで言ってきたことと一致しないからだ。時間とともに"健康的な"習慣の効果が起こることを期待していたが、ありそうもないことが分かった。

もし、たいへん単純に、1週間休めば次の週は回復しているとすると、その人の説明スタイルが楽観主義か悲観主義かだれでもが理解することができるということと明らかに関連がある。もし行動と健康との関連がとらえがたく遠い

ものではなく、直接的で即時的なものであるならば、健康増進のために、多大な時間を費やすようなことはしないだろう。これらの関連のきわめて本質的なことは、明らかになってはおらず、明らかにしようとすると数年あるいは数十年もかかる。公共のサービス広告は市民にアルカリ溶液でうがいをしないようにとか、扇風機に手を入れないようにとは警告していない。広告になるのは少なくとも言えることは、これは市民の健康に直接影響するであろうということである。

　行動と健康は関連があることが分かっている。一定の習慣と長期的な健康状態との関係を立証する疫学的根拠は明らかである。例えば、喫煙する人は喫煙しない人よりも平均して12年命が短い。それなのになぜ人は喫煙するのか？なぜなら12年というのは人生のはるか遠い将来のことであり、今からの12年でない。もし煙草に火をつけるだれもが、突然12年後に命を失うことになるのであれば、煙草の箱の中に書かれている医師からの警告は必要ではない。

　ポイントとなるのは、行動とそれにともなう健康状態との立証された関連に基づいて行動しようとする傾向というのは信念によるものだということである。今日行なったこと、あるいは行なわなかったことが、遠い将来に、良い結果、あるいは悪い結果となることを、自信を持って予想するに違いない。これはまさに、どんな楽観的説明スタイルが生じるかということであり、われわれの結果も意味をなしてくる。楽観的な人は病気になると、すぐには効果がなくても、予防的処置をとる。健康促進が保証されていなくてもである。これは一般的概念にすぎない。だが、楽観的な人はそのように行動する。何か他に現実的な選択があるだろうか？

　説明スタイルと健康関連行動との関連を調べた次の研究で、LinとPeterson（1990）は、ミシガン大学の学生96人にASQと、疾病に対するさまざまな積極的な行動を記述する質問紙を実施した（表8-2、参照）。病気だと感じた時、よくなるよう普段何をしているかを尋ねた。その結果、楽観的な人は、悲観的な人に比べて、個人的にも、集団としても、積極的な手段をとっていた。

　また、最も最近かかった病気について記述し、それに対する反応を、LazarusとFolkman（1984）によって考案されたコーピング尺度（Ways of Coping）を使用して求めた。この質問紙の一部分は、ストレスフルな出来事が起こっている間、どんなことに個人的な関心がむけられていたか尋ねている。その結果、

8章 学習性無力感と身体的健康　　313

表8-2　疾病に対する積極的行動

休養と睡眠時間を増やす。
いつも決まった時間に就寝する。
激しい運動を減らす。
仕事の負担を減らす。
医師やクリニックを訪れる。
店で薬を買う。
薬を処方してもらう。
ビタミン剤を増量する。
普段より栄養のあるものを摂取する。
栄養価の低い食品は普段より控えめにする。
決まった時間に食事をとる。
水分を増やす（ジュース、スープなど）。
普段より新鮮な空気を取り入れる。
普段より日光を取り入れるようにする。
加湿器を使用する。
ベッドの布団を増やす。
部屋の温度を適度に保つ。
心配事は忘れる。

Lin, E.H., & Peterson, C.（1990）. Pessimistic explanatory style and response to illness. *Behaviour Research and Therapy*, 28：243-249.

　悲観的な人は病気になることで自分が拒絶されたり、冷やかされたりするのでは、という恐怖に関心がむけられていた。この結果については、説明スタイルの人間関係に関する次の節で述べることにする。ここで問題としたいのは、病気になった悲観的な人は、病気自体と、病気による他者からの拒絶という恐怖の、2つの問題に直面するということである。
　またコーピング尺度で、ある状況でのコーピングについても測定している。その結果、病気に対する"無力な"反応や、逆に"積極的な"反応として、次のようなたくさんの反応を同定した。

・自分自身を責めた（無気力）。
・運命に従う（無気力）。
・状況をさけることができないので、いやな感じがした（無気力）。
・問題が生じていると認識した（無気力）。

・行動計画を立てそれに従った（積極的）。
・いくつかの異なる解決方法を考え出した（積極的）。

これらの反応は、説明スタイルと中等度の相関を示した。楽観的な人は疾病に対処することに積極的であったが、悲観的な人は無気力であった。

健康増進　楽観的説明スタイルの人は、最初の段階では病気を予防しようとし、病気になった時にはその影響を最小限にしようと健康的な行動を示すという研究を、これまでいくつか見てきた。とる行動によって、学習性無力感と身体的健康との過程を提供でき、健康の専門家がより長く満足のいく生活を送るための介入や援助をする際に、かなり現実的な達成目標を提案することができる。

PetersonとStunkard（1989）は、最近、健康増進に関する膨大な文献をレビューした。その裏付けにもかかわらず、あるがっかりする結論に至った。現在のところ、健康増進の分野は、健康のための行動変容法について、統一した理論がない。効果があるとされる技法はたくさんあるが、ある場合に機能するものもあれば、別の場合に機能するものもあり、全く機能しないものもあるといった状況であり、なぜそうなるのか説明ができない。健康促進のための典型的なメッセージは、単純な道徳的勧告と、複雑な技術情報を混ぜ合わせたものである（「これは善玉コレステロールですか、あるいは悪玉コレステロールですか？」）。驚くことでもないが、ある人達（未成年あるいは貧困階級出身のような人）は、健康増進メッセージによって、健康になろうと行動することはない。

最近の健康増進プログラムに伴う問題の一つは、健康増進プログラムは社会的、個人的な違いが重要であることを無視して、だれもを同一に扱っていることである。健康増進プログラムは説明スタイルに注意を払うべきであると思う。楽観的説明スタイルと、悲観的説明スタイルの者には異なるメッセージが必要である。楽観主義の者は、単に正しい情報を教えればよい。悲観主義の者は、情報を教える以前に、自己効力感を高めておく必要性がある。

人間関係的過程

ここでは、説明スタイルと健康とを結ぶ最後の過程について考えてみる。健

康には他者の存在が関係することについては既に何度も述べてきた。困難に陥った時支援されるネットワークが豊富な人は、長生きし、より健康的な生活を送る。彼らは毎日の生活でのストレスや厄介な問題に直面して、よりたくましくなる（Cobb, 1976）。友人の存在は、健康や長生きの有効な予測因子である（House, Landis, Umberson, 1988）。ペットがいる人でさえ、付き合う友人がない人より長生きをする（Friedmann, Katcher, Lynch, & Thomas, 1980）。2本足の人間でも、4本足の動物でも、仲のよい仲間がいると健康的になる。

一方、人間関係の欠如や断絶は健康や幸福感を低減する。例えば配偶者の死から6カ月の間に、残された者は死の危険が高まる。孤独なひとは、多くの友人を持つ人のように病原菌と接する機会はないが、長生きはしない。

他の人による身体的健康に及ぼす効果を全て説明することがわれわれの目的ではない。社会的支援や社会的接触が健康に及ぼす影響は、説明スタイルが健康に及ぼす影響と同じくらいかなり複雑であり、既に詳細に述べてきた生物学的過程、情動的過程、行動的過程と同じ過程をとるだろう。むしろ与えられた前提として、説明スタイルが、人とうまくやっていくかどうかとの関連については、後半で調べていくことにする。調査からは、無気力でないことと健康の状態にはさらに他の過程の存在が明らかにされた。それは良い人間関係を経験しているかということである。

C. Anderson らは、悲観的な者が孤独で社会的に疎遠であるということをいくつかの研究で示した（例えば、Anderson & Arnoult, 1985）。ASQ に加えて、孤独感の質問紙を実施し、何度次のような経験をしたか尋ねた。

・頼れる人がだれもいない。
・取り残されたような感じがする。
・実際に私をよく知っている人はだれもいない。
・私の社会的関係はうわべだけのものである。

悲観主義と孤独の関連は悲観主義と抑うつと同じくらい強い関連があり、これらは完全に切り離して考え得る現象ではないと Anderson は提言する。われわれも同じ意見である。もちろん楽観的な人には、よりたくさんの、そして満足できる社会的関係がある。

悲観的な者はなぜそんなに孤独なのだろうか？ GotlibとBeatty（1985）による研究が、その手がかりとなる。自分の人生について話す仮説的な人物の事例を被験者に読ませ、何が起こったかを尋ねた。物語に挿入された原因説明を除いて、描写は全て同じであった。いくつかのシナリオは説明スタイルが楽観的な人、すなわち、外的、一時的、特異的な原因説明をする人を描写した。他は内的、永続的、全体的な原因説明をする悲観的な人を描写した。そして、GotlibとBeattyは、被験者にこれらの人にどのように対応するかを尋ねた。おそらく悲観的な人を拒絶し、楽観的な人に魅力を感じていた。あなたなら、悲観的な人にどのように接するか考えてみてほしい。悲観的な人を元気づけたり、希望を与えたいと思うかもしれないが、少なくとも言えることは、そうすることによりなすべきことは何もないという悲観主義の人の主張を脅かすことになる。

うつ病と悲観主義について明らかになっていることは、悲観主義というのは人から人へ広がりやすいということである。うつ病は家族に広がる。悲運や憂うつも同様である。例えば、悲観的な親が悲観的な子どもを持つことを調べてきた（Seligman et al., 1984）。おそらくGotlibとBeattyの調査での被験者は、悲観主義のこの事実を認識しており、悲観主義の知り合いというむしばむような存在から自分自身を守るのに苦労しているのである。

だれもこの問題について調査していないだろうが、さらに悲観的説明スタイルの人が経験する問題として、自分の1日を台なしにしてしまいそうなうっとうしい人をよせつけないようにすることができないと推測する。悲観的説明スタイルの者は、積極的に友人を求めようとはしないが、むしろ玄関を通ってくる人はだれでも迎え入れるようである。悲観的説明スタイルの人は人間関係でリーダーにはならない。悲観的な者は、他の悲観的な者と友人となる。つまり、かなりよく起こることでもう一つ別の悪循環となっていることがかなり明らかである。身体的健康との関係ももちろん明らかである。悲観主義者は"他人"の恩恵を受けないが、楽観主義者は当然恩恵を受ける。

第5章の研究を思い出してほしい。大学生にある友人について考えさせ、友人が典型的な無気力な行動をとった回数を報告してもらった（Peterson, 1986）。追跡調査で、友人が無気力な行動をとった時、友人に対しどのように反応したかを尋ねた。友人がたまに無気力になった場合、援助し同情した。しかし度重

なると、怒ったり無視したり、避けるようになった。だれがそのような反応を責めることができようか。無気力な者の周囲の者には負担がかかるのである。

　これらの結果は、悲観的な者が孤独だったり、社会的に他の人々と疎遠になるのは、彼らが過度に無気力に行動し、人々をうんざりさせるためであるとまとめられる。要するに友人というのは援助を必要としている人の欲求をかなえることができ、またかなえてくれるものである。これはやりがいがあり、まさに友情のたまものである。しかし多くの者は長期にわたりそんな要求に応じ続けられない。友人は、悲観的な者が満足していないように思えてくる。これが大切な点である。友人は、悲観的な者が何をし、どのように行動するか関連性を見いだせないため、友人自身無気力に感じ始め、悲観的になる。あるいはちょっと関わって、すぐ離れていってしまうかである。多くの場合後者をとる。思うに、よい関係という病気や健康に備えることができるという緩衝剤もなく、悲観的な者は放っておかれることになる。

　これは悲観的な者にとって、必ずしも不思議なことではない。初めに悲観的な者は、病気のために他の人に拒絶されるのではないかという恐れを抱くと述べたことを思い出してみよう。一見、これは根拠のない恐れのように思える。概して病気になったことでお互いを責めたりしない。しかし、おそらく悲観的な者は虚報を伝えて人を騒がせた狼と少年のように、よく苦痛を訴えたりするので、他の者は助けたり、支援したりといったことに無関心になる。本当に病気になったと分かった時には、サポートを受けられない。さらに、悲観的な人々が必要以上に物事を悪く考えるという例を見ていこう。

動物と人間における健康と病気

　この章の本来の目的は、動物実験での学習性無力感と健康との関連を、人間の研究と統合することであった。間隔的には、これらの結果は明らかに、平行している。コントロール不可能性による認知的、動機づけ的、情動的な効果は、動物と人間では全く同じである（第2章、第4章）。これらの結果が、健康や病気に影響し得ることは明らかである。それにもかかわらず、表面的なレベル以上の結びつきを明らかにしようと、関連研究をより綿密に調べると、動物実験と人間の健康調査での非類似点が明らかになり、衝撃を受けた。ちょっと考

えれば、その矛盾は理解できる。順に述べていこう。

典型的な動物実験では、動物はストレスやさまざまな出来事に曝され、次にウィルスに感染させられたり、腫瘍細胞を注入される。実験者はストレッサーが疾病悪化に及ぼす影響力を判断する。このような研究では、逃避不可能電撃のようなストレッサーに1度さらすことで、病気はしばしば悪化する。さらに、ストレッサーのコントロール可能性も重要である。例えば、Sklar と Anisman (1979) は、マウスに逃避可能電撃を与える、逃避不可能電撃を与える、電撃を与えない——これはトリアッディック・デザイン（第2章）——の3つの場面を設定し、その直後にマウスに腫瘍細胞を注入した。逃避不可能電撃に曝されたマウスは、腫瘍細胞は急速に増殖し、最終的に死に至った。逃避可能ラットでは腫瘍の成長や死亡率に影響はなかった。

これはまさに、動物と人間の知見が互いに一致しているように思わせる結果である。なぜ、平行していると結論することに大変慎重になるのか。それには2つの理由がある。第1に今述べた結果は、多くの要因に依存している。ストレッサーは、腫瘍細胞の注入と時間的に接近して発生しなければならず（Ben-Eliyahu, Yirma, Liebeskind, Taylor, & Gale, 1991）、動物の飼育環境下の一般的な背後のストレスは低減されなければならない（Sklar & Anisman, 1980）、などである。ストレスと無力感は、人間の健康に一般的に影響があるように思われるが、動物におけるその影響力は、多くの状況要因により緩和される。

動物実験と人間の研究とが異なるとする第2の理由は、動物の場合、反復ストレスや慢性的ストレスは、しばしば、投与された作用物質が疾病の悪化に影響しなかったり、予防効果があることもある。例えば、Sklar と Anisman (1979) は、腫瘍細胞接種後、5日から10日の間、1日に1度、1セッションの逃避不可能電撃にマウスをさらすと、1度だけ曝した場合のような腫瘍の増殖はみられなかった。さらに、慢性的にストレッサーに曝した他の研究では、腫瘍の増殖は遅れ、死亡率は低下した（レビューとして、Sklar & Anisman, 1981参照）。同様の結果が、他の疾病における動物実験で報告されている。対照的に、この章の最初で述べた人間の研究は、1度だけストレッサーに曝すというものではなく、慢性的なストレスに関心を持っていた。動物と違い、人間は慢性的なストレスに曝されると、健康を損なってしまう。

コントロール可能性とは異なるストレッサーに対する反応は、動物も人間も

よく類似していることを、他で示してきた。それなのに、なぜここでは違いがあるのか？　一つの重要な要因は、動物と人間の研究がたいてい全く別々に行なわれていることであろう。動物実験では、ある疾患になるために薬品が与えられ、疾患の経過が追跡される。人間の研究では、健康は総合的に測定されるものであり、ある一時点で発生する疾病が測定されるのではない。それゆえ、人間の研究では、ストレスと病原にさらされるとの正確なタイミングはそれほど重要ではない。なぜなら、潜在的に病原に触れる機会が多いからである。疾病を悪化させる機会は無数にある。もし、人間の研究で特定の病原体や単一のストレッサーに曝せば、結果は動物の知見同様、状況に特異的なものとなるであろう。

　慢性ストレスの影響についての動物と人間の研究での他の相違点は、動物は、逃避不可能電撃のような同じストレスフルな事象に繰り返し曝される。ストレッサーに対する適応力は明らかに増大する。慢性ストレスの研究に参加する人間の場合は、こうはいかない。

　もっと一般的にいえば、無力感と健康との媒介的な結びつきは、動物と人間ではおそらく異なっている。人間の健康と病気は、今日では生活様式によりある程度決定されるということは既に述べた。人は健康増進に取り組んだり、疾病を予防するための行動を選択できる。説明スタイルのような個人特性は、これらの選択、ひいては、健康に影響する。従って、ストレスは動物とは異なり間接的に人の健康を左右する。

　確かに、動物と同じように、人間でもストレスは、内分泌学的、免疫学的、神経化学的な変化をもたらし、疾病を克服する力に影響を及ぼす。しかし、人間の健康行動をも変容するストレスの力は、とくに長い目で見れば、より重要な影響を及ぼす。

　動物では、ストレスは直接的に健康に影響する。ラットやマウスは意図的にライフスタイルを選択したりはしない。ネズミは、健康的な習慣や不健康な習慣についての知識はない。従って、無力感と身体的健康の関連について動物実験から学ぶことは、人間の研究から学ぶこととは異なっている。学習性無力感という考えは、動物と人間におけるストレスと健康との関連性について、研究者の関心をそそったが、差し当たっての結論は、これらの関係はおそらく動物と人間の研究では同じではないということである。

明らかになっていること

　この章では、学習性無力感が望ましくない健康状態と関連があるということ、すなわち、無力感がないことは望ましい健康状態と関連するという、われわれの仮説と一致していることが明らかになった。学習性無力感の3つの構成要素（受動性、コントロール不可能性、認知）について調査が行なわれ、それぞれが健康状態に関連しているということが分かった。健康状態を確認するため身体検査、症状の報告、病院への訪問回数、がんと診断された後の生存期間、心臓発作後の回復状況、免疫機能を反映するT4／T8比などといった幅広い、さまざまな方法を用いて調査を行なった。それで、学習性無力感と健康は関連があるという結論に至った。動物と人間の研究により、学習性無力感が広く適用できる概念であることを確信した。

　なぜ、学習性無力感が健康に影響を及ぼすかは、一言では言い表わせない。単一のメカニズムで引き起こされるのではないと思っている。むしろ生物学的過程、情動的過程、行動的過程、人間関係的な過程との関連を議論する必要があり、ただ1つの過程のみでは説明できない。問題をかなり複雑にしているのは、それが動物から人間、人間から人間、疾病から疾病へと変えることは複雑であり、さらに、時間の変化が加わっているからである。

分かっていないこと

　冒頭で、この研究は現在進行中であり、学習性無力感における他の研究と比べるとまだまだ準備段階であると述べた。説明スタイルについて、他の無力感の構成概念より、より詳細に調査されてきたが、ここでも関連データは、単に相互関係があるだけである。潜在的な第3の変数全てが統制されているわけではない。説明スタイルが、ストレスと相互作用し、病気になりやすくしているのかどうかまだ分かっていない。さらに現在までのほとんどの研究は、学習性無力感の3つの構成要素を同時に調査してはいないし、どのようにその構成要素が疾病と関連するかも調べてはいない。当然これらの構成要素間での相互作用が予測されるが、今までのところ、これは検証されていない。

　もう一つの欠点としては、この研究のほとんどが、これまでのところ、批判

的、精細に吟味されていないことである。これは皮肉なことである。なぜなら、この本を通して、概念的な論争を強調してきたからである。他の分野では、論争を少なくすることもできたであろう。しかし、身体的健康の領域では、議論が多い方がよいと思う。無力感や悲観主義が病気の素因となっているという主張は、おそらくだれもが当然の事実として受け入れる最近の時代思潮を反映したものである。おそらくわれわれも、同じことをしたのだろう。学習性無力感は異端者的な見方から、科学的なものへ戻ったのだろうか。

　学習性無力感が、病気の明らかな原因になると考えると、答えなければならない問題はたくさんある。まず、無力感は人の病気の発症に影響するのか、疾病になった後の経過に影響するのか、あるいはこの両方に影響するのか。答えは両方であると思う。また同時に、学習性無力感は、他の影響要因を除くと、単独で身体や感情に影響を及ぼすことはないだろう。身体的に健康な人は、少し受動的になったり、時折否定的に考えても、病気にはならない。逆に死に際の人が効力感を持っても救われない。

　第2に、学習性無力感は、がんや心疾患のような特定の病気のタイプに関連があるのか、それとも一般的な病気に関連があるのか。ここでも、さまざまな結果があるが、無力感は非特異的な病気の危険因子であり、無力感がなければ、病気は一般的にやわらぐと推測する。

　大学生で、風邪やインフルエンザが説明スタイルの影響を受けることを概観してきたが、これは説明スタイルが他の病気に影響しないというわけではない。同様に、乳がん患者の生存期間に関するS. Levyの研究は、がんの進行が説明スタイルの影響を受けることを示したが、これは他の病気が説明スタイルの影響を受けないということではない。ハーバード大学の成人発達の研究では、病気が不特定期間に明確に調査された。ハーバード研究の男性と、彼らが患った病気をより精密に調べてみれば、さまざまな疾患に罹っていることが分かる。そこで、説明スタイルと病気には非特異的な関連があると推測するが、確信に至っているわけではない。悲観主義はある重要な問題があり、他の病気はそこから発生しているにちがいない。

　第3に、学習性無力感に最も影響を受けるのは、不健康状態のどの面なのか？われわれの理論には少し難解なところがあるが、おそらくそれは症状の自己報告に基づいているからであろう。一方で、人は自分がどのように感じるかを知

る特権的な立場にいる。一般に自己報告は"客観的"な医学検査よりも敏感である。だが他方で、人は感じ方を良い方に、悪い方に、歪曲する傾向がある。説明スタイルはこの傾向である。例えば、CostaとMcCrae（1987）は、"神経症的"な人——不快気分の悲観主義者を含む——は症状を誇張すると論ずる。おそらく楽観的説明スタイルの人々ではそのようなことはない。

従って、短期的にみれば、自己報告された症状は疑う理由がある。だが、長期的にみれば、それは妥当なものとなる。なぜなら、ここで述べてきた過程を用いて自分で効力を持たせていくからである。悲観的な者が、最初に症状を述べた時に、それが必ずしも正しくなくても、いずれ言った通りになる。

疫学者によるいくつかの興味ある研究も同じ事を指摘している（Kaplan & Camacho, 1983; Mossey & Shapiro, 1982）。ある時点で、全般的な健康状態を、「たいへん良い、良い、まあ良い、悪い」で評定するよう求めたところ、この評定は寿命を予測した。ここに落とし穴がある。"認知された"健康は、たとえ疫学者が考え得る全ての他の要因——性、年齢、慢性疾患や身体的障害といった客観的健康状態、健康習慣、収入、教育など——を統計的に考慮した場合でさえも、長寿に関連がある。健康状態を「たいへん良い」と評定した者は、健康状態が「悪い」と評定した者と比較すると、その他の要因が統制されても、10年以内に死ぬリスクは約3分の1であった！

第4に学習性無力感と病気の関連における性差についてはどうだろうか。ここでは仮に、学習性無力感は性別の罹病率と死亡率と関連がないと結論している。女性は男性よりも抑うつになりやすく、従って抑うつによって引き起こされる症状を経験しがちではあるが、抑うつの性差が説明スタイルに関する女性の悲観傾向と男性の楽観傾向に基づくというような証拠を、得ていない（第6章参照）。われわれの調査では、被験者は男性と女性では必ずといってよいほど、同じ平均得点となっている。

第5に、無力感の低減が健康に及ぼす効果についてはどうだろうか？　説明スタイルは認知療法によって変化が可能であり、またこの変化は安定していることがわかっている（第6章）。行動が変容した個人は、もともと健康的であった個人と同じように、健康を獲得するのか？　ある程度の期間をおけば、そうなると思う。健康や病気に及ぼす心理的影響は、すぐには起こらない。

このように、まだ答えていない疑問があるが、それにはいくつかの理由があ

る。一つの理由は、単に正直だということである。これらはとるに足らないことではなく、無力感や健康について知っていることを誇張すべきではないのである。"楽観的"に考えることと、"健康"であることとの関連はかなり確証されたが、たとえこの関連がどれだけ確証されたとしても、それを意味あるものとするためには、もっとたくさんのことを知る必要がある。

(注)

1. T4細胞が全てヘルパー細胞、T8細胞が全てサプレッサー細胞というのではない。従って、T4／T8比は免疫機能の指標としては妥当でないことが分かる。冒頭にも述べたが、全ての健康や疾病尺度を疑ってみることが必要であろう。

第9章　エピローグ

　われわれの学習性無力感の話も最後になったが、もちろん、今まで述べてきた多くの最前線での研究は継続されるだろう。この最終章では、われわれの学習性無力感の研究がこれまでしてきたことを振り返り、そして今後、どの方向を目指すかについて考えてみる。

選択の小史

　学習性無力感は1964年、ペンシルヴァニア大学の Richard Solomon 動物実験室で発見された。そこでは、若き研究者の Steven Maier と Martin Seligman が、同僚達と科学の現状に挑戦を試みた。約30年後、彼らの仕事は、心理学にとって欠かすことのできないものになった。これはどのような歩みをたどったのだろうか。

　科学史にあまり知識のない人は、学習性無力感のモデルは、それが単純に正しいから評判になったと考えるかもしれないが、科学の進歩はそのようなものではない。必ずしも、正しい考え方が誤った考え方に勝利を収めるとは限らない。すべての社会的要因は、その考えを承認するか拒絶するかのいずれかの形をとり、この場合は、他の見解が途中で立ち消えになったために、学習性無力感が主流になったと言える。学習性無力感が、1970年代から1980年代という心理学全体にとって実に混乱していた時代のエピソードと関わり続けられたのは、いくつかの幸運な選択がなされたためだと思われる。

　第一に、決断として良かったのは、学習性無力感を認知的な用語で説明したことであった。第2章で述べたように、学習性無力感理論は、末梢的な自動運動とは対極に位置する思想や信念の方が、現に起こっていることを説明するには、より賢明な方法であると考えた。そこで、最初から行動のS-R理論に反対する戦いに加わった。伝統的な行動主義による反論はあったが、今やその戦

いは終わった。"認知的革命"が成功を勝ち取ったのであった (Gardner, 1985)。

興味深いことに、認知的見解の勝利とともに、この見方が、人間の行動をあまりにも合理的、冷静、整然としたものにさせてしまうとして不満が出てきている。学習性無力感が、この対抗革命に潰されることはないが、この動きは、心理学の関心を再び情動や動機づけに向けている。結局のところ、学習性無力感は認知の動機づけと情動的な結果に関係している。

選択が良かった第2の点は、学習性無力感が最初に研究対象としたイヌやラットに加え、研究プログラムの被験者として人間をも対象にしたことであった。動物と人間の実験室の間で相互交流することは、動物実験が盛んになった20世紀初頭以来、心理学がずっと願ってきたことだったが、大部分が実現しない望みだけで終わっていた。動物の行動を説明するために使われる伝統的理論は、人間に適応した場合には、驚くほど扱いにくくなる。被験者を含む誰もが、一般論をあまり深刻に受けとめることはない。しかし、学習性無力感の場合には、コントロールの表象と期待を理論的に強調することは、動物にとっても人間にとっても妥当性が高く事情は異なっていた。

第3の選択は、学習性無力感の耐久力を増加させたものとなったが、モデルを人間の重要な諸問題、すなわち抑うつ（6章）や学業不振（7章）、疾病（第8章）に応用するという決断であった。この応用はかなりうまくいった。学習性無力感モデルとぴったり一致するケースがよくあった。また、ほぼ一致するといったケースの場合でも、私達は、決して的外れの予想にはならないと確信して、人間のその状態について、重要であると思われることを述べてきた。われわれの仕事が、不適応行動に対する可能な解決策を目指しているという事実は、望ましいものであることは言うまでもない。

われわれがこれらの問題に関連づけようとした認知的見解は、すべての心理学が目指すことと軌を一にしていた。例えば、Beckのうつ病の認知理論、社会的な問題の原因を探るさまざまな解釈、精神神経免疫学の分野の発展など、これらすべてがわれわれの仕事と偶然にも一致している。学習性無力感のアプローチが、上にあげたその他のアプローチと違うのは、このアプローチが汎用性をもつという点、すなわち同じ構成概念を使ってさまざまの適応の失敗を説明するという点である。われわれは、同じ説明モデルを使って、一つの問題からもう一つの問題へと容易に進むことができる。モデルそのものは単純であり、

理論的予想は常に先をゆくものであり、臨床観察の事実を追った要約ではない。

　初めの幾つかの章で、われわれは伝統的な学習理論に異論を唱えたが、その精神はわれわれの学習性無力感の仕事に現われている。われわれは、常に広範囲に応用できる説明を探してきたが、それは成功したと思える。初期の行動主義の試みが失敗したのは、それが一般的であったからではなく、中心的な説明よりも周辺的な説明を行ったからである。

　第4の選択は、それが実験室の実験であれ、関連する調査であれ、簡単な研究手順を考案し、それを習得するまでずっと継続したことであった。心理学者の中には、次々と方法を試して、方法の選択があまりにも混乱している人達がいる。これは、きわめて単純な研究でも遂行することは困難であるということを過小評価しているためである。

　強調したい第5番目の決断は、少なくともわれわれの研究においては、コップには半分の水が入っていると見ることを常に選んできた。われわれは先ず、われわれの考えを提示し、それがどれだけの根拠があるのか検討していく"ポジティブ"な科学に取り組んでいる。もちろん、他の理論や変則的なデータにも注目するが、複雑性を障害とは見なしていない。自分達の学んだこと、明確なこと、単純なことに焦点を当てて研究を続けていく。あまりにも多くの心理学者が行動の現象の複雑さに身動きできなくなり、どの理論も正当でないとか、どの研究も取るに足らないとか、どの結論も正しくないと感ずる程になっている。これは哲学の科目『実存哲学入門』には適切な教材であると思われるが、人間の行動の複雑で現実的な理論に導いてはくれない。

　第6番目の選択は、学習性無力感という現象を説明するのに生き生きした言葉を使うことであった。"学習性無力感"は、動物の現象を記述した最初の論文の表題—説明的だが味気ない—"外傷性電撃に対する逃避の失敗"（Seligman & Maier, 1967）よりはずっと、多くの人々の関心を集めた。「説明スタイル」というのは、ある一人の人間が帰属させる原因を探り出す際に、他の人といかに違うかを実感させることができる生き生きとした用語である。そしてこの用語によって、ある一人の人間の帰属原因についての考え方が"さまざまの帰属"原因を考える大勢の人の一人びとりと異なることがはっきりと示される。説明スタイルを、楽観主義的傾向とか悲観主義的傾向と呼ぶことも同様に、言葉の生き生きした選択であった（Peterson, 1991）。

最近、PetersonとSeligmanは無力感よりも楽観主義についてより多く書いている（例えば、Peterson & Bossio, 1991; Seligman, 1990）。この二つの概念を正反対のものと考えているのでこれは、何も新しくとらえなおしているというわけではない。われわれが、無力感について学んだことはすべて楽観主義について学んだことであり、また、逆も同様である。しかしまた、それはわれわれの研究を新たな流れに導いた。25年間にわたって、逆境に直面した時、コントロールという考え方がいかなる役割を果たすかについて述べてきた。今度は、何をすればうまくいくかを考察するために同じ結果を使っている。われわれが無力感に焦点を当てたのは、1970年代から1980年代の世界的な沈滞の時期であったが、楽観主義に移行したのは、もっと陽気な1990年代であった。このことは、ほとんど意識していなかったが、一つの良い選択であった。
　図9-1は学習性無力感の歴史を示している。この図については、2つの点を強調したい。この研究は年月が経つにつれて非常に多様化したので、一つの試みについて語るよりは現在の学習性無力感効果の研究領域について語る方がより正確であろう。しかし、基本的な現象——認知、コントロール不可能性、コントロールの欠如によって定義されるもの——についてのわれわれの見解は一貫している。これらの考えを修正したり、拡大させることをいとわなかったが、学習性無力感の認知という概念は不変であった。
　学習性無力感の研究の将来はどうなのだろうか。どの方向へ向かおうとしているのだろうか。
　C. Peteronは健康心理学者としての役割を担い、健康と病気の心理学的状況を追究している。第8章で述べられている研究は、この新しい方向性を示す一例である。それはまた、人が自分自身や自分の愛する人が慢性または急性の苦境にどのように向き合うかという問いかけも含んでいる。ここでの焦点は、その場その場にふさわしい説明の仕方とコントロールの認知である。
　S. Maierは、免疫への心理学的影響に一層関心をもつようになった。第3章と第8章で述べたように、ストレッサーをコントロールできることは、動物や人間の生理に幅広い影響を及ぼす。まさにこのような理由から、神経科学的に綿蜜な検討を加えるようになり、Maierはその方向に進んでいる。しかしながら、彼は免疫学者ではないことを強調しておかなければならない。彼は行動、特にコントロールに今なお関心を持っており、それは彼の仕事を心理学の伝統

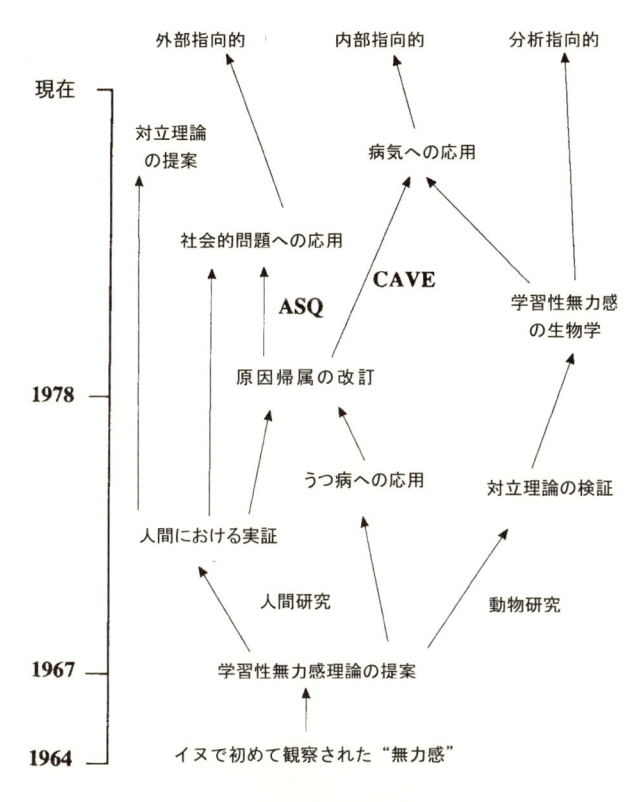

図9-1 学習性無力感の歴史

に位置づけている。

　M. Seligman は、コントロール不可能性の長期的な影響に対して児童生徒に免疫をつけるプログラムの考案を試み、この仕事の社会的応用に関心を寄せている。特に、彼は若者の間で急増している抑うつが今以上増加することを食い止めたいと願っている（第6章）。このプログラムは学校や職場での遂行成績を伸ばすという利益を持たすことになろうし（第7章）、子ども達の身体的健康にも役立つだろう（第8章）。これらの目的のために、彼はコントロールの意識と教室での練習の効果を強める認知療法を適用し、フィラデルフィア地域の学校でそれを実践している。

　第1章で、われわれは3つの一般的な方向、すなわち、外部指向的、分析指

向的、内部指向的方向へと進んでいることに注目した。これらは、この分野での将来有望な研究領域と思われる。

コントロールの重要性

　学習性無力感は認知革命の頂点にまで登りつめ、コントロールの概念を心理学の最も重要な要因として導くという画期的な貢献もした。それ以前にもコントロールについて言及した理論家はいたが、学習性無力感の研究は、生化学から社会的なレベルにまで広範にこの要因の重要性を実証した。

　同時に、われわれは、コントロールの変動の結果を説明しようと試みる過程で、説明がどんどん複雑になっていくことを明らかにした。コントロールを具現化すると考える単一のメカニズムないし過程を特定化しようとする時は、いつでも、かならずもっといろいろなことが起っているのを、われわれは見いだすのである。われわれが仮定する過程が存在していることは明白であるが、それは登場人物の多い舞台に立つ多くの役者の何人かに過ぎない。われわれがこのことを理解したのは、動物における学習性無力感の基礎的な研究（第 2 章）や現象の生化学的基礎を明らかにする試み（第 3 章）、人間における学習性無力感の基礎的な研究（第 4 章）、原因帰属の再公式化（第 5 章）、無力感という考え方をさまざま応用しようとする試みを通じてであった。

　これは特に単純論者には、苛立ちを感じることとなろう。また、一歩下がって考えてみるならば、コントロールの影響性の多様さはこの心理学的プロセスの重要性を強調しているとも言える。コントロールはきわめて重要なので、その影響は考えうるすべてのシステムにおいて当てはまる。かりに生命がエントロピーに抗した戦いでないとしたら、それはいったい何であろうか。もし繰り広げられている出来事が有効に利用されるならば、われわれの活動には意味がある。そしてコントロールは、この出来事や状況を利用していく心理学的プロセスである。

　われわれは、進化の考え方というのは、これまで使ってきたコントロールの言葉で、つまり随伴性と非随伴性という言葉で、言い表わせるのではないかと思う。進化とは、自分の生態的地位に適応する闘争であり、それが何を与えてくれ何を与えてくれないかを知り、その恩恵を受けることのできる活力を保持

し、個人として種として生き残ることである。もちろん、人間はこの闘争をもう一歩押し進め、積極的に自分の生態的地位をより望ましいものにする、すなわち、コントロールする。

　ここには人間性に関する一つのビジョンが潜んでいるのではないだろうか。そうだと思う。人間は自分を取り囲む世界に対して、特にその因果の構成に対して大変に鋭い感覚を持っている。われわれは、この微妙な感受性を細かく分析する努力——感受性がどのように獲得され、表出され、次の行動を引き起こすのに使われるのか——を続けている。だが、人間がコントロール可能なこととコントロール不可能なことを、理解しようとする存在であることは断言できる。身体の過程のことから世界の政治に至るまで学んだことは、すべて、影響しあいつつ、深くしっかりと記憶に刻みこまれる。

　学習性無力感は、コントロール可能な状況でのみ影響があるといえる。逆に言えば、どんなに有能な人であろうと、応答的でない状況におかれると、コントロール可能な状況にあっても無能な人と同様、全く無力になってしまう。われわれは盲目的忍耐が常に有効だと主張するつもりはまったくない。それは、その人のおかれた状況によって左右されるものである。それゆえ、学習性無力感は、状況と相互に作用するものという見方に至り、それは現在の心理学理論で注目されている。

　したがって、その人の置かれている事態がまったく応答的でない場合には、その人が自分でコントロールしているという認識は利益に反することになる。そこではむしろ、無力感の方がエネルギーを蓄える一つの方法になり、その事態に対処する一つの方略になる。実際に、すでに少し述べたように、無力感をもった動物は、そうでないものに較べて非随伴的であることに気付くのが早く、手掛かりとなりそうな外部の刺激により多くの注意を払うことが示唆されている（第2章）。この点からすると、抑うつ状態の人はコントロールの欠如を現実的なやり方で判断する傾向にある（第6章）。これらの知見より、無力感は欠如というよりはむしろ、世界に対するコントロールが不可能な時に機能するもう一つの方法、すなわち、身をかがめ目を開け続けるという方法だということである。無力感は動物においても人間においても時間的に消失するということは、さらにこの解釈を支える根拠となる。多分、ある程度の時間うずくまっていれば、周りの世界に対する雰囲気も変化し、もう一度やり直して風景を眺

めることも安全となるだろう。

ことによると、無力な動物も人間も、短期的には、無気力でいることでかなり救われているのかもしれない。なぜなら彼らはそれ以上、絶望的な世界にかかわらずにすむからである。これがさらに非随伴性の教訓を教え込むことになる。W.C.Fielbs が仮定的に言ったように、「もし最初成功しなかったら、もう一度やりなさい。それからやめればよい。物事に鈍感であっては何もならない。」

科学的論争と進歩のモデルとしての学習性無力感

われわれの本質的な思考と発見に加えて、われわれは学習性無力感を科学がどのように進歩するかを示す啓蒙的な事例と考える。本書を通じて、学習性無力感理論をとりまく論争について言及してきたが、時には多少の煩わしさを感ずることもあった。しかし、実際はこのような論争は、通常、当事者がその魅力に気づいていることの表われである。この論争が終わる時には、われわれは退屈しているか、くどすぎているか、またその両方であろう。

前に述べたように、学習性無力感は、単純論者としてのわれわれの姿勢から発展したが、単純な仮定がわれわれを行動の複雑な見方に導いたという皮肉な思いを抱かせる。多分、ここで学ぶべきことは、科学における進歩は、問題となる状況が絶望的に複雑な所から始まるのではなく、まったくそれとは逆だということである。われわれの単純な見方は、学習性無力感の研究をわれわれに続けさせてくれただけではなく、もう一つの恩恵を与えてくれた。われわれの到達した複雑な見方は抽象的なスローガンではない。コントロールが身体の各部の生理的システムに影響を及ぼすことを列挙することができる（3章）。コントロール不可能性により、認知的な障害が生じることを様々示すことができる（4章）。学習性無力感は、無気力を伴うさまざまな社会問題とかかわっていることでもしかりである（7章）。

学習性無力感の理論と研究は、詳細、細部の重要性を証明するものである。批評家のなかには、われわれが自分達の予想に反するデータを忘れていると批判している人がいるが、この批判は的外れと言える。学習性無力感は、すべて証拠に基づいている。理論を動物や人間に応用する際、理論の適用については若干の重要な変化があったが、いずれの場合も、これらの変化はデータから導

かれたものであった。

学習性無力感とパーソナルコントロールの時代

　第1章で提示したように、西欧世界のわれわれは、パーソナルコントロールが何よりも大切な時代に生きていると考えられるので、学習性無力感は現代における一つの重要な理論である。われわれはまた、このパーソナルコントロールに対する信じがたい強調が犠牲を伴うという理由から、将来に対しても慎重を期している。青少年に蔓延している抑うつは、パーソナルコントロールの混乱である（6章）。しかし、物質主義の広がり、政治や社会制度への皮肉な見方のように、パーソナルコントロールがあまり明白に強調されていない場合もあるだろう。一般的に言えば、アメリカ人の驚くべき利己主義は、パーソナルコントロールという言葉で表現することができる。

　人々は自分が直接関わる世界が、反応してくれれば良い生活ができていると思っている。われわれはテレビ、CDプレイヤー、ビデオプレイヤーのリモコンを持って繭の中に閉じこもっている。コードレスの電話、ファックス、世界中の情報源とモデムで繋がっているパソコンを持っている。われわれは、これらのテクノロジーの進歩に疑問を投げかけているのではない。ここで言いたいことは、このような機器は非常に魅力的なものであるが、実際にそれが伝える以上のものを期待させてしまうという点である。より効率的に生きることの本質に到達させるというよりはむしろ、目の前から、きっとそれより曖昧で反応に乏しい他のことを押しのけて、手段そのものが本質であると仕向けている。

　テクノロジーの世界は、ジャンクフードの心理的効果と同様に迅速な解決を与える。われわれの研究は、なぜ迅速な反応の結果がそれほど望まれるのかを示している。それらは爽快なのである。われわれの心の奥深くにあるもの、Robert Whiteが数十年前に、コンピランス（効力感）と名づけたものを思い起こさせてくれる。人々は、自分の環境と可能なやり方で関わり合うように動機づけられる。自分が有しているコントロールを確認すること以外に、どのように自分の能力を判断できようか。これらのテクノロジーの機器は、この地球上で今までみた何よりも、敏感に反応する。問題は、その機器がわれわれにそのような卓越したコントロールを与えることによる結果が、取るに足らないものかもし

れないことである。

　われわれの多くは、満足を与えてくれそうな他の資源が、それほど敏感に反応しないので、テクノロジー機器に依存してしまっている。われわれの社会化の欠くことのできない要素は、各人に無限の期待を与えることである。それはだれでも、大統領にもテニスのチャンピオンにも、映画スターにも、会社の重役にもなれるということである。これらのことは、決して容易になれるものではない。実際、大多数の人々は、このような達成に近づくこともない。パーソナルコントロールの時代が、このような代償を払うことになったのも驚くべきことではない。

　われわれは、テクノロジーの時計を逆に回すことができないように、コントロールの重要性を忘れることはできない。コントロールは、非常に重要な心理学的プロセスであるから、われわれの脳科学そのものに影響をあたえる（3章）。その重要性は今後も変わることはないだろう。われわれが非難するのは、その他の関心から押し出されてしまうことである。社会にとってのわれわれの仕事は、犠牲がなるべく少なくすむように、コントロールのより良い扱い方を見いだすことである。

　これは、さまざまな形をとるだろうと想像できる。まずわれわれが努力すべきことは、社会的世界をテクノロジーの世界のように、敏感に反応するものにさせることである。これはただ、他の人を、われわれの欲求により敏感に反応させようということではない。それどころかむしろ、われわれの一人ひとりが、他のすべての人の社会的世界の欠くことのできない要素であり、彼らに対してより敏感に、すなわち、はっきりと直接に、そして直ちに反応すべきであることに留意しなければならない。

　これらと並行して、社会的な制度をより敏感に反応するものとしなければならない。何年も長引く裁判、無視されている法律や慣習、すべてをそのままにしておくような改革、気のきいたジョークでしか誰か見分けがつかない政治家達、世論と反対の判決、あまり有効でない製品や空手形などを改めなければならない。

　さらに述べると、われわれは社会の共通の善なるものへの方向性を示さなければならない。人々の相互依存を、われわれが大切だと考えるものにさせていかなければならない。われわれが、他の人々の幸福を真剣に考えようとする時、

初めて、彼らも、われわれのために同じようにしてくれるだろう。これは、すべての人のためになる敏感に反応する世界を作り出すためには、欠くことのできないことのように思われる。破壊的なやり方で競争することをやめれば、われわれすべてが、自分達の成果に満足することができるのである。

　おそらく一時期、そのような考え方が、アメリカ合衆国の特徴だったことがあった。ひょっとすると、そうでなかったかもしれないが。それはともかく、今はそうではない。特別な利害関係が社会に氾濫し、話し合われることも、年毎にますます狭められてきている。

　われわれは、人種差別や性差別が多くの人々を社会の主流から疎外してきた過去の言い訳けはしたくない。しかし、今日のより深い疎外は、過去の不正義の解決にはなっていない。それらをまさに結びつけることが、解決なのである。これは道徳的な論議に思われるかもしれないが、われわれは自分達の研究からこの結論に至った。われわれが唯一、決めてかかれることは、抑うつ、混乱、成績不振、病気は悪いものであるということである。これらの病根に大きな責任があるのは、社会に対する見当識の欠如、即ち我が国に氾濫している信じ難いほどの自己中心主義である。

楽観主義研究所

　ここでわれわれの包括的な提案は終わりにする。これらの提案は、どのように実行したらよいだろうか。アメリカ合衆国政府は、数年にわたり、われわれを含む基礎研究に惜しみなく資金を提供してくれた。われわれは今、これらの研究から大切なことを学びとり、学んだことを応用する時期にきている。個人やグループのためになるような方法で、社会を作りなおすやり方を知っている。小さな解決は今まで十分あったが、今こそ、いくつかの大々的な解決を試みる時であると思える。

　普及が遅れている地域へのメンタル・ヘルス運動を活性化する必要がある。車のバンパーに貼るステッカーやパンフレット以上のものが必要である。心理学は、習慣化された行動や思考を変えるには情報だけでは不十分であることを教えてくれた。人々は、世界が変わることを期待している。彼らのために自分自身を変革させ、混乱や無気力と対抗できる認知的、行動的技術を教える必要

があろう。

　今日の学校は、あらゆる種類のことを学ぶように要求しているが、学校は、幸福で健康で生産的な個人として生きていける準備をするための最も基本を教育すればいいのではないだろうか。挫折に出合ってもくじけない方法、希望を持ち続ける方法、現実をふまえながらも夢を失わない方法を教えよう。他人や社会への思いやりを持たせよう。彼らの能力と努力の結果には報いるようにしよう。同様に失敗や欠点も認めよう。学生の自尊心をあまり問題とせずに、結果として自尊心が自然についてくる技術を気にかけるようにしよう。

　最も理想的なこととして、われわれは楽観主義研究所の創設を思い描いている。そこでは、パーソナルコントロールの基礎研究が行なわれ、学校、職場、社会そのものに応用される。このセンターには、心理学の研究から学んだことを使って、啓発的な変化の可能性について楽観的な職員を配置する。この種の研究と応用の立案と評価には、一般市民にも参加してもらう。公的な意見を大切にする。これらの考えが、パーソナルコントロールの時代である現代に浸透している現在の考えよりも、より望ましいものであるかどうかの判断は、社会に委ねよう。

References

Aasen, N. (1987). Interventions to facilitate personal control. *Journal of Gerontological Nursing* 13:20-28.
Abbott. M. W. (1984), Unemployment responses from a community mental health perspective. *Mental Health in Australia* 1:24-31.
Abrams. R. D., and Finesinger, J. E. (1953). Guilt reactions in patients with cancer. *Cancer* 6:474-482.
Abramson, L. Y.. Metalsky, G. I., and Alloy. L. B. (1989). Hopelessness depression: A theory-based subtype of depression. *Psychological Review* 96:358-372.
Abramson, L. Y., and Sackeim, H. A. (1977). A paradox in depression: Uncontrollability and self–blame. *Psychological Bulletin* 84:838–851.
Abramson, L. Y., Seligman, M. E. P., and Teasdale, J. D. (1978). Learned helplessness in humans: Critique and reformulation. *Journal of Abnormal Psychology* 87:49–74.
Affleck, G.. Allen. D. A., McGrade, B. J., and McQueeney, M. (1982). Maternal causal attributions at hospital discharge of high–risk infants. American *Journal of Mental Deficiency* 86:575–580.
Aiken. M., and Hage. J. (1966). Organizational alienation: A comparative analysis. *American Sociological Review* 31:497–507.
Akil. H., Mayer, D. J., and Liebeskind. J. C. (1976). Antagonism of stimulationproduced analgesia by nalaxone, a narcotic antagonist. *Science* 191:961–962.
Akiskal, H. S., and McKinney, W. T. (1973). Depressive disorders: Toward a unified hypothesis. *Science* 182:20–29.
Akiskal, H. S., and McKinney, W. T. (1975). Overview of recent research in depression. *Archives of General Psychiatry* 32:285–305.
Alden. L. (1984). An attributional analysis of loneliness. *Cognitive Therapy and Research* 8:607–618.
Allen. M. G. (1976). Twin studies of affective illness. *Archives of General Psychiatry* 33:1476–1478.
Alloy, L. B. (1982a). Depression: On the absence of self–serving cognitive biases. Paper presented at the Ninetieth Annual Meeting of the American Psychological Association, Washington, D.C.
Alloy. L. B. (1982b). The role of perceptions and attributions for response–outcome noncontingency in learned helplessness: A commentary and discussion. *Journal of Personality* 50:443–479.
Alloy. L. B., and Abramson. L. Y. (1979). Judgment of contingency in depressed and nondepressed students: Sadder but wiser? *Journal of Experimental Psychology: General* 108:441–485.
Alloy, L. B., and Abramson. L. Y. (1988). Depressive realism: Four theoretical perspectives. In Cognitive processes in depression, ed. L. B. Alloy. New York: Guilford.
Alloy, L. B., and Ahrens, A. H. (1987). Depression and pessimism for the future: Biased use of statistically relevant information in predictions for self versus others. *Journal of Personality and Social Psychology* 52:366–378.
Alloy, L. B., Peterson. C., Abramson, L. Y., and Seligman, M. E. P. (1984). Attributional style and

the generality of learned helplessness. *Journal of Personality and Social Psychology* 46:681–687.
Alloy, L. B., and Seligman, M. E. P. (1979). On the cognitive component of learned helplessness and depression. In *The psychology of learning and motivation*, ed. G. H. Bower. Vol. 13. New York: Academic Press.
Altenor, A., Kay. E., and Richter, M. (1977). The generality of learned helplessness in the rat. *Learning and Motivation* 8:54–62.
Altuaier. E. M., and Happ, D. A. (1985). Coping skills training's immunization effects against learned helplessness. *Journal of Social and Clinical Psychology* 3:181–189.
Altman, I. (1975). *The environment and social behavior: Privacy, personal space, territory, and crowding*. Monterey. Calif.: Brooks/Cole.
American Psychiatric Association (1987). *Diagnostic and statistical manual of mental disorders* . 3d ed., rev. Washington. D.C.
Anderson, C. A. (1983). Motivational and performance deficits in interpersonal settings: The effects of attributional style. *Journal of Personality and Social Psychology* 45:1136–1147.
Anderson, C. A., and Arnoult, L. H. (1985a). Attributional models of depression, loneliness, and shyness. In *Attribution: Basic issues and applications*, ed. J. Harvey and G. Weary. New York: Academic Press.
Anderson. C. A., and Arnoult, L. H. (1985b). Attributional style and everyday problems in living: Depression, loneliness, and shyness. *Social Cognition* 3:16–35.
Anderson. C. A., Horowitz. L. M., and French, R. deS. (1983). Attributional style of lonely and depressed people. *Journal of Personality and Social Psychology* 45:127–136.
Anderson. C. A., and Jennings, D. L. (1980). When experiences of failure promote expectations of success: The impact of attributing failure to ineffective strategies. *Journal of Personality* 48:393–407.
Anderson, D. C., Crowell, C. R., Cunningham, C. L., and Lupo, J. V. (1978). Behavior during shock exposure as a determinant of subsequent interference with shuttle box escape–avoidance learning in the rat. *Journal of Experimental Psychology: Animal Behavior Processes* 5:243–257.
Anisman, H. (1975). Time–dependent variations in aversively motivated behaviors: Non–associative effects of cholinergic and catecholaminergic activity. *Psychological Review* 82:359–385.
Anisman. H., deCatanzaro. D., and Remington. G. (1978). Escape performance following exposure to inescapable shock: Deficits in motor response maintenance. *Journal of Experimental Psychology: Animal Behavior Processes* 4:197–218.
Anisman, H., Irwin, J., and Sklar, L. S. (1979). Deficits of escape performance following catecholamine depletion: Implications for behavioral deficits induced by uncontrollable stress. *Psychopharmacology* 64:163–170.
Anisman, H., and Sklar. L. S. (1979). Catecholamine depletion in mice upon reexposure to stress: Mediation of the escape deficits produced by uncontrollable shock. *Journal of Comparative and Physiological Psychology* 93:610–625.
Anisman. H.. Suissa, A., and Sklar. L. S. (1980). Escape deficits induced by uncontrollable stress: Antagonism by dopamine and noradrenaline agonists. *Behavioral and Neural Biology* 28:34–47.
Anisman. H., and Waller, T. G. (1973). Effects of inescapable shock on subsequent avoidance performance: Role of response repertoire changes. *Behavioral Biology* 9:331–355.
Anisman, H., and Zacharko, R. M. (1986). Behavioral and neurochemical consequences associated with stressors. In *Stress–induced analgesia*, ed. D. D. Kelley. New York: Wiley.
Antonitis, J. J. (1951). Response–variability in the white rat during conditioning, extinction, and re-

conditioning. *Journal of Experimental Psychology* 42:273–281.
Arieti, S., and Bemporad, J. (1978). *Severe and mild depression*. New York: Basic Books.
Aston–Jones, G. (1985). Behavioral functions of locus coeruleus derived from cellular attributes. *Physiological Psychology* 13:118–126.
Atlas, G. D., and Peterson, C. (1990). Explanatory style and gambling: How pessimists respond to lost wagers. *Behaviour Research and Therapy* 28:523–529.
Ayres, R.. Cooley, E., and Dunn, C. (1990). Self–concept, attribution, and persistence in learning–disabled students. *Journal of School Psychology* 28:153–163.

Baker, A. G. (1976). Learned irrelevance and learned helplessness: Rats learn that stimuli, reinforcers, and responses are uncorrelated. *Journal of Experimental Psychology: Animal Behavior Processes* 2:130–142.
Baltes, M. M. (1983). On the social ecology of dependence and independence in elderly nursing home residents: A replication and extension. *Journal of Gerontology* 38:556–564.
Bandura, A. (1977). Self–efficacy: Toward a unifying theory of behavioral change. *Psychological Review* 84:191–215.
Bandura. A. (1986). *Social foundations of thought and action*. Englewood Cliffs, N.J.: Prentice–Hall.
Bandura. A. (1987). Perceived self–efficacy in the exercise of control over AIDS infection. Paper presented at the National Institute of Mental Health and Drug Abuse Research Conference on Women and AIDS. Bethesda. Md.
Bandura, A.. Taylor, C. B.. Williams, S. L., Mefford, I. N., and Barchas, J. D. (1985). Catecholamine secretion as a function of perceived coping self–efficacy. *Journal of Consulting and Clinical Psychology* 53:406–414.
Barber. J. G., and Winefield, A. H. (1986). Learned helplessness as conditioned inattention to the target stimulus. *Journal of Experimental Psychology: General* 115:236–246.
Barber, J. G., and Winefield, A. H. (1987). Three accounts of the learned helplessness effect. *Genetic, Social, and General Psychology Monographs* 113:141–163.
Bard, M., and Dyk, R. B. (1956). The psychodynamic significance of beliefs regarding the cause of serious illness. *Psychoanalytic Review* 43:146–162.
Barsky, A. J. (1988). *Worried sick: Our troubled quest for wellness*. Boston: Little, Brown.
Basbaum, A. I., and Fields, H. L. (1984). Endogenous pain control systems: Brainstem spinal pathways and endorphin circuitry. *Annual Review of Neurosciences* 7:309–339.
Baum. A., Aiello, J. R., and Calesnick. L. E. (1978). Crowding and personal control: Social density and the development of learned helplessness. *Journal of Personality and Social Psychology* 36:1000–1011.
Baum. A., and Davis, G. E. (1980). Reducing the stress of high–density living: An architectural intervention. *Journal of Personality and Social Psychology* 38:471–481.
Baum, A., Fleming. R., and Reddy, D. M. (1986). Unemployment stress: Loss of control, reactance, and learned helplessness. *Social Science and Medicine* 22:509–516.
Baum, A., and Gatchel, R. J. (1981). Cognitive determinants of reaction to uncontrollable events: Development of reactance and learned helplessness. *Journal of Personality and Social Psychology* 40:1078–1089.
Baum, A., and Valins, S. (1977). *Architecture and social behavior: Psychological studies of social density*. Hillsdale, N.J.: Erlbaum.
Beck, A. T. (1967). *Depression: Clinical, experimental, and theoretical aspects* . New York: Hoe-

ber.
Beck, A. T. (1984). Cognition and therapy. *Archives of General Psychiatry* 41:1112–1114.
Beckman, L. J. (1980). An attributional analysis of Alcoholics Anonymous. *Journal of Studies in Alcohol* 41:714–726.
Belloc, N. B. (1973). Relationship of health practices and mortality. *Preventive Medicine* 2:67–81.
Belloc, N. B., and Breslow. L. (1972). Relationship of physical health status and family practices. *Preventive Medicine* I:409–421.
Ben–Eliyahu, S.. Yirma. R.. Liebeskind, J. C.. Taylor. A. N., and Gale. R. P. (1991). Stress increases metastatic spread of a mammary tumor in rats: Evidence for mediation by the immune system. Brain. *Behavior, and Immunity* 5:193–206.
Berridge, C. W., and Dunn, A. J. (1987). A corticotropin–releasing factor antagonist reverses the stress–induced changes of exploratory behavior in mice. *Hormones and Behavior* 21:393–401.
Bersh, P. J., and Alloy, L. B. (1978). Avoidance based on shock intensity reduction with no change in shock probability. *Journal of the Experimental Analysis of Behavior* 30:293–300.
Biggio, G. (1983). The action of stress, B–carbolines, diazepin, and R015–1788 on GABA receptors in the rat brain. In *Benzodiazepine recognition site ligands: Biochewistry and pharmacology*, ed. G. Biggio and E. Costa. Vol. 38. New York: Raven Press.
Blauner, R. (1964). *Alienation and freedom: The factory worher and his industry* . Chicago: University of Chicago Press.
Boakes, R. A. (1977). Performance on learning to associate a stimulus with positive reinforcement. In *Operant–Pavlovian interaction* , ed. H. Davis and H. M. B. Hurwirtz. Hillsdale, N.J.: Erlbaum.
Bolles, R. C. (1967). *Theory of motivation* . New York: Harper & Row.
Bolles, R. C., and Fanselow, M. S. (1980). A perceptual–defensive recuperative model of fear and pain. *Behavioral and Brain Sciences* 3:291–301.
Bower, G. H. (1981). Mood and memory. *American Psychologist* 36:129–148.
Bowman, P. J. (1984). A discouragement–centered approach to studying unemployment among black youth: Hopelessness, attributions, and psychological distress. International *Journal of Mental Health* 13:68–91.
Bracewell, R. J., and Black. A. H. (1974). The effects of restraint and noncontingent preshock on subsequent escape learning in the rat. *Learning and Motivation* 5:53–69.
Brehm. J. W. (1966). *A theory of psychological reactance* . New York: Academic Press.
Brehm. J. W. (1972). *Responses to loss of freedom: A theory of psychological reactance* . Morristown, N.J.: General Learning Press.
Breier, A.. Albus, M., Pickar. D., Zahn. T. P., Wolkowitz, O. M., and Paul, S. M. (1987). Controllable and uncontrollable stress in humans: Alterations in mood and neuroendocrine and psychophysiological function. American *Journal of Psychiatry* 144:1419–1425.
Brennan, F. X.. Job, R. F. S., Watkins, L. R., and Maier. S. F. (1992). Total plasma cholesterol levels of rats are increased following only three sessions of tailshock. *Life Sciences* 50:945–950.
Brewin, C. R. (1985). Depression and causal attributions: What is their relation? *Psychological Bulletin* 98:297–309.
Brewin, C. R. (1989). Cognitive change processes in psychotherapy. *Psychological Review* 96:379–394.
Brewin, C. R., and Furnham, A. (1986). Attributional versus preattributional variables in self–esteem and depression: A comparison and test of learned helplessness theory. *Journal of Personality and Social Psychology* 50:1013–1020.
Brewin, C. R., and Harris, J. (1985). Induced mood and causal attributions: Further evidence. *Cog-

nitive Therapy and Research 9:225–229.

Brewin. C. R., and Shapiro. D. A. (1984). Beyond locus of control: Attributions of responsibility for positive and negative outcomes. British *Journal of Psychology* 75:43–49.

Brewin, C. R., and Shapiro, D. A. (1985). Selective impact of reattribution of failure instructions on task performance. British *Journal of Social Psychology* 24:37–46.

Brewster, R. G., and Wilson, M. E. (1976). Learned helplessness in pet rocks (Roccus pettus). *Worm Runner's Digest* 18:111–113.

Britton, D. R.. Koob. G. F.. Rivier, J., and Vale, W. (1982). Intraventricular corticotropin–releasing factor enhances behavioral effects of novelty. *Life Sciences 31* :363–367.

Britton, K. T., Lee, G., and Koob, G. F. (1988). Corticotropin releasing factor and amphetamine exaggerate partial agonist properties of benzodiazepine antagonist. Ro15–1788, in the conflict test. *Psychopharmacology* 94:306–311.

Brown, G. W., and Harris. T. O. (1978). *Social origins of depression* . New York: Free Press.

Brown, I., and Inouye. D. K. (1978). Learned helplessness through modeling: The role of perceived similarity in competence. *Journal of Personality and Social Psychology* 36:900–908.

Brown, J. D., and Siegel. J. M. (1988). Attributions for negative life events and depression: The role of perceived control. *Journal of Personality and Social Psychology* 54:316–322.

Brown, M. R., and Fisher, L. A. (1985). Corticotropin–releasing factor: Effects on the autonomic nervous system and visceral systems. *Federation Proceedings, Federation of American Society of Experimental Biology* 44:243–248.

Brustein, S. C. (1978). Learned helplessness. *Journal of Instructional Psychology* 5:6–10.

Buchanan. G., and Seligman. M. E. P. (1989). [Explanatory style and heart attack survival.] Unpublished data, University of Pennsylvania.

Buchwald, A. M. (1977). Depressive mood and estimates of reinforcement frequency. *Journal of Abnormal Psychology* 86:443–446.

Bukstel, L. H., and Kilmann, P. R. (1980). Psychological effects of imprisonment on confined individuals. *Psychological Bulletin* 88:469–493.

Bulman, R. J., and Wortman, C. B. (1977). Attributions of blame and coping in the "real world": Severe accident victims react to their lot. *Journal of Personality and Social Psychology* 35:351–363.

Bunney, W. E., and Davis. J. M. (1965). Norepinephrine in depressive reactions. *Archives of General Psychiatry* 13:483–494.

Burns, M. O., and Seligman. M. E. P. (1989). Explanatory style across the life span: Evidence for stability over 52 years. *Journal of Personality and Social Psychology* 56:471–477.

Buss, D. M., and Craik, K. H. (1984). Acts, dispositions, and personality. In *Progress in experimental personality research* , ed. B. A. Maher. Vol. 13. New York: Academic Press.

Butkowsky, I. S., and Willows, D. M. (1980). Cognitive–motivational characteristics of children varying in reading ability: Evidence for learned helplessness in readers. *Journal of Educational Psychology* 72:408–422.

Canino, F. J. (1981). Learned helplessness theory: Implications for research in learning disabilities. *Journal of Special Education* 15:471–484.

Carlson, J. G. (1982). Some concepts of perceived control and their relationship to bodily self–control. *Biofeedback and Self Regulation* 7:341–375.

Carlson, J. G., and Feld, J. L. (1981). Expectancies of reinforcement control in biofeedback and cognitive performance. *Biofeedback and Self Regulation* 6:79–91.

Carver, C. S. (1989). How should multi-faceted personality constructs be tested? Issues illustrated by self-monitoring, attributional style, and hardiness. *Journal of Personality and Social Psychology* 56:577-585.

Castellon, C., and Seligman, M. E. P. (1985). [Explanatory style of patients.] Unpublished data, University of Pennsylvania.

Cecil, M. A., and Medway. F. J. (1986). Attribution retraining with low-achieving and learned helplessness children. *Techniques* 2:173-181.

Cedarbaum, J. M., and Aghajanian, G. K. (1978). Activation of the locus coeruleus by peripheral stimuli: Modulation by a collateral inhibitory mechanism. *Life Sciences* 23:1382-1392.

Chapman, S. L., and Brena. S. F. (1982). Learned helplessness and response to nerve blocks in chronic low back pain patients. *Pain* 14:355-364.

Chappell, P. B.. Smith, M. A.. Kilts, C. D.. Bissette. G., Ritchie, J.. Anderson, C., and Nemeroff, C. B. (1986). Alterations in corticotropin-releasing factor-line immunoreactivity in discrete rat brain regions after acute and chronic stress. *Journal of Neuroscience* 6:2908-2916.

Cherniss, C. (1980). *Professional burnout in human service organizations* . New York: Praeger.

Clark, K. B. (1964). Youth in the ghetto: A study of the consequences of powerlessness and a blueprint for change. New York: Haryou.

Coates, D., and Wortman, C. B. (1980). Depression maintenance and interpersonal control. In *Advances in environmental psychology: Applications of personal control* , ed. A. Baum and J. E. Singer. Vol. 2. Hillsdale, N.J.: Erlbaum.

Cobb, S. (1976). Social support as a moderator of life stress. *Psychosomatic Medicine* 38:300-314.

Cohen, S.. Evans, G. W.. Krantz, D. S., and Stokols. D. (1980). Physiological, motivational, and cognitive effects of aircraft noise on children: Moving from the laboratory to the field. *American Psychologist* 35:231-243.

Cohen, S.. Evans, G. W., Krantz. D. S., Stokols. D., and Kelly, S. (1981). Aircraft noise and children: Longitudinal and cross-sectional evidence on adaptation to noise and the effectiveness of noise abatement. *Journal of Personality and Social Psychology* 40:331-345.

Cohen. S., and Sherrod, D. (1978). When density matters: Experimental control as a determinant of crowding effects in laboratory and residential settings. *Journal of Population* 1:189-202.

Cole. B. J., and Koob, G. F. (1988). Propranolol antagonizes the enhanced conditioned fear produced by corticotropin releasing factor. *Journal of Pharmacology and Experimental Therapeutics* 247:902-910.

Cole, B. J., and Koob, G. F. (1991). Corticotropin-releasing factor, stress, and animal behavior. In *Stress, neuropeptides, and systemic disease* , ed. J. A. McCubbin. P. G. Kauffman, and C. B. Nermeroff. San Diego: Academic Press.

Cole, C. S., and Coyne, J. C. (1977). Situational-specificity of laboratory-induced learned helplessness. *Journal of Abnormal Psychology* 86:615623.

Cook, M. L., and Peterson. C. (1986). Depressive irrationality. *Cognitive Therapy and Research* 10:293-298.

Costa. P. T., and McCrae, R. R. (1987). Neuroticism, somatic complaints, and disease: Is the bark worse than the bite? *Journal of Personality* 55:299-316.

Cousins, N. (1981). The anatomy of an illness. New York: Norton.

Coyne, J. C., and Gotlib, I. H. (1983). The role of cognition in depression: A critical appraisal. *Psychological Bulletin* 94:472-505.

Craske, M. L. (1985). Improving persistence through observational learning and attribution retraining. British *Journal of Educational Psychology* 55:138-147.

Craske, M. L. (1988). Learned helplessness, self-worth motivation, and attribution retraining for primary school children. *British Journal of Educational Psychology* 58:152–164.

Crawley, J. N., Ninan, P. T., Pickar, D., Chrousos, G. P., Linnoila. M., and Skolnick, P. (1985). Neuropharmacological antagonism of the B–carboline–induced "anxiety" response in Rhesus monkeys. *Journal of Neuroscience* 5:477–485.

Cromwell, R. L. (1963). A social–learning theory approach to mental retardation. In *Handbook of mental deficiency*, ed. N. R. Ellis. New York: McGraw–Hill.

Cronbach, L. J. (1951). Coefficient alpha and the internal structure of tests. *Psychometrika* 16:297–334.

Cronbach, L. J. (1957). The two disciplines of scientific psychology. *American Psychologist* 12:671–684.

Crowell, C. R., and Anderson. D. C. (1981). Influence of duration and number of inescapable shocks on intrashock activity and subsequent interference effects. *Animal Learning and Behavior* 9:28–37.

Cunningham, E. T., and Sawchenko. P. E. (1988). Anatomical specificity of noradrenergic inputs to the paraventricular nuclei of the rat hypothalamus. *Journal of Comparative Neurology* 274:60–76.

Curtis, R. C., ed. (1989). *Self–defeating behaviors: Experimental research, clinical impressions, and practical implications* . New York: Plenum.

Cutrona, C. E. (1983). Causal attributions and perinatal depression. *Journal of Abnormal Psychology* 92:161–172.

Cutrona, C. E., Russell. D., and Jones, R. D. (1985). Cross–situational consistency in causal attributions: Does attributional style exist? *Journal of Personality and Social Psychology* 47:1043–1058.

Darley, J. M., and Latane', B. (1968). Bystander intervention in emergencies: Diffusion of responsibility. *Journal of Personality and Social Psychology* 8:377–383.

Davis, E. R. , and Platt, J. R. (1983). Contiguity and contingency in the acquisition and maintenance of an operant. *Learning and Motivation* 14:487–513.

DeBlas, A., and Sangameswaran, L. (1986). Current topics: 1. Demonstration and purification of an endogenous benzodiazepine from the mammalian brain with a monoclonal antibody to benzodiazepines. *Life Sciences* 39:1927–1936.

DeMonbreun. B. G., and Craighead. W. E. (1977). Distortion of perception and recall of positive and neutral feedback in depression. *Cognitive Therapy and Research* 1:311–329.

Dengerink, H. A., and Myers, J. D. (1977). The effects of failure and depression on subsequent aggression. *Journal of Personality and Social Psychology* 35:88–96.

Dennard, D. O., and Hokanson. J. E. (1986). Performance on two cognitive tasks by dysphoric and nondysphoric students. *Cognitive Therapy and Research* 10:377–386.

Desan, P., Silbert, L. H., and Maier, S. F. (1988). Long–term effects of inescapable shock on daily running activity and reversal by desipramine. *Pharmacology, Biochemistry, and Behavior* 30:21–29.

Desiderato, O., and Newman, A. (1971). Conditioned suppression produced in rats by tones paired with escapable or inescapable shock. *Journal of Comparative and Physiological Psychology* 77:427–443.

De Souza, D. E. (1987). Corticotropin–releasing factor receptors in the rat central nervous system: Characterization and regional distribution. *Journal of Neuroscience* 7:88–100.

DeVellis, R. F. (1977). Learned helplessness in institutions. *Mental Retardation* 15:10–13.
DeVellis, R. F.. DeVellis. B. M.. Wallston, B. S., and Wallston, K. A. (1980). Epilepsy and leamed helplessness. *Basic and Applied Social Psychology* 1:241–253.
DeVellis, R. F., and McCauley. C. (1979). Perception of contingency and mental retardation. *Journal of Autism and Developmental Disorders* 9:261–270.
Devins, G. M. (1982). Perceived self–efficacy, outcome expectancies, and negative mood states in end–stage renal disease. *Journal of Abnormal Psychology* 91:241–244.
Diener, C. I., and Dweck. C. S. (1978). An analysis of learned helplessness: Continuous changes in performance, strategy, and achievement cognitions following failure. *Journal of Personality and Social Psychology* 36:451–462.
Dohrenwend, B. S., Dohrenwend. B. P.. Dodson. M., and Shrout, P. E. (1984). Symptoms, hassles, social supports, and life events: Problem of confounded measures. *Journal of Abnormal Psychology* 93:222–230.
Donovan, W. L. (1981). Maternal learned helplessness and physiologic response to infant crying. *Journal of Personality and Social Psychology* 40:919–926.
Donovan, W. L., and Leavitt. L. A. (1985). Simulating conditions of learned helplessness: The effects of interventions and attributions. *Child Development* 56:594–603.
Donovan, W. L., Leavitt, L. A., and Walsh. R. O. (1990). Maternal self–efficacy: Illusory control and its effect on susceptibility to learned helplessness. *Child Development* 61:1638–1647.
Dorow, R. (1982). B–carboline monomethylamide causes anxiety in man. *CINP Congress Jerusalem* 13:76.
Dorworth, T. R., and Overmier, J. B. (1977). On learned helplessness: The therapeutic effects of electroconvulsive shocks. *Physiological Psychology* 5:355–358.
Douglas, D., and Anisman, H. (1975). Helplessness or expectation incongruency: Effects of aversive stimulation on subsequent performance. *Journal of Experimental Psychology: Human Perception and Performance* 1:411–417.
Dowd, E. T., Lawson. G. W., and Petosa, R. (1986). Attributional styles of alcoholics. International *Journal of the Addictions* 21:589–593.
Drugan, R. C., and Holmes, P. V. (1991). Central and peripheral benzodiazepine receptors: Involvement in an organism's responses to physical and psychological stress. *Neuroscience and Biobehavioral Reviews* 15:277–298.
Drugan, R. C., Mclntyre. T. D., Alpern, H. P., and Maier, S. F. (1985). Coping and seizure susceptibility: Control over shock protects against bicuculline–induced seizures in rats. *Brain Research* 342:9–17.
Drugan, R. C., Maier. S. F., Skolnick, P.. Paul. S. M., and Crawley. J. N. (1985). An anxiogenic benzodiazepine receptor ligand induces learned helplessness. European *Journal of Pharmacology* 113:453–457.
Drugan, R. C., Morrow. A. L.. Weizman. R., Weizman, A., Deutsch. S. I., Crawley. J. N., and Paul, S. M. (1989). Stress–induced behavioral depression in the rat is associated with a decrease in GABA receptor–mediated chloride ion flux and brain benzodiazepine receptor occupancy. *Brain Research* 487:45–51.
Drugan, R. C., Moye, T. B., and Maier, S. F. (1982). Opioid and nonopioid forms of stress–induced analgesia: Some environmental determinants and characteristics. *Behavioral and Neural Biology* 35:251–264.
Drugan, R. C., Ryan. S. M.. Minor, T. R., and Maier, S. F. (1984). Librium prevents the analgesia and shuttlebox escape deficit typically observed following inescapable shock. *Pharmacology,*

Biochemistry, and Behavior 21:749–754.

Dunlap, G. (1984). The influence of task variation and maintenance tasks on the learning and affect of autistic children. *Journal of Experimental Child Psychology* 37:41–64.

Dunn, A. J., and Berridge. C. W. (1987). Corticotropin–releasing factor administration elicits a stress–like activation of cerebral catecholaminergic systems. *Pharmacology, Biochemistry, and Behavior* 27:685–691.

Dunnette, M. D., ed. (1976). *Handbook of industrial and organizational psychology* . Chicago: Rand McNally.

Dweck, C. S. (1975). The role of expectations and attributions in the alleviation of learned helplessness. *Journal of Personality and Social Psychology* 31:674685.

Dweck, C. S., Davidson, W.. Nelson. S., and Enna, B. (1978). Sex differences in learned helplessness: II. The contingencies of evaluative feedback in the classroom. 111. An experimental analysis. *Developmental Psychology* 14:268–276.

Dweck, C. S., and Gilliard, D. (1975). Expectancy statements as determinants of reactions to failure: Sex differences in persistence and expectancy change. *Journal of Personality and Social Psychology* 32:1077–1084.

Dweck, C. S., Goetz. T. E., and Strauss, N. (1980). Sex differences in learned helplessness: IV. An experimental and naturalistic study of failure generalization and its mediators. *Journal of Personality and Social Psychology* 38:441–452.

Dweck, C. S., and Licht, B. G. (1980). Learned helplessness and intellectual achievement. In *Human helplessness: Theory and applications* , ed. J. Garber and M. E. P. Seligman. New York: Academic Press.

Dweck, C. S., and Reppucci, N. D. (1973). Learned helplessness and reinforcement responsibility in children. *Journal of Personality and Social Psychology* 25:109–116.

Dyck, D. G., and Breen. L. J. (1978). Learned helplessness, immunization, and importance of task in humans. *Psychological Reports* 43:315–321.

Dykema, J., Bergbower. K., and Peterson. C. (1992). [Explanatory style, life events, hassles, and depressive symptoms. J Unpublished data, University of Michigan.

Eaves, G., and Rush. A. J. (1984). Cognitive patterns in symptomatic and remitted unipolar major depressives. *Journal of Abnormal Psychology* 93:3140.

Eckelman, J. D., and Dyck. D. G. (1979). Task– and setting–related cues in immunization against learned helplessness. American *Journal of Psychology* 92:653–667.

Edelwich, J., and Brodsky, A. (1980). *Burn–out: Stages of disillusionment in the helping professions* . New York: Human Sciences Press.

Egeland, J. A., and Hostetter. A. M. (1983). Amish study, I: Affective disorders among the Amish, 1976–1980. American *Journal of Psychiatry* 140:56–61.

Elig, T. W., and Frieze, I. H. (1979). Measuring causal attributions for success and failure. *Journal of Personality and Social Psychology* 37:621–634.

Engberg, L. A., Hansen, G., Welker, R. L., and Thomas, D. R. (1973). Acquisition of key pecking via autoshaping as a function of prior experience: "Learned laziness"? *Science* 178:1002–1004.

Engel, G. L., and Schmale, A. H. (1972). Conservation–withdrawal. In *Physiology, emotions, and psychosomatic illness* , ed. A. H. Schmale. Amsterdam: Elsevier.

Epstein, S. (1980). The stability of behavior, II: Implications for psychological research. *American Psychologist* 35:790–806.

Epstein, S. (1983). Aggregation and beyond: Some basic issues on the prediction of behavior. *Jour–*

nal of Personality 51:360-392.
Epstein, S. (1984). The stability of behavior across time and situations. In *Personality and the prediction of behavior*, ed. R. A. Zucker, J. Arnoff, and A. I. Rabin. Orlando, Fla.: Academic Press.
Eysenck, M. W. (1982). *Attention and arousal*. Berlin: Springer-Verlag.

Fanselow, M. S. (1986). Conditioned fear-induced opiate analgesia: A competing motivational state theory of stress-analgesia. *Annals of the New York Academy of Sciences* 467:404-454.
Fanselow, M. S., and Bolles, R. C. (1979). Naloxone and shock-elicited freezing in the rat. *Journal of Comparative and Physiological Psychology* 94:736-744.
Fanselow, M. S., and Lester. L. S. (1987). A functional behavioristic approach to aversively motivated behavior: Predatory imminence as a deterrminant of the topography of defensive behavior. In *Evolution and learning*, ed. R. C. Bolles and M. D. Beecher. Hillsdale, N.J.: Erlbaum.
Feather, N. T. (1961). The relationship of persistence at a task to expectation of success and achievement-related motives. *Journal of Abnormal and Social Psychology* 63:552-561.
Feather, N. T. (1963). Persistence at a difficult task with an alternative task of intermediate difficulty. *Journal of Abnormal and Social Psychology* 66:604-609.
Feather, N. T. (1982). Unemployment and its psychological correlates: A study of depressive symptoms, Protestant ethic values, attributional style, and apathy. Australian *Journal of Psychology* 34:309-323.
Feather, N. T., and Barber, J. G. (1983). Depressive reactions and unemployment. *Journal of Abnormal Psychology* 92:185-195.
Feather, N. T., and Davenport, P. R. (1981), Unemployment and depressive affect: A motivational and attributional analysis. *Journal of Personality and Social Psychology* 41:422-461.
Feldman, H. R. (1986). Self-esteem, types of attributional style, and sensation and distress pain ratings in males. *Journal of Advanced Nursing* 11:75-86.
Felton, S. Y., and Felton. D. L. (1991). Innervation of lymphoid tissue. In *Psychoneuroimmunology*, ed. R. Ader. D. L. Felton, and N. Cohen. San Diego: Academic Press.
Fernando, S. (1984). Racism as a cause of depression. International *Journal of Social Psychiatry* 30:41-49.
Fielstein, E.. Klein, M. S.. Fischer. M.. Hanan, C.. Koburger, P., Schneider, M. J., and Leitenberg. H. (1985). Self-esteem and causal attributions for success and failure in children. *Cognitive Therapy and Research* 9:381-398.
File, S. E. (1980). The use of social interaction as a method for detecting anxiolytic activity of chlordiazepoxide-like drugs. *Journal of Neuroscience Methods* 2:219-238.
Fincham, F. D., and Cain, K. M. (1986). Learned helplessness in humans: A developmental analysis. *Developmental Review* 6:301-333.
Fincham, F. D., Hokoda, A., and Sanders, R. (1989). Learned helplessness, test anxiety, and academic achievement: A longitudinal analysis. *Child Development* 60:138-145.
Finn, P. R., and Pihl. R. O. (1987). Men at high risk for alcoholism: The effect of alcohol on cardiovascular response to unavoidable shock. *Journal of Abnormal Psychology* 96:230-236.
Firth, J., and Brewin, C. R. (1982). Attributions and recovery from depression: A preliminary study using cross-lagged correlation analysis. British *Journal of Clinical Psychology* 21:229-230.
Fisher, L. A. (1991). Corticotropin-releasing factor and autonomic-cardiovascular responses to stress. In *Stress, neuropeptides, and systemic disease*, ed. J. A. McCubbin, P. G. Kauffman, and C. B. Nemeroff. San Diego: Academic Press.
Fisher, L. A., Jessen, G., and Brown, M. R. (1983). Corticotropin-releasing factor (CRF): Mecha-

nism to elevate mean arterial pressure and heart rate. *Regulatory Peptides* 5:153–161.
Fiske, S. T., and Taylor. S. E. (1984). *Social cognition*. Reading, Mass: Addison–Wesley.
Flannery, R. B. (1986). The adult children of alcoholics: Are they trauma victims with learned helplessness? *Journal of Social Behavior and Personality* 1:497–504.
Fleming, I., Baum. A., and Weiss. L. (1987). Social density and perceived control as mediators of crowding stress in high–density residential neighborhoods. *Journal of Personality and Social Psychology* 52:899–906.
Fleshner, M., Peterson, P., and Maier, S. F. (1992). The relationship between dominance and learned helplessnes. s. Manuscript, University of Colorado.
Floor, L., and Rosen. M. (1975). Investigating the phenomenon of helplessness in mentally retarded adults. American *Journal of Mental Deficiency* 79:565–572.
Follingstad, D. R. (1980). A reconceptualization of issues in the treatment of abused women: A case study. *Psychotherapy: Theory, Research, and Practice 1 7:294–303.*
Forsterling, F. (1985). Attribution retraining: A review. Psychological Bulletin 98:495–512.
Forward, J. R., and Williams, J. R. (1970). Internal–external control and black militancy. *Journal of Social Issues* 26:75–92.
Fosco, E., and Geer. J. H. (1971). Effects of gaining control over aversive stimuli after differing amounts of no control. *Psychological Reports* 29:1153–1154.
Frankel, A., and Snyder. M. L. (1978). Poor performance following unsolvable problems: Learned helplessness or egotism? *Journal of Personality and Social Psychology* 36:1415–1424.
Freeman, R. B., and Wise, D. A., eds. (1982). *The youth unemployment problem: Its nature, causes, and consequences*. Chicago: University of Chicago Press.
Freud, S. (1905). Humor and its relation to the unconscious. *Standard edition*. Vol. 8. London: Hogarth.
Freud, S. (1917). Mourning and melancholia. *Standard edition*. Vol. 14. London: Hogarth.
Freudenberger, H. J., and Richelson. G. (1980). *Burn–out: The high cost of high achievement* . Garden City, N.Y.: Anchor.
Friedman, H. S., and Booth–Kewley, S. (1987). The "disease prone personal ity": A meta–analytic view of the construct. *American Psychologist* 42:539–555.
Friedmann, E., Katcher. A.. Lynch. J. J., and Thomas. S. A. (1980). Animal companions and one–year survival of patients after discharge from a coronary care unit. *Public Health Reports* 95:307–312.
Fromm, E. (1941). *Escape from freedom* . New York: Rinehart.
Funder. D. C., and Ozer, D. J. (1983). Behavior as a function of the situation. *Journal of Personality and Social Psychology* 44:107–112.

Gallagher. W. (1988). The DD's: Blues without end. *American Health* (April): 80–88.
Gamzu, E. R. (1974). Learned laziness in dead pigeons. *Worm Runner's Digest* 16:86–87.
Garber, J.. Miller. S. M., and Abramson, L. Y. (1980). On the distinction between anxiety and depression: Perceived control, certainty, and probability of goal attainment. In *Human helplessness: Theory and applications* , ed. J. Garber, and M. E. P. Seligman. New York: Academic Press.
Gardner, H. (1985). *The mind's new science: A history of the cognitive revolution* . New York: Basic Books.
Gargiulo, R. M., and O'Sullivan, P. S. (1986). Mildly mentally retarded and nonretarded children's learned helplessness. American *Journal of Mental Deficiency* 91:203–206.
Gatchel, R. J.. Paulus, P. B., and Maples. C. W. (1975). Learned helplessness and self–reported affect. *Journal of Abnormal Psychology* 84:732–734.

Gatchel, R. J., and Proctor. J. D. (1976). Physiological correlates of learned helplessness in man. *Journal of Abnormal Psychology* 85:27–34.
Gayford, J. J. (1975). Wife battering: A preliminary survey of 100 cases. *British Medical Journal* 1:194–197.
Gelenberg, A. J., and Klerman, G, L. (1978). Maintenance drug therapy in long–term treatment of depression. In *Controversy in psychiatry*, ed. J. P. Brady and H. K. H. Brodie. Philadelphia: Saunders.
Gelles, R. J. (1976). Abused wives: Why do they stay? *Journal of Marriage and the Family* 38:659–668.
German, D.. Habenicht, D., and Futcher. W. (1990). Psychological profile of the female adolescent incest victim. *Child Abuse and Neglect* 14:429–438.
Gibbon, J.. Benyman. R., and Thompson. R. L. (1974). Contingency spaces and measures in classical and instrumental conditioning. *Journal of the Experimental Analysis of Behavior* 21:585–605.
Gilmor, T. M., and Reid, D. W. (1979). Locus of control and causal attributions for positive and negative outcomes on university examinations. *Journal of Personality and Social Psychology* 13:154–160.
Girodo, M., Dotzenroth. S. E., and Stein, S. J. (1981). Causal attribution bias in shy males: Implications for self–esteem and self–confidence. *Cognitive Therapy and Research* 5:325–338.
Glass, D. C., and Singer. J. E. (1972). *Urban stress: Experiments on noise and social stressors*. New York: Academic Press.
Glazer, H. I., and Weiss, J. M. (1976). Long–term and transitory interference effects. *Journal of Experimental Psychology: Animal Behavior Processes* 2:191–201.
Gleitman, H., and Holmes, P. A. (1967). Retention of incompletely learned CER in rats. *Psychonomic Science* 7:19–20.
Gloor, P. (1978). Inputs and outputs of the amygdala: What the amygdala is tying to tell the rest of the brain. In *Limbic mechanisms: The continuing evolution of the limbic system concept*, ed. K. E. Livingston and O. Hornykiewicz. New York: Plenum.
Glow, P. H., and Winefield. A. H. (1982). Effect of regular noncontingent sensory changes on responding for sensory changes. *Journal of General Psychology* 107:121–137.
Goetz, T. E., and Dweck, C. S. (1980). Learned helplessness in social situations. *Journal of Personality and Social Psychology* 39:246–255.
Goffman, E. (1961). Asylums. Garden City, N.Y.: Anchor.
Golin, S., Sweeney, P. D., and Shaeffer, D. E. (1981). The causality of causal attributions in depression: A cross–lagged panel correlational analysis. *Journal of Abnormal Psychology* 90:14–22.
Golin, S., Terreil, F., and Johnson, B. (1977). Depression and the illusion of control. *Journal of Abnormal Psychology* 86:440–442.
Gong–Guy, E., and Hammen, C. (1980). Causal perceptions of stressful life events in depressed and nondepressed clinic outpatients. *Journal of Abnormal Psychology* 89:662–669.
Goodkin, F. (1976). Rats learn the relationship between responding and environmental events: An expansion of the learned helplessness hypothesis. *Learning and Motivation* 7:382–394.
Goodwin, D. W. (1986). Anxiety. New York: Oxford University Press.
Gotlib, I. H., and Beatty, M. E. (1985). Negative responses to depression: The role of attributional style. *Cognitive Therapy and Research* 9:91–103.
Grau, J. W., Hyson, R. L.. Maier, S. F., Madden, J., and Barchas. J. D. (1981). Long–term stress–induced analgesia and activation of the opiate system. *Science* 213:1409–1411.

Gray, T. S. (1989). Autonomic neuropeptide connections of the amygdala. In *Neuropeptides and stress*, ed. Y. Tache. J. E. Morley, and M. R. Brown. New York: Springer–Verlag.

Green, A. H. (1978). Self–destructive behavior in battered children. *American Journal of Psychiatry* 135:579–582.

Greer, J. G., and Wethered. C. E. (1984). Learned helplessness: A piece of the burnout puzzle. *Exceptional Children* 50:524–530.

Griffith, M. (1977). Effects of noncontingent success and failure on mood and performance. *Journal of Personality* 45:442–457.

Griffith, P. R. (1986). "Learned helplessness" and ego defense mechanisms in alcohol treatment. *Employee Assistance Quarterly* 1:87–92.

Guidotti, A., Forchetti, C. M.. Corda, M. G., Konkel, D.. Bennett, C. D., and Costa, E. (1983). Isolation, characterization, and purification to homogeneity of an endogenous polypeptide with agonistic action on benzodiazepine receptors. *Proeeedings of the National Acadewy of Sciences* 80:3531–3535.

Guthrie, E. R. (1935). *The psychology of learning*. New York: Harper.

Hammen, C., and deMayo, R. (1982). Cognitive correlates of teacher stress and depressive symptoms: Implications for attributional models of depression. *Journal of Abnormal Psychology* 91: 96–101.

Hammond, L. J. (1980). The effect of contingency upon the appetitive conditioning of free–operant behavior. *Journal of the Experimental Analysis of Behavior* 34:297–304.

Hammond, L. J., and Paynter. W. E. (1983). Probabilistic contingency theories of animal conditioning: A critical analysis. *Learning and Motivation* 14:527550.

Hayes, R. L., Bennett, G. J., Newlon, P. G., and Mayer, D. J. (1978). Behavioral and physiologic studies on non–narcotic analgesia in the rat elicited by certain environmental stimuli. *Brain Research* 155:69–90.

Heider, F. (1958). *The psychology of interpersonal relations*. New York: Wiley.

Hermann, B. P. (1977). Psychological effects of epilepsy: A review. *Catalog of Selected Documents in Psychology* 7(1): 6.

Hineline, P. N. (1970). Negative reinforcement without shock reduction. *Journal of the Experimental Analysis of Behavior* 14:259–268.

Hiroto, D. S. (1974). Locus of control and learned helplessness. *Journal of Experimental Psychology* 102:187–193.

Hiroto, D. S., and Seligman, M. E. P. (1975). Generality of learned helplessness in man. *Journal of Personality and Social Psychology* 31:311–327.

Hirt, M., and Genshaft. J. L. (1981). Immunization and reversibility of cognitive deficits due to learned helplessness. *Personality and Individual Differences* 2:191–196.

Hollon, S. D., Shelton, R. C., and Loosen. P. T. (1991). Cognitive therapy and pharmacotherapy for depression. *Journal of Consulting and Clinical Psychology* 58:88–99.

Holmes, T. H., and Rahe, R. H. (1967). The social readjustment scale. *Journal of Psychosomatic Research* 11:213–218.

House, J. S.. Landis. K. R., and Umberson, D. (1988). Social relationships and health. *Science* 241:540–545.

Hughes, J.. Smith, T. W.. Kosterlitz. H. W., Fothergill, L. A., Morgan, B. A., and Morris. H. R. (1975). Identification of two related pentopepsticks from the brain with potent opioid antagonist activity. *Nature* 258:577–579.

Hull, C. L. (1943). *Principles of behavior*. New York: Appleton.
Hull, J. G., and Mendolia, M. (1991). Modeling the relations of attributional style, expectancies, and depression. *Journal of Personality and Social Psychology* 61:85–97.
Hume, D. (1739/1962). A treatise of human nature. In *On human nature and understanding*, ed. A. Flew. New York: Collier.

Ickes, W., and Layden. M. A. (1978). Attributional styles. In *New directions in attribution research*, ed. J. H. Harvey, W. Ickes, and R. F. Kidd. Vol. 2. Hillsdale. N.J.: Erlbaum.
Irving, J. (1978). *The world according to Garp: A novel*. New York: Dutton.
Iwata, J., LeDoux. J. E., Meeley. M. P., Arneric, S., and Reis, D. J. (1986). Intrinsic neurons in the amygdaloid field projected to by the medial geniculate body mediate emotional responses conditioned to acoustic stimuli. *Brain Research* 383:195–214.

Jackson, M. E., and Tessler. R. C. (1984). Perceived lack of control over life events: Antecedents and consequences in a discharged patient sample. *Social Science Research* 13:287–301.
Jackson, R. L., Alexander, J. H., and Maier, S. F. (1980). Learned helplessness, inactivity, and associative deficits: Effects of inescapable shock on response choice escape learning. *Journal of Experimental Psychology: Animal Behavior Processes* 6:1–20.
Jackson, R. L.. Maier, S. F., and Coon. D. J. (1979). Long–term analgesic effects of inescapable shock and learned helplessness. *Science* 206:91–94.
Jackson, R. L.. Maier, S. F., and Rapaport, P. M. (1978). Exposure to inescapable shock produces both activity and associative deficits in the rat. *Learning and Motivation* 9:69–98.
Jackson, R. L., and Minor. T. R. (1988). Effects of signaling inescapable shock on subsequent escape learning: Implications for theories of coping and "learned helplessness." *Journal of Experimental Psychology: Animal Behavior Processes* 14:390–400.
Jackson, S. W. (1986). *Melancholia and depression from Hippocratic times to modern times*. New Haven: Yale University Press.
Janoff–Bulman, R. (1989). Assumptive worlds and the stress of traumatic events: Applications of the schema construct. *Social Cognition* 7:113–136.
Joffe, J. M., Rawson, R. A., and Mulick. J. A. (1973). Control of their environment reduces emotionality in rats. *Science* 180:1383–1384.
Johnson, D. S. (1981). Naturally acquired learned helplessness: The relationship of school failure to achievement behavior, attributions, and self–concept. *Journal of Educational Psychology* 73:174–180.
Jones, E. E., and Davis. K. E. (1965). From acts to dispositions: The attribution process in person perception. In *Advances in experimental social psychology*, ed. L. Berkowitz. Vol. 2. New York: Academic Press.
Jones, S. L.. Nation. J. R., and Massad, P. (1977). Immunization against learned helplessness in man. *Journal of Abnormal Psychology* 86:75–83.

Kalmuss, D. S., and Straus, M. A. (1982). Wife's marital dependency and wife abuse. *Journal of Marriage and the Family* 44:277–286.
Kamen, L., and Seligman, M. E. P. (1986). Explanatory style predicts college grade point average. Manuscript, University of Pennsylvania.
Kamen–Siegel, L., Rodin, J., Seligman, M. E. P., and Dwyer, J. (1991). Explanatory style and cell–mediated immunity. *Health Psychology* 10:229–235.

Kammer, D. (1983). Depression, attributional style, and failure generalization. *Cognitive Therapy and Research* 7:413–423.

Kanner, A. D., Coyne. J. C.. Schaefer, C., and Lazarus, R. S. (1981). Comparison of two modes of stress measurement: Daily hassles and uplifts versus major life events. *Journal of Behavioral Medicine* 4:1–39.

Kaplan, G. A., and Camacho, T. (1983). Perceived health and mortality: A nine–year follow–up of the human population laboratory cohort. *American Journal of Epidemiology* 117:292–304.

Kelley, H. H. (1967). Attribution theory in social psychology. In *Nebraska symposium on motivation*, ed. D. Levine. Vol. 15. Lincoln: University of Nebraska Press.

Kelley, H. H. (1972). *Causal schemata and the attribution process*. Morristown, N.J.: General Learning Press.

Kelley, H. H. (1973). The process of causal attribution. *American Psychologist* 28:107–128.

Kelley. S. J. (1986). Learned helplessness in the sexually abused child. *Issues in Comprehensive Pediatric Nursing* 9:193–207.

Kennelly, K. J., Hayslip. B., and Richardson. S. K. (1985). Depression and helplessness–induced cognitive deficits in the aged. *Experimental Aging Research* 11:169–173.

Kennelly, K. J., and Kinley, S. (1975). Perceived contingency of teacher administered reinforcements and academic performance of boys. *Psychology in the Schools* 12:449–453.

Kennelly, K. J., and Mount, S. A. (1985). Perceived contingency of reinforcements, helplessness, locus of control, and academic performance. *Psychology in the Schools* 22:465–469.

Kerr, S. (1975). On the folly of rewarding A, while hoping for B. *Academy of Management Journal* 18:769–783.

Kevill, F., and Kirkland. J. (1979). Infant crying and learned helplessness. *Journal of Biological Psychology* 21:3–7.

Killeen, P. R. (1978). Superstition: A matter of bias, not detectability. *Science* 199:88–90.

Killeen, P. R. (1981). Learning as causal reference. In *Quantitative analyses of behavior*. Vol. 1. *Discriminative properties of reinforcement schedules*, ed. M. L. Commons and J. A. Nevin. Cambridge, Mass.: Ballinger.

Killeen, P. R., and Smith, J. P. (1984). Perception of contingency in conditioning: Scalar timing, response bias, and erasure of memory by reinforcement. *Journal of Experimental Psychology: Animal Behavior Processes* 10:333–346.

Kilpatrick–Tabak, B., and Roth. S. (1978). An attempt to reverse performance deficits associated with depression and experimentally induced helplessness. *Journal of Abnormal Psychology* 87:141–174.

Klein. D. C., and Seligman, M. E. P. (1976). Reversal of performance deficits in learned helplessness and depression. *Journal of Abnormal Psychology* 85:11–26.

Klerman, G. L.. Lavori, P. W.. Rice, J.. Reich, T., Endicott, J.. Andreasen, N. C.. Keller, M. B., and Hirschfeld. R. M. (1985).• Birth–cohort trends in rates of major depressive disorder among relatives of patients with affective disorder. *Archives of General Psychiatry* 42:689–693.

Kobasa, S. C. (1979). Stressful life events, personality, and health: An inquiry into hardiness. *Journal of Personality and Social Psychology* 37:1–11.

Kobasa, S. C. (1982). Commitment and coping in stress resistance among lawyers. *Journal of Personality and Social Psychology* 42:707–717.

Kobasa, S. C., Maddi, S. R., and Courington, S. (1981). Personality and constitution as mediators in the stress–illness relationship. *Journal of Health and Social Behavior* 22:368–378.

Kobasa, S. C., Maddi, S. R., and Kahn, S. (1982). Hardiness and health: A prospective study. *Jour-

nal of Personality and Social Psychology 42:168-177.
Koegel, R. L., and Egel, A. L. (1979). Motivating autistic children. *Journal of Abnormal Psychology* 88:418-426.
Koegel, R. L., and Mentis, M. (1985). Motivation in childhood autism: Can they or won't they? *Journal of Child Psychology and Psychiatry and Allied Disciplines* 26:185-191.
Koegel, R. L., O'Dell, M., and Dunlap. G. (1988). Producing speech use in nonverbal autistic children by reinforcing attempts. *Journal of Autism and Developmental Disorders* 18:525-538.
Kofta. M., and Sedek. G. (1989). Repeated failure: A source of helplessness or a factor irrelevant to its emergence? *Journal of Experimental Psychology: General* 118:3-12.
Kovacs. M., and Beck. A. T. (1977). An empirical-clinical approach toward a definition of childhood depression. In *Depression in childhood: Diagnosis, treatment, and conceptual models*, ed. J. G. Schulterbrandt and A. Raskin. New York: Raven.
Kuhl, J. (1981). Motivational and functional helplessness: The moderating effect of state versus action orientation. *Journal of Personality and Social Psychology* 40:155-170.
Kuykendall, D., and Keating, J. P. (1984). Crowding and reactions to uncontrollable events. *Population and Environment: Behavioral and Social Issues* 7:246-259.

Lachman, M. E. (1989). When bad things happen to old people: Age differences in attributional style. Manuscript. Brandeis University.
Langer, E. J. (1989). *Mindfulness*. Reading, Mass.: Addison-Wesley.
Langer, E. J., and Rodin, J. (1976). The effects of choice and enhanced personal responsibility for the aged: A field experiment in an institutional setting. *Journal of Personality and Social Psychology* 34:191-198.
Launius, M. H., and Lindquist, C. U. (1988). Learned helplessness, external locus of control, and passivity in battered women. *Journal of Interpersonal Violence* 3:307-318.
Lawler, E. E. (1966). The mythology of management compensation. *California Management Review* 9:11-22.
Lazarus, R. S., and Folkman, S. (1984). *Stress, appraisal, and coping*. New York: Springer.
Lee, R. K. K., and Maier, S. F. (1988). Inescapable shock and attention to internal versus external cues in a water escape discrimination task. *Journal of Experimental Psychology: Animal Behavior Processes* 14:302-311.
Lennerlof, L. (1988). Learned helplessness at work. *International Journal of Health Services* 18: 207-222.
Lerner, M. J. (1980). The belief in a just world. New York: Plenum.
Levine, G. F. (1977). "Learned helplessness" and the evening news. *Journal of Communication* 27:100-105.
Levine, M. (1971). Hypothesis theory and nonlearning despite ideal S-R reinforcement contingencies. *Psychological Review* 78:130-140.
Levine, M.. Rotkin, L., Jankovic, I. N., and Pitchford, L. (1977). Impaired performance by adult humans: Learned helplessness or wrong hypotheses? *Cognitive Therapy and Research* 1:275-285.
Levis, D. J. (1976). Learned helplessness: A reply and alternative S-R interpretation. *Journal of Experimental Psychology: General* 105:47-65.
Levy, S., Morrow, L., Bagley, C., and Lippman. M. (1988). Survival hazards analysis in first recurrent breast cancer patients: 7 year follow-up. *Psychosomatic Medicine* 50:520-528.
Lewinsohn, P. M.. Mischel, W., Chaplain, W., and Barton, R. (1980). Social competence and de-

pression: The role of illusory self–perceptions. *Journal of Abnormal Psychology* 89:203–212.

Lin, E. H., and Peterson, C. (1990). Pessimistic explanatory style and response to illness. *Behaviour Research and Therapy* 28:243–248.

Lloyd, C. (1980). Life events and depressive disorder reviewed: I. Events as predisposing factors. II. Events as precipitating factors. *Archives of General Psychiatry* 37:529–548.

Loosen, P. T. (1988). The TRH test in psychiatric disorders. In *Affective disorders*, ed. F. Flach. New York: Norton.

Love, A. W. (1988). Attributional style of depressed low back patients. *Journal of Clinical Psychology* 44:317–321.

Lowenthal, B. (1986). The power of suggestion. *Academic Therapy* 21:537541.

Luborsky, L. (1964). A psychoanalytic research on momentary forgetting during free association. *Bulletin of the Philadelphia Association for Psychoanalysis* 14:119–137.

Luborsky, L. (1970). New directions in research on neurotic and psychosomatic symptoms. *American Scientist* 58:661–668.

MacCorquodale, K., and Meehl, P. E. (1948). On a distinction between hypothetical constructs and intervening variables. *Psychological Review* 55:95–107.

MacDonald, A. (1946). The effect of adaptation to the unconditioned stimulus upon the formation of conditioned avoidance responses. *Journal of Experimental Psychology* 36:1–12.

McFarland, C., and Ross, M. (1982). Impact of causal attributions on affective reactions to stress and failure. *Journal of Personality and Social Psychology* 43:937–946.

McFerran, J. R., and Breen, L. J. (1979). A bibliography of research on learned helplessness prior to introduction of the reformulated model (1978). *Psychological Reports* 45:311–325.

Mackintosh, N. J. (1975). A theory of attention: Variations in the associability of stimuli with reinforcement. *Psychological Review* 82:276–298.

McMinn, M. R., and McMinn, G. N. (1983). Complete yet inadequate: The role of learned helplessness and self–attribution from the writings of Paul. *Journal of Psychology and Theology* 11:303–310.

McMullen, M. B., and Krantz. M. (1988). Burnout in daycare workers: The effects of learned helplessness and self–esteem. *Child and Youth Care Quarterly* 17:275–280.

Maier, S. F. (1974). Reply to "Learned laziness in dead pigeons" by Gamzu. *Worm Runner's Digest* 16:88.

Maier, S. F. (1986). Stressor controllability and stress–induced analgesia. In *Stress–induced analgesia*, ed. D. D. Kelly. New York: Wiley.

Maier, S. F. (1989a). Determinants of the nature of environmentally–induced hypoalgesia. *Behavioral Neuroscience* 103:131–143.

Maier, S. F. (1989b). Learned helplessness: Event co–variation and cognitive changes. In *Contemporary theories of learning*, ed. S. B. Klein and R. R. Mowrer. Hillsdale, N.J.: Erlbaum.

Maier, S. F. (1990). The role of fear in mediating the shuttle escape learning deficit produced by inescapable shock. *Journal of Experimental Psychology: Animal Behavior Processes* 16:137–150.

Maier, S. F. (1992). The effects of anxiolytics and anxiogenics on choice escape. Manuscript, University of Colorado.

Maier, S. F., Albin, R. W., and Testa. T. J. (1973). Failure to learn to escape in rats previously exposed to inescapable shock depends on nature of escape response. *Journal of Comparative and Physiological Psychology* 85:581592.

Maier, S. F., Anderson, C., and Lieberman, D. (1972). The influence of control of shock on subsequent shock–elicited aggression. *Journal of Comparative and Physiological Psychology* 81:94–101.

Maier, S. F., and Jackson, R. L. (1979). Learned helplessness: All of us were right (and wrong): Inescapable shock has multiple effects. In *The psychology of learning and motivation*, ed. G. H. Bower. Vol. 13. New York: Academic Press.

Maier, S. F., and Laudenslager, M. L. (1988). Commentary: Inescapable shock, shock controllability, and mitogen stimulated lymphocyte proliferation. *Brain, Behavior, and Immunity* 2:87–91.

Maier, S. F., Ryan. S. M.. Barksdale, C. M., and Kalin, N. H. (1988). Stressor uncontrollability and the pituitary–adrenal system. *Behavioral Neuroscience* 100:669–678.

Maier, S. F., and Seligman. M. E. P. (1976). Learned helplessness: Theory and evidence. *Journal of Experimental Psychology: General* 105:3–46.

Maier, S. F., Seligman, M. E. P., and Solomon. R. L. (1969). Pavlovian fear conditioning and learned helplessness: Effects on escape and avoidance behavior of (a) the CS–US contingency, and (b) the independence of the US and voluntary responding. In *Punishment*, ed. B. A. Campbell and R. M. Church. New York: Appleton–Century–Crofts.

Maier, S. F., Sherman, J. E., Lewis, J. W., Terman, G. W., and Liebeskind, J. C. (1983). The opioid /nonopioid nature of stress–induced analgesia and learned helplessness. *Journal of Experimental Psychology: Animal Behavior Processes* 9:80–90.

Maier, S. F., and Testa, T. J. (1975). Failure to learn to escape by rats previously exposed to inescapable shock is partly produced by associative interference. *Journal of Comparative and Physiological Psychology* 88:554564.

Maier, S. F., and Watkins, L. R. (1991). Conditioned and unconditioned stress–induced analgesia: Stimulus preexposure and stimulus change. Manuscript, University of Colorado.

Major, B., Mueller, P., and Hildebrandt, K. (1985). Attributions, expectations, and coping with abortion. *Journal of Personality and Social Psychology* 48:585599.

Malcomson, K. (1980). Learned helplessness: A phenomenon observed among the nursing staff of "City Hospital." *Perspectives in Psychiatric Care* 18:252255.

Margules, D. L. (1979). Beta–endorphin and endoxone: Hormones of the autonomic nervous system for the conservation of expenditure of bodily resources and energy in anticipation of famine or feast. *Neuroscience and Biobehavioral Reviews* 3:155–162.

Marks, I. M. (1977). Personal communication to M. E. P. Seligman.

Martin, D. (1976). *Battered wives*. San Francisco: Glide Publications.

Martin, D. J., Abramson, L. Y., and Alloy, L. B. (1984). The illusion of control for self and others in depressed and nondepressed college students. *Journal of Personality and Social Psychology* 46:125–136.

Martin, H. P., and Beezley. P. (1977). Behavioral observations of abused children. *Developmental Medicine and Child Neurology* 19:373–387.

Martin, P., Soubrie, P., and Simon, P. (1987). The effect of monoamine oxidase inhibitors compared with classical tricyclic antidepressants on learned helplessness paradigm. *Progress in Neuro–Psychopharmacology and Biological Psychiatry* 11:1–7.

Martinko, M. J., and Gardner, W. L. (1982). Learned helplessness: An alternative explanation for performance deficits? *Academy of Management Review* 7:195–204.

Mason, S. T. (1980). Noradrenaline and selective attention: A review of the model and evidence. *Life Sciences* 27:617–631.

Mastrovito, R. C. (1974). Psychogenic pain. *American Journal of Nursing* 74:514519.

Mayer, D. J., Wolfle, T. L., Akil, H., Carder, B., and Liebeskind, J. C. (1971). Analgesia from elec-

trical stimulation of the brainstem of the rat. *Science* 174:1351–1354.
Meline, T. J. (1985). Research note: Diminished communicative intent and learning theory. *Perceptual and Motor Skills* 61:476–478.
Metalsky, G. I., Abramson, L. Y., Seligman. M. E. P., Semmel, A., and Peterson, C. (1982). Attributional styles and life events in the classroom: Vulnerability and invulnerability to depressive mood reactions. *Journal of Personality and Social Psychology* 43:612–617.
Metalsky, G. I., Halberstadt, L. J., and Abramson, L. Y. (1987). Vulnerability to depressive mood reactions: Toward a more powerful test of the diathesis–stress and causal mediation components of the reformulated theory of depression. *Journal of Personality and Social Psychology* 52: 386393.
Michotte, A. (1963). *The perception of causality*. New York: Basic Books.
Mikulincer. M. *(1986).* Attributional processes in the learned helplessness paradigm: Behavioral effects of global attributions. *Journal of Personality and Social Psychology* 51:1248–1256.
Mikulincer, M. (1988a). Reactance and helplessness following exposure to unsolvable problems: The effects of attributional style. *Journal of Personality and Social Psychology* 54:679–686.
Mikulincer, M. (1988b). The relation between stable/unstable attribution and learned helplessness. *British Journal of Social Psychology* 27:221–230.
Mikulincer, M., and Caspy, T. (1986). The conceptualization of helplessness: II. Laboratory correlates of the phenomenological definition of helplessness. *Motivation and Emotion* 10:279–294.
Mikulincer, M.. Kedem, P., and Zilkha–Segal, H. (1989). Learned helplessness, reactance, and cue utilization. *Journal of Research in Personality* 23:235–247.
Mikulincer, M., and Nizan, B. (1988). Causal attribution, cognitive interference, and the generalization of learned helplessness. *Journal of Personality and Social Psychology* 55:470–478.
Milgram, S. (1963). Behavioral study of obedience. *Journal of Abnormal and Social Psychology* 67:371–378.
Miller, I. W., and Norman, W. H. (1979). Learned helplessness in humans: A review and attribution theory model. *Psychological Bulletin* 86:93–119.
Miller, I. W., and Norman, W. H. (1981). Effects of attributions for success on the alleviation of learned helplessness and depression. *Journal of Abnormal Psychology* 90:113–124.
Miller, W. R., and Seligman. M. E. P. (1975). Depression and learned helplessness in man. *Journal of Abnormal Psychology* 84:228–238.
Mineka, S., Cook. M., and Miller, S. (1984). Fear conditioned with escapable and inescapable shock: The effects of a feedback stimulus. *Journal of Experimental Psychology: Animal Behavior Processes* 10:307–323.
Minor, T. R., Jackson. R. L., and Maier, S. F. (1984). Effects of task irrelevant cues and reinforcement delay on choice escape learning following inescapable shock: Evidence for a deficit in selective attention. *Journal of Experimental Psychology: Animal Behavior Processes* 10:168–181.
Minor, T. R., and LoLordo. V. M. (1984). Escape deficits following inescapable shock: The role of contextual odor. *Journal of Experimental Psychology: Animal Behavior Processes* 10:168–181.
Minor, T. R., Pelleymounter, M. A., and Maier. S. F. (1988). Uncontrollable shock, forebrain NE, and stimulus selection during escape learning. *Psychobiology* 16:135–146.
Minor, T. R.. Trauner, M. A., Lee. C. Y., and Dess, N. K. (1990). Modeling signal features of escape response: Effects of cessation conditioning in "learned helplessness" paradigm. *Journal of Experimental Psychology: Animal Behavior Processes* 2:123–136.
Mischel, W. (1968). *Personality and assessment*. New York: Wiley.

Mossey, J. M., and Shapiro, E. (1982). Self-rated health: A predictor of mortality among the elderly. *American Journal of Public Health* 72:800–808.
Mowrer, O. H. (1947). On the dual nature of learning — A re-interpretation of "conditioning" and "problem-solving." *Harvard Educational Review* 17:102150.
Mowrer, O. H. (1960). *Learning theory and behavior*. New York: Wiley.
Mowrer, O. H., and Viek, P. (1954). An experimental analogue of fear from a sense of helplessness. *Journal of Abnormal and Social Psychology* 43:193200.
Moye, T. B., Hyson. R. L., Grau, J. W., and Maier, S. F. (1983). Immunization of opioid analgesia: Effects of prior escapable shock on subsequent shock–induced antinociception. *Learning and Motivation* 14:238–251.
Mukhaji. B. R., Abramson. L. Y., and Martin. D. J. (1982). Induced depressive mood and attributional patterns. *Cognitive Therapy and Research* 6:15–21.
Munton, A. G., and Antaki, C. (1988). Causal beliefs amongst families in therapy: Attributions at the group level. *British Journal of Clinical Psychology* 27:91–97.

Nelson, R. E., and Craighead. W. E. (1977). Selective recall of positive and negative feedback, self–control behaviors, and depression. *Journal of Abnormal Psychology* 86:379–388.
Newman, H., and Langer. E. J. (1981). A cognitive model of intimate relationship formation, stabilization, and disintegration. *Sex Roles* 7:223–232.
Nicassio, P. M. (1985). The psychosocial adjustment of the Southeast Asian refugee: An overview of empirical findings and theoretical models. *Journal of Cross–Cultural Psychology* 16:153–173.
Niehoff, D. L., and Kuhar, M. J. (1983). Benzodiazepine receptors: Localization in rat amygdala. *Journal of Neuroscience* 3:2091–2097.
Nierenberg, A. A., and Feinstein. A. R. (1988). How to evaluate a diagnostic marker test: Lessons from the rise and fall of the dexamethasone suppression test. *JAMA* 259:1699–1702.
Ninan, P., Insel. T. M., Cohen, R. M., Cook, J. M., Skolnick, P., and Paul, S. M. (1982). Benzodiazepine receptor–mediated experimental "anxiety" in primates. *Science* 218:1332–1334.
Nisbett, R. E., and Wilson. T. D. (1977). Telling more than we can know: Verbal reports on mental processes. *Psychological Review* 84:231–259.
Noel, N. E., and Lisman, S. A. (1980). Alcohol consumption by college women following exposure to unsolvable problems: Learned helplessness or stress induced drinking? *Behaviour Research and Therapy* 18:429–440.
Nolen–Hoeksema, S. (1986). *Developmental studies of explanatory style, and learned helplessness in children*. Ph. D. diss., University of Pennsylvania.
Nolen–Hoeksema, S. (1987). Sex differences in unipolar depression: Theory and evidence. *Psychological Bulletin* 101:259–282.
Nolen–Hoeksema. S. (1990). *Sex differences in depression*. Stanford: Stanford University Press.
Nolen–Hoeksema, S., Girgus, J. S., and Seligman. M. E. P. (1986). Learned helplessness in children: A longitudinal study of depression, achievement, and explanatory style. *Journal of Personality and Social Psychology* 51:435–442.
Nolen–Hoeksema, S., Girgus, J. S., and Seligman, M. E. P. (1992). Predictors and consequences of childhood depressive symptoms: a 5–year longitudinal study. *Journal of Abnormal Psychology* 101:405–22.
Nolen–Hoeksema, S., Skinner. E., and Seligman. M. E. P. (1984). [Expectational style.] Unpublished data, University of Pennsylvania.
Norem, J. K., and Cantor, N. (1986). Defensive pessimism: "Harnessing" anxiety as motivation.

Journal of Personality and Social Psychology 51:1208–1217.
Nussear, V. P., and Lattal, K. A. (1983). Stimulus control of responding by response–reinforcer temporal contiguity. *Learning and Motivation* 14:472–487.

Oakes, W. F., and Curtis. N. (1982). Learned helplessness: Not dependent upon cognitions, attributions, or other such phenomenal experiences. *Journal of Personality* 50:387–408.
O'Hara, M. W., Neunaber, D. J., and Zekoski. E. M. (1984). Prospective study of postpartum depression: Prevalence, course, and predictive factors. *Journal of Abnormal Psychology* 93:158–171.
O'Hara, M. W.. Rehm. L. P., and Campbell, S. B. (1982). Predicting depressive symptomatology: Cognitive–behavioral models and postpartum depression. *Journal of Abnormal Psychology* 91:457–461.
O'Leary, A. (1985). Self–efficacy and health. *Behaviour Research and Therapy* 23:437–451.
O'Leary, M. R.. Donovan, D. M., Cysewski, B., and Chaney. E. F. (1977). Perceived locus of control, experienced control, and depression: A trait description of the learned helplessness model of depression. *Journal of Clinical Psychology* 33:164–168.
Orbach, I., and Hadas, Z. (1982). The elimination of learned helplessness deficits as a function of induced self–esteem. *Journal of Research in Personality* 16:511–523.
Overrmier, J. B., and Leaf, R. C. (1965). Effects of discriminative Pavlovian fear conditioning upon previously or subsequently acquired avoidance responding. *Journal of Comparative and Physiological Psychology* 60:213–218.
Overmier, J. B., Patterson, J., and Wielkiewicz, R. M. (1979). Environmental contingencies as sources of stress in animals. In *Coping and health*, ed. S. Levine and H. Ursin. New York: Plenum.
Overmier, J. B., and Seligman. M. E. P. (1967). Effects of inescapable shock upon subsequent escape and avoidance learning. *Journal of Comparative and Physiological Psychology* 63:23–33.

Pageglow, M. D. (1981). Factors affecting women's decisions to leave violent relationships. *Journal of Family Issues* 2:391–414.
Parkin, J. M. (1975). The incidence and nature of child abuse. *Developmental Medicine and Child Neurology* 17:641–646.
Pasahow, R. J. (1980). The relation between an attributional dimension and learned helplessness. *Journal of Abnormal Psychology* 89:358–367.
Paul, S. M. (1988). Anxiety and depression: A common neurobiological substrate? *Journal of Clinical Psychiatry* 49:13–16.
Paul, S. M.. Marangos, P. J., and Skolnick, P. (1981). The benzodiazepine/ GABA–chloride ionophore receptor complex: Common site of minor tranquilizer action. *Biological Psychiatry* 16: 213–229.
Peele, S. (1989). *The diseasing of America: Addiction treatment out of control*. Lexington, Mass.: Lexington Books.
Peirce, C. S. (1955). *The philosophical writings of Peirce*. Ed. J. Buchler. New York: Dover.
Perkins, C. C., Seymann, R. C., Levis. D. J., and Spencer. H. R. (1966). Factors affecting preference for signal–shock over shock–signal. *Journal of Experimental Psychology* 72:190–196.
Persons, J. B. (1986). The advantages of studying psychological phenomena rather than psychiatric diagnoses. *American Psychologist* 41:1252–1260.
Persons. J. B., and Rao, P. A. (1985). Longitudinal study of cognitions, life events, and depression

in psychiatric inpatients. *Journal of Abnormal Psychology* 94:51–63.
Peterson, C. (1976). *Learned helplessness and the attribution of randomness*. Ph.D. diss., University of Colorado.
Peterson, C. (1978). Learning impairment following insoluble problems: Learned helplessness or altered hypothesis pool? *Journal of Experimental Social Psychology* 14:53–68.
Peterson, C. (1980). Recognition of noncontingency. *Journal of Personality and Social Psychology* 38:727–734.
Peterson, C. (1985). Learned helplessness: Fundamental issues in theory and research. *Journal of Social and Clinical Psychology* 3:248–254.
Peterson, C. (1986). [Explanatory style and helpless behavior]. Unpublished data, University of Michigan.
Peterson, C. (1988). Explanatory style as a risk factor for illness. *Cognitive Therapy and Research* 12:117–130.
Peterson, C. (1990). Explanatory style in the classroom and on the playing field. In *Attribution theory: Applications to achievement, mental health, and interpersonal conflict*, ed. S. Graham and V. S. Folkes. Hillsdale, N.J.: Erlbaum.
Peterson, C. (1991). The meaning and measurement of explanatory style. *Psychological Inquiry* 2:1–10.
Peterson, C. (1992a). Learned helplessness and school problems: A social psychological analysis. In *School psychology: A social psychological perspective*, ed. F. J. Medway and T. P. Cafferty. Hillsdale, N.J.: Erlbaum.
Peterson, C. (1992b). *Personality*. 2d ed. San Diego: Harcourt Brace Jovanovich.
Peterson, C., and Barrett, L. C. (1987). Explanatory style and academic performance among university freshmen. *Journal of Personality and Social Psychology* 53:603–607.
Peterson, C.. Bettes. B. A., and Seligman, M. E. P. (1985). Depressive symptoms and unprompted causal attributions: Content analysis. *Behaviour Research and Therapy* 23:379–382.
Peterson, C., and Bossio, L. M. (1989). Learned helplessness. In *Self–defeating behaviors*, ed. R. C. Curtis. New York: Plenum.
Peterson, C., and Bossio, L. M. (1991). *Health and optimism*. New York: Free Press.
Peterson, C., Colvin, D., and Lin, E. H. (1989). Explanatory style and helplessness. Manuscript, University of Michigan.
Peterson, C., and Edwards. M. (1992). Optimistic explanatory style and the perception of health problems. Manuscript, University of Michigan.
Peterson, C.. Luborsky. L., and Seligman. M. E. P. (1983). Attributions and depressive mood shifts: A case study using the symptom–context method. *Journal of Abnormal Psychology* 92: 96–103.
Peterson, C.. Nutter, J., and Seligman. M. E. P. (1982). [Explanatory style of prisoners.] Unpublished data, Virginia Polytechnic Institute and State University.
Peterson, C., Rosenbaum, A. C., and Conn, M. K. (1985). Depressive mood reactions to breaking up: Testing the learned helplessness model of depression. *Journal of Social and Clinical Psychology* 3:161–169.
Peterson, C., Schulman, P.. Castellon, C., and Seligman, M. E. P. (1992). The explanatory style scoring manual. In *Handbook of thematic analysis*, ed. C. P. Smith. New York: Cambridge University Press.
Peterson. C., Schwartz, S. M., and Seligman. M. E. P. (1981). Self–blame and depressive symptoms. *Journal of Personality and Social Psychology* 49:337–348.

Peterson. C., and Seligman. M. E. P. (1983). Learned helplessness and victimization. *Journal of Social Issues* 39:103–116.

Peterson. C., and Seligman. M. E. P. (1984). Causal explanations as a risk factor for depression: Theory and evidence. *Psychological Review* 91:347–374.

Peterson, C., and Seligman, M. E. P. (1985). The learned helplessness model of depression: Current status of theory and research. In *Handbook of depression: Treatment, assessment, and research*, ed. E. E. Beckham and W. R. Leber. Homewood, Ill.: Dorsey.

Peterson. C., and Seligman, M. E. P. (1987). Explanatory style and illness. *Journal of Personality* 55:237–265.

Peterson, C., Seligman, M. E. P., and Vaillant, G. E. (1988). Pessimistic explanatory style is a risk factor for physical illness: A thirty–five year longitudinal study. *Journal of Personality and Social Psychology* 55:23–27.

Peterson, C., Semmel, A., von Baeyer, C., Abramson, L. Y., Metalsky, G. I., and Seligman, M. E. P. (1982). The Attributional Style Questionnaire. *Cognitive Therapy and Research* 6:287–299.

Peterson, C., and Stunkard. A. J. (1989). Personal control and health promotion. *Social Science and Medicine* 28:819–828.

Peterson, C., and Stunkard. A. J. (1992). Cognates of personal control: Locus of control, self–efficacy, and explanatory style. *Applied and Preventive Psychology* 1:111–117.

Peterson, C., and Ulrey, L. M. (1991). Can explanatory style be scored from projective protocols? Manuscript, University of Michigan.

Peterson, C., and Villanova, P. (1986). [Dimensions of explanatory style.] Unpublished data, University of Michigan.

Peterson, C., and Villanova. P. (1988). An expanded Attributional Style Questionnaire. *Journal of Abnormal Psychology* 97:87–89.

Peterson, C., Villanova. P., and Raps. C. S. (1985). Depression and attributions: Factors responsible for inconsistent results in the published literature. *Journal of Abnormal Psychology* 94:165–168.

Peterson, C., Zaccaro, S. J., and Daly, D. C. (1986). Learned helplessness and the generality of social loafing. *Cognitive Therapy and Research* 10:563–569.

Petty, F., and Sherman, A. D. (1980). Regional aspects of the prevention of learned helplessness by desipramine. *Life Sciences* 26:1447–1452.

Petty, F., and Sherman, A. D. (1981). GABAergic modulation of learned helplessness. *Pharmacology, Biochemistry, and Behavior* 15:567–570.

Pines, A. M.. Aronson, E., and Kaky, D. (1981). *Burnout: From tedium to personal growth.* New York: Free Press.

Pisa, M., and Fibiger, H. C. (1983). Evidence against a role of the rat's dorsal noradrenergtc bundle in selective attention and place memory. *Brain Research* 272:319–329.

Pittman, N. L., and Pittman. T. S. (1979). Effects of amount of helplessness training and internal–external locus of control on mood and performance. *Journal of Personality and Social Psychology* 37:39–47.

Pittman, T. S., and Pittman, N. L. (1980). Deprivation of control and the attribution process. *Journal of Personality and Social Psychology* 39:377–389.

Plous, S., and Zimbardo. P. G. (1986). Attributional biases among clinicians: A comparison of psychoanalysts and behavior therapists. *Journal of Consulting and Clinical Psychology* 54:568–570.

Porsolt, R. D., Anton. G., Blavet, N., and Jalfre. M. (1978). Behavioural despair in rats: A new model sensitive to antidepressant treatments. *European Journal of Pharmacology* 47:379–391.

Powell, L. (1990). Factors associated with the underrepresentation of African Americans in mathematics and science. *Journal of Negro Education* 59:292–298.
Prindaville, P., and Stein, N. (1978). Predictability, controllability, and inoculation against learned helplessness. *Behaviour Research and Therapy* 16:263–271.
Prochaska, J. O., Velicer, W. F., DiClemente, C. C., and Fava, J. (1988). Measuring processes of change: Applications to the cessation of smoking. *Journal of Consulting and Clinical Psychology* 56:520–528.

Raber, S. M., and Weisz, J. R. (1981). Teacher feedback to mentally retarded and nonretarded children. *American Journal of Mental Deficiency* 86:148156.
Rabkin, J. G., and Struening, E. L. (1976). Life events, stress, and illness. *Science* 194:1013–1020.
Rachlin, H. C., and Baum, W. M. (1972). Effects of alternative reinforcement: Does the source matter? *Journal of the Experimental Analysis of Behavior* 18:231–241.
Radloff, L. S. (1975). Sex differences in depression: The effects of occupation and marital status. *Sex Roles* 1:249–265.
Rapaport, P. M., and Maier, S. F. (1978). Inescapable shock and food competition dominance in rats. *Animal Learning and Behavior* 6:160–165.
Raps, C. S., Peterson, C., Jonas, M., and Seligman, M. E. P. (1982). Patient behavior in hospitals: Helplessness, reactance, or both? *Journal of Personality and Social Psychology* 42:1036–1041.
Raps, C. S.. Peterson, C., Reinhard, K. E., Abramson, L. Y., and Seligman, M. E. P. (1982). Attributional style among depressed patients. *Journal of Abnormal Psychology* 91:102–108.
Raps, C. S., Reinhard, K. E., and Seligman, M. E. P. (1980). Reversal of cognitive and affective deficits associated with depression and learned helplessness by mood elevation in patients. *Journal of Abnormal Psychology* 89:342–349.
Redmond, D. E. (1987). Studies of the nucleus locus coeruleus in monkeys and hypotheses for neuropsychopharmacology. In *Psychopharmacology: The third generation of progress*, ed. H. Y. Meltzer. New York: Raven.
Rescorla, R. A., and Solomon. R. L. (1967). Two–process learning theory: Relationship between Pavlovian conditioning and instrumental learning. *Psychological Review* 74:151–182.
Rescorla, R. A., and Wagner, A. R. (1972). A theory of Pavlovian conditioning: Variations in the effectiveness of reinforcement and non–reinforcement. In *Classical conditioning II. Current research and theory*, ed. A. H. Black and W. F. Prokasy. New York: Appleton–Century–Crofts.
Rettew, D. C.. Reivich, K., Peterson, C.. Seligman, D. A., and Seligman, M. E. P. (1990). Professional baseball, basketball, and explanatory style: Predicting performance in the major leagues. Manuscript, University of Pennsylvania.
Revenson, T. A. (1981). Coping with loneliness: The impact of causal attributions. *Personality and Social Psychology Bulletin* 7:565–571.
Reynierse, J. H. (1975). A behavioristic analysis of the book of Job. *Journal of Psychology and Theology* 3:75–81.
Riskind, J. H., Castellon, C., and Beck, A. T. (1989). Spontaneous causal explanations in unipolar depression and generalized anxiety: Content analysis of dysfunctional–thought diaries. *Cognitive Therapy and Research* 13:97–108.
Rivier, C., Rlvier, J., and Vale. W. (1982). Inhibition of adrenocorticotrophic hormone secretion in the rat by immunoneutralization of corticotropin–releasing factor. *Science* 218:377–379.
Robins, L. N.. Helzer, J. E., Weissman, M. M., Orvaschel. H., Gruenberg, E., Burke, J. D., and Regier, D. A. (1984). Lifetime prevalence of specific psychiatric disorders in three sites. *Archives of Gen-*

eral Psychiatry 41:949958.
Rodin, J. (1986). Aging and health: Effects of the sense of control. *Science* 233:1271–1276.
Rodin, J., Solomon, S. K., and Metcalf, J. (1978). Role of control in mediafing perceptions of density. *Journal of Personality and Social Psychology* 36:988–999.
Rosellini, R. A. (1978). Inescapable shock interferes with the acquisition of a free appetitive operant. *Animal Learning and Behavior* 6:155–159.
Rosellini. R. A., DeCola, J. P., Plonsky. M., Warren. D. A., and Stilman. A. J. (1984). Uncontrollable shock proactively increases sensitivity to response–reinforcer independence in rats. *Journal of Experimental Psychology: Animal Behavior Processes* 10:346–359.
Rosellini. R. A., DeCola. J. P., and Shapiro, N. K. (1982). Cross–motivational effects of inescapable shock are associative in nature. *Journal of Experimental Psychology: Animal Behavior Processes* 8:376–388.
Rosellini, R. A., and Seligman, M. E. P. (1975). Learned helplessness and escape from frustration. *Journal of Experimental Psychology: Animal Behavior Processes* 1:149–158.
Rosen, C. E. (1977). The impact of an open campus program upon high school students' sense of control over their environment. *Psychology in the Schools* 14:216–219.
Rosenbaum. M., and Palmon, N. (1984). Helplessness and resourcefulness in coping with epilepsy. *Journal of Consulting and Clinical Psychology* 52:244–253.
Rosenthal, R., and Rubin, D. B. (1982). A simple, general purpose display of magnitude of experimental effect. *Journal of Educational Psychology* 74:1661 69.
Roth, D., and Rehm. L. P. (1980). Relationships among self–monitoring processes, memory, and depression. *Cognitive Therapy and Research* 4:149–157.
Roth, S. (1980). A revised model of learned helplessness in humans. *Journal of Personality* 48:103–133.
Roth, S., and Bootzin, R. R. (1974). The effect of experimentally induced expectancies of external control: An investigation of learned helplessness. *Journal of Personality and Social Psychology* 29:253–264.
Roth, S. , and Kubal, L. (1975). Effects of noncontingent reinforcement on tasks of differing importance: Facilitation and learned helplessness. *Journal of Personality and Social Psychology* 32: 680–691.
Rothbaum, F.. Weisz, J. R., and Snyder. S. S. (1982). Changing the world and changing the self: A two–process model of perceived control. *Journal of Personality and Social Psychology* 42:5–37.
Rothwell, N., and Williams, J. M. G. (1983). Attributional style and life events. *British Journal of Clinical Psychology* 22:139–140.
Rotter, J. B. (1954). *Social learning and clinical psychology*. Englewood Cliffs, N.J.: Prentice–Hall.
Rotter, J. B. (1966). Generalized expectancies for internal versus external control of reinforcement. *Psychological Monographs* 81(1, Whole No. 609).
Rotter, J. B. (1975). Some problems and misconceptions related to the construct of internal versus external reinforcement. *Journal of Consulting and Clinical Psychology* 43:56–67.
Rutter, M. L. (1986). Child psychiatry: The interface between clinical and developmental research. *Psychological Medicine* 16:151–169.
Ryan, S. M., and Maier, S. F. (1988). The estrous cycle and estrogen modulated stress–induced analgesia. *Behavioral Neuroscience* 102:371–380.

Sahoo, F. M., and Tripathy, S. (1990). Learned helplessness in industrial employees: A study of non-

contingency, satisfaction, and motivational deficits. *Psychological Studies* 35:79–87.
Sanderson, W. C., Beck, A. T., and Beck. J. (1990). Syndrome comorbidity in patients with depression or dysthymia: Prevalence and temporal relationships. *American Journal of Psychiatry* 147:1025–1028.
Sarata, B. P. V. (1974). Employee satisfactions in agencies serving retarded persons. *American Journal of Mental Deficiensy* 79:434–482.
Scheier, M. F., and Carver, C. S. (1985). Optimism, coping, and health: Assessment and implications of generalized outcome expectancies. *Health Psychology* 4:219–247.
Scheier, M. F., and Carver, C. S. (1987). Dispositional optimism and physical well–being: The influence of generalized outcome expectancies on health. *Journal of Personality* 55:169–210.
Scheier, M. F.. Matthews, K. A., Owens. J. F., Magovern, G. J., Lefebvre, R. C., Abbott, R. A., and Carver. C. S. (1989). Dispositional optimism and recovery from artery bypass surgery: The beneficial effects on physical and psychological well–being. *Journal of Personality and Social Psychology* 57:1024–1040.
Schieffelin, B. B. (1990). *The give and take of everyday life: Language socialization of Kaluli children*. Cambridge: Cambridge University Press.
Schildkraut, J. J. (1965). The catecholamine hypothesis of affective disorders: A review of supporting evidence. *American Journal of Psychiatry* 122:509522.
Schleifer, S. J., Keller, S. E., Siris. S. G., Davis, K. L., and Stein, M. (1985). Depression and immunity. *Archives of General Psychiatry* 42:129–133.
Schulman, P.. Castellon. C., and Seligman, M. E. P. (1989). Assessing explanatory style: The content analysis of verbatim explanations and the Attributional Style Questionnaire. *Behaviour Research and Therapy* 27:505–512.
Schulman, P., Keith, D., and Seligman. M. E. P. (1991). Is optimism heritable? A study of twins. Manuscript, University of Pennsylvania.
Schulman, P.. Seligman, M. E. P., and Amsterdam. D. (1987). The Attributional Style Questionnaire is not transparent. *Behaviour Research and Therapy* 25:391–395.
Schulz, R. (1976). Effects of control and predictability on the physical and psychological well–being of the institutionalized aged. *Journal of Personality and Social Psychology* 33:563–573.
Schuiz, R. (1980). Aging and control. In *Human helplessness: Theory and applications*, ed. J. Garber and M. E. P. Seligman. New York: Academic Press.
Schwartz, D. P., Burish, T. G., O'Rourke, D. F., and Holmes, D. S. (1986). Influence of personal and universal failure on the subsequent performance of persons with Type A and Type B behavior patterns. *Journal of Personality and Social Psychology* 51:459–462.
Scott. W. A.. Osgood, D. W., and Peterson. C. (1979). *Cognitive structure: Theory and measurement of individual differences*. Washington. D.C.: Winston.
Sears, R. R., Maccoby. E. E., and Levin, H. (1957). *Patterns of child rearing*. Evanston, Ill.: Row, Peterson, & Co.
Sedek, G., and Kofta, M. (1990). When cognitive exertion does not yield cognitive gain: Toward an informational explanation of learned helplessness. *Journal of Personality and Social Psychology* 58:729–743.
Segal, Z. V. (1988). Appraisal of the self–schema construct in cognitive models of depression. *Psychological Bulletin* 103:147–162.
Seligman, M. E. P. (1975). *Helplessness: On depression, development, and death*. San Francisco: Freeman.
Seligman, M. E. P. (1977). Personal communication to I. M. Marks.

Seligman, M. E. P. (1981). A learned helplessness point of view. In *Behavior therapy for depression: Present status and future directions*, ed. L. P. Rehm. New York: Academic Press.
Seligman, M. E. P. (1990). *Learned optimism*. New York: Knopf.
Seligman, M. E. P., Abramson, L. Y., Semmel, A., and von Baeyer. C. (1979). Depressive attributional style. *Journal of Abnormal Psychology* 88:242–247.
Seligman, M. E. P., Castellon. C., Cacciola. J., Schulman, P., Luborsky, L., Ollove. M., and Downing, R. (1988). Explanatory style change during cognitive therapy for unipolar depression. *Journal of Abnormal Psychology* 97:13–18.
Seligman, M. E. P., and Maier, S. F. (1967). Failure to escape traumatic shock. *Journal of Experimental Psychology* 74:1–9.
Seligman, M. E. P.. Maier, S. F., and Geer. J. (1968). Alleviation of learned helplessness in the dog. *Journal of Abnormal Psychology* 73:256–262.
Seligman, M. E. P., Maier, S. F., and Solomon, R. L. (1971). Unpredictable and uncontrollable aversive events. In *Aversive conditioning and learning*, ed. F. R. Brush. New York: Academic Press.
Seligman, M. E. P., and Peterson. C. (1986). [Explanatory style of NBA players.] Unpublished data. University of Pennsylvania.
Seligman, M. E. P., Peterson, C.. Kaslow, N. J., Tanenbaum, R. J., Alloy, L. B., and Abramson. L. Y. (1984). Attributional style and depressive symptoms among children. *Journal of Abnormal Psychology* 83:235–238.
Seligman, M. E. P., and Schulman, P. (1986). Explanatory style as a predictor of productivity and quitting among life insurance agents. *Journal of Personality and Social Psychology* 50:832–838.
Sellers, R. M., and Peterson, C. (1991). Explanatory style and coping with controllable events by student–athletes. Manuscript, University of Virginia.
Seltzer, S. F., and Seltzer, J. L. (1986). Tactual sensitivity of chronic pain patients to non–painful stimuli. *Pain* 27:291–295.
Selye, H. (1956). *The stress of life*. New York: McGraw–Hill.
Sherman, A. D., Allers, G. L., Petty. F., and Henn, F. A. (1979). A neuropharmacologically–relevant animal model of depression. *Neuropharmacology* 18:891–893.
Sherman, A. D., and Petty, F. (1980). Neurochemical basis of the action of antidepressants on learned helplessness. *Behavioral and Neural Biology* 30:119–134.
Sherrod, D. R., Moore, B. S., and Underwood, B. (1979). Environmental noise, perceived control, and aggression. *Journal of Social Psychology* 109:245–252.
Short, K. R., and Maier, S. F. (1990). Uncontrollable but not controllable stress produces enduring anxiety in rats despite only transient benzodiazepine receptor involvement. Paper presented at the Society for Neuroscience Meeting. St. Louis, Mo.
Siegel, S. J., and Alloy, L. B. (1990). Interpersonal perceptions and consequences of depressive–significant other relationships: A naturalistic study of college roommates. *Journal of Abnormal Psychology* 99:361–373.
Simkin, D. K., Lederer. J. P., and Seligman. M. E. P. (1983). Learned helplessness in groups. *Behaviour Research and Therapy* 21:613–622.
Skevington, S. M. (1983). Chronic pain and depression: Universal or personal helplessness? *Pain* 15:309–317.
Skinner, B. F. (1938). *The behavior of organisms: An experimental analysis*. New York: Appleton–Century–Crofts.
Skinner, B. F. (1948). "Superstition" in the pigeon. *Journal of Experimental Psychology* 38:168–170.

Sklar, L. S., and Anisman, H. (1979). Stress and coping factors infiuence tumor growth. *Science* 205:513–515.
Sklar, L. S., and Anisman, H. (1980). Social stress influences tumor growth. *Psychosomatic Medicine* 42:347–365.
Sklar, L. S., and Anisman, H. (1981). Stress and cancer. *Psychological Bulletin 89* :369–406.
Slade, B. B.. Steward, M. S., Monison, T. L., and Abramowitz, S. I. (1984). Locus of control, persistence, and use of contingency information in physically abused children. *Child Abuse and Neglect* 8:447–457.
Smith, R., and Seligman, M. E. P. (1978). Black and lower class children are more susceptible to helplessness induced cognitive deficits following unsolvable problems. Manuscript, University of Pennsylvania.
Smolen, R. C. (1978). Expectancies, mood, and performance of depressed and nondepressed psychiatric inpatients on chance and skill tasks. *Journal of Abnormal Psychology* 87:91–101.
Snodgrass, M. A. (1987). The relationship of differential loneliness, intimacy, and characterological attributional style to duration of loneliness. *Journal of Social Behavior and Personality* 2: 173–186.
Snyder, M. L.. Smoller, B., Strenta. A., and Frankel, A. (1981). A comparison of egotism, negativity, and learned helplessness as explanations for poor performance after unsolvable problems. *Journal of Personality and Social Psychology* 40:24–30
Snyder, M. L.. Stephan. W. G., and Rosenfield, D. (1978). Attributional egotism. In *New directions in attribution research*, ed. J. H. Harvey. W. Ickes, and R. F. Kidd. Vol. 2. Hillsdale, N.J.: Erlbaum.
Solomon, K. (1982). Social antecedents of learned helplessness in the health care setting. *Gerontologist* 22:282–287.
Soubrie, P.. Blas, C., Ferron. A., and Glowinski, J. (1983). Chlordiazepoxide reduces in vivo serotonin release in the basal ganglia of encephale isole but not anaesthetized cats: Evidence for a dorsal raphe site of action. *Journal of Pharmacology and Experimental Therapeutics* 226:526–532.
Soubrie, P., Thiebot, M. H., Jobert. A., and Hamon, M. (1981). Serotonergic control of punished behavior: Effects of intra–raphe microinjection of chlordiazepoxide, GABA, and 5–HT on behavioural suppression in rats. *Journal of Physiology* 77:449–460.
Sowa, C. J., and Burks, H. M. (1983). Comparison of cognitive restructuring and contingency–based instructional models for alleviation of learned helplessness. *Journal of Instructional Psychology* 10:186–191.
Spence, K. W. (1956). *Behavior theory and conditioning*. New Haven: Yale University Press.
Spencer, M. B., Kim, S., and Marshall, S. (1987). Double straufication and psychological risk: Adaptational processes and school achievement of black children. *Journal of Negro Education* 56:77–87.
Staddon. J. E. R and Sinmelhag V L (1974) The "superstition" experiment: A reexamination of its implications for the principles of adaptive behavior. *Psychological Review* 78:3–43.
Stamatelos, T., and Mott, D. W. (1983). Learned helplessness in persons with mental retardation: Art as a client–centered treatment modality. *Arts in Psychotherapy* 10:241–249.
Steele. C. M., and Southwick, L. L. (1981). Effects of fear and causal attribution about alcoholism on drinking and related attitudes among heavy and moderate drinkers. *Cognitive Therapy and Research* 5:339–350.
Strack. S., and Coyne, J. C. (1983). Social confirmation of dysphoria: Shared and private reactions. *Journal of Personality and Social Psychology* 44:798806.

Strube, M. J., and Barbour, L. S. (1983). The decision to leave an abusive relationship: Economic dependence and psychological commitment. *Journal of Marriage and the Family* 45:785–793.

Sue, S. (1977). Psychological theory and implications for Asian Americans. *Personnel and Guidance Journal* 55:381–389.

Suls, J., and Mullen. B. (1981). Life events, perceived control, and illness: The role of uncertainty. *Journal of Human Stress* 7:30–34.

Swanson, L. W., Sawchenko, P. E., Rivier. J., and Vale, W. W. (1983). Organization of ovine corticotropin–releasing factor immunoreactive cells and fibers in the rat brain: An immunohistochemical study. *Neuroendocrinology* 36:165–186.

Sweeney, P. D.. Anderson. K., and Bailey, S. (1986). Attributional style in depression: A meta–analytic review. *Journal of Personality and Social Psychology* 50:974–991.

Szasz, T. S. (1961). *The myth of mental illness*. New York: Hoeber.

Taylor, R. B., Denham, J. R., and Ureda. J. W. (1982). *Health promotion: Principles and clinical applications*. Norwalk, Conn.: Appleton–Century–Crofts.

Taylor, S. E. (1979). Hospital patient behavior: Reactance, helplessness, or control? *Journal of Social Issues* 35(1): 156–184.

Taylor, S. E. (1989). *Positive illusions*. New York: Basic Books.

Taylor, S. E., and Fiske, S. T. (1978). Salience, attention, and attribution: Top of the head phenomena. In *Advances in experimental social psychology*, ed. L. Berkowitz. Vol. 11. New York: Academic Press.

Taylor, S. E.. Lichtman, R. R., and Wood. J. V. (1984). Attributions, beliefs about control, and adjustment to breast cancer. *Journal of Personality and Social Psychology* 46:489–502.

Teasdale, J. D. (1978). Effects of real and recalled success on learned helplessness and depression. *Journal of Abnormal Psychology* 87:155–164.

Teasdale, J. D. (1983). Negative thinking in depression: Cause, effect, or reciprocal relationship? *Advances in Behaviour Research and Therapy* 5:3–25.

Teasdale, J. D., and Russell, M. L. (1983). Differential effects of induced mood on the recall of positive, negative, and neutral words. *British Journal of Clinical Psychology* 22:163–171.

Tennen, H. (1982). A re–view of cognitive mediators in learned helplessness. *Journal of Personality* 50:526–541.

Tennen, H., Affleck, G., and Gershman, K. (1986). Self–blame among parents of infants with perinatal complications: The role of self–protective motives. *Journal of Personality and Social Psychology* 50:690–696.

Tennen, H., and Herzberger, S. (1986). Attributional Style Questionnaire. In *Test critiques*, ed. D. J. Keyser and R. C. Sweetland. Vol. 4. Kansas City, Kans.: Test Corporation of America.

Tennen, H., and Sharp. J. P. (1983). Control orientation and the illusion of control. *Journal of Personality Assessment* 47:369–374.

Testa, T. J. (1975). Effects of similarity of location and temporal intensity pattern of conditioned and unconditioned stimuli on the acquisition of conditioned suppression in rats. *Journal of Experimental Psychology: Animal Behavior Processes* 1:114–121.

Testa, T. J.. Juraska, J. M., and Maier. S. F. (1974). Prior exposure to inescapable electric shocks in rats affects extinction behavior after the successful acquisition of an escape response. *Learning and Motivation* 5:380–392.

Thoits, P. A. (1983). Dimensions of life events that influence psychological distress: An evaluation and synthesis of the literature. In *Psychosocial stress: Trends in theory and research*, ed. H.

Kaplan. New York: Academic Press.
Thomae. H. (1981). Expected unchangeability of life stress in old age: A contribution to a cognitive theory of aging. *Human Development* 24:229–239.
Thomas, G. V. (1981). Contiguity, reinforcement rate, and the law of effect. *Quarterly Journal of Experimental Psychology* 33:33–43.
Thoreson, C. E., and Eagleston, J. R. (1983). Chronic stress in children and adolescents. *Theory into Practice* 22:48–56.
Thornton, J. W., and Jacobs. P. D. (1971). Learned helplessness in human subjects. *Journal of Experimental Psychology* 87:367–372.
Thornton, J. W., and Jacobs. P. D. (1972). The facilitating effects of prior inescapable/unavoidable stress on intellectual performance. *Psychonomic Science* 26:185–187.
Thornton, J. W., and Powell, G. D. (1974). Immunization to and alleviation of learned helplessness in man. *American Journal of Psychology* 87:351–367.
Tiggemann, M., and Winefield, A. H. (1987). Predictability and timing of self–report in learned helplessness experiments. *Personality and Social Psychology Bulletin* 13:253–264.
Tomie, A., and Loukas, E. (1983). Correlations between rats' spatial location and intracranial stimulation administration affects rate of acquisition and asymptotic level of time allocation preference in the open field. *Learning and Motivation* 14:471–491.
Traub, G. S., and May. J. G. (1983). Learned helplessness and the facilitation of biofeedback performance. *Biofeedback and Self Regulation* 8:477–485.
Trice, A. D. (1982). Ratings of humor following experience with unsolvable tasks. *Psychological Reports* 51:1148.
Tuffin, K., Hesketh, B., and Podd. J. (1985). Experimentally induced learned helplessness: How far does it generalize? *Social Behavior and Personality* 13:55–62.

Vaillant, G. E. (1977). *Adaptation to life*. Boston: Little. Brown.
Vaillant, G. E. (1983). *The natural history of alcoholism*. Cambridge: Harvard University Press.
Vale, W.. Spiess. J., Rivier, C., and Rivier. J. (1981). Characterization of a 41–residue ovine hypothalamic peptide that stimulates secretion of corticotropin and beta–endorphin. *Science* 213: 1394–1397.
Valentino, R. J., Foote. S. L., and Aston–Jones, G. (1983). Corticotropin–releasing factor activates noradrenergic neurons of the local coeruleus. *Brain Research* 270:363–367.
Valentino, R. J., and Wehby. R. G. (1988). Corticotropin–releasing factor: Evidence for a neurotransmitter role in the locus coeruleus during hemodynamic stress. *Neuroendocrinology* 48:674–677.
Vazquez, C. V. (1987). Judgment of contingency: Cognitive biases in depressed and nondepressed subjects. *Journal of Personality and Social Psychology* 52:419–431.
Verbrugge, L. M. (1989). Recent, present, and future health of American adults. *Annual Review of Public Health* 10:333–361.
Villanova, P., and Peterson, C. (1991). [Meta–analysis of human helplessness experiments. J Unpublished data, Northern Illinois University.
Voelkl, J. E. (1986). Effects of institutionalization upon residents of extended care facilities. *Activities. Adaptation, and Aging* 8:37–45.
Volpicelli, J. R. (1987). Uncontrollable events and alcohol drinking. *British Journal of Addiction* 82:381–392.
Volpicelli, J. R., Ulm, R. R.. Altenor. A., and Seligman. M. E. P. (1983). Learned mastery in the rat. *Learning and Motivation* 14:204–222.

von Wright. G. H. (1974). *Causality and determinism*. New York: Columbia University Press.
Walker, L. E. (1977–1978). Battered women and learned helplessness. *Victimology* 2:525–534.
Walker, L. E. (1979). *The battered woman*. New York: Harper & Row.
Walker, L. E. (1983). The battered woman syndrome study. In *The dark side of families*, ed. D. Finkelhor, R. J. Gelles, G. T. Hotaling, and M. A. Straus. Beverly Hills. Calif.: Sage.
Walker, L. E., and Browne, A. (1985). Gender and victimization by intimates. *Journal of Personality* 53:179–195.
Wasserman, E. A., and Neunaber, D. J. (1986). Reporting and responding to causal relations by college students: The role of temporal contiguity. *Journal of the Experimental Analysis of Behavior* 46:15–35.
Watkins, L. R., Drugan, R., Hyson, R. L., Moye, T. B., Ryan, S. M., Mayer, D. J., and Maier, S. F. (1984). Opiate and non–opiate analgesia induced by inescapable tail shock: Effects of dorsolateral funiculus lesions and decerebration. *Brain Research* 291:325–336.
Watkins, L. R., and Mayer, D. J. (1982). Organization of endogenous opiate and non–opiate pain control systems. *Science* 216:1185–1192.
Watkins, L. R.. Wiertelak. E. P., and Maier, S. F. (1992). Delta opiate receptors mediate tailshock-induced analgesia at supraspinal levels. *Brain Research* 582:10–21.
Weary, G., Jordan, J. S., and Hill, M. G. (1985). The attributional norm of internality and depressive sensitivity to social information. *Journal of Personality and Social Psychology* 49:1283–1293.
Weinberger, M., Hiner, S. L., and Tierney, W. M. (1987). In support of hassles as a measure of stress in predicting health outcomes. *Journal of Behavioral Medicine* 10:19–31.
Weiner, B. (1972). Theories of motivation: From mechanism to cognition. Chicago: Rand McNally.
Weiner, B. (1974). *Achievement motivation and attribution theory*. Morristown, N.J.: General Learning Press.
Weiner, B. (1979). A theory of motivation for some classroom experiences. *Journal of Educational Psychology* 71:3–25.
Weiner, B. (1985). "Spontaneous" causal thinking. *Psychological Bulletin* 97:7484.
Weiner, B. (1986). An attributional theory of motivation and emotion. New York: Springer–Verlag.
Weinstein, N. D. (1989). Optimistic biases about personal risks. *Science* 246:12321 233.
Weiss, G., Woodmansee, W., and Maier, S. F. (1992). Long duration changes in adrenergic receptors are produced by inescapable shock. Manuscript, University of Colorado.
Weiss, J. M. (1968). Effects of coping responses on stress. *Journal of Comparative and Physiological Psychology* 65:251–260.
Weiss, J. M., Glazer, H. I., and Pohorecky, L. A. (1976). Coping behavior and neurochemical changes: An alternative explanation for the original "learned helplessness" experiments. In *Animal models in human psychobiology*, ed. G. Serban and A. Kling. New York: Plenum.
Weiss, J. M., and Goodman, P. A. (1985). Neurochemical mechanisms underlying stress–induced depression. In *Stress and coping*, ed. T. Field, P. M. McCabe, and N. Schneiderman. Hillsdale, N.J.: Erlbaum.
Weiss, J. M.. Goodman. P. A., Losito, B. G., Corrigan, S., Charry, J. M., and Bailey, W. H. (1981). Behavioral depression produced by an uncontrollable stressor: Relationship to norepinephrine, dopamine, and serotonin levels in various regions of rat brain. *Brain Research Reviews* 3:167–205.
Weiss, J. M., Stone, E. A., and Harrell, N. (1970). Coping behavior and brain norepinephrine level in rats. *Journal of Comparative and Physiological Psychology* 72:153–160.

Weisz, J. R. (1979). Perceived control and learned helplessness among retarded and nonretarded children: A developmental analysis. *Developmental Psychology* 15:311–319.

Weisz, J. R. (1981). Learned helplessness in black and white children idenufied by their schools as retarded and nonretarded: Performance deterioration in response to failure. *Developmental Psychology* 17:499–508.

Welker, R. L. (1976). Acquisition of a free operant appetitive response in pigeons as a function of prior experience with response–independent food. *Learning and Motivation* 7:394–405.

Wener, A. E., and Rehm. L. P. (1975). Depressive affect: A test of behavioral hypotheses. *Journal of Abnormal Psychology* 84:221–227.

White, R. W. (1959). Motivation reconsidered: The concept of competence. *Psychological Review* 66:297–333.

Whitehouse, W. G.. Walker, J.. Margules, D. L., and Bersh. P. J. (1983). Opiate antagonists overcome the learned helplessness effect but impair competent escape performance. *Physiology and Behavior* 30:731–734.

Wilgosh, L. (1984). Learned helplessness in normally achieving and learning disabled girls. *Mental Retardation and Learning Disability Bulletin* 12:64–70.

Williams, J. L. (1982). Influence of shock controllability by dominant rats on subsequent attack and defensive behaviors toward colony intruders. *Animal Learning and Behavior* 10:305–313.

Williams, J. L. (1984). Infiuence of postpartum shock controllability on subsequent maternal behavior in rats. *Animal Learning and Behavior* 12:209–216.

Williams, J. L. (1987). Influence of conspecific stress odors and shock controllability on defensive burying. *Animal Learning and Behavior* 15:333–341.

Williams, J. L.. Drugan, R. C., and Maier, S. F. (1984). Exposure to uncontrollable stress alters withdrawal from morphine. *Behavioral Neuroscience* 98:836–846.

Williams, J. L., and Lierle, D. M. (1986). Effects of stress controllability, immunization, and therapy on the subsequent defeat of colony intruders. *Animal Learning and Behavior* 14:305–314.

Williams, J. L., and Maier. S. F. (1977). Transsituational immunization and therapy of learned helplessness in the rat. *Journal of Experimental Psychology: Animal Behavior Processes* 3:240–253.

Williams, J. M. G., and Brewin. C. R. (1984). Cognitive mediators of reactions to a minor life–event: The British driving test. *British Journal of Social Psychology* 23:41–49.

Willner, P. (1985). Depression: A psychobiological synthesis. New York: Wiley.

Wilson, T. D., and Linville. P. W. (1982). Improving the academic performance of college freshmen: Attribution therapy revisited. *Journal of Personality and Social Psychology* 42:367–376.

Wilson, T. D., and Linville, P. W. (1985). Improving the performance of college freshmen with attributional techniques. *Journal of Personality and Social Psychology* 49:287–293.

Winefield, A. H., and Fay, P. M. (1982). Effects of an institutional environment on responses to uncontrollable outcomes. *Motivation and Emotion* 6:103–112.

Winefield, A. H., and Jardine, E. (1982). Effects of differences in achievement motivation and amount of exposure on responses to uncontrollable rewards. *Motivation and Emotion* 6:245–257.

Wong, P. T. P., and Weiner, B. (1981). When people ask "why" questions, and the heuristics of attribution search. *Journal of Personality and Social Psychology* 40:649–663.

Wortman, C. B., and Brehm, I• W. (1975). Response to uncontrollable outcomes: An integration of reactance theory and the learned helplessness model. In *Advances in experimental social psychology*, ed. L. Berkowitz. Vol. 8. New York: Academic Press.

Wortman, C. B., and Dintzer, L. (1978). Is an attributional analysis of the learned helplessness phenomenon viable?: A critique of the Abramson–Seligman–Teasdale reformulation. *Journal of Ab-*

normal Psychology 87:75–80.
Yates, R., Kennelly, K. J., and Cox, S. H. (1975). Perceived contingency of parental reinforcements, parent–child relations, and locus of control. *Psychological Reports* 36:139–146.
Young, L. D., and Allin, J. M. (1986). Persistence of learned helplessness in humans. *Journal of General Psychology* 113:81–88.

Zaccaro, S. J., Peterson, C., and Walker, S. (1987). Self–serving attributions for individual and group performance. *Social Psychology Quarterly* 50:257263.
Zeiler, M. (1977). Schedules of reinforcement: The controlling variables. In *Handbook of operant behavior*, ed. W. K. Konig and J. E. R. Staddon. Englewood Cliffs, N.J.: Prentice–Hall.
Zigler, E., and Balla. D. (1976). Motivational factors in the performance of the retarded. In *The mentally reta*rded child and his family: A multidisciplinary handhook, ed. R. Koch and J. C. Dobson. 2d ed. New York: Bruner/Mazel.
Zuckerman, M., and Lubin, B. (1965). *Manual for the Multiple Affect Adjective Check List*. San Diego: Educational and Industrial Testing Service.
Zullow, H. M. (1984). The interaction of rumination and explanatory style in depression. Master's thesis, University of Pennsylvania.
Zullow, H. M., and Seligman, M. E. P. (1990). Pessimistic rumination predicts defeat of presidential candidates, 1900 to 1984. *Psychological Inquiry* 1:52–61.

索　引

A-Z
ASQ　帰属スタイル質問紙参照
BZ(s)　ベンゾジアゼピン参照
CAVE　逐語的内容分析参照
CRH　副腎皮質刺激放出因子参照
GABA　γ-アミノ酪酸参照
MAO　モノアミン酸化酵素阻害薬
NE　ノルエピネフリン参照

あ行
アジア系アメリカ人 Asian Americans 275
アルコール依存症 Alcoholism 187, 241, 249-51, 292
痛み Pain エンドルフィン参照
一次的コントロール Primary control コントロール参照
イブニングニュース Evening news 257-8
内気 Shyness 孤独参照
うつ病 Depression
　抗うつ薬 antidepressants 63-6, 198, 206, 216-7, 221-3, 238
　両極型 bipolar 198-9, 210-1, 221-2
　連続性-非連続性 continuity-discontinuity 198, 209, 235-9, 271
　―と疾病 and illness 308-9
　―と学習性無力感 and learned helplessness 25, 57, 96, 111, 113, 129, 156, 161-5, 168, 181-2, 184, 188-9, 196-242, 245-6, 249-50, 258, 261, 265-6, 270-2, 278-80, 285, 294, 300, 308-9, 315-6, 322, 326, 329
　正常 normal 197
　心理療法 psychotherapy 211, 221-3, 227, 238, 271
　現実主義 realism 230-5
　性差 sex differences 239-42
　症状 symptoms 199-202, 203, 236, 271
　単極型 unipolar 3, 11-2, 198-9, 211, 236
運動競技 Athletic performance スポーツ参照
エンドルフィン Endorphins 87, 91-2, 94-5, 251, 265-6, 280, 304

か行

改訂理論 帰属の再公式化・改訂理論参照
学業成績 Academic performance 159–60, 196, 272–6, 285, 326
学習性支配感 Learned mastery 55–6
学習性無力感 Learned helplessness
   動物 animal 17–60, 110, 202–3, 243, 317–9
   報酬性 appetitive 28, 165
   生物学 biology 61–97, 114, 147, 201–2
   認知的障害 cognitive deficit 20, 24–5, 29–30, 46–54, 59–60, 110, 137–9, 143–4, 151, 205–6
   論争 controversy 9–12, 29–33, 45–6, 67, 99–100, 118–9, 126–50, 172, 192–3, 227–39, 283–4, 320–1, 322–3
   定義 definition 6–9, 100, 245–7, 281–2
   情動の変化 emotional changes 25, 113–4, 151
   将来 future 328–30
   集団・グループ group 116, 148, 284–5
   無力な行動 helpless behaviors 182–4, 272–3, 316–7
   歴史 history 17–20, 325–30
   人間 human 99–150, 181–2, 243
   免疫 immunization 27, 84, 115, 128, 137, 241–2
   動機づけの障害 motivational deficit 20, 23–4, 30, 55–6, 112, 134–5, 137–9, 151, 255
   個人 personal 156–8, 159, 161, 164–5
   人気・大衆性 popularity 12–5
   理論 theory 6–7, 20, 61, 151, 156–66, 283 帰属の再公式化・改訂理論も参照
   治療 therapy 26–7, 84, 115, 137
   時間経過 time course 65, 113
   一般的 universal 157–61, 265–6
   代理的な vicarious 115–6, 148
学習理論 Learning theory 1–2, 9–12, 17–22, 31–3, 153, 190–1, 244, 326–7
風邪 Common cold 296–8
仮説検証 Hypothesis testing 105–6, 130–4, 135, 143
家庭内暴力 Domestic violence 5–7, 256
過密環境 Crowding 279–80
加齢 Aging 262–3, 302
がん Cancer 3, 285, 298–9, 321
γ-アミノ酪酸（GABA）Gamma-aminobutyric acid (GABA) 67–81, 87, 90, 94
帰属スタイル Attributional style 説明スタイル参照
帰属スタイル質問紙（ASQ）Attributional style questionnaire (ASQ) 12, 166–71, 175–7, 180, 192–4, 196, 210, 215, 220–2, 228, 233, 273, 296–7, 300–2, 311–2
帰属・帰属理論 Attribution ;Attribution theory 12, 25, 117–8, 122–3, 136, 141–2, 145–8, 151–5, 157–62, 171, 189, 195, 207–8, 219–20, 254–5, 265, 267, 275
帰属の再公式化・改訂理論 Attributional reformulation 118, 137, 147–8, 151–96, 197, 201, 207–8, 246,

索引

269, 272–3, 275, 284 学習性無力感 理論参照
期待・予期 Expectation 20–1, 23–7, 32–3, 45, 59, 102, 104, 119, 122–3, 127, 135, 142, 144, 146, 151, 155–60, 162, 170, 185–6, 193–4, 200, 226–30, 241, 246, 279, 284, 303, 326
競合運動反応説 Incompatible motor response theories 学習性無力感 論争参照
近代化 Modernity 223–7
恐怖 Fear 56–60, 67–73, 75–80, 87, 94, 114
拘置所 Prison 220–1
ゲシュタルト心理学 Gestalt psychology 152–3
因果律 Causality 22, 42–5
健康増進 Health promotion 259, 289–90, 306, 314
行為志向 Action orientation 状態志向参照
攻撃性 Aggression 114, 147, 200, 203–5, 253
行動主義 Behaviorism 学習理論参照
黒人系アメリカ人 Black Americans 276–8
孤独 Loneliness 261–2, 315–7
コントロール・コントロール可能性 Control; Controllability 21, 25–9, 64, 70–80, 81–8, 91–2, 94–6, 99–101, 103, 105–7, 109–10, 112–21, 122–6, 132–4, 136–51, 154, 156–63, 165–6, 180, 186–7, 203–5, 206, 219, 226–30, 231–3, 237, 241–3, 245–6, 247–54, 255–60, 270–1, 276–81, 283–4, 285, 289–91, 302–3, 306–8, 317–9, 326, 328–32
コントロールの所在 Locus of control 15, 112, 154–6, 266, 280
コントロール不可能性 Uncontrollability コントロール可能性参照

さ行

ささいな苛立ち Hassles 230, 290–1, 300
三環系抗うつ薬 Tricyclics うつ病 抗うつ薬参照
時間的接近性 Contiguity 21–3, 31–7, 57–8
精神的反芻 Rumination 140–43, 157, 188, 215–6, 241, 273
自己効力感 Self-efficacy 15, 303–4, 321
自己中心性 Egotism 114, 134–40
自己報告 Self-report 118–26, 139, 246, 321–2
施設病 Institutionalization 258–60
自尊心 Self-esteem 115, 135, 138, 157, 158, 159–62, 188, 207–8, 250, 275
失業 Unemployment 270, 278
児童虐待 Child abuse 253–5
児童版帰属スタイル質問紙 Children's Attributional Style questionnaire (CASQ) 167, 212–4
嗜癖薬 Narcotics 84–5, 97
死亡率 Mortality 身体的疾患参照
状態志向 State orientation 140–3, 149, 215–6, 240–1
集団のコントロール Collective control 260, 265, 284–5
情動 Emotion 25, 113, 287, 305, 308–9, 326
小児自閉症 Childhood autism 255

神経科学的理論 Neurochemical theorise 学習性無力感 論争参照
心臓発作 Heart attack 299, 306–7
身体コントロール Bodily control 251–3
身体的疾患 Physical illness 4, 186–7, 196, 263, 284, 287–323, 326, 328–9 がん 風邪 心臓発作 免疫系参照
心理的感応 Psychological reactance 126–30, 133, 279
随伴性 Contingency 21–5, 32–3, 37–41, 43–4, 54–5, 57–8, 124–6, 132–4, 158, 165, 206, 232–3, 254, 259–60, 262–3, 266–7, 274–5
ストレス Stress 30–1, 61–4, 69, 72–3, 75–6, 78–81, 82–6, 88–90, 91–2, 94–6, 107, 126–7, 162–3, 165–6, 184–8, 189, 216–21, 229–30, 245–6, 251, 256–60, 263, 283, 290–1, 304–8, 312–4, 317–9
スポーツ Sports 3–4, 258–9, 263–5, 284–5
政治的な人気 Political popularity 188
精神遅滞 Mental retardation 266–7
精神分析理論 Psychoanalytic theory 1, 114, 190–1, 200, 231, 238, 244
世界そのものの効果 Just world effect 134
絶望感理論 Hopelessness theory 329
セールス Sales 8–9, 267–8
説明スタイル Explanatory style 151, 162–4, 192–6, 200, 207–8, 222–3, 233–6, 239, 241, 261, 264–5, 268–71, 273–4, 278–9, 290–303, 305, 308–14, 315–7, 320–2
  変化 change 191–2, 322
  相関と結果 correlates and consequences 180–8, 195–6, 208–22
  次元 dimensions 169–70, 180–1, 193
  形成 origin 188–92
騒音 Noise 280–1
相関係数 Correlation coefficient 180

た行

逐語的内容分析（CAVE） Content Analysis of Verbatim Explanations (CAVE) 166–7, 171–7, 187–8, 193–4, 210, 217–8, 263–4, 292–3, 298–9, 301–2
中間試験 Midterm examination 219–20
鎮痛 Analgesia エンドルフィン参照
てんかん Epilepsy 280
トリアディック・デザイン Triadic design 26, 99, 101, 112

な行

二過程論 Two-process theory 18–9
二次的コントロール Secondary control 144–7, 187
認知的消耗 Cognitive exhaustion 143–4, 149
認知療法 Cognitive therapy 192, 221–3, 239, 241, 322
ノルエピネフリン Norepinephrine 30–1, 62–7, 80–1, 87–8, 89–94

は行

バイオフィードバック　Biofeedback　251-3
パーソナルコントロールの時代　Age of personal control　13-5, 195, 333-5　近代化参照
ハーディネス　Hardiness　303
悲観主義的傾向　Pessimism　楽観主義的傾向　説明スタイル参照
非随伴性　Noncontingency　随伴性参照
表象　Representation　23, 32, 45
φ係数　Phi coefficient　40-1
不安　Anxiety　25, 59-60, 69-73, 75-81, 87, 96, 113-4, 129, 199-200, 210-1, 309
副腎皮質刺激放出因子　Corticotropin releasing hormone (CHR)　88-92, 93
扁桃核　Amygdala　63, 90-2, 94
ベンゾジアゼパム　Benzodiazepine(BZ)　68-70, 73-5, 77-80, 87, 90, 94, 97
防衛的悲観論　Defensive pessimism　136, 145

ま行

燃えつき　Burnout　278-9
迷信　Superstition　33-7
メタ分析　Meta-analysis　112, 208-9, 211-2
免疫系　Immune system　202, 299-300, 304, 307-8, 317-9, 326, 328-9
モノアミン酸化酵素阻害薬　Monoamine oxydase (MAO) inhibitors　うつ病　抗うつ薬参照

や行

ユーモア　Humor　114
予期　Expectation　期待・予期参照
予測可能性　Predictability　57-8, 94, 145, 280, 291
予測不可能性　Unpredictability　予測可能性参照

ら行

楽観性　Optimism　楽観主義的傾向　説明スタイル参照
楽観主義的傾向　Dispositional optimism　303, 327
離婚　Divorce　186

原語訳語対照表

Academic performance 学業成績
Action orientation 行為志向
Age of personal control パーソナルコントロールの時代
Aggression 攻撃性
Aging 加齢
Alcoholism アルコール依存症
Amygdala 扁桃核
Analgesia 鎮痛
Anxiety 不安
Asian Americans アジア系アメリカ人
Athletic performance 運動競技
Attribution; Attribution theory 帰属・帰属理論
Attributional reformulation 帰属の再公式化
Attributional style 帰属スタイル
Attributional style questionnaire(ASQ) 帰属スタイル質問紙(ASQ)

Behaviorism 行動主義
Benzodiazepine(BZ) ベンゾジアゼピン
Biofeedback バイオフィードバック
Black Americans 黒人系アメリカ人
Bodily control 身体コントロール
Burnout 燃えつき

Cancer がん
Causality 因果律
Child abuse 児童虐待
Childhood autism 小児自閉症
Children's Attributional Style questionnaire (CASQ) 児童版帰属スタイル質問紙
Cognitive exhaustion 認知的消耗
Cognitive therapy 認知療法

Collective control 集団のコントロール
Common cold 風邪
Content Analysis of Verbatim Explanations (CAVE) 逐語的内容分析
Contiguity 時間的接近性
Contingency 随伴性
Control;Controllability コントロール・コントロール可能性
Correlation coefficient 相関係数
Corticotropin releasing hormone (CHR) 副腎皮質刺激放出因子
Crowding 過密環境

Defensive pessimism 防衛的悲観論
Depression うつ病
  antidepressants 抗うつ薬
  bipolar 両極型
  continuity-discontinuity 連続性－非連続性
  and illness －と疾病
  and learned helplessness －と学習性無力感
  normal 正常
  psychotherapy 心理療法
  realism 現実主義
  sex differences 性差
  symptoms 症状
  unipolar 単極型
Dispositional optimism 楽観主義的傾向
Divorce 離婚
Domestic violence 家庭内暴力

Egotism 自己中心性
Emotion 情動

訳語対照表

Endorphins　エンドルフィン
Epilepsy　てんかん
Evening news　イブニングニュース
Expectation　期待・予期
Explanatory style　説明スタイル
　change　変化
　correlates and consequences　相関と結果
　dimensions　次元
　origin　形成

Fear　恐怖

Gamma–aminobutyric acid (GABA)　γ-アミノ酪酸(GABA)
Gestalt psychology　ゲシュタルト心理学

Hardiness　ハーディネス
Hassles　ささいな苛立ち
Health promotion　健康増進
Heart attack　心臓発作
Hopelessness theory　絶望感理論
Humor　ユーモア
Hypothesis testing　仮説検証

Immune system　免疫系
Incompatible motor response theories　競合運動反応説
Institutionalization　施設病

Just world effect　世界そのものの効果

Learned helplessness　学習性無力感
　animal　動物
　appetitive　報酬性
　biology　生物学
　cognitive deficit　認知的障害
　controversy　論争
　definition　定義
　emotional changes　情動の変化
　future　将来
　group　集団・グループ

helpless behaviors　無力な行動
history　歴史
human　人間
immunization　免疫
motivational deficit　動機づけの障害
personal　個人
popularity　人気・大衆性
theory　理論
therapy　治療
time course　時間経過
universal　一般的
vicarious　代理的な
Learned mastery　学習性支配感
Learning theory　学習理論
Locus of control　コントロールの所在
Loneliness　孤独

Mental retardation　精神遅滞
Meta–analysis　メタ分析
Midterm examination　中間試験
Modernity　近代化
Monoamine oxydase (MAO) inhibitors　モノアミン酸化酵素(MAO)阻害薬
Mortality　死亡率

Narcotics　嗜癖薬
Neurochemical theorise　神経科学的理論
Noise　騒音
Noncontingency　非随伴性
Norepinephrine　ノルエピネフリン(NE)

Optimism　楽観性

Pain　痛み
Pessimism　悲観主義的傾向
Phi coefficient　φ係数
Physical illness　身体の疾患
Political popularity　政治的な人気
Predictability　予測可能性
Primary control　一次的コントロール
Prison　拘置所

377

Psychoanalytic theory　精神分析理論
Psychological reactance　心理的感応

Representation　表象
Rumination　精神的反芻

Sales　セールス
Secondary control　二次的コントロール
Self-efficacy　自己効力感
Self-esteem　自尊心
Self-report　自己報告
Shyness　内気
Sports　スポーツ
State orientation　状態志向
Stress　ストレス
Superstition　迷信

Triadic design　トリアディック・デザイン
Tricyclics　三環系抗うつ薬
Two-process theory　二過程論

――Uncontrollability　コントロール可能性
Unemployment　失業
Unpredictability　予測不可能性

監訳者あとがき

　本書は、クリストファー　ピーターソン（Christopher Peterson）、スティーブン F. マイヤー（Steven F. Maier）マーティン E. P. セリグマン（Martin E. P. Seligman）の共著 "Learned Helplessness: A Theory for the Age of Personal Control" (Oxford University Press, 1993) の日本語訳である。

　第1著者のピーターソン教授は現在、ミシガン大学の心理学の教授である。ポジティブ思考と身体的ウェルビーイングとの関連性についての新しい研究に取り組んでいる。楽観的性格傾向（オプティミズム）と悲観的性格傾向（ペシミズム）の違いが病気の罹り易さから病気の経過と予後を左右するという彼の見解は、疾患中心の生物学的アプローチから個人的な信念体系、社会的役割などを含めた全体論的アプローチを重視する医学の動向とも相まって、臨床心理学と実験精神病理学の統合という健康心理学の新境地を開拓したといえる。

　また第2著者のマイヤー教授は現在、コロラド大学の心理学教授である。行動心理学の分野では、質の高い学術専門雑誌という評価が定まっている "Learning and Motivation" の編集長を長く務めている。学習性無力感現象の発見当初より、先輩のセリグマン教授と一緒にその理論化と現象の普遍化に携わってきた。とくに、動物の学習性無力感の研究では常に世界をリードしてきた。学習性無力感効果の随伴症状として、世界的にトピックスとなった鎮痛や免疫系の変化の心理的意味や意義を物質的基盤を持って実証的に明らかにすることを心がけてきた研究姿勢は、神経科学全盛の時代における心理学者の1つのモデルとなっている。

　第3著者のセリグマン教授はフロイトの再来と称せられるほど、心理学ワールドにおける学習・行動理論や人格理論に関して数々の革命を引き起こした著名な実験家でもあり、理論家でもある。現在、ペンシルバニア大学の心理学教授として、臨床心理学の研究教育に携わるかたわら、米国心理学会の会長など多数の要職もこなしている。学習性無力感現象について、彼の本質を見ぬく卓抜とした観察眼と精緻な理論構築、理論検証の実行力がなければ、この現象の

発見以来35年が経過しようとしてもなおかつ、これが心理学研究の主要なテーマとして世界中の心理学徒に多大な影響を及ぼし続け、学習性無力感理論が拡大深化することはなかっただろう。今後いかに心理学が変貌を遂げようとも、1970年代から現在までの現代心理学の発展に貢献を果たした、彼を中心とした同僚や弟子達の学習性無力感に関わる数々の研究は歴史の1ページを飾り続けるに違いない。

　さて本書は、コントロール不可能な外傷体験が動機づけ、情動、認知、心身の変化ひいては健康、寿命に与える影響について、パーソナル・コントロールの感覚と楽観的または悲観的性格傾向が果たす役割について、この研究領域ではいずれも当事者の3人が共同で書き下ろしたものである。1960年代の中頃には、イヌの回避反応の学習失敗に過ぎなかった動物実験がなぜ、1970年から1980年代、1990年代にかけて、かくも心理学における主要な研究テーマとして君臨し、現在もなおかつ世界中の心理学者の探究心を煽り続けつつあるのか。なぜかくもこの現象が学術的研究テーマにとどまらず、社会問題の解決のための理論的枠組みを提供するとともに、その実践的介入まで期待されるようになったのか。当事者側の視点から、その経緯と苦悩、克服に向けての取り組みがじつに生き生きとした臨場感をもってレビューされている。ここには、学習性無力感の現象を1つのモデルとして、動機づけ、情動、学習、発達、行動、人格、社会、認知、思考、健康、臨床、文化、教育など心理学が対象とするほぼすべての領域が扱う問題と現代的な対応が含まれており、読者に対してまさしくストレス時代のための様々な問題に適用される場合のパーソナル・コントロールとストレスマネジメントの理論的枠組みを提供している。換言すれば、ここ35年に亘る学習性無力感研究のすべてと現在の最前線の知識を要約していることのみならず、今後解決が迫られている問題などを含めて、新たな研究の統合、拡大、発展を示唆している。

　今、本書の校正作業を終えて、米国フィラデルフィアでのセリグマン教授との初めての出会いと彼の自宅に招待されたことの感激や、メキシコ、アカプルコでのマイヤー教授との食事での談笑を思い出す。また、ピーターソン教授とのインターネットによる電子メールの履歴リストをコンピュータの画面に広げながら、監訳者にとって、本書を日本語版として日本の読者に紹介できる喜びとその責任を痛感するとともに、ある種の感慨が湧いている。

監訳者あとがき

　監訳者は、世界の主要な国で翻訳されたと言われているセリグマン教授の前著 "Learned Helplessness: On Depression, Development and Death" (Freemann, 1975)「うつ病の行動学─学習性無力感とは何か」（平井　久・木村　駿　監訳）（誠信書房、1985)の翻訳の一部を大学院生時代に担当した。最初の訳出作業からちょうど30年が経過した。監訳者の心理学徒ととしての歩みは、爾来、外傷的な出来事（いわゆるストレッサー）へのコントロール可能性の有無とその心理生物学的影響（いわゆるストレス反応）との関係について、研究の対象が動物から人間、さらにはクライエントに移っても、その究明は続いている。その意味で、心理学者としてのアイデンティティを培ってくれた学習性無力感現象に格別な思いがあるのかもしれない。

　本書が今、監訳者の研究仲間達の心強い協力によって、形有るものになったことに感謝したい。早くに原稿を頂戴した先生方には、出版が遅れたことをとくにお詫びしたい。数名の訳者で翻訳の作業を行なったので、訳語が不統一な個所、適切な日本語になっていない個所、あるいは間違いも多々あるかと思われる。それらはすべて、監訳者が責任を負うものである。読者の方々からの率直なご意見とご批判を賜れば幸いである。

　最後に、日本語版の出版に賛意を示してくれた二瓶社の吉田三郎社長の英断にも感謝したい。1997年の秋に、関西学院大学で開催された日本心理学会第61回大会に招待されたセリグマン教授の講演を聴かれて、本書を広く日本の読者のために広める意義と必要性を感じて、講演後すぐに日本語訳の版権を求めた彼の行動力にお礼を申し上げます。

　本書の出版を契機に、パーソナル・コントロールの喪失によって引き起こされるストレス、うつ病、ライフスタイルの乱れに起因する生活習慣病、無気力、学業不振、いじめ、不登校、非行、犯罪などの医学的、教育的、社会的問題が今後ますます増加することが予想される時代にあって、ストレスマネジメントとしてのパーソナル・コントロールの維持と強化が図られることを希望する。

　監訳者に学習性無力感現象を探究することの喜びに導いてくれた、恩師の故平井　久先生（前上智大学教授）に本書を捧げます。

2000年5月の新緑と五月晴れの大学の研究室にて

訳者を代表して　　津田　彰

著者訳者紹介

著　者

クリストファー・ピーターソン　Chistopher Peterson

　ミシガン大学の心理学教授。社会・人格心理学で学位を取得したが、その後、臨床心理学ならびに実験精神病理学の領域でも第一人者となった。

スティーヴン・F・マイヤー　Steven F. Maier

　コロラド大学の心理学教授、優秀教育者の資格も得ている。数多くの賞と栄誉に輝いているが、とりわけ、国立精神衛生研究所から研究学者賞の表彰を受けていることを記す。現在、行動と神経化学と免疫過程との間の相互作用を研究している。

マーティン・E・P・セリグマン　Martin E.P. Seligman

　ペンシルバニア大学の心理学教授。Bob-Arlene Kogod Term の教授ならびに心理学科の臨床実習の責任者である。また、Foresight 会社の科学部門の責任者でもある。スエーデンのアプザール大学から名誉博士号を贈られるなど数多くの栄誉に輝いている。

訳　者

津田　彰　つだ あきら

　担当章　監訳、まえがき、日本語版への序文、2章

　1951年茨城県に生まれる。1979年上智大学博士後期課程修了。久留米大学文学部人間科学科教授。医学博士。健康心理学専攻。健康と病気に及ぼすパーソナル・コントロールの有無の影響性について実験的ーフィールド的研究に加えて、パーソナル・コントロールのストレスマネジメントを臨床的に実践している。「Psychosocial Processes and Health」(Oxford University Press, 1994)、「Biobehavioral-self Regulation」(Springer, 1995)、「交通安全と健康」(杏林書房、1998)(いずれも分担執筆) ほか。

津田茂子　つだ　しげこ
担当章　1章

1954年熊本県に生まれる。1979年神奈川看護大学校修了。久留米大学医学部看護学科講師。医療行動科学専攻。慢性疾患者（児）のセルフケア、セルフコントロールのアセスメントと看護介入についての看護研究を行なっている。「ストレス、健康とパーソナル・コントロール」（二瓶社、1995)、「医療の行動科学Ⅰ」（北大路書房、1997)、「心理学者が語る子どもの心の教育」（実務教育出版、1999) (いずれも分担訳出、分担執筆) ほか。

山田茂人　やまだ　しげと
担当章　3章

1950年福岡県に生まれる。1976年鹿児島大学医学部卒業。久留米大学医学部脳疾患研究所助教授。医学博士。精神医学・精神薬理学専攻。抗精神病薬の作用機序に関する実験的研究および精神神経疾患のカテコールアミン代謝に関する臨床的研究を行なっている。「分裂病とはなにか」（東京大学出版会、1984)、「Biological basis of schizophrenic disorders」(Japan Scientific societies press, 1991)、「私の分裂病観」（金剛出版、1995) (いずれも分担執筆) ほか。

岩橋俊哉　いわはし　としや
担当章　4章

1958年新潟県に生まれる。1989年上智大学博士後期課程修了。大東文化大学法学部政治学科助教授。情報処理科目担当。現在は、情報処理教育の方法、心理学の方法論について研究している。「精神生理学入門」（東京大学出版会、1987)、「健康心理学事典」（実務教育出版、1997)、(いずれも分担訳出、分担執筆) ほか
電子メールアドレスは、iwahashi@ic.daito.ac.jp
ホームページは、http://www.daito.ac.jp/~iwahashi/ToolPsyc.html

嶋田洋徳 しまだ ひろのり

担当章 5章

1966年東京都に生まれる。1996年早稲田大学博士後期課程修了。新潟大学人文学部助教授。博士（人間科学）。行動臨床心理学専攻。主に児童期青年期を対象として、ストレスや不適応行動に関する基礎的研究、および認知行動療法の立場からストレスマネジメントを中心とした臨床的実践を行なっている。「小中学生の心理的ストレスと学校不適応に関する研究」（風間書房、1998）（単著）、「スクールカウンセラー事例ファイル」（福村出版、1999）」「子どものパーソナリティと社会性の発達」（北大路書房、2000）（分担執筆）ほか。

園田明人 そのだ あきひと

担当章 6章

1961年東京都に生まれる。1992年上智大学博士後期課程修了。静岡県立大学国際関係学部助教授。博士（心理学）。学習心理学、健康心理学専攻。ストレスと情動、行動について学習心理学の理論的観点を基礎とし、健康心理学的、人格心理学的観点からも研究を行なっている。「健康心理学入門」（金子書房、1992）、「リラクセーションのすすめ：その理論と実際」（大学教育出版、1993）、「ストレス、健康とパーソナル・コントロール」（二瓶社、1995）（いずれも分担訳出、分担執筆）ほか。

吉田敬子 よしだ けいこ

担当章 7章

1952年岡山県に生まれる。1979年九州大学医学部卒業。九州大学医学部精神科講師。医学博士。一般小児科の臨床研究を経て、乳幼児、小児・思春期精神医学専攻。1990年から1997年までモーズレー病院およびロンドン大学精神医学研究所周産期部門で研究、帰国後は周産期精神医学の臨床研究と出産後早期の母子精神保健の実践に向けての研究活動を行なっている。

池田京子　いけだ　きょうこ
　　担当章　8章

　1965年宮崎県に生まれる。1999年久留米大学大学院前期博士課程修了。久留米大学保健体育センター研究員。成人看護学、健康心理学専攻。現在は大学生の健康行動に関する調査研究、不妊症のストレスに関する研究、中学・高校生のカウンセリングを主に活動している。「医療の行動科学」（北大路書房、1997）、「事例で学ぶクリティカルシンキング」（医学書院、1998）、「検査値から考えるアセスメント・ケアプラン」（廣川書店、1996）（いずれも分担訳出、分担執筆）ほか。

池田豊子　いけだ　とよこ
　　担当章　9章

　1945年長野県に生まれる。1970年同志社大学文学研究科修士課程修了。佐賀医科大学医学部助教授。文学修士。20世紀英国小説および英文学に表現された医師像についての研究をしている。「Conflict in Family」（大阪教育図書、1994）、「事例で学ぶクリティカルシンキング」（医学書院、1998）（分担編集、監訳）ほか。

学習性無力感
パーソナル・コントロールの時代をひらく理論

2000年7月15日　初版　第1刷
2023年5月31日　　　　第3刷

著　者　　クリストファー・ピーターソン
　　　　　スティーヴン・F・マイヤー
　　　　　マーティン・E・P・セリグマン
監　訳　　津田　彰
発行所　　有限会社二瓶社
　　　　　TEL 03-4531-9766
　　　　　FAX 03-6745-8066
　　　　　郵便振替 00990-6-110314
　　　　　e-mail: info@niheisha.co.jp
印刷製本　亜細亜印刷株式会社

万一、乱丁・落丁のある場合は購入された書店名を明記のうえ小社までお送りください。送料小社負担にてお取り替え致します。但し、古書店で購入したものについてはお取り替えできません。なお、本書の一部あるいは全部を無断で複写複製することは、法律で認められた場合を除き、著作権の侵害となります。定価はカバーに表示してあります。

ISBN 978-4-931199-69-9　C3011
Printed in Japan